लेनिन

लेनिन

राहुल सांकृत्यायन

GYAN

Published by

GYAN

Gyan Publishing House
5, Ansari Road
Daryaganj, New Delhi-110002
Phone: 011-47034999, 9811692060
E-mail: books@gyanbooks.com

Distribution Network
gyanbooks.com
India, USA, Canada, UK, Australia

ISBN: 978-93-7097-153-0 (PB)

First Published, 1933

2nd Impression 2025

Printed at: Gyan Press, Delhi.

लेनिन

Author: राहुल सांकृत्यायन

लेनिन

व्लादिमिर इलिच लेनिन

लेनिन

[एक जीवनी]

★

राहुल सांकृत्यायन

प्राक्कथन

साम्यवाद (कम्युनिज़्म) ही मानव जाति की सारी बीमारियों की एकमात्र रामबाण औषधि है, भारत का उद्धार भी उसी से है। ऐसी अवस्था में साम्यवाद के महान् तत्वदर्शियों और पथ-प्रदर्शकों की अच्छी जीवनियों का हिन्दी में न होना खटकता था। इसी अभाव की पूर्ति के लिए मैंने मार्क्स, लेनिन, स्तालिन और माओ-त्से-तुंग की चार जीवनियां लिखने का संकल्प किया। इन जीवनियों में जीवन-घटनाओं के अतिरिक्त इन महापुरुषों के सिद्धान्तों और प्रयोगों को भी रखने की कोशिश की गयी है।

यह जीवनी मुख्यतः "मार्क्स-एंगेल्स-लेनिन प्रतिष्ठान" मास्को द्वारा प्रकाशित "व० ई० लेनिन" के आधार पर लिखी गयी है, यद्यपि कहीं-कहीं और श्रोतों से भी सहायता ली गयी है।

पुस्तकों का संग्रह करने में डा० महादेव साहा, साथी रमेश सिनहा और साथी सच्चिदानंद शर्मा ने बड़ी मदद की, इसलिए उनको धन्यवाद देना मैं अपना कर्त्तव्य समझता हूं। श्री मंगल सिंह परियार ने पुस्तक को टाइप करने में बड़ी मदद की, इसलिए उनका भी आभारी हूं।

पुस्तक बहुत बढ़ न जाय इसका मैंने बहुत ध्यान रखा, लेकिन साथ ही यह भी ख्याल काम कर रहा था कि काम की बातें छूटने न पायें।

मसूरी,
जून, १९५५

राहुल सांकृत्यायन

विषय-सूची

चित्र-सूची

अध्याय १

बाल्य-काल

(१८७०—८१ ई०)

१. माता-पिता और परिवार

लेनिन को कौन नहीं जानता? लेकिन, १८७० ई० में वोल्गा की उपत्यका के सिम्बिर्स्क नगर में २२ अप्रैल को जब यह मेधावी बालक पैदा हुआ था तो उसका नाम व्लादिमिर रखा गया था। रूसी प्रथा के अनुसार पिता और गोत्र के सम्बंध को बतलाते हुए बहुत दिनों तक इस बालक को व्लादिमिर इलिच (इलिया-पुत्र) उलियानोफ़ कहा जाता था। १८७१ ई० में व्लादिमिर के जन्म ले लेने के समय ही पेरिस के सर्वहारा ने दो महीने तक अपने कम्यून के शासन को चलाकर बतला दिया कि सर्वहारा में शासन करने की क्षमता है, उनमें अपने लिए सब तरह के स्वार्थ-त्याग करने का हृदय है। समाजवाद को धरती पर स्थापित करने में पथ-प्रदर्शन करने वाले, युगों के स्वप्न को साकार रूप देने वाले, वास्तविक तत्वदर्शी कार्ल मार्क्स थे। लेकिन, विश्व में प्रथम साम्यवादी सरकार की स्थापना करके दुनिया के छठे हिस्से से वर्ग-शासन के भीषण शोषण और उत्पीड़न को सर्वदा के लिए बन्द करने का श्रेय वोल्गा तट पर पैदा हुए इसी बालक उलियानोफ़ को है। व्लादिमिर जिस समय पैदा हुआ, उसके बाद भी तेरह साल तक मार्क्स जीते रहे। उनके अभिन्न साथी एंगेल्स तो उस समय तक जीते थे जब कि व्लादिमिर राजनीति में पैर रख चुका था। लेकिन, उसे दोनों के दर्शन का सौभाग्य प्राप्त नहीं हुआ, यद्यपि मार्क्स के सफल और यशस्वी उत्तराधिकारी होने का सौभाग्य इसी बालक को प्राप्त हुआ। क्रान्ति के बाद लेनिन की जन्म-नगरी का नाम सिम्बिर्स्क से बदलकर उनके गोत्र के नाम से उलियानोव्स्क पड़ गया।

पिता इलिया निकोलायविच (निकोलाय-पुत्र) उलियानोफ़ अस्त्राखान के एक निम्न मध्यवर्ग परिवार में पैदा हुए थे। हाई स्कूल और कज़ान युनिवर्सिटी में शिक्षा समाप्त करने के बाद वह चौदह वर्ष तक पेन्ज़ा और फिर निज्नी-नवगरोद (वर्तमान गोर्की) में गणित और भौतिकशास्त्र के अध्यापक रहे। इसके बाद, १८६९ ई० से वह सिम्बिर्स्क गुबेर्निया (प्रदेश) के प्रारम्भिक स्कूलों के इन्स्पेक्टर और फिर डाइरेक्टर रहे। लम्बी और भारी सेवाओं के लिए इलिया निकोलायविच को निम्न मध्यम वर्ग से उठाकर कुलीनों की श्रेणी में रख दिया गया। इलिया निकोलायविच उन शिक्षित और प्रगतिशील रूसियों में से थे, जिनको १९ वीं

शताब्दी के उत्तरार्ध में जहां-तहां देखा जाने लगा था और जो व्याधि की जड़ तक पहुँचने की कोशिश न करके शिक्षा के सार्वजनिक प्रचार को सर्वमंगल समझकर उसी में अपनी सारी शक्ति लगाते थे। अपनी इस शिक्षा-सम्बंधी सेवा में वह धीर, उत्साही और कर्मठ थे। वह उसे अपने सभी कामों से बढ़ा-चढ़ा कर समझते थे। अपने बच्चों में शिक्षा और ज्ञान के प्रति प्रेम पैदा करने का उन्होंने खूब प्रयत्न किया और उसमें सफल भी हुए। इलिया निकोलायविच की मृत्यु १२ जनवरी, १८८६ को हुई। उस समय व्लादिमिर सोलह वर्ष के थे।

माता मारिया अलेक्सान्द्रोव्ना (अलेक्सान्द्र-पुत्री) ब्लांक एक डाक्टर की लड़की तथा असाधारण योग्यता वाली स्त्री थीं। वह निसर्गतः तीव्र-बुद्धि और अपने दृढ़ संकल्प तथा उदार-हृदयता के लिए प्रसिद्ध थीं। यद्यपि इसको ध्रुव सत्य नहीं कहा जा सकता, लेकिन आनुवंशिकता-विज्ञान में यह कुछ हद तक स्वीकार किया जाता है कि पुत्र माता की बौद्धिक सम्पत्ति का उत्तराधिकारी होता है और पुत्री पिता की। इलिया निकोलायविच भी योग्य और तीव्र-बुद्धि थे। लेकिन, व्लादिमिर को विरासत अपनी माता की ओर से ज्यादा मिली थी। मारिया अलेक्सान्द्रोव्ना की शिक्षा-दीक्षा में उनके पिता ने कोई कसर उठा नहीं रखी थी। अपनी मातृभाषा (रूसी) के अतिरिक्त वह फ्रेंच, जर्मन और अंग्रेज़ी बोल सकती थीं। संगीत से उनको बड़ा प्रेम था। अपने पुत्र-पुत्रियों से तो प्रेम था ही, बच्चों की शिक्षा-दीक्षा में वह बराबर प्रयत्नशील रहीं। अपने परिवार के वातावरण को उन्होंने संस्कृति, उदार-हृदयता और उच्च आदर्श से अनुप्राणित किया। इसका प्रभाव उनकी छओं सन्तानों पर पड़े बिना नहीं रहा।

छः सन्तानों में तीन बेटे और तीन बेटियां थीं। सबसे बड़ा पुत्र अलेक्सान्द्र, दूसरा व्लादिमिर और तीसरा द्मित्री था। लड़कियां अन्ना, मारिया और ओल्गा थीं। छओं ने अन्त में क्रान्तिकारी बनकर अपना जीवन देश और सर्वहारा की मुक्ति के प्रयत्न में लगाया। मारिया का ज्येष्ठ पुत्र अलेक्सान्द्र ज़ारशाही के चंगुलों से जनता को मुक्त करने के लिए सर्वस्व की बाज़ी लगाने वाले क्रान्तिकारियों के "नरोद्नाया वोल्या" (जन इच्छा) दल में शामिल हो गया और अन्त में उसे फांसी के तख्ते पर झूलना पड़ा। बाकी दो भाई और तीनों बहनें तरुणाई में ही बोल्शेविक बन गये।

व्लादिमिर को क्या बनना है, शायद इसकी भविष्य-कल्पना सुशिक्षित माता-पिता भी नहीं कर सकते थे। लेकिन, वह तीक्ष्ण मेधा का धनी, सजग और सुशील है, यह तो बचपन में ही प्रकट होने लगा था। पांच वर्ष की उमर का बालक व्लादिमिर लिख-पढ़ सकता था। घर में पढ़ने के बाद, नौ वर्ष की उमर में वह सिम्बिर्स्क हाई स्कूल में दाखिल हुआ। अपनी प्रतिभा और परिश्रम के कारण वह पढ़ाई में बहुत अच्छे विद्यार्थियों में रहते हुए हर कक्षा में सबसे अधिक

सम्मान के साथ उत्तीर्ण होकर आगे बढ़ता रहा। हाई स्कूल की परीक्षा खतम करने के समय वह योरप की आधुनिक समृद्ध भाषाओं—फ्रेंच और जर्मन के अतिरिक्त लातिन और यूनानी—का भी अच्छा ज्ञान रखता था। इतिहास और साहित्य से व्लादिमिर को बहुत प्रेम था। ऐसी कथा-पुस्तकों में उसे बड़ी रुचि थी जिनके नायक दृढ़मनस्क, धीर और गम्भीर होते थे।

२. जन्म प्रदेश

वोल्गा प्रदेश लेनिन की जन्मभूमि थी। वोल्गा रूस की विशाल नदी—हमारी गंगा से भी बड़ी—गंगा ही की तरह युगों से लोगों के सम्मान का भाजन है। लोग उसे पिता वोल्गा कहा करते थे, और अभी भी कहते हैं। जब वोल्गा-तीरवासी दूर कहीं नौकरी-चाकरी के लिए जाते और वोल्गा को पुल या नाव से पार करते, तो "पिता वोल्गा" के लिए उसी तरह अपनी कमाई के एक-आध पैसे वोल्गा को समर्पण करते जिस तरह राजघाट या प्रयाग के गंगा के पुलों को पार करते हुए आज भी हमारे देश के साधारण लोग करते हैं। वोल्गा की तरह ही बालक व्लादिमिर की भी दृष्टि विशाल, गम्भीर और गतिशील थी। अपनी वोल्गा के लिए नास्तिक व्लादिमिर के हृदय में जीवन के अन्त तक बचपन जैसा ही प्रेम और आदरभाव था, इसे कहने की आवश्यकता नहीं। वोल्गा शताब्दियों से क्या, सहस्राब्दियों से जातियों का संगम—त्रिवेणी नहीं, चतुर्वेणी-पंचवेणी—रही है। ईसा पूर्व की शताब्दियों में, प्रागैतिहासिक काल में, वह शायद मारी जाति के पूर्वजों, फिनो-द्रविड़ जाति के लोगों, की भूमि रही थी। लेकिन उससे पहले मंगोलायित चेहरे वाली कोई और भी जाति रहती थी जिसके वंशज इस्किमो, ध्रुव-कक्षीय भूमि में अब भी देखे जाते हैं। पर आज वे वोल्गा-तट से बहुत दूर हैं। कोमी, मारी आदि पुरानी जातियों के वंशज आज भी वोल्गा या उसकी शाखाओं के पास रहते हैं। जिस वक्त फारस के महान कोरोश का राज्य पश्चिमी-एशिया के बहुत बड़े भूभाग पर था, उस समय वोल्गा-तट पर उन्हीं शक जातियों का निवास था जो कि पश्चिम में कारपाथीय पर्वत-माला से पूर्व में काशगर के पर्वतों तक अधिकतर घुमन्तू जीवन बिताती थीं। लेकिन, मध्य-एशिया और पूर्वी-योरप के उत्तर की विशाल भूमि उस समय भी घुमन्तुओं का स्वर्ग थी जिस समय भारत में गौतम बुद्ध जीवित थे। सिकन्दर की दिग्विजय के समय भी यह भूमि महान शकद्वीप के रूप में मौजूद थी। ईसा पूर्व द्वितीय शताब्दी में हूणों का भूचाल शुरू हुआ। वह वीर किन्तु अत्यन्त क्रूर घुमन्तू जाति, चीन के प्रचण्ड प्रहार के कारण अपनी लीला-भूमि (मंगोलिया और उसके आस-पास के क्षेत्र) को छोड़कर प्राण बचाने के लिए पश्चिम की ओर भागने के लिए मजबूर हुई थी। जैसे तालाब या समुद्र में उठी लहर पास-पड़ोस के स्थिर जल को लहरों में परिणित किये बिना नहीं

रहती, वैसे ही हूणों के धक्के ने विशाल शकद्वीप में रहने वाली शक जातियों को हिला दिया। टिड्डी दल की तरह धावा करते कितने ही शक भागकर मध्य-एशिया और पूर्वी ईरान पर टूट पड़े। और अन्त में, उन्होंने अपनी विजय-वैजयन्ती पाटलिपुत्र और उसके आगे तक गाड़ दी। इन्हीं में कनिष्क और हुविष्क जैसे राजा हुए। भागे हुए शक घुमन्तुओं की भूमि में अब हूणों के तम्बू लगने लगे, उनके घोड़े और भेड़ें चरने लगीं, और कम से कम पूर्वी शकद्वीप—वोल्गा से गोबी तक—अब हूण-द्वीप में परिणित हो गया। अगली शताब्दियों में हूणों के ही वंशज अवार, अपने शत्रु तथा रक्त-सम्बंधी तुर्कों की मार के कारण वोल्गा और नीपर को पार करते हुए दुनाई (दन्यूब) के तट पर पहुँचे। उनके वंशज हंगरी गणराज्य के लोग हुंगर या मगयार के नाम से आज भी दुनाई के तट पर मौजूद हैं। अवारों का पीछा करते हुए तुर्क क्रीमियां और काला सागर के तट तक पहुँचे। इन्हीं हूण तथा तुर्क-वंशज जातियों के घोड़ों की टापों ने वोल्गा से पश्चिम के शक वंशजों को उत्तर और पश्चिम के जंगलों में सूखे पत्तों की तरह बिखेर दिया। यही प्राचीन स्लाव कहलाये। उनमें सबसे बाद तक घुमन्तू जीवन बिताने वाले वे स्लाव लोग थे जिनकी सन्तानें आज के रूसी, उक्राइनी और बेलोरूसी हैं।

व्लादिमिर इलिच उलियानोफ़ (लेनिन) का परिवार रूसी था। हम यह भी बतला चुके हैं कि उनके पिता का परिवार पहले वोल्गा के मुहाने तथा कास्पियन तट पर बसे ऐतिहासिक नगर अस्त्राखान में रहता था। लेकिन, जो मानव टिड्डी-दल समय-समय पर पूर्व से पश्चिम को जाता रहा, उसके कारण स्लावों के पूर्वज शक बहुत समय पहले ही वोल्गा तट छोड़कर चले गये थे। अतएव, अब वोल्गा हूण-वंशज मंगोलायित मुखमुद्रा वाले लोगों की ही निवास-भूमि रह गयी थी। हमें यह भी पता नहीं कि रूसियों के मूल पूर्वज शकों के समय वोल्गा का क्या नाम था। हूण-वंशजों ने इसका नाम इत्तिल रखा था। उनके एक क़बीले—वोल्गार—का आधिपत्य मध्य और निम्न-वोल्गा उपत्यका पर शताब्दियों तक रहा और उनके ही नाम पर नदी का नाम इत्तिल से वोल्गा पड़ गया। वोल्गा का अधिक गुंजान इलाक़ा यद्यपि मंगोलायित मुखमुद्रा वाले लोगों के हाथों में था, लेकिन वोल्गा का उद्गम स्थान रूसियों की भूमि में मास्को से उत्तर में है। रूसी शताब्दियों तक इस बहुत लम्बे और विशाल व्यापारिक नदी-पथ का इस्तेमाल करते रहे। १५ वीं शताब्दी तक शुद्ध मंगोलायित चेहरों वाले लोगों की वोल्गा तट-भूमि में रूसी लोग जहां-तहां अपनी बस्तियां बसाकर खेती करने लगे। हूणों की अंतिम शाखा मंगोल १३ वीं शताब्दी में वोल्गा के स्वामी बने थे, और उसके कारण चुवाशों, तातार जैसी मंगोलायित जातियों के अतिरिक्त मंगोल भी—जिनमें अधिकांश तुर्क थे—इस भूमि में रहने लगे। इस प्रकार भाषा में कुछ भिन्नता रखते हुए मंगोलायित मुखमुद्रा वाले लोग ही रूस के पूर्वाभिमुख

विस्तार के समय वोल्गा प्रदेश में रहते थे। अब चावल, उड़द की तरह गंगा-जमुनी बस्तियां यहां बसने लगीं, जिनमें मंगोलायित लोग अभी भी कृषि और स्थिर-निवास की जगह पशु-चारण करते थे और तम्बुओं में बसने को अधिक पसन्द करते थे। रूस से आकर बसे लोग उनसे सांस्कृतिक तौर से ही बड़े नहीं थे, बल्कि वे बस्ती तथा नगर का जीवन बिताने के आदी भी थे।

आरम्भिक शताब्दियों में अपनी चरागाहों को छिनते देख चुवाशों, तातारों तथा कज़ाकों (तुर्कों) ने रूसियों से ज़बर्दस्त लोहा लिया, और वीरता की अनेक अद्भुत मिसालें छोड़ीं। लेकिन, विज्ञान के बढ़ते हुए आविष्कारों से सुसज्जित रूसी विजेताओं का वह मुक़ाबला कब तक करते? मंगोलायितों के संघर्ष बहुत कुछ खत्म हो चुके थे; तो भी, वोल्गा की भूमि वीरों के पैदा करने में अपनी उर्वरता को खो नहीं बैठी। साम्राज्य के स्वामी रूसी भी ग़रीब और अमीर, शोषक और शोषित श्रेणियों में विभक्त थे। किसान, विशेषकर ग़रीब किसान, यह बर्दाश्त करने के लिए तैयार नहीं थे कि उनकी गाढ़ी कमाई का एक-एक कोपेक (पैसा) सफेदपोश उड़ा ले जायें और वे खुद मिट्टी चाटने के लिए मजबूर हों। आखिर, इन रूसी शोषकों की प्रभुता का बल भी उन्हीं शोषित रूसी किसानों (मूज़िकों) के पुत्रों पर निर्भर था, जो कुदाल छोड़ सैनिक वर्दी पहन कर ज़ार के सिपाही बन जाते थे। ज़ार के लिए लड़ने की जगह कितनी ही बार इन किसानों ने अपने अत्याचारी शासकों के विरुद्ध हथियार उठाये। वोल्गा की भूमि ने र्‍याज़िन जैसे किसान वीर को पैदा किया। पुगाचेफ़ ने यहीं पर पैदा होकर १८ वीं शताब्दी में ज़ार की सेना को लोहे के चने चबवाये थे। र्‍याज़िन और पुगाचेफ़ की वीर-गाथाएं अभी भी सजीव हैं। वे व्लादिमिर इलिच को बचपन में सुनने को मिली थीं, इसमें संदेह नहीं।

व्लादिमिर अपने पिता के साथ पन्ज़ा या सिम्बिर्स्क में रहते समय, रूस की भिन्न-भिन्न जातियों—मोर्दोवी, मारी, उदमुर्त, तातार—के सम्पर्क में आये थे; और यह समझने में व्लादिमिर को दिक़्क़त नहीं हुई कि ज़ार का राज्य बहुजातिक राज्य है, कि ज़ारशाही अपने रूसी किसानों-मज़दूरों का जितना शोषण और दोहन करती है उससे कहीं अधिक शोषण वह रूस की विभिन्न जातियों का कर रही है। इसके कारण विश्व के इतिहास में पहले-पहल जातियों की समस्या का सुन्दर हल निकालने में उनको और उनके सहयोगी शिष्य स्तालिन को और अधिक आसानी हुई; उनके आरम्भिक जीवन के कितने ही वर्ष रूस के जातियों के इस म्युज़ियम या जातियों के क़ैदखाने में बीते थे। बालक व्लादिमिर को अपने आस-पास ज़ारशाही की निष्ठुर चक्की को क्रूर कार्य करते हुए देख क्रोध आता था।

अध्याय २

विद्यार्थी-जीवन

(१८८१—८७ ई०)

१. अध्ययन

व्लादिमिर जिस समय स्कूल में पढ़ रहे थे, उस समय प्राणों की बाज़ी लगाये मुट्ठी भर क्रान्तिकारी उसी तरह बमों और पिस्तौलों के बल पर ज़ार के तख्त को उलट फेंकना चाहते थे जिस तरह उसके तीन दशाब्दियों बाद भारत में—बहुत कुछ इन्हीं रूसी क्रान्तिकारियों की प्रेरणा से—हमारे क्रान्तिकारी तरुणों ने चाहा था। खुदीराम बोस जैसे शहीद रूस में और भी अधिक संख्या में अपना बलिदान दे रहे थे। अपने इन प्रतिद्वन्द्वियों का मुक़ाबला करने के लिये ज़ारशाही किसी भी तरह के न्याय का ढोंग रचने के लिए तैयार नहीं थी। चारों ओर खुफिया और पुलिस का राज्य था। जौ की अपेक्षा पिसने वाले घुनों की संख्या बहुत अधिक थी। ज़ारशाही अपनी सफलता से फूली नहीं समाती थी। लेकिन, उसकी इस करनी से लोगों में असंतोष बढ़ता ही गया। जब ज़ारशाही पुलिस के सन्देह का कोप-भाजन किसी वक्त भी बना जा सकता था, तो फिर किसके दिल में इस कठोर शासन के प्रति असंतोष न होता? ज़ारशाही के नमकखार और उसकी सेवा में पले उलियानोफ़-परिवार में भी लेनिन का बड़ा भाई अलेक्सान्द्र जब बमों और पिस्तौलों के धर्म में दीक्षित हो गया था, तो औरों की बात ही क्या! नरोद्नाया वोल्या (जन-इच्छा) पार्टी का उस समय बहुत ज़ोर था। उसके सिद्धान्त और विचार भी बहुत कुछ बंगाल के क्रान्तिकारियों जैसे थे। उनके भय के मारे जातियों और जनता को क़ैदी बनाने वाला ज़ार स्वयं बन्दी बन गया था, उसे हर वक्त अपने प्राणों का संकट बना रहता था। बहुत सावधानी से रहने पर भी आखिर ज़ार अलेक्सान्द्र द्वितीय को १८८१ ई० में क्रान्तिकारियों के बम का शिकार होना पड़ा। पर एक ज़ार के मरने से क्या होता है! क्या प्राणों के डर के मारे कभी राजगद्दियां सूनी हुई हैं! ज़ार मरा, लेकिन ज़ारशाही और भी बर्बर तथा निष्ठुर बनकर दोनों हाथों से खून की होली खेलती रही।

१८६० वाली दशाब्दी में ज़ार ने आंख पोंछने के लिए कुछ सुधार लागू किये थे। उसने कुछ लोगों को वोट और निर्वाचन के आधार पर कुछ छोटी-मोटी स्थानीय संस्थाएं स्वीकृत की थीं। पर अब उन सुधारों को भी खतम कर दिया

गया। ज़िला-बोर्ड जैसी स्थानीय संस्थाओं को अब ज़ैम्स्की नचाल्निक (बोर्ड संचालक) के पूरी तरह आधीन कर दिया गया और सामन्तों में से सबसे प्रतिक्रियावादी को संचालक नियुक्त किया जाने लगा। अखबार भी ज़ारशाही के कोप के भाजन हुए। उनको भी रात-दिन उसी तरह के अनुभव होने लगे जैसे कि हमारे देश के अखबारों को वर्तमान शताब्दी में हुए। खुलकर कोई बात लिखना तो दूर, शासन की छोटी-मोटी आलोचना भी वे नहीं कर सकते थे। उन पर सेन्सर बैठाया जाता, जमानतें ली जातीं, सम्पादकों और लेखकों को ज़रा-ज़रा सी बात पर मुक़दमा चलाकर जेल भेज दिया जाता और आर्थिक दण्ड की नंगी तलवार तो हर वक्त इस तरह लटकती रहती कि जमानत ही नहीं, प्रेस के भी ज़ब्त होने का डर रहता। क्रान्तिकारियों के ही नहीं, रूसी कमकरों, किसानों तथा पराजित जातियों के ऊपर भी आये दिन घृणित अत्याचार होते थे। उस समय के उदारवादी, हमारे यहां के उदार-दल वालों की तरह ही, अपनी राजनीतिक दूरदर्शिता के नाम पर शासकों के सामने पूँछ हिलाना और उनके जूते चाटना अपना परम धर्म समझते थे। इस अमानुषिक क्रूर शासन के विरुद्ध ज़बान हिलाने की हिम्मत उनमें नहीं थी। शुक्र है कि इन विभीषणों का रूस में अब यदि कहीं कोई नाम लेता है तो उन पर थूकते हुए ही, जब कि हमारे यहां के अंग्रेज़ों के जूते चाटने वाले आज भी देशभक्त बनाये जा रहे हैं, उनके नाम पर दिल्ली में बड़ी-बड़ी इमारतें खड़ी की जा रही हैं, और पुराने देशद्रोही, गन्दे पनाले के कीड़े, आज के शासकों की छत्रछाया में हमारे सामने जनतांत्रिकता के बारे में रेडियो पर उपदेश देने की हिम्मत करते हैं।

व्लादिमिर बचपन ही में सयाने हो गये थे। वह अपने आस-पास की हरेक घटना को जिस तरह बड़े ध्यान से सुनते, उसी तरह अपने बड़ों की राजनीतिक और सरकारी अत्याचार की बातचीत को भी कान लगाकर सुनते। इन बातों को पहले वह कानों से पीते रहे, फिर उनकी पिपासा इतनी बढ़ी कि क्रान्तिकारी जनतांत्रिक लेखकों की जो भी पुस्तक मिलती, उसे वह ढूँढ-ढूँढकर पढ़ते। अभी व्लादिमिर १४ या १५ वर्ष ही के थे, जब कि उन्होंने चेर्नीशेव्स्की के उपन्यास—"क्या करना है?"—को पढ़ा, जिसका उनके ऊपर बहुत ज़बर्दस्त प्रभाव पड़ा। उन्होंने दोब्रोल्युबोफ़, पिसारेफ़ जैसे लेखकों के वर्जित ग्रंथों को बड़े चाव से पढ़ा। कवि नेक्रासोफ़ के युग के जनतंत्रतावादी कवियों की कृतियों से वह इसी समय परिचित हो गये। पुस्तकों से भी बड़ी, एक सजीव, प्रभाव डालनेवाली चीज़ उनके घर में उनके अपने बड़े भाई अलेक्सान्द्र के रूप में मौजूद थी। व्लादिमिर को अपने बड़े भाई से असाधारण प्रेम था। आदर्श के पीछे पागल अलेक्सान्द्र अपने होनहार छोटे भाई में हर तरह से अपने भावों को भरने की कोशिश करते थे। अलेक्सान्द्र विद्या ही में आगे बढ़े हुए नहीं थे; आत्मानुशासन,

विचारशीलता, गम्भीर मनोवृत्ति तथा कर्तव्य के प्रति तन्मयता जैसे गुण भी उनमें कूट-कूट कर भरे थे। वह राजधानी पीतरबुर्ग की युनिवर्सिटी में गणित और भौतिक शास्त्र के विद्यार्थी थे। गर्मियों की छुट्टियां वह घर आकर बिताते थे। १८८५ और १८८६ ई० की छुट्टियों में वह अपने साथ मार्क्स की प्रसिद्ध रचना "कापिताल" (पूँजी) को लेते आये थे। भाई की इस तरह की सौगातों को व्लादिमिर अधिक पसन्द करते थे। उस समय वह पन्द्रह-सोलह साल के ही थे, जब उन्होंने मार्क्स के इस अत्यन्त गम्भीर और सर्वश्रेष्ठ ग्रंथ को पढ़ना शुरू किया। लेनिन असाधारण प्रतिभा के साथ-साथ असाधारण हृदय के भी धनी थे। मानवता मनुष्य को उदार-चरित्र बनाती है; उसकी चरम परिणति दुखियों तथा उत्पीड़ितों के लिए आत्मविस्मृति और सर्वस्व त्याग की भावना में होती है। लेनिन के पास ये दोनों धन बहुत भारी परिमाण में थे, इसलिए वह अपने चारों तरफ की अन्धेर नगरी को कैसे चुपचाप देख सकते थे? वह हाई स्कूल की ऊँची कक्षा के विद्यार्थी ही थे कि इसी समय क्रान्ति के अंकुर उनके मस्तिष्क में उगने लगे थे। स्कूल के हेड मास्टर ने निबन्ध लिखने को दिया। व्लादिमिर ने जो निबन्ध लिखा, उसे लौटाते हुए हेड-मास्टर ने नाराज़ी प्रकट करते हुए कहा—"यह कौन से दलित वर्ग हैं जिनके बारे में तुमने यहां लिखा है? तुम क्यों इस तरह की खुराफ़ात लिखते हो?"

१८८७ ई० में सत्रह साल की उमर में पहुँचते-पहुँचते लेनिन ने अपने सम्पूर्ण जीवन का पथ चुन लिया। वह पथ क्रान्ति का था, इसे कहने की आवश्यकता नहीं। इसी समय उनके परिवार पर बज्र गिरा। ज़ार अलेक्सान्द्र तृतीय की हत्या के जुर्म में १ मार्च को अलेक्सान्द्र इलिच उलियानोफ़ को पीतरबुर्ग में गिरफ्तार कर लिया गया और उन्हें ज़ार की हत्या करने के षड़यंत्र में शामिल होने का दोषी ठहराया गया। व्लादिमिर की सबसे बड़ी बहन अन्ना भी उस समय पीतरबुर्ग में पढ़ रही थीं। उन्हें भी पुलिस ने गिरफ्तार कर लिया।

उलियानोफ़-परिवार की एक घनिष्ट मित्र व० व० कश्कदमोवा बतलाती हैं कि पीतरबुर्ग में अलेक्सान्द्र की गिरफ्तारी की खबर पाकर मैं सिम्बिर्स्क के हाई स्कूल में बालक व्लादिमिर से मिलने गयी—वह उस समय स्कूल के अन्तिम, आठवें स्टेण्डर्ड (कक्षा) में पढ़ रहा था। उससे सलाह लेनी थी कि इस भीषण समाचार को मां मारिया अलेक्सान्द्रोव्ना के पास कैसे पहुँचाया जाय। कश्कदमोवा ने व्लादिमिर को पीतरबुर्ग से आया पत्र दिखलाया। पत्र पढ़ लेने के बाद व्लादिमिर देर तक एकदम चुप रहे, क्रोध के मारे उनकी भौंहें एक दूसरे से मजबूती के साथ सट गयीं। "अब वह मेरे सामने बैठा एक बेपर्वाह उद्दण्ड विद्यार्थी नहीं, बल्कि भीषण समस्या पर गम्भीरतापूर्वक विचार करनेवाला वयस्क पुरुष था।" व्लादिमिर ने अन्त में कहा—"यह बड़ी ही गम्भीर बात है। साशा (अलेक्सान्द्र) के लिये इसका परिणाम बहुत बुरा होगा।"

अन्त में, जैसे भी हो, मां के पास इस अत्यन्त दुःखद समाचार को पहुँचाना ही था। अपने ज्येष्ठ पुत्र को मौत के जबड़े में पड़ा देखकर माता के हृदय में असह्य पीड़ा होनी ही चाहिए थी। लेकिन, उसने अपनी स्वाभाविक गम्भीरता से छाती पर पत्थर रखकर अपने पुत्र के प्राणों को बचाने के लिए सब तरह से कोशिश की। उच्च वर्ग में अपने भी सम्बंधी और परिचित थे, उनसे लाभ उठाया; लेकिन, एक ज़ार को अभी छः ही साल पहले मृत्यु के घाट उतारकर दूसरे ज़ार के प्राण लेने के षड़यन्त्र में भाग लेने का सन्देह होने वाले व्यक्ति को कैसे प्राण-भिक्षा दी जा सकती थी? आख़िर ८ मई, १८८७ को श्लूशेलबुर्ग के किले में अलेक्सान्द्र उलियानोफ़ को फांसी के तख्ते पर झुला दिया गया। उलियानोफ़-परिवार ने एक अलेक्सान्द्र नहीं, बल्कि अपने सारे पुत्र-पुत्रियों को क्रान्ति की बलि-वेदी पर चढ़ाने का संकल्प कर लिया। यही इस निष्ठुर हत्या का परिणाम हुआ—ज़ारशाही ही नहीं, बल्कि उसकी जड़ तक को उखाड़ फेंकना ही उनका संकल्प था, जिसमें व्लादिमिर किस तरह सफल हुए, यह उनकी आगे की जीवनी बतलायेगी।

अलेक्सान्द्र अभी गिरिफ्तार ही हुए थे; न उनका अपराध प्रमाणित हुआ था और न उन्हें मृत्यु-दण्ड दिया गया था और तभी से तथाकथित उदार समाज के लोग सिम्बिर्स्क में उलियानोफ़-परिवार का बायकाट करने लग गये। परिवार के घनिष्ट परिचित भी अब उससे दूर रहने लगे। शिक्षित, संस्कृत, राजनीति के ठेकेदार इन कायरों को व्लादिमिर अपने नंगे रूप में सामने देख रहे थे, और उसी समय से इस वर्ग के प्रति उनके हृदय में अपार घृणा पैदा हो गयी। यह वह वर्ग था जो आदर्शवाद की बातें करता था, जनतंत्रता के राग अलापता था, मानवता और मानव-स्वतंत्रता के गीत गाता था। अन्त में उन्हें व्लादिमिर ने इस समय "पर उपदेश कुशल बहुतेरे" के रूप में एकदम ढोंगी और घृणास्पद देखा।

अलेक्सान्द्र की शहादत व्लादिमिर के भविष्य-पथ को निर्धारित करने में बड़ी सहायक हुई। वह अपने भाई की निर्भयता और वीरता को बड़े सम्मान की दृष्टि से देखते थे और ऐसे वीर सहोदर के प्रति उनका अपना बन्धु-स्नेह पहले से भी अधिक बढ़ गया था। लेकिन आगे के पथ और तत्कालीन परिस्थिति का अब उन्हें काफी ज्ञान था, जिसे प्राप्त करने में उसके शहीद भाई ने भी सहायता दी थी। व्लादिमिर भाई के खून का बदला लेने के लिये अन्धे नहीं हो सकते थे। उनकी विद्या, बुद्धि और अनुभव ने अभी से बतला दिया था कि स्वेच्छाचारिता से लड़ने के लिए आतंकवाद का ढंग ग़लत है। इसके द्वारा उद्देश्य में सफलता नहीं प्राप्त की जा सकती। व्लादिमिर को जब पहली बार मालूम हुआ था कि अलेक्सान्द्र आतंकवादी संस्था से सम्बंध रखता है, तो उन्होंने कहा था: "नहीं, हम इस रास्ते पर नहीं चलेंगे। यह रास्ता हमारे अनुसरण करने का नहीं है।"

व्लादिमिर ने स्कूल की पढ़ाई खतम की। सबसे बड़े इनाम उन्हें मिले और सोने का तमगा प्राप्त हुआ। हाई स्कूल की पढ़ाई समाप्त करने के बाद अब उन्हें किसी युनिवर्सिटी में प्रवेश करना था, किन्तु उससे पहले ही उनके पग राजनीति की ओर बढ़ चुके थे।

राजनीति में प्रवेश—सिम्बिर्स्क से उत्तर में वोल्गा के उसी बायें तट पर कज़ान नगर है, जो किसी समय तातार सल्तनत की राजधानी था, और साथ ही व्यापार का बड़ा केन्द्र भी। उन दिनों भी कज़ान के आस-पास के गांव अधिकतर तातार लोगों के थे। वहां की युनिवर्सिटी कुछ विशेष ख्याति भी रखती थी। व्लादिमिर के शहीद भाई पीतरबुर्ग युनिवर्सिटी के विद्यार्थी न होते तो मुमकिन है कि उनको भी वहीं पढ़ने के लिए जाना पड़ता। जो भी हो, १३ अगस्त, १८८७ को व्लादिमिर क़ानून पढ़ने के लिए कज़ान युनिवर्सिटी में दाखिल हुए। भारत की तरह रूस में भी वकील और बैरिस्टर के पेशे को उदार-पेशा कहा जाता था, अर्थात इसमें बिना सरकार पर निर्भर रहे जीविका चलाते हुए विचारों में उदारता रखी जा सकती है। कज़ान में विद्याध्ययन शुरू करते ही व्लादिमिर ने वहां के क्रान्तिकारियों के साथ सम्बंध स्थापित कर लिया और एक छात्र-मंडली में शामिल हो गये, जिसके बारे में ज़ारशाही खुफिया पुलिस (ओखराना) का लिखना था कि वह "एक अत्यन्त अपकारक मनोभावों वाली संस्था है।" विद्यार्थियों की मंडली में प्रमुखता हासिल करने में व्लादिमिर को देर नहीं लगी। तरुणों को अपनी ओर आकृष्ट करने के लिए उनके भीतर बहुत से गुण थे—वह क्रान्तिकारी थे, कर्मठ और सुपठित थे, और अपने विचारों को बड़ी दृढ़ता और विश्वास के साथ प्रकट कर सकते थे। शहीद अलेक्सान्द्र के भाई और इस तरह के विचार रखनेवाले तरुण को पुलिस कैसे छोड़ सकती थी? सदा खुफिया पुलिस की निगाह उनके पीछे लगी रहती थी। ज़ारशाही को समझने में हाल ही में अंग्रेज़शाही से बाहर निकले हम भारतीयों को कठिनाई नहीं हो सकती। यहीं की तरह वहा भी प्रोफेसर होने के लिए विद्या से भी अधिक चापलूसी, खुशामद और विश्वासघात में प्रवीण होने का गुण चाहिए था। ये ज़ारशाही कुत्ते पुलिस से कम क्रान्तिकारियों के पीछे नहीं पड़े रहते थे। विद्यार्थियों की हरेक गतिविधि को ज़ारशाही गुर्गे देखा करते। जब संदेह पैदा करने में ही रोटी मिलती और तरक्की होती हो, तो सभी बातों में षड़यंत्र ढूंढ़ निकालने की कोशिश क्यों न की जाती? विद्यार्थियों की मंडलियां और सभाएं ही नहीं, बल्कि उनकी पारस्परिक सहायता-सभाएं भी राजद्रोह का बीजस्थान समझी जाती थीं। जो कोई विद्यार्थी सरकार के विरोध में अपना मत प्रकट करता, उसे काल-कोठरी में बन्द करने के लिए युनिवर्सिटी में ही कोठरियां बनी हुई थीं। जब जौ के साथ अधिक परिमाण में घुन पिसे जाते हों, तो फिर पुलिस के प्रति विद्यार्थियों की घृणा क्यों न अधिक

बढ़ जाती ? १८८७ ई० में विद्यार्थियों में इस सवाल पर विक्षोभ पैदा हुआ कि "१८८४ ई० के युनिवर्सिटी नियमों" को वहां क्यों लागू किया गया था। नवम्बर, १८८७ के अन्त में मास्को युनिवर्सिटी के विद्यार्थियों ने उथल-पुथल मचाई, जो जल्दी ही दूसरी युनिवर्सिटियों के विद्यार्थियों में भी फैल गयी। ४ दिसम्बर, १८८७ को कज़ान युनिवर्सिटी के विद्यार्थियों ने तूफान मचा दिया। अधिकारियों के दमन के विरुद्ध प्रदर्शन करने के लिए विद्यार्थियों की जो कांफ्रेंसें हुई थीं, उनमें व्लादिमिर ने सक्रिय भाग लिया था और प्रदर्शन में भी वह शामिल हुए थे। अधिकारियों ने तुरन्त उनके खिलाफ़ ज़बरदस्त कार्रवाई की और उसी रात व्लादिमिर अपने बासे पर गिरफ्तार कर लिये गये। उसी तरह क्रान्तिकारी छात्र-आन्दोलन के कितने ही मेम्बर और संगठनकर्ता गिरफ्तार कर लिये गये।

पुलिस के कान्स्टेबल सत्रह वर्ष के इस तरुण व्लादिमिर को पकड़े हुए जेल की ओर ले जा रहे थे। शायद उनकी समझ में नहीं आता था कि यह क्यों ऐसा पागलपन करता है। कान्स्टेबल ने व्लादिमिर से पूछा—"नौजवान, क्यों तुम इस तरह की आफतें मोल ले रहे हो ? क्या तुम नहीं देखते कि तुम दीवार से सर टकराना चाहते हो ?" व्लादिमिर ने जवाब दिया : "दीवार है ! हां, लेकिन नोना लगी हुई; इसे ज़रा सा धक्का देने की ज़रूरत है और वह धराशायी हो जायेगी।"

जेल में क्रान्तिकारी विचारों वाले कितने ही विद्यार्थी जमा हो गये थे। इस समय उन्हें विचार-विनिमय का और भी अच्छा अवसर मिला। वह इस बात पर वार्तालाप किया करते थे कि छूटने के बाद उन्हें क्या करना चाहिए। एक ने व्लादिमिर से पूछा : "अच्छा उलियानोफ़, तुम क्या करना चाहते हो ?" व्लादिमिर का सीधा-सादा जवाब था कि उनके सामने बस एक ही रास्ता है, और वह है क्रान्तिकारी संघर्ष का रास्ता।

ज़ारशाही मुक़दमा चलाकर व्लादिमिर को सज़ा न दे सकी। लेकिन, ५ दिसम्बर, १८८७ को उन्हें युनिवर्सिटी से निकाल दिया गया और दो दिन बाद कज़ान गुबर्निया (प्रदेश) के कोकुशकिनो गांव में भेजकर उन्हें खुफिया पुलिस की देखरेख में नज़रबंद कर दिया गया। व्लादिमिर की बहन अन्ना को गिरफ्तारी के बाद साइबेरिया में निर्वासन की सज़ा मिली थी, लेकिन पीछे उन्हें भी पुलिस की देखरेख में नज़रबंद कर दिया गया। कोकुशकिनो में अब दोनों बहन-भाई साथ नज़रबंद थे। इस तरह सत्रह वर्ष की उमर में व्लादिमिर को क्रान्ति की दीक्षा मिली। तबसे आगे का सारा जीवन स्वेच्छाचारिता और पूंजीवाद के विरुद्ध संघर्ष करने में बीता।

अध्याय ३

क्रान्ति-दीक्षा

(१८८७—९३ ई०)

१. पहली नज़रबंदी

ओखराना (खुफिया पुलिस) ने व्लादिमिर के क्रान्तिकारी जीवन के आरम्भ में ही उनके बारे में जो राय क़ायम की थी, वह ग़लत नहीं थी। पुलिस ने कज़ान के गवर्नर के पास कोकुशकिनो के नज़रबंद व्लादिमिर के बारे में लिखा था : "इसने कज़ान के क्रान्तिकारी छात्र-तरुणों के संगठन में सक्रिय भाग लिया है।" उसमें व्लादिमिर अब सक्रिय भाग न ले सकें, इसलिए उन्हें विद्यार्थियों से अलग तथा अध्ययन से वंचित करके यहां नज़रबंद कर दिया गया था। २७ दिसम्बर, १८८७ ई० से खुफिया पुलिस सादे कपड़ों में बराबर उनके ऊपर निगाह रखती। यही नहीं, वह सारे उलियानोफ़-परिवार की गतिविधि को देखा करती। व्लादिमिर की एक-एक बात की रिपोर्ट पुलिस-विभाग के पास जाती। इस छोटे से गांव में व्लादिमिर ने क़रीब एक वर्ष बिताया। यद्यपि युनिवर्सिटी की परीक्षाओं से वह वंचित थे, लेकिन उन्होंने स्वयं अपने अध्ययन को बड़ी मेहनत के साथ जारी रखा। अभी से उनको पढ़ने-लिखने की बान लग गयी थी।

अध्ययन और काम—साल भर बाद, १८८८ के अक्तूबर के आरम्भ में, व्लादिमिर को कज़ान लौटने की आज्ञा मिल गयी। उस समय उनकी मां अपने छोटे बच्चों के साथ वहीं रहा करती थीं। परिवार में लौटने की इजाज़त देने के बाद भी युनिवर्सिटी में दाखिल होने की इजाज़त व्लादिमिर को नहीं मिली। व्लादिमिर ने देश से बाहर जाकर शिक्षा प्राप्त करने की इजाज़त पाने के लिए अर्ज़ी दी। लेकिन ज़ारशाही पुलिस-विभाग ने कज़ान के गवर्नर को हुक्म दिया : "उसे विदेश-यात्रा के लिए पासपोर्ट मत देना।"

कज़ान में युनिवर्सिटी का दरवाज़ा व्लादिमिर के लिए बन्द था। लेकिन, क्रान्ति का दरवाज़ा बन्द करना ज़ारशाही की शक्ति के बाहर था। व्लादिमिर ने वहां रहते भिन्न-भिन्न ग़ैर-क़ानूनी क्रान्तिकारी मंडलियों के सदस्यों से परिचय प्राप्त किया। इन मंडलियों में मार्क्स की कृतियां (मूल या अनुवाद में) पढ़ी जाती थीं। नरोद्निकों (नरोद्नाया वोल्या पार्टीवालों) के विचारों के खंडन के रूप में लिखी गयी प्लेखानोफ़ की पुस्तकें भी, विशेषकर "हमारे मतभेद", पढ़ी जातीं और उन पर गर्मागरम बहस होती। व्लादिमिर भी इनमें भाग लेते। पुलिस उनका पीछा

किये ही रहती थी। अपनी एक रिपोर्ट में पुलिस ने लिखा था : "वह खराब रास्ते पर चल रहा है, उसका सम्बंध संदिग्ध आदमियों से है।"

१८८८ ई० की शरद में (अठारह वर्ष की उमर में) लेनिन ने मार्क्स के "कापिताल" का गम्भीरतापूर्वक अध्ययन शुरू किया। पूंजी की रहस्यमय लीला को वैज्ञानिक विश्लेषण द्वारा नंगा करके रख देने वाले इस ग्रंथरत्न ने व्लादिमिर के ऊपर भारी प्रभाव डाला, यही कहना पर्याप्त नहीं होगा; उसने तो लेनिन का मानसिक कायाकल्प कर दिया। अन्ना ने अपने भाई के संस्मरण में लिखा है :

> "वह बड़े उत्साह और भक्ति प्रवणता के साथ मुझसे मार्क्स के मौलिक सिद्धान्तों तथा उनके द्वारा खोले गये नवीन क्षितिज (संसार) की बातें करते।...मालूम होता था कि दृढ़ विश्वास उनके अन्तस्तल तक व्यापा हुआ था, जिससे वह अपने श्रोताओं को भी प्रभावित कर देते थे। उस समय भी उन तथ्यों के बारे में वह अच्छी तरह से बोल सकते थे, जिन पर कि उनका विश्वास था और जिन्हें उन्होंने अपना लिया था। उस समय भी कोई नई चीज़ पढ़ने तथा नया रास्ता ढूंढ लेने के बाद जो प्रोत्साहन उन्हें मिलता, उसमें दूसरों को भागीदार बनाने से वह अपने को रोक नहीं सकते थे और न अनुयायियों को प्राप्त करने की कोशिश से बाज़ आते थे। बहुत जल्दी ही उन्हें कज़ान के क्रान्तिकारी विचारवाले तरुणों में ऐसे अनुयायी मिल गये जो मार्क्सवाद का अध्ययन करते थे।"

व्लादिमिर कज़ान की एक ऐसी क्रान्तिकारी मार्क्सवादी मंडली में शामिल हो गये थे, जिसका संगठन न० ई० फेदोसेयेफ़ ने किया था। साइबेरिया में निर्वासित जीवन बिताते समय १८९८ में इस क्रान्तिकारी तरुण की बड़ी शोकजनक मृत्यु हुई। फेदोसेयेफ़ की मंडली में शामिल होने के काल में महीनों व्लादिमिर ने बड़ी गम्भीरता के साथ अध्ययन किया और मार्क्सवाद को पूरी तरह समझने की कोशिश की।

उस समय रूस में मार्क्सवाद का प्रवेश हो ही रहा था। अभी उसकी कोई परम्परा नहीं बन सकी थी। वहां नरोद्निकों की तूती बोल रही थी, और बम, कलीमाई तथा गीता जैसे हथियार उनके भी हाथ में थे। वे इन्हीं को रूस की पवित्र भूमि की अपनी चीज़ मानते थे और मार्क्सवाद को परदेशी माल बतलाते थे। उस समय की अवस्था के बारे में व्लादिमिर ने लिखा था :

> "बहुतों ने नरोद्नाया वोल्या के अनुसार अपना क्रान्तिकारी चिन्तन का जीवन आरम्भ किया। उनमें से क़रीब-क़रीब सभी अपनी तरुणाई में आतंकवादी वीरों की बड़े उत्साह के साथ पूजा करते थे। इन वीरतापूर्ण परम्पराओं के आकर्षक प्रभाओं से पिण्ड छुड़ाना—जिसके लिए उन लोगों से वैयक्तिक सम्बंध भी तोड़ना पड़ता जो नरोद्नाया वोल्या के भक्त रहने

का निश्चय किये हुए थे—और उनके साथ सम्बंध-विच्छेद करना बड़े मानसिक कष्ट की बात थी। नरोद्निकों के प्रति तरुण समाजवादी जनतांत्रिकों के मन में भारी सम्मान भी था। संघर्ष ने उन्हें मजबूर किया कि वे अपने आप को शिक्षित करें, तथा सभी विचारों के ग़ैर-क़ानूनी साहित्य का पाठ करें।..."

अभी रूस में मार्क्सवाद के अनुयायी अत्यन्त कम थे। व्लादिमिर उन्हीं में से एक थे। उनकी पैनी दृष्टि ने तरुणायी में ही अच्छी तरह समझ लिया कि नरोद्वाद ग़लत रास्ते पर है और ज़ारशाही से लड़ने के लिए आतंकवादी तरीक़ा व्यर्थ ही नहीं, बल्कि हानिकारक भी है। व्लादिमिर की बुद्धि जितनी तीव्र थी, उनकी जिज्ञासा भी उतनी ही बलवती थी। हरेक चीज़ को वह भावुकता से नहीं, बल्कि गम्भीरता से विचार और विश्लेषण करके समझने की कोशिश करते थे। उनकी कसौटी पर मार्क्सवाद खरा उतरा। उन्हें विश्वास हो गया कि वर्तमान राजनीतिक स्वेच्छाचार और जन साधारण के पाशविक शोषण की वर्तमान व्यवस्था के विरुद्ध संघर्ष में निश्चित सफलता प्राप्त करने का ज़बर्दस्त साधन मार्क्सवाद है। जितना ही उनका अध्ययन और चिन्तन अधिक व्यापक और गम्भीर होता जाता, उतनी ही व्लादिमिर की यह धारणा और पक्की होती जाती थी। व्लादिमिर को मालूम हो रहा था कि जिस चीज़ को वह अपने प्राणपन से ढूंढ़ पाने की कोशिश कर रहे थे, मार्क्सवाद के रूप में वही उन्हें मिल गयी।

कज़ान में क्रान्तिकारी कार्रवाइयों को बढ़ते देख ज़ार की पुलिस परेशान थी। उसने इसका सबसे बड़ा कारण फेदोसेयेफ़ को समझा और उसे जुलाई, १८८९ में गिरफ्तार कर लिया। व्लादिमिर जिस मंडल में सम्मिलित थे उसका भी पुलिस को पता लग गया और उसके मेम्बरों को भी गिरफ्तार कर लिया गया। सौभाग्य से व्लादिमिर उस समय गिरफ्तार होने से बच गये। इसमें शक नहीं, यदि वह इस समय गिरफ्तार हुए होते, तो पहली गिरफ्तारी से यह कहीं बुरी साबित होती। गिरफ्तारी न होने का कारण उनका उस समय कज़ान में न रहना था। गिरफ्तारी के दो महीने पहले, ३ मई १८८९ को, व्लादिमिर अपने परिवार के साथ समारा गुबेर्निया में रहने चले गये थे। पहले, परिवार वाले समारा से ५० वर्स्त (क़रीब ३४ मील) दूर के एक गांव अलकयेव्का के पास के एक फार्म में रहे, फिर १८८९ ई० की शरद में वह समारा नगर चले गये। यहां पर भी पुलिस व्लादिमिर और उसके सारे परिवार पर पूरी तरह से देख-रेख रखती थी।

समारा में पहुँचते समय अब व्लादिमिर पक्के मार्क्सवादी हो चुके थे।

उन दिनों समारा नरोद्निकों का गढ़ था। उस समय के पुलिस के कागज़-पत्रों को देखने से मालूम होता है कि समारा में नज़रबंद या पुलिस की देख-रेख में रहने वाले निर्वासितों की संख्या ४० के क़रीब थी, जो नरोद्वाद के अनुयायी

तथा मार्क्सवाद के विरोधी थे। वे सामाजिक विकास के नियमों को नहीं समझ पाते थे। यही विचारधारा वहां सभी क्रान्तिकारियों में देखी जाती थी। नरोद्निकों का कहना था—और वैसा कहने वाले आज १९५५ ई० में भी हमारे भारत में बहुत अधिक मिलेंगे—कि पूंजीवाद रूस में एक "आकस्मिक" चीज़ है, वह रूस की पवित्र भूमि में पनप नहीं सकता। रूस की भूमि ऐसी है, जिसमें यह विदेशी पौदा जड़ नहीं जमा सकता। पूंजीवाद के बारे में ऐसा रुख रखनेवाले क्रान्तिकारी, आन्दोलन में कमकर वर्ग के महत्व को भी नहीं समझ सकते थे। इसलिए, वे जिस समाजवाद या समता के सिद्धांत को स्थापित करना चाहते थे, उसके कमकरों द्वारा नहीं, बल्कि ग्राम-पंचायतों द्वारा स्थापित होने की आशा करते थे। हमारे यहां भारत में तो आज कम्युनिस्टों को छोड़कर प्रायः बाकी सभी राजनीतिक दल इसी औषधि को रामवाण समझते हैं। कहीं आचार्य भावे अपना आचार्यत्व भूदान यज्ञ से इसी क्षेत्र में दिखला रहे हैं और कहीं दूसरे सर्वोदयी महारथी आकाश में अन्धाधुन्ध इसी लक्ष्य की ओर तीर चला रहे हैं।

समारा में व्लादिमिर के आने के समय क्रान्तिकारी विचारधारा वाले तरुणों के कितने ही चक्र थे, जिनमें से अ० प० सकल्यारेंको द्वारा संचालित चक्र अधिक प्रमुख था। इस चक्र में ऐतिहासिक, अर्थशास्त्र सम्बंधी और दार्शनिक समस्याओं का अध्ययन किया जाता था। किसानों के सवाल पर भी विचार विनिमय होता। वैसे नरोद्निक विचारधारा ही का अनुकरण यहां भी अधिकतर होता था। सकल्यारेंको का सम्बंध कमकरों से, विशेषकर रेलवे-मज़दूरों से, था। व्लादिमिर ने वहां पहुँचकर अपने विचारों को प्रकट करना शुरू किया, तो उनका प्रभाव पड़ना शुरू हुआ और जल्दी ही सकल्यारेंको ने नरोद्निक विचारधारा को छोड़कर मार्क्सवाद को अपना लिया। सकल्यारेंको के चक्र तथा क्रान्तिकारी तरुणों के दूसरे गुप्त-चक्रों में भी व्लादिमिर मार्क्सवाद पर लेख पढ़ते। उन्होंने वहीं प्रसिद्ध नरोद्निक लेखक व० व० (व० प० वोरोन्तसोफ़) की पुस्तक "रूस में पूंजीवाद का भविष्य" की आलोचना करते हुए एक लेख पढ़ा। एक अन्य लेख में व्लादिमिर ने नरोद्निक मिखाइलोव्स्की और यूझाकोफ़ के ग्रंथों की आलोचना की। नरोद्निक निकोलाई-ऑन (न० फ० दनिएलसन) की पुस्तक "पश्चात-सुधार के बाद हमारे सामाजिक अर्थशास्त्र की रूपरेखा" की भी खबर व्लादिमिर ने अपने एक लेख में ली। यहीं उन्होंने मार्क्स के "दर्शन की दरिद्रता" पर एक अच्छा लेख पढ़ा। इन लेखों, उनके भाषणों और वाद-विवाद की शक्ति को देखकर उसी समय लोग इस उन्नीस-बीस वर्ष के तरुण के ज्ञान-गाम्भीर्य पर आश्चर्य करते थे। चक्रों के मेम्बर अपने पत्रों में लिखा करते थे कि समारा में आजकल पुलिस की निगरानी में रहनेवाला नज़रबंद उलियानोफ़ नाम का विद्यार्थी विद्या और बुद्धि में बड़ा ही चमत्कारिक पुरुष है।

समारा में रहते समय व्लादिमिर मार्क्स और एंगेल्स की पुस्तकों के अध्ययन में पूरी तरह डूब गये। अभी तक उनके बहुत कम ग्रंथ ही रूसी भाषा में अनुवादित हुए थे, लेकिन व्लादिमिर ने जर्मन और फ्रेंच भाषाओं को यों ही नहीं पढ़ा था। वह उन भाषाओं में भी मार्क्स और एंगेल्स की पुस्तकें किसी तरह प्राप्त करके उन्हें पढ़ते। व्लादिमिर ने इसी समय "कम्युनिस्ट घोषणापत्र" का रूसी में अनुवाद किया, जो हस्तलिखित रूप में समारा के अध्ययन-चक्रों में पढ़ा जाता था। एक बार पुलिस ने धावा बोला तो इस अनुवाद को नष्ट कर देना पड़ा।

मार्क्स और एंगेल्स की कृतियों को पढ़ने के अतिरिक्त व्लादिमिर रूस के क्रान्तिकारी इतिहास का भी बड़ी गम्भीरता से अध्ययन करते और उसके बारे में समारा में नज़रबंद नरोद्‌नाया-वोल्या के अत्यंत प्रमुख सदस्यों से बहस भी करते। वह मार्क्सवाद के पक्षपाती थे, लेकिन मार्क्सीय सिद्धांतों के किताबी पांडित्य को बड़ी तुच्छ दृष्टि से देखते थे। वह मार्क्सवाद को एक निर्जीव मतवाद नहीं बल्कि एक सजीव वैज्ञानिक सत्य, क्रान्तिकारी काम के लिए एक सजीव पद-प्रदर्शक, समझते थे।

बीस वर्ष की उम्र थी, जब कि मार्क्सवाद का प्रचार करते हुए व्लादिमिर ने रूस के आर्थिक और राजनीतिक विकास का पूरी तरह अध्ययन करना शुरू किया। उन्होंने नरोद्‌निकों के आर्थिक अनुसंधानों का पूरी तौर से अवगाहन किया। नरोद्‌निकों ने जिस तथ्यभूत सामग्री के आधार पर अपने ग़लत निष्कर्ष निकाले थे उसका, फिरसे मूल से मिलाकर, स्वतंत्रता पूर्वक परीक्षण किया। स्थानीय संस्थाओं (ज़ेम्स्त्वों) में तथा दूसरी जगह रूस की आर्थिक स्थिति के जो आंकड़े मिल सकते थे, उनका उन्होंने बड़े ध्यान से अध्ययन किया। उनके बारे में उन्होंने उसी समय लिखा था, "यह विस्तृत किसानों की आर्थिक अवस्था सम्बंधी ज्ञान सामग्री बड़े विशाल परिमाण में प्रदान करती है।"

किसानी जीवन के सैद्धांतिक पहलू का अध्ययन करते हुए व्लादिमिर ने किसानों के जीवन के साथ प्रत्यक्ष सम्बंध स्थापित करके जो व्यावहारिक अनुभव प्राप्त किया था, उससे उन्होंने अपने हरेक विचार की परीक्षा की। गर्मियों (हमारे यहां की गर्मी और बरसात) के पांच मौसिमों (१८८९–९३ ई०) को उन्होंने बराबर अलकयेव्का गांव में बिताया जहां उनको किसानों के साथ बहुत घनिष्ट सम्पर्क का मौका मिला। उनके कहने पर सकल्यारेंको ने समारा उयेज्द (ज़िला) के तीन वोलोस्तों (तहसीलों) के आंकड़ों को जमा किया। इसके लिए प्रश्नावली व्लादिमिर ने स्वयं तैयार की थी।

"**किसानी जीवन में नया आर्थिक परिवर्तन**"—बड़ी गम्भीरतापूर्वक और सावधानी के साथ रूसी इतिहास का अध्ययन करने के बाद व्लादिमिर ने

उलियानोफ़ परिवार [१८७६]

(आगे की पंक्ति में दाहिनी ओर बालक लेनिन बैठे हैं)

किशोर लेनिन [१८८७]

तरुण लेनिन [१८९१]

इस अत्यन्त सुन्दर निबंध को १८९३ ई० के वसन्त में लिखा। व्लादिमिर की सुरक्षित कृतियों में यह सबसे पुरानी है। निबंध में व्लादिमिर ने व० व० पोस्तनिकोफ़की पुस्तक "दक्षिणी रूस की किसानी व्यवस्था" की गम्भीर आलोचना की है। पोस्तनिकोफ़ ने ज़ेम्स्तवों में जमा किये आंकड़ों तथा एकातेरिनोस्लाव, खेरसौन और तोरिदाकी गुबर्नियों में स्वयं अनुसन्धान करके अपनी पुस्तक लिखी थी। इस पुस्तक की व्लादिमिर भी तारीफ़ करने के लिए तैयार थे। इसमें लेखक ने आंकड़ों के आधार पर साबित किया था कि रूसी किसानों में फ़र्क बढ़ता जा रहा है। पर अन्त में उसने उदार-नरोद्निक निष्कर्ष निकाले थे। इनका व्लादिमिर ने खण्डन किया। उस आरम्भिक समय में भी तरुण व्लादिमिर मार्क्सवादी विश्लेषण शैली का कितनी सफलता के साथ नये क्षेत्र में उपयोग कर सकते थे, इस किताब से इसका भलीभांति पता चल जाता है। तत्कालीन पत्र-व्यवहार में व्लादिमिर ने अपने इस निबंध द्वारा निम्न निष्कर्ष निकाले थे :

> "जिन प्रस्तावों का विवेचन यहां किया गया है, और उनके आधार पर निबंध में जो निष्कर्ष निकाले गये हैं, उनसे कहीं अधिक महत्वपूर्ण तथा अधिक दूरव्यापी निष्कर्ष निकाले जा सकते हैं। मुझे मालूम होता है कि हमारे छोटे-छोटे उत्पादकों (किसानों और गांव के हस्त-शिल्पियों) के बीच जो विघटन की प्रक्रिया चल रही है, वह एक ऐसा मौलिक तथ्य है जो इस देश में शहरी तथा बड़े पैमाने के पूंजीवाद की व्याख्या करता है। वह इस असत्य को छिन्न-भिन्न कर देता है कि किसानी व्यवस्था एक अपवादभूत आर्थिक व्यवस्था है (वस्तुतः वह पूंजीवादी व्यवस्था का अंश है; हां, वह सामन्तवादी बेड़ियों से अधिक जकड़ी हुई है)। और वह हमें यह सोचने के लिए मजबूर करता है कि वह तथाकथित "श्रमिक समुदाय"..... उस विशाल किसान जनता का ऊपरी स्तर है, जो कि अभी ही किसानी की अपेक्षा अपनी श्रम-शक्ति को बेचकर अपनी जीविका प्राप्त करती है।"

व्लादिमिर अपने निबंध को उदार-नरोद्निकों की किसी क़ानूनी पत्रिका में छपाना चाहते थे। लेकिन, नरोद्वाद का खंडन होने से सम्पादकों ने उसे छापने से इन्कार कर दिया। तीस वर्ष तक यह निबंध यों ही पड़ा रहा और १९२३ ई० में ही प्रकाशित हो सका।

२. क़ानून का अध्ययन

१८८९ ई० की शरद में व्लादिमिर ने सरकार से क़ानूनी परीक्षा के लिए किसी कालेज में पढ़ने की आज्ञा मांगी। इस अर्ज़ी के हाशिये पर ज़ारशाही शिक्षा मंत्री देल्यानोफ़ ने लिखा था : "पुलिस विभाग और बड़े अफ़सर इसके

बारे में जांच-पड़ताल करें।" जवाब में पुलिस-विभाग के मुख्य अफ़सर दुर्नोवो ने लिखा था : "कज़ान में रहने के समय उलियानोफ़ का सम्बंध राजनीतिक तौर से अविश्वसनीय व्यक्तियां के साथ देखा गया, जिनमें से कुछ के विरुद्ध राज्य के ख़िलाफ़ जुर्म करने का अभियोग चल रहा है।" व्लादिमिर की अर्ज़ी खारिज कर दी गयी। "राजनीतिक तौर से अविश्वसनीय" कह कर ज़ार की सरकार ने व्लादिमिर के लिए युनिवर्सिटी का दरवाज़ा बन्द कर दिया। बहुत कोशिश करने पर १८६० ई० के वसन्त में उन्हें पीतरबुर्ग युनिवर्सिटी में क़ानून की परीक्षा देने की इजाज़त मिली।

पीतरबुर्ग में अध्ययन (१८६० ई०)—१८६० ई० के अगस्त के अन्त में परीक्षा के बारे में जानकारी हासिल करने के लिए व्लादिमिर पीतरबुर्ग गये। फिर, समारा लौट कर उन्होंने परीक्षा के लिए तैयारी शुरू की। मार्क्सवाद का अध्ययन भी उनका पहले ही की तरह जारी रहा।

युनिवर्सिटी में क़ानून की पढ़ाई चार साल की थी, जिसे बीस वर्ष के व्लादिमिर एक वर्ष में खतम करना चाहते थे—और सो भी किसी गुरू-गड़ेरिये के पास जाकर नहीं, बल्कि अपने-आप ही पढ़ कर। परीक्षा-बोर्ड के पास आवेदन पत्र के साथ फ़ौजदारी क़ानून पर एक निबंध और परीक्षा के विषय पर भी एक निबंध लिखकर भेजना ज़रूरी था। परीक्षा के विषय थे : रोमी-क़ानून, दीवानी-क़ानून, फ़ौजदारी-क़ानून, व्यापारिक-क़ानून और उनके विधान शास्त्रों एवं रूसी क़ानून का इतिहास, धर्मशास्त्रीय-क़ानून, सवैधानिक-क़ानून, पुलिस-क़ानून, राजनीतिक-अर्थशास्त्र, आंकड़ा-शास्त्र, वित्तीय-क़ानून, साधारण-क़ानून और क़ानून-दर्शन का इतिहास। इसके लिए भारी परिमाण में तत्सम्बंधी साहित्य का गम्भीरतापूर्वक अध्ययन करना था। व्लादिमिर ने किस तरह तैयारी की, इसके बारे में उनकी बहन अन्ना ने अपने संस्मरण में लिखा था :

> "उस समय यह बात सुनकर लोगों को बहुत आश्चर्य होता था कि युनिवर्सिटी से निष्कासित होने पर भी एक साल के भीतर, बाहरी सहायता एवं वार्षिक या अर्ध-वार्षिक किसी भी परीक्षा को पास किये बिना, व्लादिमिर ने इतनी अच्छी तरह तैयारी की कि वह अच्छी श्रेणी में परीक्षा पास करने में सफल हुए। इस सफलता का कारण था, उनकी अद्भुत प्रतिभा और काम करने की ज़बर्दस्त क्षमता।"

व्लादिमिर ने जाड़ों में समारा में और गर्मियों में अलकयेव्का के अपने फार्म में रहकर अनथक परिश्रम किया। उनकी बहन अन्ना ने अलकयेव्का के अध्ययन के बारे में लिखा था :

> "उन्होंने अपने अध्ययन के लिए नींबू के वृक्षों के एक घने झुरमुट के बीच एक एकांत अध्ययन-स्थान बनाया।... प्रतिदिन नाश्ते के बाद बगल

में कितनी ही पोथियों को दबाये वह ऐसी समय की पाबंदी के साथ जाते, मानो कोई कठोर अध्यापक कक्षा में उनकी प्रतीक्षा कर रहा है। वहां वह पूरी तौर से अलग-थलग रहकर भोजन के समय—३ बजे—तक पढ़ने में लगे रहते। उनके काम में बाधा पड़ने के डर से हममें से कोई उस झुरमुट में नहीं जाता। सबेरे की पढ़ाई खतम करने के बाद भोजनोपरान्त वह फिर सामाजिक विषय की किसी पुस्तक को ले उसी कोने में लौट जाते। मैंने उन्हें जर्मन भाषा में एंगेल्स की पुस्तक "इंगलैंड में मज़दूर वर्ग की स्थिति" पढ़ते देखा। उसके बाद थोड़ा टहलने के लिए जाते, फिर नहाते और तदनन्तर ब्यालू करके......वलोद्या (व्लादिमिर) फिर किसी पुस्तक पर डट जाते।"

व्लादिमिर ने पीतरबुर्ग युनिवर्सिटी से १८९१ ई० के वसन्त और शरद् के दो सत्रों में बड़े सम्मान के साथ अपनी परीक्षा पास की। परीक्षा में ३३ विद्यार्थी बैठे थे, जिनमें सभी विषयों में सबसे अधिक नम्बर व्लादिमिर को मिले थे। क़ानून-फैकल्टी के परीक्षा-बोर्ड ने उन्हें प्रथम श्रेणी का प्रमाण-पत्र प्रदान किया।

व्लादिमिर जिस समय वसन्त में परीक्षा दे रहे थे, उसी समय उनके लिए एक दूसरी हृदयवेधी घटना घटी। उनकी छोटी बहन ओल्गा, जो कि पीतरबुर्ग में उच्च-शिक्षा की छात्रा थीं, टायफाइड (मोतीझरा) से मर गयी। व्लादिमिर अपने से अठारह महीने छोटी ओल्गा को बहुत प्यार करते थे। बहन के मरने के थोड़े ही पहले उन्होंने अपनी मां को पीतरबुर्ग बुला लिया था। बहन के मरने के बाद मां-बेटे साथ ही समारा लौटे। राजधानी में जिस वक्त व्लादिमिर परीक्षा के लिए गये थे, उस समय उन्होंने कितने ही मार्क्सवादियों से मुलाक़ात की और उनसे रूसी तथा जर्मन भाषा में मार्क्सवादी साहित्य की कितनी ही पुस्तकें प्राप्त कीं जिन्हें वह अपने साथ समारा ले गये।

समारा में बैरिस्टरी (१८९२–९३ ई०)—जनवरी १८९२ ई० में व्लादिमिर का नाम बैरिस्टरों की सूची में दर्ज हुआ। मार्च से वह वकालत में प्रैक्टिस करने लगे। उनके मुवक्किल रूसी तथा तातार ग़रीब किसान ही अधिक थे, जो कि उस समय वोल्गा-उपत्यका में पड़े अकाल से बहुत पीड़ित थे। उन्हें जो पहला मुवक्किल मिला था, उस पर दोष लगाया गया था: "भगवान, पवित्र कुमारी, पवित्र त्रिमूर्ति, परम भट्टारक सम्राट और उसके उत्तराधिकारी के प्रति इसने यह कहकर निन्दा के शब्द निकाले थे कि परम भट्टारक न्याय के साथ शासन नहीं करते।" यद्यपि अब व्लादिमिर बैरिस्टर थे, वह क़ानून की प्रैक्टिस करते थे, लेकिन तो भी वह अपने गम्भीर सैद्धांतिक अध्ययन को लगातार जारी रखे हुए थे और मार्क्सीय समाजवादी जनतांत्रिक अध्ययन-चक्रों को चलाते भिन्न-भिन्न विषयों पर लेख लिखकर पढ़ते रहते थे।

व्लादिमिर समारा में चार वर्ष से कुछ अधिक रहे। यहीं उनका मार्क्सीय दृष्टिकोण परिपक्व अवस्था में पहुँचा, और यहीं उन्होंने नरोद्निकों के खिलाफ़ पहली लड़ाइयां लड़ीं। नरोद्निकों का इतना प्रभाव था कि लोगों को उससे मुक्त किये बिना उनमें मार्क्सवाद का प्रचार करना सम्भव नहीं था। रूस के अर्थशास्त्र और इतिहास का उन्होंने यहीं गम्भीर अध्ययन किया और इनके ऊपर अध्ययन-चक्रों में अपने लेख पढ़े। यह अध्ययन और लेख पीछे उनके कई ग्रन्थों में काम आये, जैसे: "'जनता के मित्र' क्या हैं, और वे सोशल-डेमोक्रैटों (समाजवादी जनतांत्रिकों) से कैसे लड़ते हैं?"। व्लादिमिर ने समारा के मार्क्सवादियों की एक मंडली बनायी जिसने आगे चलकर क्रान्तिकारी तरुणों पर काफ़ी प्रभाव डाला। लेनिन ने वहां रहते हुए निज्नी-नवगरोद, व्लादिमिर और पीतरबुर्ग के मार्क्सवादियों के साथ सम्बंध स्थापित किया। जेल में बन्द अपने पुराने साथी फेदोसेयेफ़ से भी उन्होंने पत्र-व्यवहार स्थापित किया। उस समय जब कि मार्क्सीय-आन्दोलन रूस में अभी आरंभ ही हो रहा था, वोल्गा प्रदेश व्लादिमिर और फ़ेदोसेयेफ़ के अनथक परिश्रम से मार्क्सवाद के प्रचार का मुख्य केन्द्र बन गया। समारा के अध्ययन-चक्रों में मार्क्सवादी विचारों का प्रचार होता और नरोद्निकों से बहस होती जिसमें प्रतिद्वंदी व्लादिमिर को क़ायल नहीं कर पाते थे।

समारा एशिया की सीमा के पास एक दूरवर्ती कस्बा था जहां का जीवन और क्षेत्र इतना अनुकूल नहीं था कि व्लादिमिर के ज्ञान और प्रतिभा का वहां अच्छी तरह उपयोग हो सकता। दूसरी बात यह भी थी कि मार्क्सवाद के अनुसार क्रान्ति के आधारभूत थे औद्योगिक सर्वहारा। उनके आन्दोलन के केन्द्र वहां से बहुत दूर थे। राजनीतिक संघर्ष के क्षेत्र भी दूर थे। इसलिए व्लादिमिर सर्वहारा के बीच जाना चाहते थे। उस समय का उनका मनोभाव एक नोट से मालूम होता है। चेखोफ़ की कहानी '६ नम्बर वार्ड' को १८९२-९३ ई० के जाड़ों के आरम्भ में पढ़ने पर व्लादिमिर के ऊपर जो प्रभाव पड़ा था, उसके बारे में व्लादिमिर ने लिखा था: "जब मैंने कल रात यह कहानी खतम की तो मेरे दिल को उससे इतना ज़बर्दस्त धक्का लगा कि मैं अपने कमरे के भीतर नहीं रह सका। मुझे उठकर बाहर जाने और टहलने के लिए मजबूर होना पड़ा। मैं अनुभव करने लगा कि मैं ६ नम्बर वार्ड में बन्द हूं।"

इससे मालूम होता है कि जो भीषण क्रूरता और हृदयहीनता चारों तरफ दिखायी पड़ रही थी, उसे चुपचाप सहने का धैर्य व्लादिमिर में नहीं था। वह विस्तृत क्रान्तिकारी संघर्ष के अखाड़े में उतरने के लिए अधीर थे।

अध्याय ४

पहला क़दम

(१८९३-९५ ई०)

१. पीतरबुर्ग में (१८९३ ई०)

१८९३ ई० के अगस्त में व्लादिमिर इलिच उलियानोफ़ ने समारा छोड़ पीतरबुर्ग के लिए प्रस्थान किया। रास्ते में वह दुनिया में अपने सबसे बड़े मेले के लिए मशहूर निज्नी-नवगरोद (वर्तमान गोर्की) में थोड़े समय के लिए ठहरे। एक मार्क्सीय अध्ययन-चक्र के सामने नरोद्निकों की विचारधारा का खंडन करते हुए उन्होंने एक लेख पढ़ा। वहां से चलकर ३१ अगस्त, १८९३ को वह रूस की राजधानी पीतरबुर्ग पहुंचे। यह वह समय था, जब मजदूर जन-आन्दोलन ज़ोर पकड़ने ही वाला था। इससे दस वर्ष पहले प्लेखानोफ़ और उसके साथियों ने "मज़दूर उद्धारक गुट" नाम से एक संगठन तैयार किया था जिसने रूस में मार्क्सवाद का प्रचार शुरू करते हुए मज़दूर-आन्दोलन के साथ सम्बंध स्थापित करने के लिए पहला क़दम उठाया था। १९ वीं शताब्दी के उत्तरार्द्ध में रूस में पूंजीवाद का भारी विस्तार हुआ। इसके साथ कमकरों की संख्या बढ़ी और कमकर-वर्ग-आन्दोलन का सूत्रपात हुआ। कारखानों में इकट्ठा मज़दूर, मालिकों द्वारा शोषण के प्रयत्नों को चुपचाप बर्दाश्त नहीं कर सकते थे। मार्क्सवादी प्रचार यद्यपि बहुत छोटे पैमाने पर शुरू हुआ था, लेकिन जंगल में फैलने वाली आग भी तो एक छोटी सी चिनगारी से ही पैदा होती है। रूस में पहले-पहल अब मार्क्सवादी मज़दूर पैदा हुए। लेकिन, अभी मार्क्सीय मंडलियों का दृढ़ सम्बंध कमकर जनसाधारण के आन्दोलन से नहीं हुआ था। लेनिन ने १९ वीं सदी की नवीं दशाब्दी के अन्त तथा दसवीं के प्रारंभ काल के बारे में लिखा था कि उस समय समाजवादी जनतांत्रिक आन्दोलन की वृद्धि "बड़ी कठिनाई से" हो रही थी। स्थिति ऐसी थी कि बहुत कम इस बात की आशा रख सकते थे कि इस समय समाजवाद का कमकर आन्दोलन के साथ संगम कराने जैसा कोई अगला बड़ा क़दम उठाने के लिए पक्की भूमिका तैयार हो गयी है। अभी बहुत कम ही लोग महसूस करते थे कि अनेक असम्बद्ध मार्क्सीय चक्रों को मिलाकर उन्हें एक ऐसे संगठन के रूप में परिणत किया जा सकता है जो सम्मिलित लक्ष्यों और संघर्ष के एकसे तरीक़ों द्वारा सम्बंधित हो और जिसे मार्क्सवादी कार्यक्रम से शक्तिशाली बने मज़दूर-वर्ग का राजनीतिक नेता बनाया जा सकता है।

पीतरबुर्ग में पहुंचते ही ब्लादिमिर ने इस ऐतिहासिक करणीय को कार्यरूप में परिणत करने का प्रयत्न शुरू किया। अभी उनकी अवस्था २३ वर्ष की ही थी। लेकिन अब वह ज्ञानवृद्ध, सुपठित, क्रान्तिकारी मार्क्सवादी हो गये थे और मज़दूर वर्ग के लिए मन-प्राण से काम करने को तैयार थे।

"बाज़ार" नहीं—उस समय पीतरबुर्ग में कितने ही क्रान्तिकारी तथा विरोधी तरुण-चक्र अपना काम कर रहे थे। ब्लादिमिर ने उनमें से एक के साथ अपना सम्बंध स्थापित किया। १८९२ ई० में सरकार की ओर से ज़बर्दस्त दमन हुआ था। उससे बच निकले चक्रों में एक समाजवादी जनतांत्रिक संगठन था जो ब्रुस्नेफ़ के नेतृत्व में काम कर रहा था। यह मार्क्सवादियों की एक अलग-थलग सी मंडली थी जिसका बहुत थोड़े से आगे बढ़े हुए कमकरों के साथ सम्बंध था। वह देश के राजनीतिक जीवन से कोई सम्बंध न रखते हुए दूसरे देशों के लिए लिखे गये विचारों के आधार पर बिल्कुल निराकार रूप में कमकरों के बीच प्रचार करती थी। पीतरबुर्ग के समाजवादी जनतांत्रिकों द्वारा संचालित चक्र में मार्क्सवाद का अध्ययन सजीव वास्तविकता से दूर, निराकार रूप में होता था। वह मानो देश और काल के अनुसार मार्क्स के सिद्धान्तों को लागू करने की आवश्यकता ही नहीं समझता था, और न आन्दोलन में कमकरों के साथ एकरूपता स्थापित करने की आवश्यकता समझता था। कमकरों की भाषा और उनके समझने लायक भावों का इस्तेमाल करने की जगह वह शिक्षा के अपने तल पर उन्हें लाकर मार्क्सवाद में दीक्षित करना चाहता था। ऐसी स्थिति से ब्लादिमिर कैसे संतुष्ट हो सकते थे! उन्होंने १८९३ ई० की शरद् में जो क़दम उठाया, उसे चक्र के सदस्यों ने ठीक ही बताया कि वह जीवन-दायक प्रभाव छोड़ने वाला तूफ़ान था। ब्लादिमिर ने पीतरबुर्ग की समाजवादी जनतांत्रिक मंडली को जनता के बीच व्यावहारिक राजनीतिक कार्रवाई के मार्ग पर चलाने का प्रयत्न किया। इस काम में उनका प्रसिद्ध लेख "बाज़ार का तथाकथित प्रश्न" बड़े काम का साबित हुआ। १८९३ ई० की शरद् में यह लेख पढ़ा गया। इसमें ब्लादिमिर इलिच ने पीतरबुर्ग की समाजवादी जनतांत्रिक मंडली के एक सदस्य, हेरमान क्रासिन, की आलोचना की थी। बहुत दिनों तक समझा गया था कि यह लेख सदा के लिए गुम हो चुका है। लेकिन, लेनिन की मृत्यु के तेरह वर्ष बाद, १९३७ ई० में, वह एकाएक मिला और प्रकाशित कर दिया गया। १८९३ में मार्क्सवादी चक्रों में "बाज़ार" के प्रश्न पर बड़ी गम्भीरतापूर्वक वाद-विवाद हुआ करता था। नरोद्निकों का कहना था कि देहाती इलाक़ों को ध्वस्त करके पूंजीवाद घरेलू "बाज़ार" को संकुचित बना रहा है। वे इससे यह निष्कर्ष निकालते थे कि रूस में पूंजीवाद के लिए बाज़ार न तो है, और न कभी उसके लिए बाज़ार तैयार हो सकता है। उनकी धारणा थी कि हमारे देश में पूंजीवाद फल-फूल नहीं सकता। भारत में ऐसी खोपड़ियों की आज भी कमी नहीं है जो

अपनी पवित्र-भूमि के लिए पूंजीवाद, आधुनिक उद्योग-धन्धों और दूसरी आधुनिक चीज़ों को विदेशी और भारतीय जलवायु के प्रतिकूल कहकर आंख मूंदने की कोशिश करती हैं। नरोद्निक पूंजीवाद को जिस तरह यों ही घटित क्षणिक घटना मानते थे, उसी तरह औद्योगिक सर्वहारा को भी वे शरद् के मेघ की छाया भर मानते थे। इस प्रकार बाज़ार के प्रश्न के ऊपर जो वाद-विवाद चल रहा था, उसका सम्बंध रूस में पूंजीवाद के भविष्य के प्रश्न के साथ जुड़ा हुआ था। पुरानी परम्पराओं और पिछड़ेपन के कारण कितनों को ही नरोद्निकों की यह बात उसी तरह लुभावनी मालूम होती थी जिस तरह भारत में गांधीवाद, सर्वोदयवाद, भावेवाद, जयप्रकाश-अशोक-कृपलानीवाद दिखायी पड़ता है। नरोद्निकों के इस मकड़ी के जाले को तोड़ने की आवश्यकता थी। और यह उनके द्वारा उठाये बाज़ार के प्रश्न का जवाब देकर ही हो सकता था।

व्लादिमिर ने अपने लेख में पूंजीवादी विकासधारा की रूपरेखा खींची थी। उन्होंने बतलाया था कि किस तरह प्राकृतिक अर्थनीति के विकास की ऐतिहासिक प्रक्रिया माल के उत्पादन के रूप में परिणत हुई। माल का सीधा-सादा उत्पादन छिन्न-भिन्न हुआ और हस्त-शिल्प का वैयक्तिक उत्पादन पूंजीवादी उत्पादन के रूप में परिणत हो गया। क्रासिन ने बाज़ारों के विषय पर एक व्याख्यान दिया था। उसने रूस में पूंजीवाद के विकास के साकार रूपों और स्वभाव का बिल्कुल खयाल छोड़कर "साधारण रूप में" पूंजीवाद के विकास के सम्बंध में ऊपरी विवेचन करने तक ही अपने को सीमित रखा था। व्लादिमिर ने क्रासिन के इस ढंग की आलोचना की। उन्होंने इस बात की भी आलोचना की कि क्रासिन ने पूंजीवाद के केवल प्रगतिशील पहलू पर ही ज़ोर दिया और पूंजीवाद के विरोधों, पूंजीवाद के नीचे दरिद्रता की वृद्धि तथा मजदूर जनसाधारण के सत्यानाश एवं सर्वहारा के वर्गहितों के बारे में कुछ नहीं कहा। उन्होंने बतलाया कि मार्क्सवादियों को पूंजीपतियों के बाज़ारों के सम्बंध में अपनी सारी शक्ति लगाने की ज़रूरत नहीं है, उन्हें मज़दूर वर्ग को संगठित करने, रूस में मज़दूर जन-आन्दोलन को विकसित और मजबूत करने की ओर ध्यान देना है। व्लादिमिर ने क्रासिन के विचारों में "क़ानूनी मार्क्सवाद" की स्थूल रूपरेखा का तुरन्त पता लगा लिया जिसका अभी-अभी आरम्भ हो रहा था और जिसके रूप में पूंजीवादी शिक्षित जन पूंजीवाद को मजबूत करने तथा उसका यशोगान करने के लिए नरोद्निकों के खिलाफ़ अपने संघर्ष में मार्क्सवाद का इस्तेमाल करना चाहते थे।

व्लादिमिर ने नरोद्निकों के इस विचार का खंडन किया कि रूस में पूंजीवाद फल-फूल नहीं सकता क्योंकि यहां उसके लिए "बाज़ार" नहीं है। उन्होंने कहा कि इस प्रश्न के सम्बंध में बहस-मुबाहिसे को "क्या सम्भव है और क्या होना चाहिए" की बेकार की कल्पना के क्षेत्र से हटाकर वास्तविकता के क्षेत्र में

स्थानांतरित करना चाहिए। उन्होंने इस बात की मार्क्सीय व्याख्या की कि "किस तरह रूसी आर्थिक व्यवस्था नया रूप ले रही है, और क्यों दूसरा रूप न ले वह इसी रूप को स्वीकार कर रही है।" रूस की बहुत सी गुबर्नियों के साकार तथ्यों और बहुतेरे आंकड़ों के आधार पर व्लादिमिर ने सिद्ध किया कि धनी और ग़रीब दोनों ही प्रकार के किसान "बाज़ार" को तैयार करते जा रहे हैं। इससे उन्होंने निष्कर्ष निकाला कि "हमारे सामने माल के उत्पादन और पूंजीवाद की वृद्धि की सजीव एकबद्ध प्रक्रिया मौजूद है।" उन्होंने साबित किया कि पूंजीवाद "रूस के आर्थिक जीवन की मुख्य पृष्ठभूमि बन चुका है।"

प्रमुख नेता—पीतरबुर्ग के मार्क्सवादियों पर व्लादिमिर की बातों ने बहुत ज़बरदस्त प्रभाव डाला, क्योंकि उन्होंने नरोद्निकों से लड़ने के लिए एक ज़बरदस्त हथियार उनके हाथ में दिया और बतलाया कि नरोद्वाद के खोखलेपन को किस तरह दिखलाया जा सकता है।

न० क० क्रुप्स्काया (भावी लेनिन-पत्नी) ने बतलाया है कि लेनिन के कथनों से पीतरबुर्ग के मार्क्सवादी उस समय कितने चकित हुए थे। हमारे नये मार्क्सवादी मित्र ने बाज़ार के प्रश्न का अत्यन्त साकार रूप में विवेचन किया। उसने इसका सम्बंध जनसाधारण के हितों से जोड़ा। उसकी सारी विचार-शैली में आदमी को ठीक वह सजीव मार्क्सवाद मिलता था जो कि घटनाओं के प्राकट्य को उनके साकार वातावरण और विकास में देखता है। जिन चक्रों में उसने उस समय भाषण दिये थे, उनके मेम्बर बाद में याद करते थे कि व्लादिमिर इलिच ने मार्क्सवाद का उस समय के रूसी जीवन के सबसे ज़बरदस्त प्रश्नों पर ऐसी असाधारण योग्यता के साथ प्रयोग किया था कि हम चकित रह गये थे।

ऐसा असाधारण पुरुष जल्दी ही पीतरबुर्ग के समाजवादी जनतांत्रिकों का सर्वस्वीकृत नेता बन जाये, इसमें आश्चर्य क्या! "सोवियत संघ की कम्युनिस्ट पार्टी का इतिहास" के अनुसार उन्होंने "मार्क्सवाद का अभूतपूर्व ढंग से गहरा अध्ययन किया था। उनमें उस समय के रूस की आर्थिक और राजनीतिक हालत पर मार्क्सवाद को लागू करने की क्षमता थी। मज़दूरों के ध्येय की जीत में उनका विश्वास अटल और अडिग था। एक संगठनकर्ता के रूप में उनकी प्रतिभा अपूर्व थी।"

समाजवादी जनतांत्रिक पार्टी के निर्माण के मार्ग में नरोद्वाद अब भी भारी बाधा था। प्लेखानोफ़ और उसके 'मज़दूर-उद्धारक गुट' ने मार्क्सवाद के विचारों का प्रचार करने में भारी काम किया था। उसने नरोद्वाद के विचारों पर भारी प्रहार किया था जिसके कारण क्रान्तिकारी बुद्धिजीवियों में नरोद्निकों का प्रभाव घटने लगा था। लेकिन, नरोद्वाद की सिद्धांत रूप में पराजय अभी पूरी तौर से नहीं हुई थी। यह काम पूरी तरह से, और अन्तिम रूप में, व्लादिमिर इलिच लेनिन को करना था।

जनवरी, १८६४ ई० में व्लादिमिर अपने सम्बंधियों से मिलने मास्को गये और वहां दो-तीन सप्ताह रहे। उस समय वहां एक मेडिकल-कांग्रेस हो रही थी जिसमें कितने ही उदारवादी और उग्रवादी बुद्धिजीवी भी मौजूद थे। नरोद्निकों ने इससे फ़ायदा उठाकर वहां एक गुप्त बैठक का प्रबंध किया। इसमें एक प्रसिद्ध उदारवादी नरोद्निक लेखक व० व० (वोरोन्तसोफ़) ने व्याख्यान दिया। संयोग से व्लादिमिर भी उस बैठक में उपस्थित थे, उन्होंने बहस में भाग लिया और अपनी आलोचना से पहले वक्ता की ऐसी छीछालेदर की कि वहां मौजूद सभी लोगों को बहस में विजय का सेहरा इस तरुण मार्क्सवादी के बांधना पड़ा।

व्लादिमिर की बहन अन्ना उस बैठक में मौजूद थीं। उन्होंने वहां के दृश्य के बारे में लिखा था कि "निर्भय और दृढ़ संकल्प, अपनी तरुणाई के सारे उत्साह और पक्के विश्वास के साथ ही नहीं, बल्कि ज्ञान से भी हथियारबन्द होकर उन्होंने नरोद्निकों के सिद्धांतों का एक-एक करके खण्डन करना शुरू किया, और उनके विचारों की इमारत की दीवार के एक पत्थर को दूसरे के ऊपर खड़ा नहीं रहने दिया। इस ढीठ तरुण के प्रति विरोध का जो भाव पहले पैदा हुआ था, उसके स्थान पर धीरे-धीरे...अधिक सम्मान का भाव पैदा हो गया। उपस्थित जनता के बहुमत ने उन्हें एक ज़बर्दस्त प्रतिद्वन्दी समझना शुरू किया।...जिस सद्भाव से उनके साथ बर्ताव किया गया तथा उनके विरुद्ध जो वैज्ञानिक दलीलें दी गयीं... उनसे मेरे भाई जरा भी विचलित नहीं हुए। उन्होंने भी अपने पक्ष का समर्थन वैज्ञानिक तथ्यों और आंकड़ों के साथ किया और अपने प्रतिद्वन्दी पर और भी अधिक व्यंग तथा उत्साह के साथ आक्रमण किया।...वहां मौजूद सभी लोगों ने, विशेष करके तरुण श्रोता मंडली ने, बड़े ध्यान के साथ उनकी बातों को सुना। नरोद्निक प्रतिद्वन्दी ने पीछे हटना शुरू किया, उसकी वाणी रुक-रुक कर निकलने लगी और अन्त में वह चुप हो गया।"

तरुण मार्क्सवादी मंडली विजयी हुई।

यद्यपि बैठक गुप्त थी, लेकिन किसी तरह पुलिस का एक खुफिया उसमें पहुँच गया था। उसने अपने ऊपर के अफ़सरों के पास इस बहस के सार की रिपोर्ट भेजी और सूचित किया कि बहस में व्लादिमिर से पहले एक स्थानीय मार्क्सवादी ने भाग लिया था। उसने बतलाया कि वोरोन्तसोफ़ ने अपने तर्कों द्वारा इस मार्क्सवादी को चुप कर दिया था, इस पर उसके विचारों का समर्थन उलियानोफ़ नामक एक व्यक्ति ने (जिसके बारे में कहा जाता है कि वह फांसी पर लटकाये गये एक तरुण का भाई है) ऐसे ढंग से किया, जिससे मालूम होता था कि वह विषय उसके लिए हस्तामलक है।

मार्क्सवाद की यहां अब तक की पुरानी नरोद्निक विचारधारा के साथ सीधी कुश्ती हुई और अखाड़े में अपने प्रतिद्वंदी को चारों खाने चित्त करके

मार्क्सवाद ने विजय प्राप्त की। व्लादिमिर की इस विजय की चर्चा क्रान्तिकारी हलक़ों में चारों ओर होने लगी। लेकिन, वैयक्तिक तौर से नरोद्‌निकों के विरुद्ध मौखिक ढंग से वाद-विवाद या भाषण करने से ही व्लादिमिर संतुष्ट नहीं हो सकते थे। वह अच्छी तरह समझते थे कि नरोद्‌निक विचारधारा के खोखलेपन को जब तक पूरी तौर से खोल कर रख नहीं दिया जाता, तब तक हमारा काम आगे नहीं बढ़ सकता। नरोद्‌निक भी जानते थे कि उनका शत्रु पैदा हो गया है; और यदि बालपन में ही उसे खतम नहीं कर दिया गया तो वह उन्हें खतम किये बिना नहीं रहेगा। १८९३ ई० के अन्त से उनकी ज़बान और लेखनी मार्क्सवाद के खिलाफ़ ज़ोरों से चल पड़ी। न० क० मिखाइलोव्स्की उस समय एक प्रभावशाली लेखक था। उसने नरोद्‌निकों की क़ानूनी तौर से खुलेआम निकलनेवाली पत्रिका "रुस्कया बगात्स्तवो" (रूसी धन) में मार्क्सवाद के खिलाफ़ जेहाद बोल दिया। इस पर १८९४ ई० के वसन्त और गर्मियों में लेनिन ने अपनी प्रसिद्ध पुस्तक "जनता के मित्र क्या हैं?" लिखी।

जनता के मित्र क्या हैं?—पुस्तक का पूरा नाम था *"जनता के मित्र क्या हैं, और वे समाजवादी जनतांत्रिकों से कैसे लड़ते हैं?"* इस पुस्तक में अपने को "जनता के मित्र" कहने वाले उदारवादी नरोद्‌निकों को नंगा करके उनके असली रूप में रख दिया गया। व्लादिमिर ने दिखलाया कि वे जनता के मित्र नहीं हैं, बल्कि वस्तुतः जनता के साथ शत्रुता कर रहे हैं। क्रांतिकारी संघर्ष को कबसे छोड़कर वे लोग अब ज़ारशाही सरकार के साथ समझौता करने का समर्थन कर रहे थे। लेनिन ने साबित किया कि नरोद्‌वाद का ऐसा पतन अनिवार्य था। उन्होंने यह भी बतलाया कि उदार नरोद्‌निकों का सच्चा स्वरूप कुलकों अर्थात देहाती पूंजीपतियों के हितों का समर्थन करना है; नरोद्‌निकों के सैद्धांतिक विचार प्रतिक्रियावादी हैं और उनका राजनीतिक भाषण-मंच क्रान्ति-विरोधी। जनता के वास्तविक मित्र नरोद्‌निक नहीं, बल्कि मार्क्सवादी हैं जो जमींदारों और पूंजीवादियों के अत्याचार को खतम करना और ज़ारशाही को उखाड़ फेंकना चाहते हैं। इस पुस्तक ने अपने को नरोद्‌वाद की आलोचना तक सीमित नहीं रखा, बल्कि रूस में उदीयमान क्रान्तिकारी मार्क्सवादी पार्टी की घोषणा का काम भी किया। अपनी इस कृति में व्लादिमिर ने मार्क्सवादी विश्व-दृष्टिकोण के सिद्धांतों की विवेचना की। उन्होंने संक्षेप में, किन्तु बिल्कुल यथार्थ तथा आश्चर्यजनक रूप में, रूस के मज़दूर-वर्ग के विकास के ऐतिहासिक मार्ग को दिखलाते हुए रूसी मार्क्सवादियों के मुख्य करणीयों को स्पष्ट रूप में सामने रख दिया। व्लादिमिर ने इस बात पर ज़ोर दिया कि रूस की शोषित कमकर-जनता के एकमात्र प्रतिनिधि के तौर पर मज़दूर-वर्ग ने पूंजीवाद के खिलाफ़ संघर्ष का बीड़ा उठाया है। पूंजीवादी व्यवस्था को उलटने और कम्युनिस्ट समाज का निर्माण करने के लिए,

अन्तिम उद्देश्य की ओर आगे बढ़ने के लिए, मज़दूर वर्ग का फ़ौरी काम स्वेच्छाचारिता को उखाड़ फेंकना है। स्वेच्छाचारिता के विरुद्ध संघर्ष करने में सर्वहारा पूंजीपतियों पर विश्वास नहीं रख सकता, क्योंकि मज़दूर-आन्दोलन के खिलाफ़ प्रतिक्रियावाद की शक्तियों के साथ उसका मिल जाना अनिवार्य है। व्लादिमिर ने बतलाया कि सर्वहारा के अपने इस संघर्ष में उसे केवल किसानों की ही सहायता मिल सकती है। पेरिस कम्यून के असफल होने का एक बड़ा कारण था उसका किसानों की सहायता से वंचित रहना। यहां व्लादिमिर ने १८६४ ई० में ही मज़दूर-वर्ग के इस सहायक वर्ग के महत्व पर ज़ोर देते हुए कहा था कि ज़ार, ज़मींदारों और पूंजीपतियों को उखाड़ फेंकने के लिए मुख्य साधन है : कमकरों और किसानों के बीच क्रान्तिकारी मैत्री।

व्लादिमिर ने बतलाया कि किसानों की सहायता से मजदूर-वर्ग का संघर्ष केवल तभी सफल हो सकता है जब कि रूसी मार्क्सवादियों के सम्मुख जो बुनियादी करणीय है, उसे पूरा किया जाय, अर्थात परस्पर असम्बद्ध मार्क्सवादी मंडलियों को एकजुट करके उन्हें एक समाजवादी कमकर पार्टी का रूप दिया जाय। व्लादिमिर के शब्दों में : "**हमें यह निश्चय करना होगा कि जिन परिस्थितियों में हमें काम करना है उनमें संगठन का कौन सा रूप सबसे उपयुक्त होगा, ताकि समाजवादी जनतंत्रता के विचारों को फैलाया और कमकरों को एक राजनीतिक बल के रूप में एकताबद्ध किया जा सके।**"

इस पुस्तक में दूरदर्शी व्लादिमिर ने रूसी मज़दूर-वर्ग के ऐतिहासिक विकास के बारे में मानो भविष्यवाणी की थी। उन्होंने कहा था : "यह मज़दूर-वर्ग ही है जिसके ऊपर समाजवादी जनतांत्रिकों को अपना सारा ध्यान और अपनी सारी कार्रवाईयां केन्द्रित करनी होंगी। जब इस वर्ग के आगे बढ़े प्रतिनिधि वैज्ञानिक समाजवाद और रूसी कमकरों के ऐतिहासिक पार्ट अदा करने के विचारों पर अधिकार प्राप्त कर लेंगे, जब ये विचार चारों ओर फैल जायेंगे और जब कमकरों के बीच ऐसे स्थायी संगठन पैदा हो जायेंगे जो उनके आजकल के जब-तब होते युद्धों को एक समझ-बूझ कर किये जानेवाले वर्ग-संघर्ष के रूप में परिणत कर देंगे, तब रूसी कमकर सभी जनतांत्रिक तत्वों के अगुआ बनकर निरंकुशता को उखाड़ फेंकने के लिए उठ खड़े होंगे, और रूसी सर्वहारा का (सभी देशों के सर्वहारा के साथ) विजयी कम्युनिस्ट क्रान्ति के लिए खुले राजनीतिक संघर्ष के सीधे रास्ते पर नेतृत्व करेंगे।"

व्लादिमिर की यह भविष्यवाणी २३ वर्ष बाद कितनी सच्ची साबित हुई, यह आज दुनिया को मालूम है। रूसी सर्वहारा ने सिर्फ अपने ही देश में कम्युनिस्ट क्रान्ति को विजयी नहीं बनाया, बल्कि आज मानवता की तिहाई से अधिक आबादी क्रान्ति के सुफल को भोगते हुए नये, भव्य, समृद्ध और सुखी संसार का निर्माण कर

रही है। नरोद्निकों के विचार और सिद्धांत आज उपहासास्पद से जान पड़ते हैं। लेकिन, व्लादिमिर की प्रतिभा और लौह-लेखनी ने यदि बाहर से मजबूत दिखायी पड़ती उस दीवार को निष्ठुरतापूर्वक न ढा दिया होता तो क्या कम्युनिस्ट-क्रान्ति का पथ प्रशस्त हो सकता था? व्लादिमिर ने इस क्रान्ति की सफलता के प्रधान तत्व या प्रमुख नायक—सर्वहारा—के महत्व को तो मार्क्सके दिखलाये हुए रास्ते के अनुसार माना ही, साथ ही उन्होंने यह भी बहुत स्पष्ट और ज़ोरदार शब्दों में कहा कि क्रान्तिकारी मज़दूर-वर्ग को किसानों की सहायता की भारी आवश्यकता होगी और यह सहायता उनकी प्रतीक्षा कर रही है। व्लादिमिर की यह पुस्तक गुप्त रीति से हेक्टोग्राफ़ द्वारा ५०–१०० की संख्या में ही छापी गयी थी। लेकिन जल्दी ही रूस में काम करनेवाले अधिकांश समाजवादी जनतांत्रिकों ने उससे फ़ायदा उठाया। तिफलिस में अभी-अभी क्रान्तिकारी-आन्दोलन में शामिल होनेवाले सोसो युगशविली (स्तालिन) ने इसे पढ़ा और उससे भारी प्रेरणा प्राप्त की।

व्लादिमिर ने नरोद्निकों के खोखलेपन को तो साबित किया ही, सर्वहारा के दाहिने हाथ के तौर पर किसानों के महत्त्व को भी बतलाया। उन्होंने उन अविश्वसनीय "सहयात्रियों" की भी खबर ली जो मार्क्सवादियों के साथ सहानुभूति दिखलाने को अपनी बड़ी कृपा समझकर उसे भारी क़ीमत पर बेचना चाहते थे। फ़ैशन के लिये मार्क्सवाद की ओर झुकनेवाले ये लोग हमेशा अपनी चमड़ी का ध्यान रखते थे और "क़ानूनी मार्क्सवादी" बनकर जग जीतने का संकल्प करते थे। किन्तु, इस तरह के मार्क्सवादी, पूंजीवादी उदारवादियों से अधिक कुछ नहीं थे। ये "क़ानूनी मार्क्सवादी"—कहने की आवश्यकता नहीं कि आजकल के भारत में भी इन बहरूपियों की कमी नहीं है—नरोद्निकों के खिलाफ़ मार्क्सवादियों के संघर्ष से फ़ायदा उठाकर मज़दूर-आन्दोलन को पूंजीवादियों के हितों के लिए इस्तेमाल करना चाहते थे। मार्क्सवाद के क्रान्तिकारी सार को ये पूंजीवादी-सुधारवाद का रूप देना चाहते थे—जैसा कि भारत में आज कितने ही प्रजा-सोशलिस्ट कोशिश कर रहे हैं। रूस में ये "सहयात्री" कुछ वर्षों बाद वैधानिक जनतंत्रतावादी बन गये और गृह-युद्ध के काल में तो वे पूरी तौर से क्रान्ति-विरोधी सफेद-गारद हो गये थे।

व्लादिमिर की ग़जब की पैनी दृष्टि थी, जिसने "क़ानूनी मार्क्सवाद" को उसके प्रारंभिक रूप में प्रकट होने के समय ही पकड़ लिया और बतला दिया कि यह पूंजीवादी उदारवाद का ही सिलसिला है। उन्होंने क़ानूनी मार्क्सवाद के विरुद्ध संघर्ष शुरू करते हुए उसके सबसे बड़े भाष्यकार पीतर स्त्रूवे की खूब खबर ली। स्त्रूवे का कहना था कि रूसी मार्क्सवादियों को स्वीकार करना चाहिए कि हममें "संस्कृति का अभाव है, और उसे हमें पूंजीवाद से सीखना होगा।" १८९४ ई० की शरद् में पीतरबुर्ग के मार्क्सवादियों की एक छोटी सी सभा हुई। इसमें "क़ानूनी

मार्क्सवाद" के प्रतिनिधि भी मौजूद थे। इस सभा में व्लादिमिर ने "पूंजीवादी साहित्य में मार्क्सवाद की छाया" के नाम से एक लेख पढ़ा जिसमें उन्होंने स्त्रूवे के विचारों का बड़े ज़ोरों से खंडन करते हुए "क़ानूनी मार्क्सवादियों" के उदारवादी बुर्जुवा स्वरूप को नंगा कर दिया। उन्होंने बतलाया कि क़ानूनी मार्क्सवादी वस्तुतः पूंजीवादी जनतंत्रतावादी हैं; वे नरोद्वाद को छोड़ उसका विरोध करने लगे हैं और अब नरोद्वाद से निम्न-मध्यमवर्गी अथवा किसानी समाजवाद की ओर झुके हैं। सर्वहारा समाजवाद नहीं, बल्कि पूंजीवादी उदारवाद—यह उनका लक्ष्य है।

२. *"क़ानूनी मार्क्सवादियों" से लोहा*

उस समय व्लादिमिर ने "क़ानूनी मार्क्सवादियों" के साथ यह सोचकर एक ब्लाक बनाना सम्भव समझा था कि नरोद्निकों के साथ लड़ने में उनका उपयोग किया जा सकता है। अस्थायी ब्लाक बनाने का जो तरीक़ा व्लादिमिर इलिच ने उस समय बतलाया था, वह उनके आगे के जीवन में इस तरह के राजनीतिक ब्लाकों और समझौतों का संकेत था। व्लादिमिर को मार्क्सवाद और सर्वहारा की अजेय शक्ति पर पूरा विश्वास था। इसलिए, वह समझते थे कि इस तरह के अस्थायी ब्लाक बनाने से हम पथभ्रष्ट नहीं हो सकते। उन्होंने इस बात पर ज़ोर दिया कि सर्वहारा को अपनी सैद्धान्तिक, राजनीतिक और संगठनात्मक स्वतंत्रता क़ायम रखनी चाहिए और अपने अस्थायी तथा अविश्वसनीय सहयोगियों की आलोचना करने की भी पूर्ण स्वतंत्रता रखनी चाहिए। "क़ानूनी मार्क्सवादियों" से इस अस्थायी समझौते के परिणामस्वरूप १८६५ ई० के वसन्त में "हमारे आर्थिक विकास के स्वरूप निर्धारण के वास्ते सामग्री" के नाम से निबन्धों का एक संग्रह प्रकाशित हुआ। इसमें व्लादिमिर (लेनिन), प्लेखानोफ़, स्त्रूवे और दूसरों के लेख छपे थे। नाम से धोखे में आकर ज़ारशाही सेन्सरों ने पुस्तक के छपने में बाधा नहीं डाली, लेकिन तुरन्त ही बाद असली बात का पता लग गया और सरकार ने पुस्तक को ज़ब्त करके उसे जला देने की विशेष आज्ञा निकाली। पुस्तक का जलाना उन दिनों बहुत कम होता था और चरम दंड माना जाता था। केवल सौ कापियां बचायी जा सकीं, जिन्हें समाजवादी जनतांत्रिक चक्रों और मंडलियों ने किसी तरह अपने पास बचा रखा। इनमें से एक कापी सोसो युगशविली (स्तालिन) के हाथ में भी पड़ी। व्लादिमिर के निबंध का नाम था "नरोद्वाद का अर्थशास्त्रीय सार और श्री स्त्रूवे की पुस्तक में उसकी आलोचना।" व्लादिमिर इलिच उलियानोफ़ ने अपने लेख को पुलिस की नज़र से बचाने के लिए क० तूलिन के नाम से लिखा था। सोसो (स्तालिन) के उस समय के एक घनिष्ट मित्र ने कहा है कि उस निबंध को पढ़ जाने के बाद सोसो ने कहा: "जैसे भी हो, मुझे इन (व्लादिमिर) से मिलना होगा।"

निबंध-संग्रह में व्लादिमिर का निबंध सबसे अधिक महत्वपूर्ण था, इसे कहने की आवश्यकता नहीं। इसमें नरोद्‌वाद के समाज-शास्त्रीय और अर्थशास्त्रीय विचारों का ज़बर्दस्त और सविस्तर खंडन किया गया था और रूस के आर्थिक विकास के बारे में मार्क्सवादी दृष्टिकोण से विवेचन किया गया था। एक तरह से अर्थशास्त्र से सम्बंध रखनेवाली व्लादिमिर की आगे की कितनी ही कृतियों की संक्षिप्त रूपरेखा का काम इसी लेख ने किया। व्लादिमिर की पुस्तक "रूस में पूंजीवाद का विकास" के साथ तो इसका विशेष सम्बंध था। व्लादिमिर ने जहां नरोद्‌वाद का ज़बर्दस्त खंडन किया, वहां उसके कार्यक्रम में उन जनतांत्रिक तत्वों का भी उल्लेख किया जिनमें पूंजीवादी जनतांत्रिक क्रांति के काल में देहाती और शहरी निम्न-मध्यवर्ग के हितों पर ज़ोर दिया गया था। प्रथम रूसी क्रांति के समय जनतांत्रिक सामाजिक अंशों और पार्टियों के साथ बोल्शेविकों के दाव-पेंच के सैद्धांतिक आधार का काम व्लादिमिर के इन्हीं विचारों ने किया।

यद्यपि निबंध-संग्रह में "क़ानूनी-मार्क्सवादियों" के निबंध भी थे, और उनके साथ समझौते के आधार पर यह निबंध-संग्रह प्रकाशित हुआ था, तो भी व्लादिमिर "क़ानूनी मार्क्सवाद" का पूरा आलोचनात्मक विश्लेषण करने से बाज़ नहीं आये और उन्होंने स्त्रूवे द्वारा मार्क्सवाद की मौलिक दृष्टि यानी समाजवादी क्रान्ति और सर्वहारा अधिनायकत्व के परित्याग का उल्लेख किया। व्लादिमिर ने स्त्रूवे और दूसरे "क़ानूनी मार्क्सवादियों" के विचारों में मुख्य दोष दिखलाते हुए बतलाया कि वे पूंजीवादी "वस्तुतत्व" पर विश्वास करते हैं, जो उन्हें पूंजीवाद के औचित्य का क़ायल बनाता है और वे वर्ग-विरोध को हल्का करने की कोशिश करते हैं। इसके विरुद्ध सच्चा मार्क्सवादी-भौतिकवादी इन विरोधों को नंगा कर देता है और क्रांतिकारी वर्ग—सर्वहारा—का पक्ष लेता है। व्लादिमिर ने लिखा था: "भौतिकवाद में वह पक्षपात निहित है...जो आदमी को मजबूर करता है कि घटनाओं का मूल्यांकन करने में दिल खोलकर और स्पष्ट तौर से एक निहित सामाजिक समुदाय के दृष्टिकोण को स्वीकार करे।"

अभी इस समय तक पश्चिमी योरप में संशोधनवाद "बर्नस्टाइनवाद" के रूप में नहीं पैदा हुआ था। उससे पहले ही व्लादिमिर इलिच ने रूस में मार्क्सवाद को विकृत करने के आरम्भिक प्रयत्नों का बड़ी दृढ़तापूर्वक विरोध किया। नरोद्‌निकों और "क़ानूनी मार्क्सवादियों" के साथ संघर्ष करते हुए व्लादिमिर ने रूस में मार्क्सवादी कार्यकर्ता भी तैयार किये और उस परम्परा को स्थापित किया जिसमें मार्क्सवाद के ज़रा भी विकृत करने के प्रयत्नों का निष्ठुर विरोध करना आवश्यक समझा गया।

व्लादिमिर इलिच जहां इस तरह सैद्धांतिक कार्यों में बड़ी तत्परता के साथ काम कर रहे थे, वहां उन्होंने पार्टी-संगठन की ओर भी उतना ही ध्यान दिया।

पीतरबुर्ग के आगे बढ़े कमकरों से सम्बंध स्थापित करके उन्होंने पार्टी के संगठन-कर्ताओं को तैयार करने का काम भी इसी समय पूरा किया। वह कमकरों के सामने भाषण देते, उनमें से कुछ को "कापिताल" (पूंजी) पढ़ाते। नेव्स्काया ज़ास्तवा मोहल्ले में बहुत सी फैक्टरियां और कारखाने स्थापित थे, जिसके कारण वहां काफ़ी संख्या में कमकर रहते थे। १८६४ ई० की शरद् में व्लादिमिर ने वहां के कमकरों के चक्रों में प्रचार शुरू किया। पीतरबुर्ग में भी कमकरों में अध्ययन-चक्र जारी किये और बाद में वासीलेव्स्की ओस्त्रोफ़ के डॉक-मज़दूरों में भी अध्ययन चक्र चलाये।

१८६४ ई० के जाड़ों में ही व्लादिमिर इलिच लेनिन का पहले-पहल नादेज्दा कौन्स्तान्तिनोव्ना क्रुप्स्काया से परिचय हुआ। नेव्स्काया ज़ास्तवा मोहल्ले में क्रुप्स्काया वयस्कों के रात्रि-स्कूल में पढ़ाती थीं। इस परिचय के बाद ही वह व्लादिमिर के क्रान्तिकारी कामों में सहायक और सहकारी और बाद में सारे जीवन के लिए संगिनी बन गयीं।

बाबुश्किन—सेमियान्निकोफ़ (आजकल लेनिन) कारखाने के कमकरों के चक्र में ई० व० बाबुश्किन नाम का एक बहुत ही तत्पर और समझदार सदस्य था। वह व्लादिमिर का ज़बर्दस्त पक्षपाती तथा पीछे समाजवादी जनतांत्रिक पार्टी का एक बड़ा नेता बना। १६०६ ई० में ज़ारशाही ने साइबेरिया में दंड देने के लिए जो फ़ौजी टुकड़ी भेजी थी उसने बाबुश्किन को बर्बतापूर्वक गोली से मार दिया। व्लादिमिर बाबुश्किन को "पार्टी का गर्व" समझते थे, उसे बहुत ही लगनशील और ज़बर्दस्त सैनिक मानते थे।

बाबुश्किन ने अपने संस्मरण में बतलाया है कि उस समय व्लादिमिर इलिच किस तरह अध्ययन चक्रों को चलाते थे। उन्होंने लिखा था: "व्याख्याता इस विज्ञान की मुह-ज़बानी, बिना किसी नोट के, हमारे सामने व्याख्या करता और अक्सर हमें अपनी कही बातों के विरुद्ध आक्षेप करने या बहस आरम्भ करने की प्रेरणा देता। फिर वह बहस करने वालों से उस विषय पर आपस में तर्क-वितर्क करवाता। इस ढंग से हमारे पाठ बहुत दिलचस्प और सजीव बन जाते।...हम उन्हें सदा बहुत पसन्द करते, अपने शिक्षक की योग्यता की प्रशंसा करते।"

इन अध्ययन-चक्रों में भाग लेते हुए व्लादिमिर ने आगे बढ़े कमकरों का स्नेह और विश्वास प्राप्त किया। व्लादिमिर इलिच उलियानोफ़ पीतरबुर्ग के एक बैरिस्टर थे, लेकिन जो भी कमकर उनके सम्पर्क में आते उन्हें वह अपने से भिन्न नहीं समझते। वह बिलकुल साफ़ तौर से और बड़ी सीधी-सादी भाषा में मार्क्स के सिद्धांत, पूंजीवादी समाज के आधार और रूस की आर्थिक और राजनीतिक अवस्था जैसे अत्यन्त गम्भीर प्रश्नों पर बात करते। ये ऐसे विषय थे जिन्हें बहुत गहन कहा जाता था। लेकिन व्लादिमिर कमकरों के सामने उनकी व्याख्या

इस तरह करते कि वे उन्हें बड़ी आसानी से समझ जाते और सोचते कि मानों इन बातों को कुछ-कुछ वह पहले ही से अपने भीतर अनुभव करते थे; हां, उन्हें प्रकट करने के लिए उनके पास शब्द नहीं थे। प्रथम श्रेणी के विचारक और गम्भीर तत्वदर्शी व्लादिमिर एक ओर शास्त्रीय भाषा में ग्रंथों को लिखने में सिद्धहस्त थे, तो दूसरी ओर वह यह भी जानते थे कि कमकरों के सामने वह भाषा बेकार है। इसलिए, उनके सामने बोलते समय वह उनके तल पर उतर कर बड़े सीधे-सादे ढंग से बातों को समझाते थे।

किसी सिद्धांत या शास्त्र को देश-काल के अनुसार लागू करना सबसे कठिन बात है। यह काम शास्त्रों का अच्छी तरह अवगाहन कर चुके व्यक्तियों के लिए भी आसान नहीं है। व्लादिमिर जानते थे कि मार्क्स के सिद्धांत तब तक हवाई हैं, जब तक रूस की ठोस भूमि के साथ उनका सम्बंध स्थापित नहीं किया जाता। इसी ठोस सम्बंध को स्थापित करने का उस समय वह ज़बर्दस्त प्रयत्न कर रहे थे। बाबुश्किन ने अपने संस्मरण में लिखा है: "व्याख्याता ने हमें कागज़ दिये, जिन पर प्रश्नों की सूची लिखी हुई थी, जिसका जवाब देने के लिए हमें कारखाने के जीवन का निरीक्षण करने और घनिष्ठ रूप से परिचित होने की आवश्यकता थी।" आगे बढ़े हुए कमकरों को शिक्षा देने के साथ ही साथ व्लादिमिर फैक्टरी के कमकरों की स्थिति, वेतन देने के ढंग, जुर्माने, मजूरी की दर निश्चित करने के तरीक़े का भी अध्ययन करते थे। इसे ध्यान में रखते हुए वह कमकरों से उनके कारखानों में प्रचलित स्थितियों तथा असंतोष की बातों के बारे में भी पूछते। क्रुप्स्काया ने लिखा है कि व्लादिमिर इलिच कमकरों की स्थिति पर प्रभाव डालने वाली छोटी-छोटी सी बातों को भी पूछते, फिर उनको जोड़कर कमकरों के सम्पूर्ण जीवन का चित्र बनाते। वह इस तरह से सभी बातों को लेकर कमकरों में सफलता पूर्वक क्रांतिकारी प्रचार करते। पीतरबुर्ग में अपने काम के आरम्भ ही में व्लादिमिर ने राय क़ायम कर ली थी कि अध्ययन चक्रों में आगे बढ़े हुए थोड़े से मज़दूरों के बीच प्रचार करना काफ़ी नहीं है। वह कमकरों के विशाल जनसमूह में आन्दोलन करने को बहुत आवश्यक समझते थे। पीतरबुर्ग के समाजवादी जनतांत्रिकों की जो पहली बैठक हुई थी, उसीमें उन्होंने इस सवाल को बहुत ज़ोर से उठाया था। प्रचार के कामों से जो तजुर्बा प्राप्त हुआ, उसने व्लादिमिर को विश्वास दिला दिया कि इस तरह की कार्रवाई से आगे बढ़कर वर्तमान समस्याओं के सम्बंध में विस्तृत राजनीतिक आंदोलन करने की ज़रूरत है जिससे कि मज़दूर वर्ग के फ़ौरी हितों की रक्षा की जा सके। इस तरीक़े को सबसे पहले १८९४ ई० के अन्त में सेमियान्निकोफ़ कारखाने के मज़दूरों की हलचल के समय इस्तेमाल किया गया। इस कारख़ाने में मजूरों को नियमपूर्वक मज़दूरी नहीं मिलती थी, जिसके कारण कमकरों में बहुत असंतोष फैल गया था। मालिकों ने डर कर उनकी

उचित मांगों को तो मान लिया लेकिन साथ ही कितने ही कमकरों को पकड़कर पीतरबुर्ग से निर्वासित कर दिया। व्लादिमिर इलिच ने इन बातों को लेकर आन्दोलन खड़ा करने का निश्चय किया। उन्होंने एक लीफ़लेट (पत्रक) तैयार की। फिर उस पर कमकरों के चक्र में बहस-मुबाहिसा करके और अन्य बातों को भी उसमें सम्मिलित करके उन्होंने उसकी कितनी ही कापियां हाथ से तैयार करवायीं। उन्हें कारखाने में बांट दिया गया। बाबुश्किन ने लिखने और प्रचार करने में सक्रिय भाग लिया। कमकरों ने इस लीफ़लेट को बहुत पसन्द किया। आन्दोलन का यह पहला लीफ़लेट (पत्रक) था जिसे पीतरबुर्ग के समाजवादी जनतंत्रतावादियों ने निकाला था। इसके साथ उनके काम के ढंग में एक नया परिवर्तन आरम्भ हुआ। मज़दूरों में आन्दोलन करने का यह तरीक़ा इतना सफल साबित हुआ कि आगे चलकर सारे रूस के मज़दूर-वर्ग में इसका इस्तेमाल किया गया।

१८६५ की फ़रवरी में नवीन-बन्दरगाह में काम करनेवाले कमकरों में अशांति उठ खड़ी हुई। पीतरबुर्ग के समाजवादी जनतांत्रिकों ने व्लादिमिर के पथ-प्रदर्शन में एक पत्रक निकाला, जिसका शीर्षक था "डॉक कमकरों को क्या हासिल करने की कोशिश करनी चाहिए ?" इसमें कमकरों की मांगों की एक सूची दी गयी थी। अपने उद्देश्य को बड़े स्पष्ट रूप से यहां प्रतिबिम्बित देखकर कमकर एक होकर बड़ी मजबूती से उन मांगों पर डट गए। अन्त में, बन्दरगाह के अधिकारियों को झुकना पड़ा। यह विजय बड़े महत्व की थी। इसके कारण समाजवादी जनतांत्रिकों की प्रतिष्ठा बढ़ गयी और उनका प्रभाव पक्की तरह से क़ायम हो गया। इस तरह के पत्रकों की कमकर बड़ी उत्सुकता से प्रतीक्षा करते थे और मिलते ही बड़े ध्यान से पढ़ते-गुनते थे। "फैक्टरी के कमकरों पर लगाये गये जुर्मानों से सम्बंधित क़ानून की व्याख्या" नाम से व्लादिमिर ने एक और पत्रक निकाला जिसे एक गुप्त प्रेस में छापा गया था। बाहर से देखने में यह पत्रक एक क़ानूनी पुस्तिका मालूम होता था। साधारण मज़दूर पाठकों के लिए इस पुस्तिका को लिखकर व्लादिमिर को बड़ी प्रसन्नता हुई। "मेहनतकशों के लिए लिखने का अवसर पाने से बढ़कर मुझे कोई चीज़ पसन्द नहीं; इससे बढ़कर मैं और किसी चीज़ का स्वप्न नहीं देख सकता"—यह वाक्य निर्वासित जीवन बिताते हुए व्लादिमिर इलिच ने लिखा था। सीधी-सादी भाषा में लिखी इस पुस्तिका में व्लादिमिर ने बतलाया था कि किस तरह ज़ारशाही सरकार और कारखानों के मालिक मेहनतकशों का शोषण कर रहे हैं और किस तरह मेहनतकशों की अपनी पार्टी के पथ-प्रदर्शन में सर्वहारा को अपने शोषकों के ख़िलाफ़ लड़ना है।

व्लादिमिर इलिच से पहले एक शताब्दी तक मार्क्सवाद का जो प्रचार हुआ था वह केवल सैद्धांतिक स्तर का था और बहुत थोड़े से बुद्धिजीवियों तक ही सीमित था। व्लादिमिर ने इसके क्षेत्र को बढ़ाया। मार्क्सवाद के सिद्धांतों

को अमली रूप में पेश करते हुए उन्होंने उसे आगे बढ़े कमकरों में व्यापक रूप से फैलाया। कमकरों की रोज़-ब-रोज़ की कठिनाइयों को सुलझाने में मार्क्सवाद का उपयोग करते हुए उन्होंने बतलाया कि मार्क्सवाद और मार्क्सवादी पार्टी ही उनके हितों की रक्षा कर सकती है, उनके दुखों को दूर कर सकती है और उन्हें सुखी और समृद्ध बना सकती है। व्लादिमिर इलिच के इन प्रयत्नों से पीतरबुर्ग के कमकरों में एक नयी जागृति पैदा हुई; उनमें वर्ग-चेतना पैदा हुई। इस समय से दस ही वर्ष पहले, १८८५ ई० में, मोरोज़ोफ़ काटन मिल में एक हड़ताल हुई थी। इस हड़ताल का कमकर वर्ग-आन्दोलन के इतिहास में बड़ा महत्व है। इस हड़ताल से कमकरों ने अपनी शक्ति को पहचाना था और १८९६ ई० में, जब क्रान्तिकारी मार्क्सवादियों ने अनेकों बड़ी-बड़ी हड़तालों को सफलतापूर्वक चलाया, तो लेनिन के शब्दों में, लगातार उठते हुए मज़दूर-आन्दोलन का युग शुरू हुआ।

तात्कालिक आर्थिक मांगों के लिए आन्दोलन और हड़तालों का पक्षपात करने के साथ-साथ व्लादिमिर इलिच का ध्यान हमेशा इस बात पर भी रहता था कि बिना राजनीतिक संघर्ष के कमकरों को उनकी रोज़मर्रा की कठिनाइयों से मुक्ति नहीं मिल सकती। इसलिए, आर्थिक समस्याओं तक ही आन्दोलन को सीमित रखना वह पसन्द नहीं करते थे। केवल आर्थिक लाभों के लिए ही मालिकों के साथ संघर्ष को मानने वाले "अर्थवादियों" की व्लादिमिर ने खूब खबर ली। १८९५ ई० के आरम्भ में व्लादिमिर को इस "अर्थवादी" रोग का पहले पहल पता चला जब मास्को, किएव और विलना (विलेनुस) के समाजवादी जनतांत्रिक समूहों के प्रतिनिधियों की पीतरबुर्ग में एक कान्फ्रेंस हुई। इस कान्फ्रेंस में बड़े पैमाने पर आन्दोलन का काम शुरू करने और मज़दूर उद्धारक गुट के साथ घनिष्ट सम्बंध स्थापित करने पर विचार किया गया। वाद-विवाद के दौरान में कान्फ्रेंस में क्रान्तिकारी और अवसरवादी, दो विचारधाराएं, प्रकट हुईं। अस्तु, स्विज़रलैंड में 'मज़दूर उद्धारक गुट' के साथ सम्पर्क स्थापित करने के लिए एक प्रतिनिधि चुनने के बारे में एक राय नहीं हो सकी; एक की जगह दो व्यक्तियों को भेजने का फ़ैसला हुआ। पीतरबुर्ग के समाजवादी जनतांत्रिकों ने व्लादिमिर इलिच को अपना प्रतिनिधि चुना।

३. परदेश में पहली बार (१८९५ ई०)

प्लेखानोफ़ के दल के साथ बातचीत करने के लिए व्लादिमिर का जाना निश्चित हो गया था। लेकिन इसी समय वह निमोनिया के शिकार हुए और उन्हें एक महीने खाट पर पड़े रहना पड़ा। खाट पर पड़े रहने पर भी व्लादिमिर का दिमाग़ निष्क्रिय नहीं था! इसी समय उन्होंने "कापिताल" की तीसरी ज़िल्द को, जिसे अभी-अभी एंगेल्स ने सम्पादित करके जर्मन में प्रकाशित कराया था,

पद डाला। अन्त में, २५ अप्रैल, १८६५ को व्लादिमिर ने स्विज़रलैंड के लिए प्रस्थान किया।

प्लेखानोफ़ से भेंट—प्लेखानोफ़ की कृतियों को व्लादिमिर ने पहले भी पढ़ा था। प्लेखानोफ़ के विचारों और जीवन से भी वह परिचित थे। लेकिन व्लादिमिर की प्लेखानोफ़ से मुलाक़ात पहले-पहल स्विज़रलैंड में हुई। कहने की आवश्यकता नहीं कि रूस में मार्क्सवाद के इस प्रथम शिक्षक से व्लादिमिर ने बड़े आदर के साथ मुलाक़ात की। प्लेखानोफ़ तथा 'मज़दूर उद्धारक गुट' के दूसरे सदस्यों के साथ बड़ी सद्भावना के साथ बातचीत हुई और कार्य-नीति तथा संगठन सम्बंधी कई बातों पर विचार-विनिमय हुआ। प्लेखानोफ़ के गुट ने व्लादिमिर के प्रस्ताव को स्वीकार करके अवसर मिलते ही कमकरों के लिए सीधी-सादी भाषा में पुस्तक-माला निकालने का फ़ैसला किया। इसी निर्णय के अनुसार समय-समय पर निकलने वाली पत्रिका "रबोत्निक" (कमकर) आरम्भ हुई जिसके लिए व्लादिमिर ने रूस से लेख और पत्र भेजने का प्रबंध किया।

समझौते की बातचीत करते समय पता चला कि कुछ बातों पर व्लादिमिर और प्लेखानोफ़ में मतभेद है। स्त्रूवे की आलोचना करते हुए व्लादिमिर ने जो लेख लिखे थे उनमें उदारवादियों के प्रति व्लादिमिर का बर्ताव प्लेखानोफ़ को पसन्द नहीं आया। उसने कहा था : "तुम उदारवादियों की तरफ़ पीठ फेरते हो और हम उनकी ओर मुँह फेरते हैं।" यही नहीं; व्लादिमिर जहां सर्वहारा के सहायक के तौर पर किसानों के महत्व को स्वीकार करते थे, वहां प्लेखानोफ़ उनको कोई महत्व नहीं देता था। रूस में पूंजीवादी-जनतांत्रिक क्रान्ति की संचालन शक्ति उदारवादी पूंजीवादियों को मानकर प्लेखानोफ़ उनका पल्ला पकड़ना चाहता था। ऐतिहासिक भौतिकवाद के सम्बंध में भी कितनी ही बातों पर दोनों में सैद्धांतिक मतभेद थे।

व्लादिमिर स्विज़रलैंड में क़रीब छः सप्ताह रहे। फिर, उन्होंने पेरिस और बर्लिन में दो महीने बिताये। वहां उन्होंने मज़दूर वर्ग के आन्दोलन का नज़दीक से अध्ययन किया। वह कमकरों की सभाओं में सम्मिलित हुए और पश्चिमी योरप के कमकरों के जीवन और स्थिति से निकट का परिचय प्राप्त किया। अपनी मां को लिखे एक पत्र में व्लादिमिर ने कहा था : "मैं बर्लिन की सैर और परिदर्शन के लिए बिलकुल उत्सुक नहीं हूँ। वस्तुतः मैं उसकी उपेक्षा करता हूँ और संयोग से ही कुछ देख लेता हूँ। मैं सार्वजनिक सभाओं में जाना और अजायबघरों, नाट्यशालाओं वग़ैरा की सैर करना ज्यादा पसन्द करता हूँ।"

एंगेल्स की मृत्यु—व्लादिमिर जिस समय परदेश में थे उसी समय एंगेल्स बुरी तरह बीमार पड़े। व्लादिमिर उन्हें देख नहीं सके। पेरिस में उन्होंने मार्क्स के दामाद पॉल लाफार्ग से मुलाक़ात की जो फ्रांसीसी समाजवादियों के एक प्रमुख

नेता थे। व्लादिमिर परदेश से लौटने वाले ही थे कि अगस्त, १८६५ में, इंगलैंड में एंगेल्स का देहान्त हो गया। व्लादिमिर ने शोक प्रकट करते हुए "फ्रेडरिक एंगेल्स" के नाम से "रबोत्निक" (अंक १–२) में छोटा सा, किन्तु बहुत ही सुन्दर, लेख लिखा।

विदेश में व्लादिमिर ने मार्क्स और एंगेल्स की उन पुस्तकों को पढ़ा जो रूस में नहीं मिल रही थीं। पश्चिमी योरप के सार्वजनिक पुस्तकालयों का भी उन्होंने अच्छी तरह उपयोग किया।

देश लौटना—७ सितम्बर, १८६५ को व्लादिमिर रूस लौट आये। सीमा-रक्षी पुलिस को सख्त हिदायत थी कि व्लादिमिर के असबाब की अच्छी तरह तलाशी ली जाय। लेकिन, पुलिस को खाली हाथ रह जाना पड़ा। व्लादिमिर के ट्रंक में दोहरी पेंदी थी जिसके बीच में उन्होंने मार्क्सीय साहित्य को छिपा रखा था। नरोद्‌निक और उनकी तरह के दूसरे क्रान्तिकारियों को बम और पिस्तौलों को छिपाकर लाने में बड़ी कोशिश करनी पड़ती थी। लेकिन, मार्क्सवादियों का वैयक्तिक आतंकवाद तथा बमों और पिस्तौलों पर विश्वास नहीं था। व्यक्तियों की हत्या से वे सर्वहारा को मुक्त करने की आशा नहीं करते थे। मार्क्सवादी समझते हैं कि मार्क्सवाद का ज्ञान सबसे ज़बर्दस्त हथियार है।

इस खतरनाक हथियार का कुछ-कुछ पता दूसरी सरकारों की तरह ज़ारशाही सरकार को भी हो चला था।

व्लादिमिर की तलाशी लेने से ही पुलिस को संतोष नहीं हो सका था। वह पीतरबुर्ग में भी उनका "स्वागत" करने के लिए तैयार थी। लेकिन, सीधे पीतरबुर्ग जाने के बजाय व्लादिमिर बाईस दिन तक रूस के भिन्न-भिन्न स्थानों में घूमते रहे। वह विलनस (लिथुआनिया) गये। लिथुआनिया बाल्तिक समुद्र के किनारे है। वहां जहाज़ियों द्वारा मार्क्सवादी साहित्य पहुँच सकता था। व्लादिमिर ने इसका इन्तज़ाम किया। फिर वह मास्को और ओरेखोवो-जुयेवो पहुंचे। वहां उन्होंने स्थानीय समाजवादी जनतांत्रिकों के साथ सम्बंध स्थापित किया। व्लादिमिर देख रहे थे कि रूस के मज़दूर वर्ग के सामने जो विशाल कार्य है उसके लिए कार्यकर्ताओं की कमी है। जो कार्यकर्ता थे भी उनमें एकता नहीं थी और वे नौसिखियों की तरह काम करते थे। इसलिए, उन्होंने कमकर मार्क्सवादी पार्टी की आवश्यकता ज़ोरों से महसूस की। उस समय इसके बारे में उनके दिमाग़ में कौन-कौन से विचार जन्म ले रहे थे, यह १६०२ ई० में लिखी उनकी पुस्तक "क्या करें?" की निम्न पंक्तियों से प्रकट होता है:

> "मैं उस समय एक ऐसे चक्र में काम करता था जिसने अपने सामने विशाल और सर्वव्यापी कार्यक्रम रखा था। उस चक्र का प्रत्येक सदस्य यह देखकर बड़ी वेदना अनुभव करता था कि हम इतिहास के ऐसे समय में

अपने को नौसिखिया साबित कर रहे हैं जब हमें यह कहने लायक होना चाहिये था...'क्रान्तिकारियों का एक संगठन हो और हम सारे रूस को उलट देंगे।'"

४. पार्टी संगठन की तैयारी

अब व्लादिमिर ने अपना सारा ध्यान संगठन के काम पर लगाया। पीतरबुर्ग में काम आगे बढ़ाने के साथ-साथ उन्होंने समाजवादी जनतांत्रिक संगठन को दृढ़ और व्यापक बनाने का बीड़ा उठाया था। परदेश से रूस लौटने पर अब और भी ज्यादा तत्परता के साथ वह इस काम में जुट गये। प्रायः रोज़ ही वह कमकरों के मोहल्लों में जाते, वहां बैठकें और सभाएं करते और मज़दूरों से बातचीत करके उन्हें मार्क्सवाद समझाने का प्रयत्न करते। समाजवादी जनतांत्रिक संगठन के मेम्बरों को शिक्षा देना भी उनका एक काम था। संगठन के असली ध्येय की ओर क़दम बढ़ाते हुए व्लादिमिर ने पीतरबुर्ग में उस समय मौजूद सभी मार्क्सवादी कमकर चक्रों—जिनकी संख्या क़रीब बीस थी—को मिलाकर एक संगठन का रूप दिया। इसका नाम 'मज़दूर-वर्ग के मुक्ति संग्राम का पीतरबुर्ग संघ' पड़ा। यह क्रान्तिकारी मार्क्सवादी पार्टी के निर्माण का आरम्भिक रूप था। इस संघ को इलिच ने केन्द्रवाद और कठोर अनुशासन के सिद्धांतों पर आधारित किया था। संघ का नेतृत्व एक केन्द्रीय दल के हाथ में था जिसकी कार्रवाइयों का संचालन पांच सदस्य करते थे। उसके मुखिया व्लादिमिर थे। संघ के प्रकाशनों के सम्पादक भी ये ही लोग थे। यह संगठन मोहल्लों में बंटा हुआ था। हरेक मोहल्ले के दल का एक संगठनकर्ता होता था जो सबसे आगे बढ़े तथा वर्ग-चेतन कमकरों में से चुना जाता था। वही ज़िला-मोहल्ला-दल और कारखानों के बीच में सम्बंध स्थापित करता था। स्वयं कारखानों के भीतर भी संगठनकर्ता थे। ये कारखानों के भीतर की हरेक बात से दल को परिचित रखते थे और वहां संघ के साहित्य को बंटवाते थे। सभी बड़े-बड़े कारखानों में कमकरों के चक्र संगठित थे जिनमें मार्क्सवाद के सिद्धांतों के अतिरिक्त तत्कालीन राजनीतिक प्रश्नों पर भी बहस होती थी। वस्तुतः, ये चक्र कारखानों के भीतर समाजवादी-जनतांत्रिक सेलों का काम देते थे।

व्लादिमिर के नेतृत्व में कमकर वर्ग के जन-आन्दोलन के साथ संघ का घनिष्ट सम्बंध स्थापित हुआ। व्लादिमिर कारखानों के भीतर की स्थिति को बड़ी सजगता से देखते और कमकरों के मनोभावों से परिचित रहने की कोशिश करते। जब थॉर्नटन कपड़ा मिल में असन्तोष फैला तो उन्होंने वहां के कमकरों की स्थिति, उन पर किये गये जुर्मानों आदि सभी आवश्यक ज्ञातव्य बातों का संग्रह किया। इस तरह, वह वहां की छोटी से छोटी बातों से परिचित हो गये। भिन्न-भिन्न कामों की मज़दूरी की दर आदि ही नहीं, वहां बननेवाले भिन्न-भिन्न कपड़ों

को भी वह जानते थे। कारखाने के भीतर की सभी बातों के साथ परिचय और कमकरों के साथ वास्तविक भाईचारा रखनेवाले नेता के प्रति मज़दूरों का विश्वास भला क्यों न बढ़ता ? इसीलिए, हड़ताल-आन्दोलन के वह एक विश्वसनीय नेता बन गये। मज़दूर संघ उक्त कपड़ा मिल की हड़ताल को संगठित करके हड़ताल का नेतृत्व करने में सफल हुआ। ५ नवम्बर, १८९५ को संघ ने एक पत्रक निकाला जिसका शीर्षक था "बुनकरों की मांगें।" इस पत्रक का कमकरों पर इतना गहरा असर पड़ा कि दूसरे ही दिन उन्होंने हड़ताल कर दी और मिल से बाहर चले आये। कुछ दिनों बाद व्लादिमिर ने थॉर्नटन मिल के हड़तालियों को सम्बोधित करते हुए एक दूसरा पत्रक निकाला। इस पत्रक में थॉर्नटन की चाल को खोलकर रखा गया था। वह पीस-रेट को धीरे-धीरे कम करने की इच्छा से एक समय में कमकरों के एक भाग पर ही आक्रमण करना चाहता था। व्लादिमिर ने पत्रक में बतलाया कि कमकर अपनी स्थिति को केवल तभी सुधार सकते हैं जब वे एक होकर प्रयत्न करें। हड़तालियों ने अपने तरुण नेता की बात पर विश्वास किया। हड़ताल सफल हुई। इस हड़ताल की सफलता से केवल थॉर्नटन मिल के मज़दूरों को ही लाभ नहीं हुआ; पीतरबुर्ग के हड़ताल-आन्दोलन को भी उससे ज़बर्दस्त बल मिला। व्लादिमिर ने ऐसे कितने ही पत्रक निकाले जिनमें कमकरों की आर्थिक मांगों को उनकी राजनीतिक मांगों से जोड़ा गया था। ये पत्रक कमकरों की लड़ाकू भावना को बढ़ाने में सहायक हुए। इन सफलताओं को देखकर कमकर-जनसाधारण में संघ के प्रति विश्वास क्यों न बढ़ता ? उसने और भी कितनी ही हड़तालों का संचालन किया। उसका ज़बर्दस्त प्रभाव १८९६ ई० की गर्मियों में देखने में आया जब पीतरबुर्ग की कपड़े की मिलों के मज़दूरों की एक बड़ी हड़ताल हुई।

व्लादिमिर के पथ-प्रदर्शन में चलने वाला मज़दूर वर्ग का मुक्ति-संग्राम संघ रूस का पहला संगठन था जिसने मज़दूर वर्ग के आन्दोलन को समाजवाद के साथ एकजुट किया और कमकरों की आर्थिक मांगों के संघर्ष का ज़ारशाही-विरोधी राजनीतिक संघर्ष के साथ सम्बंध स्थापित किया। बाद में लेनिन ने लिखा : "१८९४-९५ ई० में किये गये आन्दोलन और १८९५-९६ ई० की हड़तालों ने ही समाजवादी जनतांत्रिकों और मज़दूर-वर्ग के जन-आन्दोलन के बीच लगातार जारी रहने वाले तथा मजबूत सम्बंध को स्थापित किया।"

पीतरबुर्ग के संघ की सफलताओं से प्रेरित हो, रूस के दूसरे नगरों और प्रदेशों में भी कमकर-चक्रों को एक साथ जोड़कर उन्हें संघों के रूप में संगठित किया गया।

लेकिन, व्लादिमिर इतने से ही संतुष्ट नहीं हुए। संघ का कार्यक्षेत्र केवल पीतरबुर्ग तक सीमित था। ऐसे संगठन को और भी विशाल रूप देने की ज़रूरत थी। व्लादिमिर ने तै किया कि संघ को पार्टी का आधार बनना चाहिये। वह

जानते थे कि रूस के भिन्न-भिन्न नगरों के समाजवादी जनतांत्रिकों को एकताबद्ध करके ही यह काम किया जा सकता है। दो वर्षों के भीतर उन्होंने इस दिशा में बहुत कुछ काम पूरा किया। संघ का सम्बंध अब मास्को, किएव, व्लादिमिर, यारोस्लाव्ल, इवानोवो-वज्नेसेन्स्क, ओरेखोवो-जुयेवो, निज्नी-नवगरोद, समारा, सरातोफ़, ओरेल, त्वेर, मिन्स्क, विलना आदि नगरों के समाजवादी जनतांत्रिक संगठनों के साथ भी हो गया। इस सम्बंध को और मज़बूत करने की आवश्यकता थी और इस काम में एक अच्छा समाचारपत्र ही सहायक हो सकता था। समाचारपत्र स्थानीय कामों को, या एक-एक कारखाने के मज़दूरों के लिए निकलने वाले पत्रों के काम को, तो पूरा कर ही सकता था; वह मज़दूर वर्ग के संघर्ष के तुरन्त के लक्ष्य तथा चरम उद्देश्य को भी ठीक रूप से रख सकता था। यही सोचकर व्लादिमिर ने "रबोचेये-देलो" (कमकर ध्येय) पत्र नीकालने की तैयारी की। अख़बार के पहले अंक के लिए उन्होंने तीन लेख लिखे। सम्पादकीय का शीर्षक था: "रूसी कमकरों के नाम।" एक दूसरा लेख था फ्रेडरिक एंगेल्स के निधन पर शोक प्रकट करने के सम्बंध में। तीसरे लेख का शीर्षक था: "हमारे मंत्री क्या सोच रहे हैं?" सम्पादकीय लेख में बतलाया गया था कि रूस के मज़दूर वर्ग का ऐतिहासिक मिशन क्या है और राजनीतिक स्वतंत्रता के लिए संघर्ष की आवश्यकता क्यों है। इन लेखों के अतिरिक्त "रबोचेये-देलो" में यारोस्लाव्ल, इवानोवो-वज्नेसेन्स्क, विलना और व्येलोस्तौक के मज़दूर-आन्दोलनों के बारे में रिपोर्ट भी दी गयी थी और पीतरबुर्ग के हड़ताल-आन्दोलन का सिंहावलोकन भी था। अख़बार प्रकाशित करने की सारी तैयारी कर ली गयी थी।

अध्याय ५

बन्दी जीवन

(१८९५-१९०० ई०)

१. ज़ारशाही कोप

ज़ारशाही व्लादिमिर की गतिविधि से परिचित थी। वह समझती जा रही थी कि अलेक्सांद्र उलियानोफ़ का भाई और भी खतरनाक है। इसलिए वह अधिक देर तक चुप नहीं रही।

गिरफ्तारी (१८९५ ई०)—८ दिसम्बर, १८९५ को ज़ारशाही पुलिस संघ के ऊपर टूट पड़ी। बहुत से मेम्बरों के साथ व्लादिमिर को भी उसने पकड़ लिया। कमकर और संघ के बचे हुए सदस्य इस हमले को चुपचाप बर्दाश्त न कर सकते थे। उन्होंने राजनीतिक मांगों को रखते हुए कारखानों में पत्रक बांटे। इससे, कमकरों में जहां ज़ारशाही के प्रति भारी घृणा पैदा हुई, वहां संघ और उसके नेता के प्रति उनका सम्मान और सम्बंध और भी मज़बूत हुआ।

दो साल का जो समय व्लादिमिर इलिच को पीतरबुर्ग के मज़दूरों में काम करने को मिला था, वह उनके तथा मज़दूर-आन्दोलन के जीवन के लिए अत्यंत महत्वपूर्ण था। इसी समय व्लादिमिर को कमकरों में घुलने-मिलने का मौक़ा मिला। इस सम्पर्क ने व्लादिमिर के क्रान्तिकारी स्कूल का भी काम किया। हम देख चुके हैं कि इसी समय समाजवादी आन्दोलन को पहली बार कमकर-वर्ग के आम आन्दोलन के साथ जोड़ा गया और बिखरी हुई शक्तियों को मार्क्सवादी क्रान्तिकारी पार्टी के अंकुर—संग्राम संघ—के रूप में संगठित किया गया। जो तजुर्बा इस समय व्लादिमिर ने हासिल किया, उससे आगे चलकर मार्क्सवादी पार्टी बनाने में उन्हें बहुत सहायता मिली। पीतरबुर्ग के सर्वहारा का व्लादिमिर ने इसी समय वर्ग-शत्रुओं के खिलाफ़ क्रान्तिकारी-संघर्ष में पथ-प्रदर्शन किया। उन्होंने उनकी रोज़मर्रा की कठिनाइयों के खिलाफ़ और उनकी मांगों के लिए, संघर्ष चलाने में ही उनकी सहायता नहीं की; उन्होंने उन्हें आगे के महान् संघर्ष का क-ख-ग भी इसी समय पढ़ाया। इसके साथ-साथ उन्होंने "नरोद्वाद", "क़ानूनी मार्क्सवाद" तथा "अर्थवाद" से भी लोहा लिया और मार्क्सवाद के रास्ते के कांटों और कूड़ा-करकट को साफ़ किया। व्लादिमिर ने कार्यकर्ताओं के एक दल को सैद्धांतिक और व्यावहारिक शिक्षा देकर इस योग्य बनाया कि वे आगे के महान संघर्षों का नेतृत्व कर सकें तथा बोल्शेविक पार्टी के निर्माण में हाथ बंटा सकें।

१९ वीं सदी के अन्त के साथ-साथ, समाज के हर अंग में भारी परिवर्तन होने लगे थे। पूंजीवाद अब साम्राज्यवाद—अर्थात इजारेदार-पूंजीवाद—का रूप ले रहा था। मार्क्स और एंगेल्स पेरिस कम्यून के बाद जिस समय की प्रतीक्षा कर रहे थे, वह उनके जीवन में नहीं आया। लेकिन अब, साम्राज्यवाद के कारण दुनिया के पूंजीवादी राष्ट्रों में बाज़ारों को हड़पने के लिए जो ज़बर्दस्त संघर्ष हो रहा था, उसके कारण क्रान्ति के अनुकूल परिस्थितियां सामने आ रही थीं। इन परिस्थितियों से फ़ायदा उठाने के लिए मार्क्स-एंगेल्स जैसी ही प्रतिभा की आवश्यकता थी। और, वह लेनिन में मौजूद थी। उन्होंने धीरे-धीरे मज़दूरों के संगठन और शिक्षा तथा उनकी हड़तालों द्वारा एक ऐसी भौतिक शक्ति तैयार की जिसे ज़ारशाही व्लादिमिर को जेल में बन्द करके भी नहीं रोक सकी।

जेल में—व्लादिमिर इलिच को चौदह महीने तक जेल में विचाराधीन क़ैदी के रूप में रखा गया। ज़ारशाही पुलिस ने समझा था कि जेल की काल-कोठरी में बन्द करके उसने उन्हें निष्क्रिय बना दिया है। लेकिन, व्लादिमिर कच्चे खिलाड़ी नहीं थे। उन्होंने अपने दैनिक कार्य का पक्का प्रोग्राम बना लिया था। वह अपनी एक-एक घड़ी का सदुपयोग करते थे।

जिसके हृदय में ग़रीबों और शोषितों के प्रति अपार स्नेह हो और इसी अपराध में जिसे जेल में बन्द किया गया हो, उसे अपने सहायक प्राप्त करने में कैसे कठिनाई हो सकती है? आखिर शोषक वर्ग की जेलों में भी ग़रीबों और उत्पीड़ितों की संतानें ही संतरी और पहरेदार का काम करती हैं। इन संतरियों आदि के द्वारा व्लादिमिर ने बाहर के संगठनों से सम्बंध ही स्थापित नहीं किया, वरन् उनका पथ-प्रदर्शन भी किया। वह वहां से चिट्ठियां और पत्रक लिखकर बाहर भेजा करते। उन्होंने हड़तालों के बारे में एक पुस्तिका तथा "समाजवादी जनतांत्रिक पार्टी के कार्यक्रम का मसौदा और टीका" भी लिखकर जेल से बाहर भेजने में सफलता पायी। पार्टी के कार्यक्रम का यह पहला मसौदा था। व्लादिमिर ने इसमें लिखा था कि सर्वहारा के वर्ग-संघर्ष का लक्ष्य है: स्वेच्छाचारिता को उखाड़ फेंकना, राजनीतिक स्वतंत्रता को प्राप्त करना, सर्वहारा द्वारा राज्यसत्ता पर अधिकार करना और समाजवादी उत्पादन का संगठन करना। मसौदे में उन्होंने किसानों की समस्या पर भी काफ़ी कुछ लिखा था। वह अपनी राजनीतिक चिट्ठियों और पत्रकों को पढ़ने के लिए भेजी गयी पुस्तकों की पंक्तियों के बीच में दूध से लिखा करते थे। कोई देख न ले, इसलिए वह दूध की दावात नरम-नरम पावरोटी के टुकड़ों से बनाते थे। लिखते समय अगर ख़तरा दिखायी देता तो वह दावात को मुंह में डालकर खा जाते—दूध भरी रोटी कड़वी तो होती नहीं थी! व्लादिमिर इलिच ने इस सम्बंध में अपने एक पत्र में लिखा था: "आज मैंने छः दवातें निगली हैं।"

व्लादिमिर की "हड़ताल" नामक पुस्तिका जिस समय एक गुप्त प्रेस में छप रही थी उसी समय पुलिस ने धावा बोलकर उसे ज़ब्त कर लिया और उसका फिर पता नहीं लगा। "ममौदा" भी बोल्शेविक-क्रान्ति के बाद, १९२४ ई० में ही पहली बार प्रकाशित हो सका।

जेल में बन्दी व्लादिमिर केवल बाहर के मित्रों और सम्बंधियों के साथ ही पत्र-व्यवहार नहीं करते थे; जेल के दूसरे भागों में बन्द अपने साथियों के साथ भी उन्होंने अपना सम्बंध स्थापित कर लिया था। उनके पत्रों से साथियों को बहुत प्रोत्साहन और संतोष मिलता था क्योंकि वे सदा आशा से भरे होते थे।

भावुकतावश नहीं बल्कि दिमाग़ी तौर से पूरा विश्वास होने के कारण व्लादिमिर को रास्ते की कोई भी कठिनाई विचलित नहीं कर सकती थी।

अपनी गिरफ्तारी के तीन हफ्ते बाद व्लादिमिर ने जेल से भेजे अपने एक पत्र में लिखा था :

> "मेरे दिमाग़ में एक योजना है जो गिरफ्तार होने के समय से ही बराबर मेरे दिमाग़ में चक्कर काट रही है। उसके बारे में जितना ही अधिक सोचता हूँ उतना ही अधिक उसमें मेरी दिलचस्पी बढ़ती जाती है। कुछ समय से मैं एक आर्थिक प्रश्न (माल उद्योग के लिए घरेलू बाज़ार) का अध्ययन करता रहा हूँ। मैंने इस विषय पर बहुत सा साहित्य जमा किया है। काम करने की एक योजना भी बनायी है और इस विषय पर इस इरादे से कुछ लिखा भी है कि यदि वह पत्रिका के लेख से लम्बा हो जाय तो पुस्तकाकार प्रकाशित किया जा सके। इस काम का खयाल छोड़ना मुझे बुरा लगेगा। अब दो ही रास्ते मुझे दिखायी दे रहे हैं—या तो इसे यहां लिखूं या इसका खयाल ही छोड़ दूं।"

अपने सम्बंधियों को लिखे पत्रों में व्लादिमिर कितनी ही पुस्तकों, पत्रिकाओं और दूसरी आवश्यक सामग्री को अपने पास भेजने के लिए कहते। इन पुस्तकों को उनकी बहन अन्ना जेल में पहुंचाने का काम करतीं। व्लादिमिर ने उस समय बहुत सी पुस्तकों का अध्ययन किया और एक बड़े परिमाण में उनसे उद्धरण लिए। यह व्लादिमिर के महान ग्रंथ "*रूस में पूंजीवाद का विकास*" का आरम्भ था।

१८९६ ई० की गर्मियों में व्लादिमिर इलिच को यह जानकर बड़ी प्रसन्नता हुई कि मज़दूर मुक्ति संग्राम संघ के कामों ने अब फल देना शुरू किया है। पीतरबुर्ग में तीस हज़ार बुनकरों ने हड़ताल की। इसके बारे में १९०५ ई० में व्लादिमिर ने लिखा : "यह जनसाधारण का वह आन्दोलन था, जिसका आरम्भ सड़क के आन्दोलन से हुआ था। इसमें समाजवादी जनतांत्रिक संगठन पूरी तौर से शामिल हुआ था।"

२६ जनवरी, १८६७ को सग्राम संघ के मुक़दमें का फ़ैसला सुनाया गया। व्लादिमिर इलिच को तीन साल तक पूर्वी साइबेरिया में निर्वासन का दण्ड दिया गया। उनके साथियों को भी निर्वासन की भिन्न-भिन्न सज़ाएं हुईं।

पीतरबुर्ग से साइबेरिया भेजे जाने से पहले पीतरबुर्ग में तीन दिन और रहने की उन्हें मुहलत दी गयी थी। इन तीन दिनों में व्लादिमिर इलिच ने जो निजी काम किया वह यही था कि उन्होंने पीतरबुर्ग के समाजवादी जनतांत्रिकों के कई सम्मेलन किये। साइबेरिया के लिए रवाना होने से पहले उन्होंने क्या-क्या किया था, इसके बारे में अपनी पुस्तक "*क्या करें?*" में उन्होंने लिखा था कि मैं और संघ के कितने ही पुराने मेम्बर "एक निजी बैठक में शामिल हुए जिसमें संग्राम संघ के 'बूढ़े' और 'तरुण' सम्मिलित हुए थे।... वहां तुरन्त ही 'पुराने' मेम्बरों (जिन्हें पीतरबुर्ग के समाजवादी जनतांत्रिक मज़ाक में 'दिसम्बरी' कहते थे) और बहुत से 'तरुण' मेम्बरों के बीच मतभेद प्रकट हुए, और उनमें गर्मागरम बहस छिड़ गयी।" 'पुराने' मेम्बरों की राय के विरुद्ध 'तरुण' अपना कार्य यह मानते थे कि हड़तालियों की सहायता और सांस्कृतिक उद्देश्यों को आगे बढ़ाने के लिए 'श्रमिक फंड' जमा किया जाय। वे इस विचार के विरुद्ध थे कि कमकर राजनीतिक स्वतंत्रताओं और समाजवाद के लिए संघर्ष करें। वे यह भी नहीं पसन्द करते थे कि मज़दूर-वर्ग का नेतृत्व करने के लिए क्रान्तिकारियों का एक संगठन क़ायम किया जाय। इसकी जगह वे ज़ोर दे रहे थे कि कमकरों को केवल मज़दूर सभाओं में संगठित किया जाना चाहिए। इस बहस-मुबाहिसे में व्लादिमिर ने "अर्थवाद" के कीटाणुओं को ताड़ लिया और तुरन्त उन पर प्रहार किया।

२. *शुशेनूस्कोये में निर्वासित जीवन (१८६७-१६०० ई०)*

साईबेरिया की विकट यात्रा के लिए व्लादिमिर ने १७ फ़रवरी, १८६७ को प्रस्थान किया। मां की प्रार्थना को मंजूर करके अधिकारियों ने अपने खर्च पर सफ़र करने की उन्हें इजाज़त दे दी। ४ मार्च को वह क्रास्नोयार्स्क पहुंचे। अभी उनके रहने के स्थान का निश्चय नहीं हो पाया था। इसलिए, साइबेरिया के इस क़स्बे में उन्हें दो महीने तक प्रतीक्षा करनी पड़ी। इस समय को व्लादिमिर इलिच ने बेकार नहीं जाने दिया। क्रास्नोयार्स्क के व्यापारी ग० य० यूदिन के पास पुस्तकों का बहुत अच्छा संग्रह था। व्लादिमिर प्रतिदिन उस पुस्तकालय में जाते और अपनी पुस्तक "रूस में पूंजीवाद का विकास" के लिये नोट लेते। अध्ययन और नोट लेने के बाद जो समय बचता उसमें वह वहां निर्वासित मार्क्सवादियों से मुलाक़ात करते। एक बार गाड़ीवान का भेस बदल कर क़ैदियों की चीज़ों को ले जाने वाली गाड़ी में बैठकर वह जेल के भीतर जा पहुंचे और वहां नज़रबंद अपने पुराने साथी फेदोसेयेफ़ से भी मिल आये।

इधर व्लादिमिर इलिच यूदिन के पुस्तक-संग्रह में अध्ययन तथा मित्रों-सम्बंधियों के साथ पत्र-व्यवहार में व्यस्त थे; उधर पुलिसवालों को भारी चिन्ता सवार थी। एक दिन येनीसेइस्क गुबर्निया (प्रदेश) के जेल-इन्सपेक्टर ने देखा कि राज-अपराधी व० ई० उलियानॉफ़ हाल ही में आयी निर्वासितों की टोली में नहीं है। वह घबरा उठा। गुम हो गये राजबंदी को ढूंढ़ने के लिए सारे देश में तार खटखटाये गये। मुख्य जेल-शासन, पुलिस-विभाग, क्रास्नोयास्क का मुख्य कान्सटेबल, येनीसेइस्क का गवर्नर, यहां तक कि इर्कुत्स्क का गवर्नर-जनरल भी—सभी परेशान होकर व्लादिमिर की खोज-बीन में जुट पड़े। अन्त में, 'बगल में लड़का गांव ढिंढोरा' वाली कहावत सिद्ध हुई। व्लादिमिर मदाम पपोवा के मकान में अपने उसी कमरे में पाये गये जिसमें वह क्रास्नोयार्स्क में आते ही ठहरे थे।

अब हुक्म हुआ कि व्लादिमिर इलिच को येनीसेइस्क गुबर्निया के मिनुसिन्स्क ओकरुग (इलाक़े) के शुशेन्स्कोये गांव में अपने निर्वासन की अवधि बितानी होगी। यह गांव रेलवे स्टेशन से ५०० वर्स्त (क़रीब ३३४ मील) दूर था। व्लादिमिर ने लगभग तीन वर्ष वहां बिताये। बहन को पत्र लिखते हुए इस स्थान के बारे में उन्होंने लिखा था :

> "यह एक बड़ा गांव है। कई सड़कें हैं, लेकिन सभी गंदी और धूल भरी—वैसी ही जैसी होनी चाहिएं! यह गांव एक खुली स्पेती (चटियल मैदान) में स्थिति है। यहां न तो एक भी बगीचा है, न किसी जगह कोई वनस्पति। गांव चारों ओर... गोबर से घिरा हुआ है। यह गोबर या कूड़ा-करकट दूर न ले जाकर गांव के बिल्कुल किनारे इकट्ठा कर दिया गया है। इसलिए, इस स्थान से निकलने पर आदमी को अवश्य कुछ दूर तक गन्दगी से गुजरना पड़ता है।"

क्रान्तिकारी कार्य से अछूते रह कर निर्वासित जीवन बिताना व्लादिमिर के लिए बड़ी कष्टकर बात थी। बेल्जियम गयी अपनी बहन मारिया को १८६८ ई० के अन्त में पत्र लिखते हुए उन्होंने कहा था :

> "हां, मैं तुमसे ईर्षा करता हूँ। अपने निर्वासन के पहले काल में मैंने निश्चय किया था कि योरपीय रूस या योरप के नक्शे पर नज़र भी न डालूं क्योंकि उसे खोलकर चारों ओर बिखरे काले बिन्दुओं को देखना मेरे हृदय में टीस पैदा करता था। लेकिन, अब वह भावना पुरानी पड़ गयी है। मैं नक्शे को बड़ी शांति के साथ देख सकता हूँ। बल्कि कभी-कभी मैं यह कल्पना भी करने लगता हूँ कि बाद में इन बिन्दुओं में से कहां की यात्रा करना दिलचस्प होगा। अपने निर्वासन काल के पूर्वार्द्ध को मैं अधिकतर पीछे की ओर देखता रहा, किन्तु अब आगे की ओर देखना है। हां, जो जियेगा, वही तो देखेगा।"

अध्ययन—व्लादिमिर को अब अध्ययन के लिए समय मिला। २७ वर्ष के क्रान्तिकारी तरुण के स्वभावतः हर्षोत्फुल्ल हृदय को उदासी कब तक घेरे रह सकती थी? उन्हें अब जो समय मिला उसको उन्होंने अपने सैद्धांतिक और वैज्ञानिक अनुसंधानों में लगाना शुरू किया। लिखने की योजना बनाकर उन्होंने अलग-अलग पुस्तकों के लिए समय बांट लिया। सबसे पहले उन्हें "रूस में पूंजीवाद का विकास" को समाप्त करना था। उन्होंने मार्क्स और एंगेल्स की कृतियों को फिर से पढ़ा और सौभाग्य से प्राप्त मार्क्सीय साहित्य के सबसे नये संस्करणों का पारायण किया। भिन्न-भिन्न विषयों पर उन्होंने कितनी ही पुस्तकें तथा रूसी और विदेशी पत्र-पत्रिकाएं पढ़ीं। उन्होंने विदेशी भाषाओं के अपने ज्ञान को बढ़ाया और कुछ पुस्तकों के अनुवाद किये। मज़दूर संग्राम संघ के सम्बंध में ही न० क० क्रुप्स्काया को भी साइबेरिया-निर्वासन का दंड मिला था। बहुत कोशिश करने पर क्रुप्स्काया को व्लादिमिर के साथ निर्वासन-काल बिताने की आज्ञा मिली। मई, १८९८ के आरम्भ में वह शुशेन्स्कोये गांव पहुँचीं। क्रुप्स्काया के साथ मिलकर व्लादिमिर इलिच ने सिडनी और बीट्रिस वेब की पुस्तक "मज़दूर आन्दोलन का इतिहास" का अंग्रेज़ी से रूसी में अनुवाद किया। व्लादिमिर लिखने-पढ़ने में बहुत परिश्रम करते थे; लेकिन, वह मनोविनोद के भी प्रेमी थे। दूर तक टहलना उन्हें पसन्द था। शिकार का भी उन्हें बहुत शौक था। शतरंज का खेल उन्हें बहुत प्रिय था। बर्फ पर स्केटिंग करना बचपन ही से उन्हें अच्छा लगता था। उनके पास मनोविनोद के लिए इतनी अधिक चीज़ें थीं; और फिर अब उनकी प्रिया क्रुप्स्काया भी जीवन-संगिनी बनकर आ गयी थीं। इसलिए, शुशेन्स्कोये में अब पहले जैसा रूखापन नहीं महसूस होता था। पुश्किन, लेर्मेन्तोफ़, नेक्रासोफ़ की कृतियों को व्लादिमिर बड़े चाव से बार-बार पढ़ते और पहले ही से सुपरिचित रूसी साहित्य की दूसरी अमर कृतियों का भी आनन्द लेते।

साहित्य और मनोविनोद, सैद्धांतिक अध्ययन और मनन के अतिरिक्त उनकी अनुसंधानप्रिय प्रतिभा साइबेरिया की देहातों को अछूता नहीं छोड़ सकती थी। उन्होंने वहां की भूमि और किसानों की हालत का नज़दीक से अध्ययन किया। उनका बैरिस्टर होना यहां काम आया। स्थानीय धनियों और सरकारी अधिकारियों से किसानों के हक़ों की रक्षा करने के लिए वह मुक़दमों में ग़रीब किसानों की पैरवी करते। बन्दी जीवन बिताने वाले इस पुरुष का यशोगान करते ये ग़रीब किसान कभी नहीं थकते थे।

साइबेरिया में उस समय बहुत से समाजवादी जनतांत्रिक निर्वासित जीवन बिता रहे थे। उसी गांव में व्लादिमिर के अतिरिक्त दो और निर्वासित रहते थे। मिनुसिन्स्क इलाक़े में भी कितने ही ऐसे राज्य-निर्वासित थे जो संघ वाले मुक़दमे में व्लादिमिर के सह-अभियुक्त रह चुके थे। दूसरे ऐसे भी कितने ही थे जिनके

साथ व्लादिमिर ने पीतरबुर्ग में क्रान्तिकारी काम किया था। पुलिस की आंखों में धूल झोंककर इन साथियों की कभी-कभी बैठकें हुआ करतीं जिनमें बड़ी ज़िन्दादिली देखी जाती थी। सुदूर उत्तर तथा साइबेरिया के कितने ही और एकान्त स्थानों में बिखरे हुए समाजवादी-जनतांत्रिक निर्वासितों के साथ व्लादिमिर ने सम्बंध स्थापित किया। कठिनाई होने पर भी उन्होंने मज़दूर उद्धारक गुट के परदेश में रहनेवाले लोगों तथा रूस के क्रान्तिकारी केन्द्रों के साथ सम्बंध स्थापित किया और वहां से ग़ैर-क़ानूनी पुस्तकें प्राप्त कीं। उन्होंने ग़ैर-क़ानूनी तौर से छपने के लिए लेख और पुस्तिकायें भी लिखकर भेजीं। परन्तु पुलिस हमेशा उन पर नज़र रखती थी। एक दिन अचानक पहुँचकर पुलिस ने व्लादिमिर के घर की तलाशी ली। लेकिन, इन बातों में व्लादिमिर बहुत सतर्क रहते थे। पुलिस के हाथ कोई भी चीज़ नहीं पड़ी।

व्लादिमिर अपने सम्बंधियों, अपने निर्वासित साथियों, मजदूर उद्धारक गुट तथा समाजवादी जनतांत्रिकों के साथ बराबर पत्र-व्यवहार किया करते थे। ये पत्र बहुत बड़ी संख्या में लिखे गये थे, क्योंकि उनके द्वारा ही वह बाहरी दुनिया से सम्बंध स्थापित करके वहां से सूचना पाने और अपनी हिदायतें भेजने में सफल हो सकते थे। दुर्भाग्य से इस पत्र-व्यवहार का बहुत थोड़ा अंश ही सुरक्षित रहा है जो बड़े ऐतिहासिक महत्व का है। व्लादिमिर अपने पत्र भिन्न-भिन्न विषयों पर लिखते थे—कभी वे मार्क्सवादी दर्शन और नीति पर और कभी पार्टी के काम, मज़दूर-आन्दोलन के नये विकास, नयी पुस्तकों और भविष्य की योजना आदि के बारे में लिखते।

दार्शनिक विषयों पर लेंगनिक के साथ उनका पत्र-व्यवहार विशेष महत्व का है। संघ के सम्बंध में लेंगनिक भी गिरफ्तार किया गया था। उसे भी साइबेरिया में निर्वासन का दंड मिला था। वह कान्ट और ह्यूम के दर्शन से बहुत प्रभावित था। व्लादिमिर ने जब सुना तो उसके साथ पत्र-व्यवहार शुरू किया। ये पत्र यद्यपि बाद में नहीं मिल सके, लेकिन लेंगनिक ने बतलाया है कि,

> "मेरे पत्रों के उत्तर में व्लादिमिर इलिच ने......बड़ी नर्मी किन्तु दृढ़ता से ह्यूम के संदेहवाद और कान्ट के आदर्शवाद का विरोध किया और उनके मुक़ाबले में मार्क्स-एंगेल्स के उत्साहप्रद दर्शन को सामने रखा। बड़े जोश के साथ बहस करते हुए उन्होंने कहा था कि **मानव-ज्ञान की कोई सीमा नहीं** हो सकती। उसे भारी प्रगति करनी पड़ेगी और **जैसे-जैसे क्रान्तिकारी मजदूर आन्दोलन बढ़ता जायेगा, वैसे-वैसे वह आदर्शवादी-पूंजीवादी खोल को फेंकता जायेगा।** क्रान्तिकारी मज़दूर आन्दोलन केवल मज़दूर वर्ग के व्यवहार और विश्व दृष्टिकोण—जो कि एकदम स्पष्ट, उत्साहप्रद तथा अपनी सादगी और सौन्दर्य से आत्मविभोर

कर देने वाला है—को ही निश्चित नहीं कर देगा, बल्कि बहुत ही निश्चित परिमाण में अपने वर्ग-विरोधियों के व्यवहार तथा विश्व दृष्टिकोण को भी निर्धारित करेगा और उन्हें धुंध भरे अतिलौकिक सिद्धान्तों तथा स्वप्नों की भाषा की जगह तथ्यों और बैरीकेडों की भाषा में बोलने के लिए मजबूर होगा।"

ग्रन्थ रचना—शुशेन्स्कोये में बहुत सी बातों का अभाव था, स्थितियां प्रतिकूल थीं। लेकिन तो भी, ग्रंथ-रचना का जो काम व्लादिमिर ने वहां रह कर किया, वह अत्यन्त आश्चर्यजनक है। तीन वर्ष के निर्वासन काल में उन्होंने तीस पुस्तकें लिखीं जिनमें से कुछ के नाम ये हैं :

१. रूस में पूंजीवाद का विकास;
२. रूसी समाजवादी जनतांत्रिकों के कर्तव्य;
३. आर्थिक रोमान्सवाद के स्वरूप निर्धारण के सम्बंध में;
४. वह विरासत जिसे हमने त्याग दिया;
५. कृषि-क्षेत्र में पूंजीवाद;
६. रूसी समाजवादी जनतांत्रिकों का विरोध;
७. हमारी पार्टी के कार्यक्रम का मसौदा।

अपनी इन कृतियों में व्लादिमिर इलिच ने मज़दूर-आन्दोलन की मौलिक समस्याओं का विश्लेषण करते हुए उनका हल बताया, पार्टी का कार्यक्रम तैयार करते हुए पार्टी को दांव-पेंच सुझाये और "नरोद्वाद", "क़ानूनी मार्क्सवाद" और "अर्थवाद" की खबर ली।

इस समय व्लादिमिर ने यह आवश्यक समझा कि जो काम पहले किया जा चुका है, उसका संक्षिप्त विश्लेषण करते हुए आगे आने वाले कार्यों के लिए आधार तैयार करें। यह इसलिए भी आवश्यक था कि जल्दी ही पहली पार्टी कांग्रेस होने वाली थी। इसी उद्देश्य से उन्होंने १८९७ ई० के अन्त में "*रूसी समाजवादियों के कर्तव्य*" नामक प्रसिद्ध पुस्तिका लिखी। इसमें पीतरबुर्ग के संग्राम संघ के कामों का संक्षिप्त परिचय देते हुए उन्होंने रूसी क्रान्तिकारी समाजवादी जनतांत्रिकों के राजनीतिक कार्यक्रम और दांव-पेंच के लिए सैद्धांतिक भूमि तैयार की। उन्होंने बताया कि समाजवादियों और मार्क्सवादी पार्टी की जनतांत्रिक कार्रवाइयों के बीच अटूट सम्बंध है। यह सम्बंध पूंजीवादी-जनतांत्रिक क्रान्ति में विरोधी तथा क्रान्तिकारी पार्टियों के प्रति मज़दूर वर्ग के रुख को प्रकट करता है। उन्होंने यह भी बताया कि इस क्रान्ति में सर्वहारा को हिरावल की भूमिका अदा करनी है, और इससे, निरंकुशता को उखाड़ फेंकने में साधन के तौर पर, सशस्त्र विद्रोह का प्रश्न उठता है। उन्होंने ज़ोर दिया कि कमकर पार्टी के लिए मार्क्सवादी सिद्धांत का सबसे अधिक महत्व है। इसी पुस्तिका में पहले-पहल व्लादिमिर ने

ये स्मरणीय वाक्य कहे थे : "क्रान्तिकारी सिद्धांत के बिना क्रान्तिकारी आन्दोलन सम्भव नहीं है।" रूस में काम करनेवाले सभी समाजवादी जनतांत्रिकों का इस पुस्तिका ने पथ-प्रदर्शन किया।

देश के आर्थिक जीवन का व्लादिमिर ने गम्भीरतापूर्वक अध्ययन किया था। वह जानते थे कि औद्योगिक "समृद्धि" के बाद आर्थिक संकट अनिवार्यतया आने वाला है और वे यह भी जानते थे कि उस समय रूसी समाजवादी जनतांत्रिकों के सामने ज़बर्दस्त कार्य होगा। उन्होंने लिखा था :

> "रूसी समाजवादी जनतांत्रिकों को देखते रहना होगा कि जब वह भूचाल आये उस समय रूसी सर्वहारा को अधिक वर्ग-चेतन, अधिक एकताबद्ध, रूसी मज़दूर वर्ग के करणीयों को समझने में सक्षम, पूंजीपति-वर्ग—जो इस समय मुनाफ़ों की भारी फसल बटोर रहा है और जो हमेशा नुकसान के बोझे को मज़दूरों के कन्धों पर डालने की कोशिश करता है—के विरुद्ध प्रतिरोध करने में समर्थ, और रूसी कमकरों तथा सारी जनता के पैरों में बेड़ी डालने वाली पुलिस-स्वेच्छाचारिता के विरुद्ध दृढ़ संघर्ष करने में रूसी जनवादियों का नेतृत्व ग्रहण करने के योग्य, होना चाहिये।"

व्लादिमिर ने अपनी इस पुस्तिका में रूस में चारों ओर बिखरे मज़दूरों के चक्रों और समाजवादी जनतांत्रिक दलों को शीघ्र एकताबद्ध होकर एक समाजवादी-जनतांत्रिक पार्टी में संगठित होने की अपील की। १८९८ ई० में इस पुस्तिका को जनेवा में मज़दूर उद्धारक गुट ने प्रकाशित किया। लेकिन, पहली पार्टी-कांग्रेस में वह पहुँच नहीं सकी। पार्टी-कार्यक्रम का जो मसौदा व्लादिमिर इलिच ने लिखा था, वह भी कांग्रेस में पेश नहीं हो सका।

"रूस में पूंजीवाद का विकास"—अपने निर्वासन के पहले दो वर्षों का अधिक भाग व्लादिमिर ने यह महत्वपूर्ण पुस्तक लिखने में बिताया था। इस पुस्तक के तैयार होने के साथ नरोद्निकों की सैद्धांतिक पराजय पूरी हुई। साधनों का इतना अभाव होने पर भी व्लादिमिर ने रूस के आर्थिक जीवन से सम्बंध रखने वाले सारे साहित्य का अध्ययन किया। उन्होंने सरकार तथा जेम्स्तवों (स्थानीय बोर्डों) के आंकड़े जमा करने वालों द्वारा संग्रहीत विशाल सामग्री का बारीक़ी से परीक्षण और पुनर्वर्गीकरण किया। १८९८ के अगस्त महीने के आरम्भ में पुस्तक का पहला मसौदा तैयार हुआ। व्लादिमिर ने फिर से संशोधन और परिमार्जन करके पुस्तक के एक-एक अध्याय को प्रेस में भेजना शुरू किया। ३० जनवरी, १८९९ को यह ग्रंथ तैयार हुआ और उसी साल मार्च के अन्त में "व्लादिमिर इलिन" के छद्म नाम से प्रकाशित हुआ।

मार्क्सवाद के विरोधियों पर आंकड़ों और युक्तियों द्वारा प्रहार करते हुए इस ग्रंथ में उन्होंने बताया कि "नरोद्निकों", "क़ानूनी मार्क्सवादियों" और

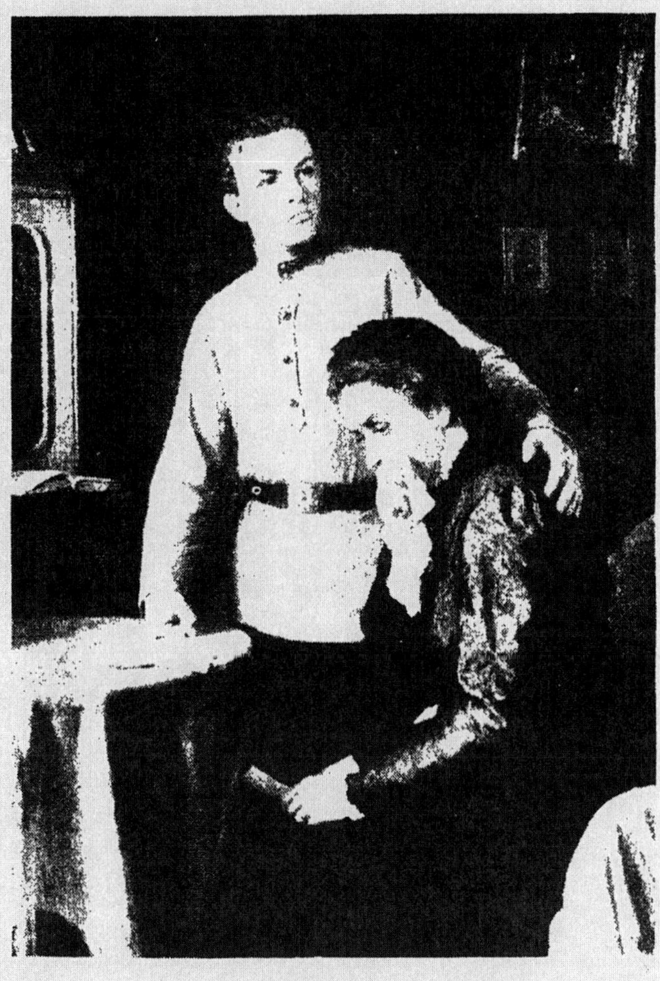

माता को सान्त्वना देते हुए

पीतरबुर्ग के "मज़दूर-उद्धारक गुट" के सदस्यों के साथ

"अर्थवादियों" के पास कोई तथ्य और तत्व नहीं हैं। पहले उन्होंने "बाज़ार" के प्रश्न पर नरोद्निकों के सैद्धांतिक विचारों का खोखलापन दिखलाया। फिर, पुनरुत्पादन के मार्क्सीय सिद्धांत की संक्षिप्त, किन्तु बड़ी ही चमत्कारपूर्ण, रूपरेखा प्रस्तुत की। इसके बाद उन्होंने किसानी व्यवस्था की मुख्य बातों को लिया और सिद्ध किया कि किसानों में भी पूंजीवाद का विकास हो रहा है। इतना ही नहीं। उन्होंने यह भी दिखलाया कि किस प्रकार पूंजीवाद ज़मींदारों के फार्मों के भीतर घुस रहा है और उद्योग (छोटे किसानों की दस्तकारी, माल-निर्माण और बड़े पैमाने के मशीन उद्योग के रूप में) विकसित हो रहा है। अन्त में लेखक ने रूस में घरेलू बाज़ार के निर्माण की प्रक्रिया भी बतलायी।

समारा में जिस गम्भीर अध्ययन को व्लादिमिर इलिच ने शुरू किया था, और पिछले पांच वर्षों तक जिसे और गम्भीरता के साथ जारी रखते हुए उन्होंने सामग्री एकत्रित की थी, उसी का सुन्दर फल यह ग्रंथ था। १८६४ ई० में "जनता के मित्र क्या हैं?" पुस्तक में व्लादिमिर ने अपने देश के मार्क्सवादियों के सामने यह सैद्धांतिक काम रखा : "उत्पादन में निश्चित सम्बंध वाली व्यवस्था के तौर पर हमारी स्थितियों का पूरा चित्र उपस्थित करना, यह दिखाना कि इस व्यवस्था के भीतर मेहनतकशों का शोषण और लूट-खसूट अनिवार्य है, और इस व्यवस्था से निकलने का वह रास्ता दिखाना जिसकी ओर आर्थिक विकास इंगित करता है।" जो लक्ष्य उन्होंने उस समय उपस्थित किया था, जो संकल्प उन्होंने अपने मन में किया था, उसी की पूर्ति व्लादिमिर ने अपने ग्रंथ द्वारा की।

अपने इस ग्रंथ द्वारा व्लादिमिर ने नरोद्वाद के अवैज्ञानिक सिद्धांतों की जड़ काटी। उन्होंने साबित किया कि "रूस में किसानी सम्बंध ज़मींदारी फार्मों में तथा किसानी व्यवस्था में भी, गांव के समूहों में और उससे बाहर भी, पूंजीवादी ढंग पर विकसित हो रहे हैं। यह पहली बात है। और यह विकास अनिवार्य रूप से निश्चित कर देता है कि पूंजीवादी रास्ता छोड़ विकास का कोई दूसरा रास्ता नहीं हो सकता, तथा पूंजीवादी वर्गीकरण को छोड़ वर्गों का कोई दूसरा वर्गीकरण नहीं हो सकता। यह दूसरी बात है। नरोद्निकों के साथ यह एक विवाद की वस्तु थी। इसे सिद्ध करना था और वह सिद्ध हो गयी।"

व्लादिमिर ने अपनी इस पुस्तक में रूस के भिन्न-भिन्न वर्गों के दर्जों और भूमिका को भी बतलाया—विशेष कर सर्वहारा और किसानों की भूमिका को।

१६०७ ई० में ग्रंथ के दूसरे संस्करण का प्राक्कथन लिखते हुए लेनिन ने कहा था :

> "आर्थिक अनुसंधान और आंकड़ों के सूक्ष्म विश्लेषण के आधार पर सामाजिक और आर्थिक व्यवस्था का, और इसलिए रूस के वर्ग-सम्बंधी ढांचे का, जो विश्लेषण इस ग्रंथ में दिया गया है उसकी पुष्टि आज क्रान्ति

के दौरान में सभी वर्गों के सार्वजनिक राजनीतिक कार्यों से होती है। सर्वहारा को क्रान्ति में मुख्य भूमिका अदा करनी है, यह पूर्णतया स्पष्ट हो गया है। और यह भी स्पष्ट हो गया है कि ऐतिहासिक आन्दोलन में इसकी शक्ति सारी जन-संख्या में इसकी संख्या के अनुपात से असाधारण रूप से अधिक है। पाठकों के सामने उपस्थित की जाने वाली इस कृति में इन दोनों घटनाओं के आर्थिक आधार को दिखाया गया है।"

व्लादिमिर ने आगे बतलाया कि क्रान्ति ने किसान जनता के दोहरे दर्जे और दोहरी भूमिका को स्पष्ट किया है। एक ओर पूंजीपति वर्ग और सर्वहारा के बीच किसान जनता ढुलमुलाती है और दूसरी ओर किसानों के बीच क्रान्ति की जड़ें गम्भीरता से रोप दी गयी हैं। "पाठकों के सामने उपस्थित की जाने वाली इस कृति में किसानों के इन दोनों मनोभावों के आर्थिक आधार को दिखलाया गया है।"

इस पुस्तक को समाप्त करने के बाद व्लादिमिर ने अलग-अलग आर्थिक विषयों में हाथ लगाया। उन्होंने "कृषि के क्षेत्र में पूंजीवाद" के नाम से एक लम्बा निबंध लिखा। कितनी ही पुस्तकों की आलोचनाएं उन्होंने "क़ानूनी-मार्क्सवादियों" की पत्रिकाओं में छपवायीं। लेकिन, १८९९ ई० की गर्मियों में इन पत्रिकाओं में लेख भेजना उन्होंने बन्द कर दिया।

३. *विभीषणों से लोहा*

निर्वासन के अन्तिम वर्ष में अन्तर्राष्ट्रीय समाजवादी जनतांत्रिक आन्दोलन के सम्बंध में कई महत्वपूर्ण घटनाएं घटीं। मार्क्स के सिद्धान्तों में संशोधन करने के लिए "संशोधनवाद" अब बड़े ज़ोर-शोर के साथ अखाड़े में उतर आया था। मार्क्स के जीवन काल में बर्नस्टाइन उनका आशीर्वाद लेने लन्दन पहुँचा था। लेकिन, १८९९ ई० के आरम्भ में इसी जर्मन लेखक ने जर्मनी में अपनी बदनाम पुस्तक "समाजवाद के आधार" प्रकाशित करायी। उसी साल, जून महीने में एक फ्रांसीसी "समाजवादी" वहां के पूंजीवादी मंत्रि-मंडल में शामिल हुआ। फ्रांस और जर्मनी में जिस समय समाजवादी नेता ये कार्रवाइयां कर रहे थे, उसी समय हज़ारों मील दूर, सुदूर साइबेरिया के शुशेन्स्कोये गांव में बैठे व्लादिमिर, समाजवादी आन्दोलन के संसार में क्या हो रहा है, इसकी ओर बहुत सावधानी से देख रहे थे।

व्लादिमिर इलिच मार्क्सवाद की जड़ काटने वाले तथाकथित मार्क्सवादियों की कार्रवाइयों को चुपचाप नहीं देख सकते थे। जर्मनी में बर्नस्टाइन मार्क्सवाद में "संशोधन" के नाम पर उसकी आत्मा को नष्ट करना चाहता था। रूसी "क़ानूनी मार्क्सवादी" सिद्धान्त की आड़ में अपनी नपुंसकता छिपाना चाहते थे। प्लेखानोफ़

की लेखनी अब शिथिल हो चली थी और वह इसके सम्बंध में कुछ करने को तैयार नहीं दीख रहा था। व्लादिमिर इलिच लेनिन ने अपने एक पत्र में लिखा था : "हमें मार्क्स के आलोचकों के खिलाफ़ वास्तविक और निष्ठुर युद्ध छेड़ना होगा।"

संशोधनवादी दर्शन शास्त्र की आड़ लेते थे। इसलिए, व्लादिमिर अब दर्शन शास्त्र के समुद्र में गोता लगाने के लिए तैयार हुए। १८९९ ई० की गर्मियों में क्रुप्स्काया ने व्लादिमिर की मां को एक पत्र में लिखा था : "वलोद्या (व्लादिमिर) अब सब तरह के दर्शन—होलबाश, हेलवेशियो आदि—को बड़ी तन्मयता के साथ पढ़ रहा है। यह उसका मुख्य काम हो गया है। मैं उससे मज़ाक में कहती हूं कि तू इस दर्शन में इतना रंगा जा रहा है कि जल्दी ही तुझ से बात करना भी खतरनाक हो जायगा।"

दर्शन के अब तक के अपने अध्ययन को पर्याप्त न समझ व्लादिमिर उसका सांगोपांग अध्ययन करने लगे। जून, १८९९ में उन्होंने लिखा था : "दार्शनिक अध्ययन के बारे में अपनी कमियों को मैं अच्छी तरह जानता हूं और जब तक उनको दूर न कर लूं मैं उस विषय पर कलम नहीं उठाना चाहता।... यही काम है जिसमें इस समय मैं लगा हूं। होलबाश और हेलवेशियो से आरम्भ करके मैं कान्ट तक पहुंचने की इच्छा रखता हूं।" व्लादिमिर बड़ी अधीरतापूर्वक बर्नस्टाइन की किताब की प्रतीक्षा कर रहे थे। अन्त में वह आयी। इस किताब को आधी खतम करते-करते उनके दिल में आग लग गयी। उन्होंने बर्नस्टाइन की पुस्तक के बारे में लिखा :

> "जितना ही मैं इसे पढ़ता हूं, उतना ही इसकी बातों पर मुझे अचरज होता है। इसका सैद्धान्तिक स्तर आश्चर्यजनक रूप से कमज़ोर है, वह दूसरे लोगों के विचारों की पुनरोक्ति है। आलोचना की बात कही जाती है। लेकिन, किसी गम्भीर या स्वतंत्र आलोचना की इसमें कोशिश भी नहीं की गयी है। इसके व्यावहारिक निष्कर्ष अवसरवादी (अथवा फ़ाबियनवादी : बर्नस्टाइन के अधिकांश वक्तव्यों और विचारों का मूल वेब्स की सबसे नयी पुस्तकों में मिल सकता है), घोर अवसरवादी और सम्भावनावादी हैं, और सो भी पुराने कायरतापूर्ण ढंग के, क्योंकि बर्नस्टाइन खुली तौर से कार्यक्रम को छूने की हिम्मत नहीं करता।"

इसी समय "अर्थवादियों" की कार्रवाइयों को देखकर व्लादिमिर को और भी परेशानी हुई। इसके जो पूर्व-लक्षण संघ में पहले-पहल दिखायी पड़े थे, उन पर व्लादिमिर ने ज़बर्दस्त आक्षेप किया था। लेकिन, अब "अर्थवाद" एक आरम्भिक रुझान नहीं था। यह बीमारी अब स्थानीय समाजवादी-जनतांत्रिक संगठनों में बढ़ती जा रही थी।

४. पहली पार्टी कांग्रेस (१८६८ ई०)

रूसी समाजवादी जनतांत्रिक मज़दूर पार्टी की पहली कांग्रेस मिन्स्क में मार्च, १८६८ में हुई। इसमें एक संगठित पार्टी बनाने का निश्चय किया गया। लेकिन, यह कांग्रेस बिखरे हुए मार्क्सवादी चक्रों तथा संगठनों को एक संस्था के रूप में एकताबद्ध करने में असफल रही। पहले की तरह अभी भी काम करने में नौसिखियापन दिखायी पड़ता था। कांग्रेस के बाद स्थानीय संस्थाओं में सिद्धान्त सम्बंधी गड़बड़ी फैलने लगी। ऐसी स्थिति मज़दूर-आन्दोलन के भीतर "अर्थवाद" के फैलने के लिए बहुत उपयुक्त थी।

व्लादिमिर जानते थे कि रूसी मज़दूर-आन्दोलन में "अर्थवादी" सबसे खतरनाक अवसरवादी घुन हैं। वे जानते थे कि यदि उनको दबाया नहीं गया तो इससे आन्दोलन के आगे बढ़ने में भारी बाधा होगी। १८६६ ई० में जब "अर्थवादियों" ने अपना पत्र "क्रीदो" (विश्वास या कार्यक्रम) निकाला, तो तुरन्त ही व्लादिमिर ने उसके खिलाफ़ हमला बोल दिया। उन्होंने "रूसी समाजवादी जनतांत्रिकों का विरोध पत्र" के नाम से एक मसौदा तैयार करके मिनुसिन्स्क इलाक़े में निर्वासित समाजवादी जनतांत्रिकों के एक सम्मेलन में बहस के लिए पेश किया। सम्मेलन ने उसे स्वीकार किया। इस मसौदे में व्लादिमिर ने "अर्थवादियों" पर आक्षेप करते हुए कहा था कि उन्होंने मार्क्सवाद को तिलांजलि दे दी है, क्योंकि उन्होंने इस बात से इन्कार कर दिया है कि कमकर वर्ग की अपनी स्वतंत्र राजनीतिक पार्टी होनी चाहिए और उन्होंने मज़दूर वर्ग को पूंजीपति वर्ग की राजनीतिक पूंछ बनाने की कोशिश की है। व्लादिमिर ने लिखा था: "हमारा दृढ़ विश्वास है कि रूस में अवसरवादी दृष्टिकोण फैलाने के प्रत्येक प्रयत्न को रूसी समाजवादी जनतांत्रिकों की बहुसंख्या के ज़बर्दस्त विरोध का सामना करना पड़ेगा।" इसमें समाजवादी जनतांत्रिकों से पार्टी संगठन के काम में जी-जान से लगने के लिए कहा गया था। यह "विरोध पत्र" सारे रूस में और अन्य देशों के मार्क्सवादी राजनीतिक निर्वासितों के समूहों में बांटा गया। "अर्थवादियों" के विरुद्ध संघर्ष में इसने बड़ा काम किया। क्रान्तिकारी समाजवादी जनतांत्रिकों को एकजूट करने में भी इससे बड़ी मदद मिली।

जिस तरह बर्नस्टाइनी विचारधारा पश्चिमी योरप में समाजवादी जनतांत्रिक पार्टियों के भीतर मार्क्सवाद को विद्रूप कर रही थी, उसी तरह रूस में "अर्थवाद" यह काम कर रहा था। इस प्रकार, रूस में व्लादिमिर का यह "विरोध पत्र" पश्चिमी योरप के अवसरवादियों के खिलाफ़ भी एक सा लागू होता था।

व्लादिमिर इलिच के निर्वासन की अवधि समाप्ति पर थी। अब उन्हें फिर कार्यक्षेत्र में लौटना था। इसलिए उनका ध्यान सबसे अधिक आगे की क्रान्तिकारी

कार्रवाइयों पर था। उन्होंने एक क्रान्तिकारी सर्वहारा पार्टी के निर्माण की योजना बनायी। इसकी रूपरेखा उनके "हमारा कार्यक्रम", "हमारा तुरन्त करणीय" और "एक अत्यावश्यक समस्या" लेखों में खींची गयी थी। ये लेख "रबोचया गज़ेता" (मज़दूर गज़ट) में प्रकाशन के लिए लिखे गये थे। इसे पार्टी की प्रथम कांग्रेस ने अपना केन्द्रीय मुख-पत्र घोषित किया था। इन लेखों में कहा गया था कि मार्क्सवाद के तथाकथित आलोचकों से लोहा लेकर हमें उसके क्रान्तिकारी सिद्धान्त की शुद्धता की रक्षा करनी चाहिए। लेकिन, सिद्धान्त की शुद्धता से उनका मतलब मतवाद का पोषण करना नहीं था। व्लादिमिर मज़दूर-आन्दोलन के व्यावहारिक अनुभवों से लाभ उठाते हुए मार्क्सवाद के सिद्धान्त को और भी विकसित करने के ज़बर्दस्त समर्थक थे। "हमारा कार्यक्रम" नामक लेख में उन्होंने लिखा था :

> "मार्क्स के सिद्धान्त को कोई स्थिर और अनुल्लंघनीय चीज़ हम कभी नहीं मानते। इसके विपरीत, हमारा विश्वास है कि विज्ञान की यह केवल आधारशिला है, जिसे समाजवादियों को सभी दिशाओं में और आगे ले चलना होगा—अगर वे जीवन के साथ क़दम से क़दम मिलाकर चलना चाहते हैं तो। हम समझते हैं कि खास तौर से रूसी समाजवादियों को मार्क्स के सिद्धान्त को स्वतंत्रतापूर्वक विकसित करना चाहिए।"

व्लादिमिर ने बतलाया कि रूसी कमकर वर्ग अपने ऐतिहासिक मिशन को पूरा करने में समर्थ हो, इसके लिए ज़रूरी है कि वह नौसिखियापन के तरीक़ों को छोड़े और एक क्रान्तिकारी सर्वहारा दल का निर्माण करे। साथ ही उन्होंने इस बात पर भी ज़ोर दिया कि रूसी मार्क्सवादियों को लकीर के फकीर बन कर पश्चिमी योरप की कमकर-पार्टियों को अपना आदर्श नहीं मान लेना चाहिए; अन्तर्राष्ट्रीय और रूसी कमकर वर्ग के आन्दोलनों के अनुभवों का ध्यान से विश्लेषण करके अपनी पार्टी बनाने में उन्हें स्वतंत्र तरीक़ा अख्तियार करना चाहिए।

"हमारा तुरन्त करणीय" लेख में व्लादिमिर ने लिखा था :

> "पश्चिमी योरप में समाजवाद और जनतांत्रिकता का इतिहास, रूसी क्रान्तिकारी आन्दोलन का इतिहास, हमारे मज़दूर-आन्दोलन का अनुभव —यह सब ऐसी सामग्री है, जिसे हमें पार्टी के समुचित आकार वाले संगठन और दाव-पेंचों को तैयार करने के लिए इस्तेमाल करना होगा। हमें इस सामग्री पर स्वतंत्रतापूर्वक काम करना होगा क्योंकि पका-पकाया नमूना कहीं भी नहीं मिल सकता।"

अपने सामने जो काम थे उनके लिए व्लादिमिर इलिच को एक अखिल रूसी राजनीतिक अखबार की जरूरत महसूस हुई। इसके बारे में उन्होंने इसी लेख में लिखा था :

"हम समझते हैं कि इस समय जो सबसे ज़रूरी काम हमारे सामने है, वह है इन समस्याओं को हल करने में लग जाना। और इसके लिए हमारा तुरन्त का लक्ष्य होना चाहिए एक ऐसे पार्टी-मुखपत्र के प्रकाशन का प्रबंध करना जो नियमपूर्वक और सभी स्थानीय दलों के साथ घनिष्टतया सम्बद्ध रहते हुए निकले। हम समझते हैं कि निकटतम भविष्य में समाजवादी जनतांत्रिकों की सभी कार्रवाइयां इसी काम पर केन्द्रित होनी चाहिएं।"

निर्वासन-काल के अन्तिम लेखों में, १८९९ ई० में लिखा गया लेख था, "हमारी पार्टी के कार्यक्रम का मसौदा"। उनकी राय थी कि मज़दूर-उद्धारक गुट के कार्यक्रम का जो मसौदा १८८७ ई० में तैयार किया गया था, उसमें काफ़ी संशोधन और परिवर्द्धन की आवश्यकता है। अपने इस "मसौदे" में व्लादिमिर ने ज़ोर देकर कहा कि प्रत्येक राष्ट्र (जाति) को पूंजीवादी और सर्वहारा, दो भागों में बांट देना पूंजीवाद की मुख्य रुझान है।

"दरिद्रता, उत्पीड़न, दासता, पतन और शोषण में वृद्धि हो रही है"—मार्क्स के इन प्रसिद्ध शब्दों को व्लादिमिर ने पार्टी-कार्यक्रम के मसौदे में शामिल करने के लिए ज़ोर दिया। उन्होंने कहा कि जब बर्नस्टाइनी तथा दूसरे "संशोधनवादी" और मार्क्स के आलोचक उनके दरिद्रता की वृद्धि वाले सिद्धान्त पर आक्षेप कर रहे हैं तब इनको शामिल करना ज़रूरी है। उन्होंने यह भी सुझाव रखा कि सर्वहारा वर्ग-संघर्ष का और भी स्पष्टता के साथ वर्णन करना चाहिए, उसके उद्देश्यों की व्याख्या करनी चाहिए तथा मज़दूर-आन्दोलन के अन्तर्राष्ट्रीय रूप को दिखलाना चाहिए। पार्टी के कार्यक्रम को सर्वहारा के वर्ग-संघर्ष के राजनीतिक महत्व तथा उसके तुरन्त के लक्ष्य, अर्थात् राजनीतिक स्वतंत्रता, पर विशेष ज़ोर देना चाहिए।

व्लादिमिर ने यह भी ज़रूरी समझा कि रूसी परम-निरंकुशता के वर्ग रूप को साफ़ तौर से बतलाते हुए वह यह भी दिखलायें कि सारे सामाजिक विकास के मार्ग को मुक्त करने के लिए उसको बलपूर्वक उखाड़ फेंकना अत्यावश्यक है। उन्होंने ज़ोर देकर कहा कि कार्यक्रम में रूसी पूंजीवाद के विकास के विशेष आकारों और उसके साथ रूसी मज़दूर वर्ग को लड़ने के लिए किन-किन राजनीतिक कामों को करना चाहिए और क्या तरीक़े अख्तियार करने चाहिए—इसे साफ़-साफ़ बतलाना होगा। व्लादिमिर इलिच लेनिन ने किसान कार्यक्रम के सिद्धांतों के मसले पर भी रूसी मार्क्सवादियों का उचित पथ-निर्देशन किया। उन्होंने बतलाया कि स्वेच्छाचारी निरंकुशता को उखाड़ फेंकने तथा अर्ध-दासता के सारे अवशेषों को मिटाने के लिए सर्वहारा पार्टी को प्रयत्नशील किसानों का समर्थन करना चाहिए।

शुशेन्स्कोये के अन्तिम महीनों के बारे में नादेज्दा क्रुप्स्काया ने अपने संस्मरणों में लिखा है :

> "व्लादिमिर इलिच को अब रात में नींद लेना हराम हो गया था। वह भयंकर रूप से दुबले हो गये थे। इन्हीं निद्राहीन रातों में वह अपनी योजना के हरेक विवरण के बारे में सोचते।...जितना ही समय बीतता व्लादिमिर इलिच उतने ही अधीर होते जाते थे, उतने ही अधिक काम करने के लिए उतारू होते जाते थे।"

५. *भविष्य के लिए तैयारी*

आखिर २६ जनवरी, १६०० का दिन भी आया। व्लादिमिर की निर्वासन-अवधि समाप्त हुई और उन्होंने शुशेन्स्कोये से विदाई ली। एक मार्क्सवादी पार्टी तथा एक अखिल रूसी मार्क्सवादी अखबार, इन दो चीज़ों को क़ायम करना उनके सामने सबसे पहला काम था।

अंत में ऐसा अखबार दिसम्बर, १६०० में "इस्क्रा" (चिनगारी) के नाम से निकला। रूस में पहुंचकर १६०० ई० का सारा वर्ष व्लादिमिर ने पत्र निकालने के प्रयत्न में लगाया। रूस में ज़ारशाही पुलिस के कारण ऐसा पत्र निकाल सकना असम्भव था। इसलिए, निश्चय हुआ कि "इस्क्रा" को विदेश से निकाला जाय। लेकिन, पत्र का निकाल देना ही तो काफ़ी नहीं था; देश में उसका प्रचार हो, इसका भी प्रबन्ध करना था। उसके लिये सहायक तथा एजेन्ट चुनने थे और पैसे का भी प्रबन्ध करना था।

निर्वासन से व्लादिमिर मुक्त हो चुके थे। लेकिन साथ ही, पुलिस ने यह हुक्म भी निकाल दिया था कि वह मास्को, पीतरबुर्ग या और किसी औद्योगिक केन्द्र में नहीं रह सकते। खुद व्लादिमिर राजधानी के नज़दीक रहना चाहते थे जिससे वह वहां के मार्क्सवादियों और सर्वहारा के साथ आसानी से सम्बंध स्थापित कर सकें। इसीलिए उन्होंने प्स्कोफ़ में रहना पसन्द किया। लौटते समय रास्ते में ऊफा, मास्को और पीतरबुर्ग के स्थानीय साथियों से उन्होंने विचार-विनिमय किया। अन्त में, २६ फ़रवरी को वह प्स्कोफ़ पहुंचे।

अब क्रान्तिकारी समाजवादी जनतांत्रिकों का हेड-क्वार्टर प्स्कोफ़ बन गया। यहीं पर अप्रैल में एक कान्फ्रेंस हुई। इसमें भावी अखबार के कार्यक्रम पर व्लादिमिर द्वारा तैयार किये गये सम्पादकीय वक्तव्य पर बहस हुई। देश के भिन्न-भिन्न भागों से पार्टी-कार्यकर्ता व्लादिमिर से सलाह लेने के लिए यहीं आते थे। जब-तब व्लादिमिर यहां से रीगा, पदोल्स्क, निज्नी-नवगरोद, ऊफा, कज़ान, समारा आदि नगरों में जाते और पार्टी के मुख-पत्र के लिए सहायक और समर्थक तैयार करते। यद्यपि पीतरबुर्ग जाना निषिद्ध था, तो भी वह दो बार गुप्त रीति से वहां हो आये।

दूसरी बार की यात्रा में तो सारा गुड़ गोबर होने जा रहा था। उन्हें सड़क पर गिरफ्तार कर लिया गया था। इस गिरफ्तारी के बारे में व्लादिमिर ने बताया है कि "उन्होंने दोनों बाजुओं को इतने ज़ोर से पकड़ रखा था कि अपनी जेब से किसी चीज़ को निकाल कर फेंक देना मेरे लिए असम्भव था। और द्रोश्की (फिटन) में भी उन लोगों ने मेरे दोनों बाजुओं को पकड़ रखा था।" व्लादिमिर की जेब में अदृश्य स्याही में लिखे विदेश में रहने वाले साथियों के पते थे। सौभाग्य से पुलिस ने उस कागज़ की ओर कोई ध्यान नहीं दिया। व्लादिमिर को दस दिन हवालात में रखने के बाद छोड़ दिया गया। अगर पतों की यह सूची मिल गयी होती तो ज़ारशाही सरकार उन्हें कभी अपने पंजे से बाहर नहीं जाने देती।

व्लादिमिर इलिच को ज़ारशाही अपना सबसे खतरनाक दुश्मन समझती थी। पुलिस-अफसर कर्नल ज़ुबातोफ़ ने अपनी गुप्त रिपोर्ट में (१६०० ई० में) लिखा था: "मौजूदा समय में क्रान्तिकारी आन्दोलन के भीतर उलियानोफ़ से बड़ा कोई नहीं है।" उसने तो यह सुझाव भी रखा कि इस खतरनाक आदमी की हत्या कर दी जाय: "इस सिर को क्रान्तिकारी शरीर से अलग कर दिया जाय।" कहने की ज़रूरत नहीं कि रूस के क्रान्तिकारी शरीर का यही सिर था जिसने वे सारी तैयारियां कीं जिनके कारण सत्रह वर्ष बाद ज़ारशाही को जड़-मूल से उखाड़ फेंकने में आसानी हुई।

व्लादिमिर इलिच अच्छी तरह जानते थे कि अल्पसंख्यक निरंकुश शासक-वर्ग युगों से बहुसंख्यक जनता का इसीलिए शोषण और उत्पीड़न करता आ रहा है कि उसके विरोधी एक होकर काम करना नहीं जानते। इसमें शक नहीं कि उनके सामने सबको एकताबद्ध करने के लिए कोई अकाट्य वैज्ञानिक सिद्धान्त भी नहीं था। लेकिन अब, यद्यपि क्रान्ति का पथ-प्रदर्शन करने के लिए मार्क्सवाद मौजूद था, परन्तु जब तक संगठन नहीं हो और क्रान्तिकारी बिखरे हुए हों तब तक ज़ारशाही का बाल भी बांका नहीं किया जा सकता था। इसलिए, सबको एकताबद्ध करनेवाली पार्टी का तुरन्त निर्माण करना अत्यावश्यक था। व्लादिमिर ने ऐसी पार्टी संगठित करने का निश्चय कर लिया था। लेकिन उन्हें जब मालूम हुआ कि कितनी ही स्थानीय कमिटियां पार्टी बनाने के लिए तुरन्त एक कांग्रेस बुलाना चाहती हैं, तो उन्हें यह बात ग़लत मालूम हुई। वह समझते थे कि सबसे पहले सैद्धांतिक और संगठन सम्बंधी एकता आवश्यक है और इस एकता के लिए जो प्रयत्न किया जायगा उसी का चरम रूप पार्टी का निर्माण होगा। व्लादिमिर पार्टी के वास्तविक संस्थापक और नेता थे। मज़दूर वर्ग के सबसे पक्के कर्मी उन पर पूरा विश्वास करते थे। पार्टी की बाक़ायदा स्थापना के पहले सैद्धान्तिक एकता स्थापित करने के लिए अखबार निकालना ज़रूरी था,—सो भी परदेश जाकर।

अध्याय ६

विदेश

(१९००–५ ई०)

१. देश से प्रस्थान

देश में अखबार के लिए सारी तैयारियां करके १६ जुलाई, १९०० को व्लादिमिर इलिच लेनिन ने विदेश के लिये प्रस्थान किया। वह पहले भी एक बार कुछ महीनों के लिये परदेश हो आये थे। लेकिन अब उनका यह परदेशवास पांच वर्षों के लिये होने जा रहा था। रूस छोड़ते समय उन्होंने अपने काम की सारी योजना बना ली थी। वह देश की सारी परिस्थिति जानते थे और यह भी जानते थे कि क्रान्तिकारी सर्वहारा पार्टी के संगठन और संवर्धन के लिए किन-किन चीज़ों की आवश्यकता है।

२० वीं सदी के आरम्भ के साथ पूंजीवाद ने अपने चरम रूप, साम्राज्यवाद को धारण किया था। पूंजीवादी समाज के गर्भ में जो कुछ हो रहा था, उससे व्लादिमिर इलिच परिचित थे। वे इससे भी परिचित थे कि मज़दूर-आन्दोलन के अन्तस्तल में कौन सी लहरें उठ रही हैं। पूंजीवादी आधार पर उद्योग-धन्धों, कल-कारखानों का जो ज़बर्दस्त विकास हुआ था, उसके कारण कारखानों के माल को बेचना सबसे कठिन बात हो गयी थी। परिणाम-स्वरूप, बाज़ार की मन्दी के रूप में समय-समय पर ज़बर्दस्त आर्थिक भूचाल आता था। सैकड़ों पूंजीपति दिवालिया होते जाते थे और सैकड़ों छोटी मछलियों को बड़ी मछलियां निगलती जाती थीं। इस आर्थिक भूचाल से बचने के लिए पूंजीवादी राष्ट्र अपने लिए पक्के बाज़ार बनाना और उन्हें बढ़ाना चाहते थे। अर्थात, अपने माल की खपत के लिए और अपनी पूंजी लगाने के लिए वे वहां अपनी इजारेदारी क़ायम करना चाहते थे। इसीलिए साम्राज्यवादी राष्ट्र अब विश्व-युद्धों के अनिवार्य कारण बन रहे थे।

२० वीं शताब्दी के आरम्भ के साथ साम्राज्यवाद की भयंकर बीमारी बड़े-बड़े प्लेगों और महामारियों से भी ज्यादा विध्वंसक साबित हुई। इस महामारी में घर और बाहर संघर्षों का तूफान उठ खड़ा होगा, व्लादिमिर यह अच्छी तरह जानते थे। १९ वीं शताब्दी के उत्तरार्द्ध की दुनिया और २० वीं शताब्दी के आरम्भ की दुनिया, दोनों का भेद व्लादिमिर इलिच को स्पष्ट मालूम हो रहा था। "इस्क्रा" के एक लेख में उन्होंने लिखा था : "तब में और अब में—अन्तिम

पूंजीवादी क्रान्तिकारी आन्दोलनों के युग और बौखलाये हुए प्रतिक्रियावाद तथा सर्वहारा क्रान्ति के तुरन्त पहले सभी शक्तियों के बीच अत्यधिक तनाव के युग में—दोनों में भेद स्पष्ट है।"

समाज में हल्की से हल्की लहर और कम्पन को भी व्लादिमिर इलिच बहुत शीघ्र पकड़ लेते थे। उन्हें मालूम था कि साम्राज्यवाद के इस युग में सामाजिक भूकम्पों का—क्रान्तियों का—तांता लगे बिना नहीं रहेगा। वह यह भी देख रहे थे कि जो आर्थिक और राजनीतिक शक्तियां इस वक्त काम कर रही हैं, वे रूसी कमकर वर्ग को अन्तर्राष्ट्रीय कमकर-आन्दोलन की पहली पंक्ति में खड़ा करने जा रही हैं। और इस प्रकार, क्रान्ति का ज़ोर अब पश्चिमी योरप की जगह रूस की ओर ज्यादा बढ़ेगा। एक भविष्य-द्रष्टा की तरह आगे की बातों को देखते हुए व्लादिमिर ने कहा था :

> "इतिहास ने आज हमारे सामने एक फ़ौरी काम रखा है जो सभी देशों के सर्वहारा के सामने मौजूद फ़ौरी कामों से अधिक क्रान्तिकारी है। इस काम का पूरा करना, योरप ही नहीं बल्कि (कहा जा सकता है) एशियाई प्रतिक्रियावाद के अत्यन्त शक्तिशाली गढ़ का भी ध्वंस करना, रूसी सर्वहारा को अन्तर्राष्ट्रीय क्रान्तिकारी सर्वहारा के हिरावल के रूप में परिणत करेगा।"

अपने समय की परिस्थिति में मार्क्स और एंगेल्स इस काम के लिए पश्चिमी योरप के सर्वहारा को हिरावल मानते थे। इसका कारण भी था। कारण यह था कि रूस में पूंजीवाद अभी उतना विकसित नहीं हुआ था। इसी कारण वहां का सर्वहारा वर्ग भी संख्या तथा वर्ग चेतना, दोनों में, अल्पविकसित था। लेकिन, १६ वीं शताब्दी का अन्त होते-होते अब यह बात नहीं रह गयी थी। योरप और एशिया के प्रतिक्रियावाद का सबसे शक्तिशाली गढ़, ज़ारशाही रूस, व्लादिमिर इलिच को अब ऐसी दीवार मालूम हो रहा था जिसे धक्का देकर गिराया जा सकता था। और उसे ज़बर्दस्त धक्का देने के लिए, रूसी सर्वहारा के रूप में, वहां ऐसी शक्ति भी तैयार हो गयी थी जो मार्क्सवाद के पथ-प्रदर्शन के अनुसार आगे बढ़ने को तैयार थी। यह विश्वास हो जाने पर कि सर्वहारा-क्रान्ति की सफलता की सबसे अधिक सम्भावना रूस में है, व्लादिमिर अब और भी अधिक तत्परता से अपने काम में जुट गये।

२. "इस्क्रा" (चिनगारी)

उपरोक्त उद्देश्य से "इस्क्रा" निकालने के लिए व्लादिमिर किसी तरह आंख बचाकर बाहर निकले। परदेश में भी समाजवादी विचारों के कितने ही रूसी क्रान्तिकारी निर्वासित जीवन बिता रहे थे। पत्र निकालने से पहले उनके

साथ विचार-विनिमय ज़रूरी था। इसी खयाल से अगस्त, १६०० में जनेवा के नज़दीक कोरसियेर में व्लादिमिर ने पोत्रेसोफ़, प्लेखानोफ़, एक्सेलरोद और ज़ासुलिच से "इस्क्रा" के कार्यक्रम और प्रकाशन-प्रबन्ध के सम्बंध में बातचीत की।

यह बातचीत या बहस-मुबाहिसा कितनी ही बार इतना गर्म होने लगता कि मालूम होता कि व्लादिमिर इलिच और प्लेखानोफ़ समझौता नहीं कर पायेंगे, और इसका अर्थ था, "इस्क्रा" के तुरन्त निकलने की सम्भावना का कम हो जाना। इस सम्मेलन की इस अवस्था का उल्लेख व्लादिमिर इलिच ने "कैसे 'इस्क्रा' (चिनगारी) क़रीब-क़रीब बुझ सी गयी थी?" नामक अपने लेख में किया है। "इस्क्रा" निकालने की योजना कार्यरूप में परिणत नहीं की जा सकेगी—यह सोचने में भी व्लादिमिर को दुःख होता था। उन्होंने लिखा था: "उस चीज़ को बिलकुल छोड़ देना जिसे मैंने एक प्यारे बच्चे की तरह वर्षों पाला-पोसा था और जिसके साथ मैंने अपने जीवन के सारे काम को अटूट सम्बंध से बांध रखा था—यह एक वास्तविक नाटक था।"

खैर, बहुत कठिनाई से ही सही, अन्त में समझौता हुआ। निश्चय हुआ कि "इस्क्रा" स्विज़रलैंड से नहीं—जैसा कि प्लेखानोफ़ और एक्सेलरोद ने कहा था—बल्कि जर्मनी से निकले। म्यूनिख में मुख्य सम्पादकों को रहना था। व्लादिमिर इलिच भी स्विज़रलैंड से वहां चले गये। "इस्क्रा" के अतिरिक्त "ज़ार्या" (उषा) नाम से एक वैज्ञानिक तथा राजनीतिक पत्रिका निकालने का भी प्रबन्ध किया गया। वस्तुतः व्लादिमिर इलिच के अनथक परिश्रम और फ़ौलादी इरादे का ही फल था कि "इस्क्रा" का निकलना सम्भव हो सका।

अक्तूबर, १६०० में व्लादिमिर ने "इस्क्रा के सम्पादकों की सूचना" लिखकर प्रकाशित की जिसमें पत्र का उद्देश्य बताया गया था: रूसी समाजवादी जनतांत्रिकता की सैद्धांतिक तथा संगठनात्मक एकता को ढालना और एक पार्टी का निर्माण करना। व्लादिमिर ने बतलाया कि यह उद्देश्य तभी सफल हो सकता है जब सैद्धांतिक गड़बड़ी और संगठन-सम्बंधी नौसिखियापन से ज़बर्दस्त मुक़ाबला किया जाय; "अर्थवादियों", बर्नस्टाइनियों और दूसरे अवसरवादियों का मुंह बन्द किया जाय। लेनिन ने कहा था: "इससे पहले कि हम अपने को एकताबद्ध करें, और इसलिए भी कि हम एकताबद्ध हो सकें, सबसे पहले हमें विभाजक-रेखाओं को साफ़-साफ़ खींचना है।"

११ दिसम्बर, १६०० को "इस्क्रा" का पहला अंक निकला। इसके लिए व्लादिमिर ने "हमारे आन्दोलन के अत्यावश्यक काम" नामसे सम्पादकीय लिखा था। बड़ी सीधी-सादी और स्पष्ट भाषा में पत्र के उद्देश्य को बतलाते हुए उन्होंने कहा कि हमें एक मजबूत और संगठित पार्टी का निर्माण करना है क्योंकि

बिना ऐसी पार्टी के मज़दूर वर्ग अपने महान ऐतिहासिक काम में—अपने को तथा सारी जनता को राजनीतिक तथा आर्थिक दासता से मुक्त करने के काम में—सफलता नहीं प्राप्त कर सकता।

"इस्क्रा" उस समय प्रकाशित हुआ था जब देश में चारों ओर क्रान्तिकारी आन्दोलन बढ़ रहा था। जो भारी मन्दी २० वीं शताब्दी के आरम्भ में फैली थी, उसमें वेतन-मज़दूरी के लिए की जाने वाली मज़दूरों की हड़तालें अब राजनीतिक हड़तालों और प्रदर्शनों का रूप ले रही थीं। मज़दूर-वर्ग ज़ारशाही स्वेच्छाचारिता के विरुद्ध क्रान्तिकारी संघर्ष के लिए शक्ति संचित कर रहा था। १६०१ ई० के वसन्त में रूस के कितने ही बड़े-बड़े शहरों में राजनीतिक प्रदर्शन हुए। १६०२ ई० में हड़तालों के साथ प्रदर्शनों की भी भरमार हुई। इन्हीं प्रदर्शनों में बातुम का भी प्रदर्शन था जिसका नेतृत्व सोसो युगशविली (स्तालिन) ने किया था। रस्तोफ़ में भी इसी तरह का एक ज़बर्दस्त हड़ताली प्रदर्शन हुआ था। १६०३ ई० में दक्षिणी रूस—ट्रांस काकेशिया और उक्राइन—में राजनीतिक हड़तालों की एक ज़बर्दस्त लहर उठी।

मज़दूरों की इन क्रान्तिकारी कार्रवाइयों का प्रभाव किसानों पर पड़ा। उन्होंने भी लड़ाई का बिगुल बजा दिया। १६०२ ई० के वसन्त में उक्राइन, वोल्गा-प्रदेश और गुर्जी (जार्जिया) में किसान-विद्रोह उठ खड़े हुए जिनमें बहुत से ज़मींदारों की 'कचहरियां' नष्ट कर दी गयीं।

हड़तालों, प्रदर्शनों और किसान-विद्रोहों के रूप में जो क्रान्तिकारी शक्ति देश में बिखरी हुई थी, उसे एकताबद्ध करने के लिए सर्वहारा पार्टी की आवश्यकता थी। इस तरह की पार्टी के निर्माण का काम कोई आसान काम नहीं था। यही नहीं कि आपसी फूट इसमें बाधक थी; ज़ारशाही भी ऐसी पार्टी के निर्माण के काम को सफलता का मौक़ा नहीं देना चाहती थी। वह उन सभी क्रान्तिकारियों को पकड़-पकड़ कर जेलों में बन्द करती जा रही थी जो इस काम को पूरा कर सकते थे।

व्लादिमिर इलिच कठिनाइयों के सामने हथियार डालना नहीं जानते थे। ऐसे अवसरों पर उनकी प्रतिभा अद्भुत चमत्कार दिखलाती थी। उन्होंने इसी समय "*क्या करें?*" नामक पुस्तक लिखी। इसमें उस समय की परिस्थिति के बारे में लिखा गया था कि—"हम एक ऊँचे और कठिन रास्ते पर एक परस्पर संयुक्त समुदाय के रूप में एक दूसरे का हाथ मज़बूती से पकड़े चल रहे हैं। हम चारों तरफ़ से शत्रुओं से घिरे हैं, उनकी गोलाबारी लगातार हमारे ऊपर हो रही है।"

"इस्क्रा" के सब कुछ व्लादिमिर इलिच थे। वह उनकी सन्तान था। अथ से इति तक प्रत्येक अंक का वह बड़े ध्यान से सम्पादन करते। उसके बहुत से

लेख उनके ही लिखे होते थे। लेखों के विषय निर्धारित करने तथा लेखकों को प्राप्त करने का काम भी उन्हें ही करना पड़ता। पत्र-व्यवहार करना और प्रूफों को देखना, गुप्त रीति से हरेक अंक को रूस में जगह-जगह भेजने का प्रबंध करना, पैसा जमा करना—इन सब का भार व्लादिमिर इलिच के कन्धों पर था। "इस्क्रा" ठीक समय पर नियमपूर्वक निकलता था, जो रूस की उस समय की स्थिति में एक असम्भव सी बात थी।

"इस्क्रा" को वह काम करना था जिसके बिना रूस में सर्वहारा-क्रान्ति की सफलता का स्वप्न नहीं देखा जा सकता था। उसने रूस में क्रान्ति के लिए भूमि तैयार की। उसके लेख लोगों में नयी चेतना, नयी भावना पैदा कर रहे थे और उनकी आंखें खोल रहे थे। उससे प्रेरणा पाकर कमकर अपने संघर्षों को संगठित और संचालित करते। मार्क्सवाद के नाम पर जो ऊल-जलूल बातें फैलायी जा रही थीं उनको झाड़-बुहार कर साफ़ करना "इस्क्रा" का ही काम था। "इस्क्रा" बतलाता था कि मार्क्सवाद कैसा सिद्धान्त है और क्यों उससे ज़रा भी इधर-उधर होना खतरा मोल लेना और असफलता के गढ़े में गिरना है। मार्क्सवाद के विरोधी "इस्क्रा" की पंक्तियों से कांपते थे। व्लादिमिर ने बाद में लिखा था: "पुराने 'इस्क्रा' ने रूस और पश्चिमी योरप, दोनों देशों, के अवसरवादियों की घृणा के पात्र बनने का सम्मान अर्जित किया।"

"इस्क्रा" का शायद ही कोई अंक ऐसा होता हो जिसमें व्लादिमिर का लेख न प्रकाशित होता हो। पार्टी, मज़दूर वर्ग, अथवा घरेलू तथा विदेशी राज-नीति का कोई भी ऐसा महत्वपूर्ण प्रश्न नहीं था जिसका विवेचन व्लादिमिर अपने लेखों में न करते हों। "इस्क्रा" (चिनगारी) यथा नाम तथा गुण था। उसने एक ऐसी आग पैदा की जिसने सभी तरह के कूड़ा-करकट को जलाकर सर्वहारा क्रान्ति के लिए रास्ता साफ़ किया।

"इस्क्रा" के इन लेखों द्वारा कूड़ा-करकट को साफ़ करते हुए व्लादिमिर पार्टी निर्माण के काम को आसान बना रहे थे। इसी समय रूस के मज़दूर-आन्दोलन के भावी पथ का निर्माण हो रहा था। इस पथ में सबसे बड़ा रोड़ा था "अर्थवाद"। कहा जाता था कि मज़दूर-आन्दोलन अपने-आप होता और बढ़ता है। इसके विरोध में "इस्क्रा" का लक्ष्य था मज़दूर-आन्दोलन में वर्ग-चेतना और समाजवादी सिद्धान्त को भरना; मार्क्सवादी पार्टी के आकार, लक्ष्य और उद्देश्य को स्पष्ट करना तथा ऐसी पार्टी के निर्माण के लिए तरीक़ों और साधनों को जमा करना।

शुरूआत कहां हो?—"इस्क्रा" के चौथे अंक (मई १९०१) में व्लादिमिर का लेख "शुरूआत कहां हो?" निकला। इसमें उन्होंने मार्क्सवादी पार्टी का निर्माण करने की योजना की मोटी रूपरेखा दी। यह बहुत सीधा-सादा,

स्पष्ट और अद्‌भुत ढंग से लिखा लेख था। इसने मतवादों के जंगल में भूले हुए समाजवादी जनतांत्रिक आन्दोलन के सभी ईमानदार समर्थकों और कार्यकर्ताओं को रास्ता दिखाने में बड़ा काम किया। इसी लेख में उन्होंने लिखा था: "यह पत्र सामूहिक प्रचारक और सामूहिक आन्दोलनकर्ता ही नहीं है, बल्कि सामूहिक संगठनकर्ता भी है।" "इस्क्रा" परदेश में छपता था। ज़ारशाही पुलिस की आंख बचाकर वह रूस में जगह-जगह पहुँच जाता था। स्थान-स्थान पर "इस्क्रा" के एजेण्ट थे जो खतरा मोल लेकर भी पत्र के वितरण का काम करते थे। इसीलिए, वे साधारण अखबार बेचनेवालों जैसे नहीं थे। वे सर्वहारा के क्रान्तिकारी कार्यकर्ता थे। उन्हीं को तार बनाकर "इस्क्रा" ने सारे देश में अपने संगठन का जाल बिछाया। वह पार्टी के ढांचे का काम कर रहा था। जगह-जगह बिखरे संगठनों को "इस्क्रा" के सूत्रों द्वारा एकताबद्ध किया जा रहा था और सैद्धान्तिक गड़बड़ी और अवसरवादिता को खत्म किया जा रहा था। व्लादिमिर इलिच ने "इस्क्रा" के इस कार्य का उल्लेख करते हुए बतलाया कि इसके द्वारा पार्टी की संगठन सम्बंधी एकता स्थापित होगी।

इस लेख ने समाजवादी जनतांत्रिक कार्यकर्ताओं पर बहुत प्रभाव डाला। पीतरबुर्ग के एक कमकर ने अपने पत्र में "इस्क्रा" को लिखा था: "पिछले इतवार को मैंने ग्यारह आदमियों को जमा करके 'शुरूआत कहां हो?' को पढ़ा और हम बहुत रात गये तक वहां से अलग नहीं हुए। लेख में जो कुछ कहा गया है, सब सच है और उसमें सभी बातें आ गयी हैं।"

"क्या करें"—व्लादिमिर इलिच के अनुसार, यह लेख उनकी योजना की एक मोटी रूपरेखा थी जिसे और विस्तार के साथ वह एक पुस्तक के रूप में तैयार कर रहे थे। सम्पादकीय और दूसरे कामों के कारण व्लादिमिर के पास इतना समय नहीं था कि तुरन्त उस पुस्तक को समाप्त कर सकते। अन्त में, १९०१ ई० के शरद् में ही वह उसमें हाथ लगा सके। "*क्या करें?*" के नाम से यह पुस्तक मार्च, १९०२ में प्रकाशित हुई।

इस पुस्तक में व्लादिमिर इलिच ने बतलाया कि "अर्थवाद" का अर्थ है मज़दूर वर्ग के आन्दोलन में स्वयं-स्फूर्तिवाद को मानना और इस तरह मज़दूर वर्ग के आन्दोलन की सामाजिक चेतना, मज़दूर वर्ग की हिरावल उसकी पार्टी की भूमिका, काम और महत्व को कम करना। उन्होंने बताया कि समाजवादी विचार-धारा, जैसा कि "अर्थवादी" कहते हैं, आन्दोलन से अपने-आप नहीं उत्पन्न हो सकती; वह तो विज्ञान की केवल बाहरी वृद्धि होगी। मज़दूर वर्ग को समाजवादी चेतना से सम्पर्क स्थापित करने की आवश्यकता है। परन्तु इस बात से इन्कार करते हुए "अर्थवादी" पूंजीवादी विचारधारा के लिए मैदान खाली छोड़ रहे हैं। स्वयं-स्फूर्तिवाद को मानने का अर्थ है सर्वहारा के हिरावल के रूप में पार्टी की भूमिका

को मानने से इन्कार करना। और, पार्टी की भूमिका से इन्कार करने या उसके महत्व को कम करने का मतलब है कमकरों के ऊपर पूंजीवादी विचारधारा को और भी मज़बूती से लदने का अवसर देना। इसलिए, यह आवश्यक है कि लगातार, सुव्यवस्थित और दृढ़ संघर्ष के द्वारा पूंजीवादी प्रभावों को मज़दूर वर्ग से दूर रखा जाय और मज़दूर वर्ग के आन्दोलन में समाजवादी चेतना को भरा जाय।

लेनिन ने बताया कि चेतना के महत्व को कम करने का मतलब है पार्टी की नज़रों में सिद्धांत के महत्व को कम करना। और, इसका अर्थ होता है विजय के लिए आवश्यक एक अत्यन्त महत्वपूर्ण और अपरिहार्य हथियार से पार्टी को वंचित रखना। "क्रान्तिकारी सिद्धांत के बिना क्रान्तिकारी-आन्दोलन नहीं चल सकता।... पार्टी हिरावल की भूमिका तभी पूरी कर सकती है जब वह एक अग्रगामी सिद्धांत द्वारा पथ-प्रदर्शित हो।"

लेनिन ने अपनी इस कृति में दिखलाया कि "अर्थवादियों" का स्वयं-स्फूर्तिवाद का सिद्धांत राजनीति में "पुच्छवादी" नीति की ओर ले जाता है। "मज़दूर वर्ग के आन्दोलन को अपने आप विकसित होने देना चाहिए", इस पर ज़ोर देते हुए "अर्थवादी" पार्टी को आन्दोलन की पूंछ बनकर चलने पर मजबूर करते हैं। इसका अर्थ होता है पार्टी को एक निष्क्रिय शक्ति के रूप में परिणत कर देना। दूसरे शब्दों में, यह पार्टी का वस्तुतः नाश करना है, और इस प्रकार मज़दूर वर्ग को बिना नेता का बनाकर, उसके हाथ-पैर बांधकर, उसे उसके सबसे भयंकर शत्रुओं—ज़ारशाही और पूंजीवादियों—के हाथ में सौंप देना है। लेनिन ने कहा कि मार्क्सवाद हमें यह बतलाता है कि क्रान्तिकारी साधनों द्वारा परिस्थितियों को बदलना होगा और पार्टी को मज़दूर वर्ग के संघर्ष में निर्णायक पार्ट अदा करना होगा। वर्ग-चेतन कमकरों द्वारा अच्छी तरह सोचे-समझे तथा सुनियोजित दाव-पेंच, उनकी पहलक़दमी और दृढ़ता, इस संघर्ष में अत्यन्त महत्वपूर्ण हैं।

सर्वहारा की क्रान्तिकारी शक्ति को कुंठित करनेवाले "अर्थवादियों" जैसे लोगों की आज भारत में भी कमी नहीं है। और, जब तक समाजवाद के नाम पर जनता को पथभ्रष्ट करनेवाले इन लोगों को नंगा करके दिखलाया नहीं जाता, तब तक क्रान्ति की महाशक्ति को बेकार होने से नहीं रोका जा सकता। लेनिन ने लिखा था कि "अर्थवादी" पार्टी तथा मज़दूर वर्ग के राजनीतिक उद्देश्यों के महत्व को कम करके ज़ारशाही के विरुद्ध राजनीतिक संघर्ष छेड़ने में सर्वहारा को अनुत्साहित कर रहे थे और उसे "मालिकों तथा सरकार के विरुद्ध आर्थिक संघर्ष" तक ही सीमित रखना चाहते थे। इसका अर्थ था कमकरों को सदा के लिए दासता में बंधे रहने के लिए मजबूर करना। किन्तु, लेनिन ने बताया, कमकर पूंजीवादी व्यवस्था के अन्तर्गत अपनी वर्तमान स्थितियों में केवल थोड़े से सुधारों के लिए

ही नहीं लड़ना चाहते; वे पूंजीवादी व्यवस्था तथा शोषण को नष्ट कर डालना चाहते हैं। पूंजीवाद के विरुद्ध मज़दूर वर्ग के आन्दोलन के आगे बढ़ने में ज़ार सरकार रुकावट डाल रही थी। अस्तु, कमकर वर्ग को पहले अपने रास्ते से सरकार को हटाना था ताकि समाजवाद के संघर्ष के लिए रास्ता साफ़ हो जाय। इसीलिए सरकार के विरुद्ध संघर्ष में मज़दूर वर्ग को अगुवाई करनी थी।

सर्वहारा की अन्तिम विजय के लिए एक पार्टी, एक क्रान्तिकारी संगठन की कितनी आवश्यकता है, इसे बतलाते हुए लेनिन ने "अर्थवादियों" की खबर ली और कहा कि स्वयंस्फूर्तिवाद का अर्थ पार्टी के कार्य के महत्व तथा सर्वहारा के राजनीतिक लक्ष्यों के महत्व को कम करना है। इसीलिए "अर्थवादी" मज़दूर वर्ग के आन्दोलन के संगठन-सम्बंधी कार्य के महत्व को कम करते हैं। इसका अर्थ है नौसिखियापन के तरीक़े को प्रश्रय देना, स्थानीय संगठन में एकता न लाने देने को प्रोत्साहन देना। पार्टी द्वारा मार्क्सवाद की शिक्षा और दिन-प्रतिदिन के तजुर्बों के ज़रिये ही यह नौसिखियापन दूर किया जा सकता है। इसी एक तरीक़े से बिखरे हुए संगठन को एकताबद्ध किया जा सकता है। लेनिन की योजना के अनुसार पार्टी दो भागों से मिलकर बनी होनी चाहिए—(१) प्रधान पार्टी कार्यकर्ताओं का, विशेषतः पेशेवर क्रान्तिकारियों का, सम्बद्ध चक्र; और (२) सैकड़ों-हज़ारों कमकर जनता की सहानुभूति और समर्थन प्राप्त बड़ी संख्या में सदस्यों वाले स्थानीय पार्टी संगठनों का एक विस्तृत जाल।

लेनिन ने कहा कि "अर्थवादी" जिस नीति को सामने रखते हैं, उसे स्वीकार कर लिया जाय तो पूंजीवाद के ऊपर आक्रमण करने में मज़दूर वर्ग का नेतृत्व करनेवाली क्रान्तिकारी पार्टी का निर्माण नहीं होगा, बल्कि एक ऐसी पार्टी का निर्माण होगा जो "सामाजिक सुधार" की पार्टी होगी। इस तरह की पार्टी पूंजीवादियों के शासन को मजबूत बनाने में सहायक होगी। इसलिए वस्तुतः "अर्थवादी" सुधारवादी थे जो सर्वहारा के मूलभूत हितों के साथ ग़द्दारी कर रहे थे। लेनिन ने बताया कि "अर्थवाद" रूस में अकस्मात् नहीं उठ खड़ा हुआ था। ये "अर्थवादी" मज़दूर वर्ग में पूंजीवादियों के प्रभाव-वाहक का काम कर रहे थे। वे उसी अन्तर्राष्ट्रीय अवसरवाद के रूसी रूप थे, जिसका काम था मार्क्सवाद, क्रान्ति, समाजवाद और सर्वहारा के अधिनायकत्व का विरोध करना। एटली का जनतांत्रिक समाजवाद इंगलैंड में यही काम करता है, और भारत में भी कुछ तत्व अंग्रेज़ों के इसी समाजवाद का प्रचार करके पूंजीवादी शासन को बराबर क़ायम रखने की कोशिश कर रहे हैं।

लेनिन की इस पुस्तक का कितना ज़बर्दस्त प्रभाव पड़ा था यह "इस्क्रा" के एक एजेन्ट की इन पंक्तियों से मालूम हो जाता है: "सभी जगह मैंने लेनिन का दिया हुआ हल चलाया। ज़मीन जोतने में यह सबसे बढ़िया और सबसे उपयोगी

हल है। जहां कहीं भी वह "रबोचये देलो" (अर्थवादियों का मुख-पत्र) द्वारा बोये हुए अंकुरों को पाता है, उन्हें जड़-मूल से उखाड़ फेंकता है।"

पीतरबुर्ग-कमिटी ने वक्तव्य निकाला कि हम "इस्क्रा" के साथ हैं। मास्को-कमिटी ने भी "क्या करें?" के लेखक के लिए धन्यवाद का प्रस्ताव पास किया। तुला नगर की कमिटी ने बतलाया कि व्लादिमिर की इस पुस्तक को पढ़कर ही हम "इस्क्रा" की स्थिति और उद्देश्यों को ठीक तरह समझ सके। साइबेरिया के संगठन ने भी इसी तरह के शब्द लिखे। पार्टी की द्वितीय कांग्रेस में भी व्लादिमिर के इस ग्रंथ के ज़बर्दस्त प्रभाव को स्वीकार किया गया।

सबसे बड़ी बात जो इस पुस्तक ने की वह यह थी कि इसने "अर्थवाद" को पूरी तरह से परास्त कर दिया। *सोवियत संघ की कम्युनिस्ट पार्टी का इतिहास* में लेनिन की इस पुस्तक के बारे में लिखा गया है :

> "इस प्रसिद्ध पुस्तक का ऐतिहासिक महत्व इस बात में है कि इसके अन्दर लेनिन ने—
>
> १. मार्क्सवादी विचारों के इतिहास में पहली बार अवसारवाद की सैद्धांतिक जड़ों को उघार कर रख दिया और यह दिखलाया कि ये जड़ें सबसे अधिक अपने-आप चलने वाले मज़दूर आन्दोलन की पूजा करने और मज़दूर आन्दोलन में समाजवादी चेतना कम करने में हैं;
>
> २. अपने-आप चलने वाले मज़दूर आन्दोलन में सिद्धान्त के, चेतना के और पार्टी के भारी महत्व को दिखाया कि वह क्रान्तिकारी तब्दीली करनेवाली और रास्ता दिखाने वाली ताक़त है;
>
> ३. इस बुनियादी मार्क्सवादी सूत्र को बहुत सुन्दर ढंग से पुष्ट किया कि मार्क्सवादी पार्टी समाजवाद से मज़दूर आन्दोलन का मेल है;
>
> ४. मार्क्सवादी पार्टी की सैद्धांतिक बुनियाद की बहुत सुन्दर व्याख्या की।"

लेनिन इस प्रकार बड़े धैर्य और सावधानी के साथ पार्टी के प्रमुख कार्यकर्ताओं को शिक्षित कर, क्रान्ति के लिए अपना सारा जीवन देनेवाले पेशेवर क्रान्तिकारियों के रूप में उन्हें परिणत कर रहे थे।

"इस्क्रा" का प्रचार—बाहर से "इस्क्रा" को रूस की सीमा के भीतर लाने तथा जगह-जगह पहुँचाने में पग-पग पर खतरा था। जो लोग पकड़े जाते उन्हें साइबेरिया के कालेपानी या जेल की सज़ा होती। लेकिन, इन खतरों को मोल लेने वाले व्यक्ति केवल अखबार के वितरण का ही काम नहीं करते थे; वे स्थानीय कमिटियों को एकताबद्ध करने में भी हाथ बंटाते थे। "इस्क्रा" के एजेन्टों के साथ पत्र-व्यवहार का काम लेनिन स्वयं किया करते थे। हां, इसमें क्रुप्स्काया भी उनकी सहायता करती थीं। १९०१ ई० के वसन्त में क्रुप्स्काया

व्लादिमिर के पास आ गयी थीं और वह पत्र की सेक्रेटरी नियुक्त कर दी गयी थीं। अपने संस्मरण में क्रुप्स्काया ने लिखा है : "हमें इसका सविस्तार ज्ञान था कि "इस्क्रा" का प्रत्येक एजेन्ट क्या काम कर रहा है। उनके काम के बारे में हम उनसे बातचीत करते थे। जब उनके बीच सम्बंध टूट जाता तो हम फिर उस सम्बंध को क़ायम करते और एक-दूसरे को उनकी गिरफ्तारी तथा दूसरी बातों की सूचना देते।"

इस प्रकार लेनिन पीतरबुर्ग, मास्को, बाकू, समारा, खारकोफ़, निज्नी-नवगरोद, ओदेसा, किएव, ओरेखोवो-जुयेवो तथा दूसरे स्थानों के संगठनों से पत्र-व्यवहार रखते थे। काकेशिया में सोसो जुगशविली (स्तालिन) ने "इस्क्रा" का संगठन क़ायम किया था। वह "इस्क्रा" के ज़बर्दस्त समर्थक थे। "इस्क्रा" के निकलने के समय से ही स्तालिन लेनिन को पार्टी का संस्थापक और नेता मानते थे। उन्होंने लेनिन का अभिनन्दन करते हुए कहा था :

> "१८६० ई० वाली दशाब्दी के अन्त में, और खासकर १६०१ ई० के बाद से जब कि "इस्क्रा" निकलने लगा लेनिन की क्रान्तिकारी कार्रवाइयों का मुझे जो पता लगा, उसने मुझमें विश्वास भर दिया कि लेनिन के रूप में हमारे बीच असाधारण प्रतिभा का व्यक्ति मौजूद है। उस समय से मैं उन्हें पार्टी का केवल नेता ही नहीं, बल्कि उसका वास्तविक संस्थापक मानने लगा क्योंकि केवल वही पार्टी के आन्तरिक तत्व और उसकी फ़ौरी आवश्यकताओं को समझते थे। जब मैं उनकी तुलना अपनी पार्टी के दूसरे नेताओं से करता, तो मुझे सदा मालूम होता कि प्लेखानोफ़, मारतोफ़, एक्सेलरोद और उनके दूसरे सहकारी उनके कन्धों तक भी नहीं पहुँचते हैं। उनसे तुलना करने पर लेनिन तमाम नेताओं में सिर्फ़ एक नेता ही नहीं, बल्कि उच्चतम श्रेणी के नेता, एक पहाड़ी शाहबाज़ थे जो संघर्ष में भय को नहीं जानते थे। उन्होंने रूसी क्रान्तिकारी आन्दोलन के अज्ञात पथों पर पार्टी को बड़ी निर्भीकता के साथ आगे बढ़ाया।"

स्तालिन उस समय काकेशिया में काम करते थे। बाकू में अधिकतर छिपकर रहते हुए वह वहां के कमकरों के बीच काम करते थे। उन्होंने केतसखोवेली के साथ मिलकर "इस्क्रा" के कितने ही अंकों को गुप्त प्रेस में छपवाया और उनका प्रचार किया।

लेनिन इस बात की पूरी कोशिश करते थे कि रूस में "इस्क्रा" के संगठनों के साथ लगातार और नियमपूर्वक सम्बंध बनाये रखा जाय। अपने किसी एजेन्ट की गिरफ्तारी, किसी कमिटी के ऊपर पुलिस के छापा मारने, गुप्त भेजे गये साहित्य के पुलिस के हाथ में पड़ जाने आदि की खबर पाकर कितनी ही बार वह चिन्ता के मारे रात-रात भर जागते रहते। रूस से जो भी साथी आते उनसे

वह एक-एक बात पूछकर रूस की वास्तविक स्थिति का पता लगाने का प्रयत्न करते। इन प्रश्नोत्तरों से सारे रूस की अवस्था का जितना ज्ञान व्लादिमिर इलिच को रहता उतना रूस के भीतर रहनेवाले बड़े-बड़े कार्यकर्त्ताओं को भी नहीं रहता था।

१६०२ ई० के अन्त में पीतरबुर्ग में "अर्थवादी" फिर सर उठाने लगे थे। लेनिन ने पार्टी के कार्यकर्ता ई० बाबुश्किन को वहां भेजा। मास्को में भी उन्होंने "इस्क्रा" के प्रधान एजेन्ट न० बाउमान को भेजा। व्लादिमिर के पत्र इस समय भारी काम कर रहे थे। १६०२ ई० में उन्होंने एक साथी को संगठन-सम्बंधी मसलों पर एक पत्र लिखा था। यह पत्र "संगठन-सम्बंधी कर्तव्यों के बारे में एक साथी को पत्र" के नाम से छापा गया। उसका बहुत प्रचार हुआ। उस पत्र में पार्टी के नियमों की मोटी रूपरेखा थी। विदेश में रहकर भी लेनिन रूस की अन्दरूनी परिस्थिति को कितनी अच्छी तरह जानते थे, यह स्तालिन के संस्मरण की निम्न पंक्तियों से मालूम हो जाता है :

> "रूस में जो लोग रह गये थे उनमें से बहुत कम रूसी हलचल और देश के मज़दूर आन्दोलन से उतने घनिष्ट रूप से सम्बद्ध थे जितने लेनिन—हालांकि परदेश में रहते उन्हें बहुत लम्बा समय बीत चुका था। १६०७–१६०८ और १६१२ में जब-जब मैं विदेश में उनसे मिला, मैंने देखा कि उनके पास रूस के कर्मठ कार्यकर्ताओं के ढेर के ढेर पत्र जमा हैं। लेनिन... रूस में रहने वालों से भी अधिक जानकारी रखते थे।"

परदेश में रहना लेनिन को अपने लिए बड़ा भार मालूम होता था। पर किया भी क्या जा सकता था? मजबूरी थी! एक पत्र में उन्होंने लिखा था : "यह चीज़ उस लेखक के लिए सबसे अधिक मूल्यवान है जो गुप्त रह कर काम करता है, क्योंकि वह अपने पाठकों से असाधारण रूप से अलग-थलग रह कर काम करने पर मजबूर होता है। हरेक राय का, हरेक विचार-विनिमय का, हमारे लेखों या पुस्तिकाओं का भिन्न-भिन्न स्तर के पाठकों पर क्या प्रभाव पड़ रहा है इसका—प्रत्येक सूचना का हमारे लिए बड़ा महत्व है।"

लेनिन अठारह महीने म्यूनिख में रहे। "इस्क्रा" के तीन वर्ष के जीवन में यह बहुत ही महत्वपूर्ण समय था। यहीं पर उन्होंने कई महत्वपूर्ण लेख लिखे। व्लादिमिर इलिच उलियानोफ़ की जगह व्लादिमिर इलिच लेनिन नाम का प्रचार म्यूनिखवास के समय से ही होने लगा था क्योंकि उन्होंने अब अपने कितने ही लेखों में लेनिन लिखना शुरू कर दिया था। दिसम्बर, १६०१ में "ज़ार्या" पत्रिका में "किसान-समस्या और मार्क्स के 'आलोचक'" नामक लेख के पहले भाग में तथा १६०२ ई० के वसन्त में प्रकाशित पुस्तक "क्या करें?" में लेखक का नाम लेनिन था।

प्लेखानोफ़ से सम्बंध-विच्छेद—ज़ारशाही और जर्मन खुफिया पुलिस "इस्क्रा" के हेड-क्वार्टर को ढूंढ़ने में व्यस्त थी। १६०२ ई० के आरम्भ में वह उसे खोज पाने में सफल हुई। अब म्यूनिख में "इस्क्रा" का हेड-क्वार्टर रखना सम्भव नहीं था। उसे कहां ले जाया जाय, इस बात पर मतभेद खड़ा हो गया। प्लेखानोफ़ और एक्सेलरोद जनेवा के पक्ष में थे और लेनिन लन्दन के।

सम्पादकीय विभाग के सदस्यों में मनमुटाव बढ़ता ही गया। लेनिन को सम्पादक-मंडल की अवसरवादी ढुलमुलाहट के खिलाफ़ लगातार संघर्ष करना पड़ा था। जिस समय सम्पादक-मंडल बन रहा था, उसी समय प्लेखानोफ़ से कुछ मतभेद हो गया था। १६०१ ई० की गर्मियों में लेनिन के लेख "ज़ेमस्त्वों के दमनकर्ता और उदारवादी सूरमा" को लेकर मतभेद और बढ़ गया। १८६५ ई० में पहली मुलाक़ात के समय भी लेनिन और प्लेखानोफ़ के बीच उदारवादी पूंजीपति वर्ग के सम्बंध में मतभेद था। अपने लेख में लेनिन ने उदारवादियों पर ज़बर्दस्त प्रहार करते हुए उनकी कायरता तथा ढुलमुल नीति की कड़ी आलोचना की थी। प्लेखानोफ़ और उसके समर्थक, मज़दूर उद्धारक गुट के दूसरे सदस्य, उदारवादियों के ऊपर ऐसे आक्षेप को पसन्द नहीं करते थे। यह लेख १६०१ के दिसम्बर की "ज़ार्या" में निकला था।

अगले महीने, जनवरी १६०२ ई० में, पार्टी-कार्यक्रम को लेकर मतभेद और बढ़ा जिसे "इस्क्रा" के सम्पादक-मंडल के सामने सबसे पहले लेनिन ने ही रखा था। इसके पहले जुलाई, १६०१ में उन्होंने एक्सेलरोद को लिखा था: "हमने रूस से खबर पायी है कि एक कांग्रेस बुलाने की बात बहुत ज़ोर पकड़ रही है। यह हमें कार्यक्रम के बारे में सोचने के लिए पहले से कहीं अधिक मजबूर कर रही है। यह अत्यन्त आवश्यक है कि हम एक कार्यक्रम का मसौदा प्रकाशित करें। यह अत्यन्त महत्व की बात होगी।"

मज़दूर संग्राम संघ जब मौजूद था तभी से लेनिन ने पार्टी-कार्यक्रम तैयार करने का काम शुरू किया था। जेल और साइबेरिया में निर्वासन के काल में भी उन्होंने इस काम को जारी रखा था। कार्यक्रम के सम्बंध में जो अत्यन्त महत्वपूर्ण लेख "इस्क्रा" में छपे थे, उन्हें लेनिन ने ही लिखा था। इन्हीं सबके आधार पर पार्टी कार्यक्रम तैयार हुआ। लेकिन "इस्क्रा" के सम्पादन और संगठन का काम सर पर होने से लेनिन को कार्यक्रम का मसौदा खुद तैयार करने के लिए समय नहीं मिला। इसलिए, यह काम प्लेखानोफ़ ने किया।

प्लेखानोफ़ का दृष्टिकोण पूरी तरह मार्क्सवादी नहीं था। उदारवादी पूंजीपति वर्ग के प्रति उसके अत्यधिक पक्षपात और किसानों के प्रति उसके दृष्टिकोण से यह स्पष्ट है। फिर भला उसका बनाया कार्यक्रम का मसौदा कैसे संतोषजनक हो सकता था? लेनिन ने उसकी कड़ी आलोचना की।

लेनिन का कहना था कि रूसी पूंजीवाद के विरुद्ध युद्ध घोषित करने वाले कार्यक्रम के बजाय यह कार्यक्रम पूंजीवाद पर एक आम पाठ्य-पुस्तक मालूम होता है। बड़े पैमाने के पूंजीवादी उत्पादन द्वारा करोड़ों छोटे-छोटे उत्पादकों के ध्वंस और खातमे का वर्णन इसमें बहुत ही अस्पष्ट और अनिश्चित है। मार्क्सवाद के बुनियादी तत्व—सर्वहारा के अधिनायकत्व—का इसमें उल्लेख तक नहीं किया गया है। मज़दूर वर्ग की हिरावल की भूमिका एवं पार्टी के सर्वहारा-स्वरूप पर भी ज़ोर नहीं दिया गया है। "प्लेखानोफ़ के दूसरे मसौदे पर सम्मति" लिखते हुए लेनिन ने बतलाया कि "प्लेखानोफ़ के मसौदे में सर्वहारा के अधिनायकत्व के स्थान पर 'पूंजीवादी शोषण की शिकार जनता के अन्य अंगों की सहायता से सर्वहारा द्वारा क्रान्ति' लिखा गया है, और सर्वहारा के वर्ग-संघर्ष के स्थान पर 'मेहनत-कशों और शोषित जन-साधारण का संघर्ष' लिखा गया है।"

इस विवाद ने इतना उग्र रूप धारण किया कि मालूम होता था लेनिन और प्लेखानोफ़ में पूर्णतया सम्बंध-विच्छेद हो जायगा। किन्तु प्लेखानोफ़ और उसके समर्थक सम्बंध-विच्छेद में हानि समझते थे। इसलिए मसौदे में सर्वहारा के अधिनायकत्व की बात को जोड़ दिया गया और क्रान्ति में मज़दूर वर्ग की हिरावल भूमिका का भी ज़िक्र कर दिया गया। लेनिन की इस बात को भी मान लिया गया कि मज़दूर-आन्दोलन में उसके हिरावल और नेता के तौर पर पार्टी की क्या भूमिका है। लेनिन के प्रयत्नों का फल यह हुआ कि अन्त में जिस रूप में मसौदा तैयार हुआ उस रूप में वह उदारवादी झुकावोंवाला न रह कर मज़दूर वर्ग की पार्टी का क्रान्तिकारी प्रोग्राम बन गया। द्वितीय इन्टरनेशनल से सम्बद्ध पार्टियों के अर्ध-अवसरवादी कार्यक्रमों से अब वह बहुत भिन्न था।

जिस समय पार्टी कार्यक्रम के बारे में विवाद चल रहा था उसी समय फ़ैसला किया गया कि "इस्क्रा" का हेड-क्वार्टर लन्दन ले जाया जाय।

३. लन्दन में (१६०२-३ ई०)

१६०२ के अप्रैल के आरम्भ में ज़ूरिच (स्विज़रलैंड) में कार्यक्रम के मसौदे पर अन्तिम बहस के लिए "इस्क्रा" के सम्पादक-मंडल की बैठक हुई। लेनिन उसमें शामिल नहीं हुए। ३० मार्च को ही उन्होंने म्यूनिख से लन्दन के लिए प्रस्थान कर दिया था।

लेनिन का अब उसी लन्दन में निवास था जिसमें उनके गुरु मार्क्स ने अपने जीवन का बहुत अधिक समय बिताते हुए "कापिताल" जैसे अमर ग्रंथ की रचना की थी। वहां रहते हुए लेनिन ने अंग्रेज़ी मज़दूर-आन्दोलन के साथ नज़दीक का परिचय प्राप्त करने का प्रयत्न किया। मज़दूरों के मुहल्लों में जाकर लेनिन ने उनके जीवन तथा उनकी मानसिक रुझान का अध्ययन किया और

उनकी सभाओं में शामिल हुए। मार्क्स की तरह वह भी ब्रिटिश म्यूज़ियम में सारा दिन बिताने लगे। लन्दन-निवास के शुरू के कुछ महीनों में ही "इस्क्रा" के सम्पादक-मंडल का मतभेद बहुत तीव्र हो गया था। अस्तु, लेनिन को अपना बहुत सा समय और शक्ति इस ओर देनी पड़ती थी। पर, अब विवाद प्लेखानोफ़ के मसौदे के बजाय लेनिन द्वारा लिखे "रूसी समाजवादी जनतांत्रिकों का किसान-कार्यक्रम" पर उठ खड़ा हुआ था।

लेनिन पहले मार्क्सवादी थे जिन्होंने मार्क्स और एंगेल्स के सिद्धान्तों के आधार पर यह निर्धारित किया कि क्रान्ति में किसानों को अपना दाहिना हाथ बनाने के लिए सर्वहारा को सबसे अधिक ज़ोर देना चाहिए। १९ वीं सदी की अन्तिम दशाब्दी में ही लेनिन ने किसानों और कमकरों के बीच क्रान्तिकारी मैत्री स्थापित करने पर ज़ोर देते हुए बतलाया था कि ऐसी मैत्री द्वारा ही ज़ारशाही, जमींदारों और पूंजीपति वर्ग का बेड़ा गर्क किया जा सकता है। अब परदेश में रहते समय उन्होंने किसान-समस्या के बारे में सभी देशों के महत्वपूर्ण साहित्य का अच्छी तरह अध्ययन किया।

"इस्क्रा"-दल के किसान-कार्यक्रम को लेनिन ने लिखा था। अप्रैल, १९०१ में "इस्क्रा" में उनका लेख "मज़दूर पार्टी और किसान" प्रकाशित हुआ। इसमें सबसे अधिक ज़ोर इस बात पर दिया गया था कि मुक्ति संग्राम में सर्वहारा को चाहिए कि वह किसानों को अपने पक्ष में लेकर खुद हिरावल का रूप धारण करे। उन्होंने कहा कि देहाती इलाक़ों में दो तरह के सामाजिक-युद्ध हो रहे हैं—एक देहाती कमकरों और देहाती पूंजीपति वर्ग के बीच, दूसरा जमींदार वर्ग और सभी किसानों के बीच। देहात में वर्ग-संघर्ष को और तेज़ करना चाहिए और इस बात पर पूरा ज़ोर देना चाहिए कि किसान अर्ध-दासता के अवशेषों को झाड़-बुहार कर साफ़ कर दें। उन्होंने बताया कि किसान कमिटियों का निर्माण किया जाय तथा अर्ध-दासों की मुक्ति के समय ज़मींदारों ने उनकी जो भूमि अपने हाथों में ले ली है, उसे किसान वापस लें। ज़मींदारों द्वारा ली गयी ऐसी ज़मीन को रूसी भाषा में "अत्रेज़्की" (कट्टी) कहते थे। लेनिन का यह विचार "इस्क्रा" के कार्यक्रम के मसौदे के किसानों वाले भाग का आधार

लेनिन बिल्कुल साफ़ देख रहे थे कि सर्वहारा और किसानों का दृढ़ सहयोग ही क्रान्ति को सफल बना सकता है। इसलिए, किसान-जनता में मार्क्सवादी कार्यक्रम का अधिक से अधिक प्रचार करना ज़रूरी था। उन्होंने किसानों को अपनी ओर खींचने के लिए १९०३ ई० के वसन्त में *"गांव के ग़रीबों से"* नामक एक अद्भुत पुस्तक लिखी। लेनिन जैसे प्रगाढ़ विचारक की भाषा इतनी सरल हो सकती है, इसका विश्वास करना भी मुश्किल है। लेकिन, अद्भुत प्रतिभा के लिए कोई बात असम्भव नहीं! लेनिन सर्वहारा के नेता थे, वह अपना सर्वस्व

सर्वहारा पर निछावर कर रहे थे। अपने गुरु मार्क्स की इस बात पर वह विश्वास करते थे कि सर्वहारा ही वह अजेय शक्ति है जो पूंजीवाद का खात्मा कर सकती है। फिर वह सर्वहारा के लिए उनकी भाषा छोड़ दूसरी भाषा का प्रयोग करना कैसे उचित समझते? गांव के ग़रीबों को सम्बोधित करते वक्त लेनिन की भाषा* बिल्कुल उनकी जैसी हो जाती थी।

लेनिन ने अपनी इस पुस्तक में किसान-कार्यक्रम के बारे में जिन तथ्यों को रखा था उन पर "इस्क्रा" के सम्पादक-मंडल में ज़बर्दस्त विवाद उठ खड़ा हुआ। मार्च, १९०२ में लेनिन ने "रूसी समाजवादी जनतांत्रिकों का किसान-कार्यक्रम" नामक जो लेख लिखा था, उसमें रूस के समाजवादी जनतांत्रिकों के रुख को स्पष्ट करके रखा गया था। लेनिन ने बतलाया था कि अगर किसान क्रान्ति को आगे बढ़ाना है तो सिर्फ़ "अत्रेज्की" को ही लौटाने की मांग नहीं करनी चाहिए; ज़मींदारों की ज़मीन दखल कर लेनी चाहिए तथा सारी भूमि के राष्ट्रीकरण की मांग करनी चाहिए। लेख के इस विचार का प्लेखानोफ़ ने विरोध किया। मज़दूर-उद्धारक गुट के दूसरे सदस्यों ने भी प्लेखानोफ़ का समर्थन किया। खास करके वे भूमि के राष्ट्रीकरण की मांग को बिल्कुल पसन्द नहीं करते थे। उस समय भी सम्पादक-मंडल में फूट बढ़ जाने की सम्भावना निश्चित हो गयी थी। लेकिन वह किसी तरह उस समय टल गयी।

लन्दन में रहते हुए अपने और कामों के अतिरिक्त लेनिन को पार्टी की द्वितीय कांग्रेस की तैयारी के लिए भी बहुत सा समय देना पड़ता था। रूस से इस समय जो खबरें मिल रही थीं, उनसे मालूम होता था कि वहां की राजनीतिक स्थिति गम्भीर होती जा रही है। क्रान्ति के लिए सभी वर्ग तैयारी कर रहे थे।

१९०२ ई० में निम्न-मध्यवर्गी 'समाजवादी क्रान्तिकारी पार्टी' की स्थापना हुई। याद रहे कि करेन्स्की इसी पार्टी का आदमी था। ज़ारशाही के खत्म होने के बाद बोल्शेविकों से लड़नेवाला अंतिम पूंजीवादी प्रधान मंत्री यही था। १९०२ में ही 'मुक्ति गुट' का भी संगठन हुआ जो भावी संवैधानिक-जनतांत्रिक पार्टी का बीज था। रूसी पूंजीपति वर्ग की प्रमुख पार्टी संवैधानिक जनतांत्रिक पार्टी (कान्स्टीट्यूशनल डेमोक्रेटिक पार्टी) ही थी—जिसे आगे 'कादेत' भी कहा जायगा।

लेनिन "इस्क्रा" द्वारा मज़दूर वर्ग की पार्टी को संगठित करने में पूरी तरह प्रयत्नशील थे। १९०२ ई० की गर्मियों में लेनिन ने लिखा था: "१८९५ से

* "गाँव के ग़रीबों से" का हिन्दी में अनुवाद करते समय इन पंक्तियों का लेखक भी भाषा की सादगी से बहुत प्रेरित और प्रभावित हुआ था और उसने उसी प्रेरणा के परिणामस्वरूप अपनी पुस्तक "भागो नहीं, दुनिया को बदलो!" लिखी।—ले०

पहले जो संघर्ष छिड़ा था, वह तरुण क्रान्तिकारियों की छोटी सीमा के भीतर का संघर्ष था। वही संघर्ष अब परिपक्व राजनीतिक रुझानों और वास्तविक राजनीतिक पार्टियों के बीच निर्णायक संघर्ष का रूप ले रहा है।" अन्य राजनीतिक पार्टियों का मजबूत संगठन बतला रहा था कि आने वाली क्रान्तिकारी लड़ाइयों के लिए हरेक वर्ग अपने-अपने सैद्धांतिक तथा राजनीतिक हथियारों को पैना कर रहा है।

१६०२ ई० की गर्मियों में "इस्क्रा" के कार्यक्रम पर एक के बाद दूसरी बहुत सी कमिटियों ने अपनी सहमति प्रकट की। यह लेनिन के कार्यक्रम की एक बड़ी जीत थी। ऐसी स्थिति में लेनिन ने पार्टी-कांग्रेस बुलाने पर ज़ोर दिया।

अध्याय ७

बोल्शेविक और मेन्शेविक

(१९०३-५ ई०)

यद्यपि प्रथम पार्टी-कांग्रेस लेनिन के साइबेरिया में निर्वासन के समय हो चुकी थी, लेकिन जहां तक पार्टी के निर्माण और दूसरे ठोस कामों का सम्बंध है, दूसरी पार्टी-कांग्रेस से ही पार्टी का आरम्भ हुआ। इसी में पार्टी के निर्माण की बाक़ायदा घोषणा की गयी। लेनिन ने इसके लिए बड़ी तैयारी की थी। दूसरी कांग्रेस की तैयारी के सम्बंध में "इस्क्रा" के सम्पादक-मंडल के सारे काम का बोझ लेनिन पर पड़ा। उन्हीं की देख-रेख में दूसरी कांग्रेस बुलाने के लिए संगठन कमिटी बनायी गयी। रूस में "इस्क्रा" के संगठनों और एजेन्टों को पत्र लिखकर लेनिन ने ज़ोर दिया कि अत्यन्त विश्वसनीय, पक्के तथा परीक्षित प्रतिनिधियों को भेजा जाय।

१. जनेवा में (१९०३ ई०)

अप्रैल १९०३ में लेनिन लन्दन छोड़कर जनेवा के लिए चल पड़े। अब "इस्क्रा" भी वहीं छपने लगा। जनेवा पहुंचने पर, कांग्रेस आरम्भ होने से पहले, लेनिन ने दो लेख लिखे: "हमारे कार्यक्रम के मसौदे की आलोचना का उत्तर" तथा "हमारे कार्यक्रम में जातियों का प्रश्न"। पहले लेख में उन्होंने "इस्क्रा" के किसान-कार्यक्रम पर किये गये आक्षेपों का जवाब दिया था। दूसरे लेख में उन्होंने उस महत्वपूर्ण निर्णय की सूचना दी थी जिसने बोल्शेविक-क्रान्ति को सफल बनाने में बहुत बड़ा काम किया। इसमें रूसी साम्राज्य के भीतर की जातियों के आत्म-निर्णय के अधिकार को स्वीकार किया गया था। लेनिन ने कांग्रेस के सामने आनेवाले सभी प्रश्नों का ध्यानपूर्वक अध्ययन किया, पार्टी के नियम बनाये और एजेंडा तथा कितनी ही अन्य बातों के सम्बंध में प्रस्ताव तैयार किये।

दूसरी पार्टी-कांग्रेस (१९०३ ई०)—कांग्रेस आरम्भ होने से एक-दो महीने पहले से ही प्रतिनिधि आने लगे थे। कहने की आवश्यकता नहीं कि रूस से आने वाले प्रतिनिधियों को ज़ारशाही पुलिस और अधिकारियों से बहुत बचकर आना पड़ा था। उनके पहले आने से एक फ़ायदा यह हुआ कि लेनिन उनके साथ दिल खोलकर हर समस्या पर बातचीत कर सके। प्रतिनिधियों से लेनिन उनके अपने-अपने इलाक़ों की स्थिति पूछते, फिर कांग्रेस के सामने आनेवाले

प्रश्नों पर वार्तालाप करते। इस बातचीत से लेनिन को अच्छी तरह मालूम हो गया कि किस प्रतिनिधि का रुख क्या है और कांग्रेस में वह किस ओर रहेगा।

१७ जुलाई, १६०३ को रूसी समाजवादी जनतांत्रिक मज़दूर पार्टी की दूसरी कांग्रेस आरम्भ हुई। पहले, कांग्रेस ब्रूसेल्स में शुरू हुई थी; लेकिन जब बेल्जियम की पुलिस ने कठिनाइयां पैदा करनी शुरू कीं तो कांग्रेस लन्दन में हुई। पहले दिन से ही क्रान्तिकारी और अवसरवादी तत्वों में जो घनघोर संघर्ष शुरू हुआ, वह अन्त तक जारी रहा।

लेनिन ने "इस्क्रा"-पक्ष की विजय के लिए पूरी कोशिश की। वह कांग्रेस के ब्यूरो तथा उसकी खास-खास कमिटियों—जैसे कार्यक्रम, नियम तथा प्रमाणीकरण की कमिटियों—के मेम्बर चुने गये। एजेंडा के प्रायः सभी विषयों पर लेनिन बोले। कांग्रेस तीन सप्ताह से कुछ ऊपर तक चलती रही। इस दौरान में लेनिन क़रीब एक-सौ-बीस बार बोले। अवसरवादियों से लड़ते हुए उन्होंने "इस्क्रा" के रुख का समर्थन किया। पार्टी-कार्यक्रम, सर्वहारा के अधिनायकत्व, किसानों की मांगों के समर्थन तथा जातियों के आत्म-निर्णय के अधिकार जैसे सभी महत्वपूर्ण प्रश्नों पर उन्होंने बड़ी योग्यता के साथ अपनी नीति को रखा और विरोधियों को मुंहतोड़ जवाब दिया।

लेनिन ठीक रास्ते पर थे। हरेक चीज़ को ठीक तरह से पेश करने और दूसरों के हृदय में उसे अच्छी तरह उतार देने की उनमें अद्‌भुत प्रतिभा थी। इसीलिए, अवसरवादियों की हार हुई और "इस्क्रा" का क्रान्तिकारी कार्यक्रम स्वीकृत हुआ। लेनिन जानते थे कि असम्बद्ध पार्टी से क्रान्ति की लड़ाई सफलता-पूर्वक नहीं लड़ी जा सकती; उसके लिए तो अनुशासनबद्ध तथा स्पष्ट और ठीक दृष्टिकोण रखनेवाले सैनिकों की पार्टी की आवश्यकता है। उन्होंने ऐसी ही पार्टी का निर्माण करने पर ज़ोर दिया। पार्टी के हित के ऊपर अलग-अलग गुटों के हितों को रखने की प्रवृत्ति का उन्होंने डटकर विरोध किया। अलग-अलग जातियों के हिसाब से पार्टी-मेम्बरों को विभाजित करने के प्रयत्न का ज़बर्दस्त विरोध करते हुए उन्होंने यह बात मनवायी कि मज़दूर वर्ग का संगठन जाति के अनुसार नहीं बल्कि भाग के अनुसार होना चाहिए।

लेनिन ने अपनी पुस्तक *"एक क़दम आगे, तो दो क़दम पीछे"* की एक टिप्पणी में लिखा था :

> "मुझे एक केन्द्रवादी प्रतिनिधि के साथ कांग्रेस के समय की अपनी बातचीत याद आती है। उसने शिकायत की थी : 'इस कांग्रेस का वातावरण कितना अशांतिपूर्ण है! यह भयंकर झगड़ा, एक दूसरे के खिलाफ़ यह आन्दोलन, ये कठोर आक्षेप, साथियों के ये बुरे सम्बंध!'... 'कितनी भव्य है यह कांग्रेस!'—मैंने जवाब दिया था। 'खुला और बेरोक

संघर्ष। विचार प्रकट किये गये हैं। अलग-अलग रायें ज़ाहिर की गयी हैं। दल उभर कर आ गये हैं। हाथ उठ गये हैं। एक निर्णय लिया गया। एक सीढ़ी पार कर ली गयी। आगे बढ़ो!—यह बात है जिसे मैं पसन्द करता हूं। यह है जीवन। यह उबानेवाला, अन्तहीन बौद्धिक बतबनाव नहीं है जो इसलिए बन्द नहीं होता कि प्रश्न निश्चित हो चुका है बल्कि इसलिए बन्द होता है कि लोग बात करते-करते उकता गये हैं।'... केन्द्रवादी साथी ने चकित हो आंखें फाड़कर मेरी ओर देखा और फिर अपने कन्धे उचका दिये। हम एक दूसरे से भिन्न भाषा बोल रहे थे।"

नियमों के बारे में रिपोर्ट लेनिन ने पेश की। जो मसौदा उन्होंने पेश किया उसमें लड़ाकू, केन्द्रीकृत और अनुशासनबद्ध सर्वहारा पार्टी के संगठन के सिद्धांतों का स्पष्ट निरूपण था। नियम १ में बतलाया गया था कि पार्टी के मेम्बर वे सभी लोग बन सकते हैं जो पार्टी के कार्यक्रम को स्वीकार करें, पार्टी को आर्थिक सहायता दें तथा पार्टी के किसी एक संगठन से सम्बद्ध हों। इस नियम का उद्देश्य पार्टी को एक दृढ़ रूप से संगठित संस्था बनाना था। यह नियम पार्टी के भीतर दृढ़ अनुशासन को सुरक्षित रखता था, उसके सर्वहारा रूप की गारंटी करता था और ग़ैर-सर्वहारा तत्वों को पार्टी के भीतर घुसकर पार्टी की शुद्धता को खराब करने का मौक़ा न देने का प्रबंध करता था। कांग्रेस में इस बारे में बोलते हुए लेनिन ने कहा—

"हमारा कर्त्तव्य है कि अपनी पार्टी की दृढ़ता, एक-मनस्कता और शुद्धता को सुरक्षित रखें। हमें पार्टी-सदस्य की उपाधि को और भी ऊंचे स्तर पर उठाने का प्रयत्न करना चाहिए।"

लेनिन को पश्चिमी योरप की मज़दूर-पार्टियों की तरह सुधारवाद के लिए काम करनेवाली पार्टी की आवश्यकता नहीं थी; उन्हें पार्टी के रूप में एक ऐसे जनरल-स्टाफ़ की आवश्यकता थी जो निरंकुशता के ज़बर्दस्त गढ़—ज़ारशाही—से सफल संघर्ष कर सके। एटली और जयप्रकाश की पार्टियों की तरह सिंहों और मेमनों, क्रान्तिकारियों और अवसरवादियों को पास-पास ला बैठाने से कोई लाभ नहीं हो सकता, यह लेनिन जानते थे।

लेनिन के इस विचार का मारतोफ़ ने एक्सेलरोद, ज़ासूलिच, त्रात्स्की तथा दूसरे ढुलमुलयक़ीनों की मदद से विरोध किया। मारतोफ़ ने सुझाव रखा था कि मेम्बर होने के लिए पार्टी-कार्यक्रम को स्वीकार करना और पार्टी को आर्थिक मदद देना पर्याप्त समझा जाय और किसी निश्चित पार्टी-संगठन का मेम्बर होना आवश्यक न बनाया जाय। यह ऐसी बात थी जिससे अवसरवादी तत्व आसानी से पार्टी में घुस सकते थे और फिर पार्टी का अनुशासन क़ायम नहीं रखा जा सकता था। अपनी आर्थिक परिस्थितियों के कारण सर्वहारा सर्व-हारा रहते समय तक क्रान्ति-

कारी छोड़ और कुछ नहीं हो सकता। लेकिन ग़ैर-सर्वहारा के बारे में यही बात नहीं कही जा सकती। लेनिन के ज़ोर देने पर भी मारतोफ़ की बात थोड़े से बहुमत से पास हो गयी। अवसरवादियों को इस सफलता पर बड़ी प्रसन्नता हुई। उन्होंने समझा, अब मैदान मार लिया।

इस खतरे को लेनिन समझ रहे थे। उन्होंने दूने उत्साह के साथ प्रयत्न किया और बाद में उन्हें सफलता मिली। कांग्रेस की अन्तिम बैठक के समय जब पार्टी की भिन्न-भिन्न केन्द्रीय कमिटियां और ब्यूरो आदि निर्वाचित होने लगे, उस समय गर्माहट और भी बढ़ गयी। लेनिन ने पहले ही से इस बात का निश्चय और तैयारी कर ली थी कि पार्टी की केन्द्रीय कमिटी में पक्के क्रान्तिकारी ही चुने जायें। लेनिन को विफल करने के लिए विरोधी बहुत निम्नतल पर उतरने से भी बाज नहीं आये और मारतोफ़ ने लेनिन पर झूठे व्यक्तिगत आक्षेप किये। लेनिन ने इसके जवाब में जो भाषण दिया था वह कांग्रेस का सबसे ज़बर्दस्त भाषण था। उन्होंने कहा था :

> "'पार्टी में मुहासिरे की स्थिति', 'व्यक्तियों और दलों के विरुद्ध अपवादात्मक नियम' और ऐसे ही अन्य खौफ़नाक शब्दों से मैं जरा भी नहीं डरता। हमारा यह अधिकार ही नहीं, बल्कि कर्त्तव्य भी है कि ढुल-मुलयक़ीन, अस्थिर तत्वों के लिए हम 'मुहासिरे की स्थिति' क़ायम करें। और हमारे पार्टी नियम, कांग्रेस द्वारा स्थापित किया गया केन्द्रवाद, राजनीतिक बिखराव के इन बहुत से श्रोतों के खिलाफ़ 'मुहासिरे की स्थिति' से किसी भी तरह कम नहीं है। बिखराव के विरुद्ध विशेष, बल्कि अपवादात्मक, विधानों का भी प्रयोग करना होगा। कांग्रेस ने जो क़दम उठाया है वह ठीक राजनीतिक दिशा में है, क्योंकि वह इस तरह के नियमों और इस तरह के उपायों के लिए अच्छा आधार स्थापित करता है।"

पार्टी के केन्द्रीय मुख-पत्र के सम्पादकीय विभाग और केन्द्रीय कमिटी के चुनाव में भी बहुमत ने लेनिन के पक्ष में वोट दिया।

बोल्शेविक—कांग्रेस के बहुमत ने लेनिन का समर्थन किया था। बहुमत को रूसी भाषा में "बोलशिन्स्त्वो" कहते हैं। "बोल्श" वस्तुतः संस्कृत के "भूरिशः" (बहुत) का ही रूपान्तर है और "त्वो" संस्कृत का "त्व" है। बोलशिन्स्त्वो में जो रहे, उनको बोल्शेविक कहा गया। कांग्रेस में लेनिन के विरोधी अल्पमत (मेन्शिन्स्त्वो) में थे, और उन्हें मेन्शेविक कहा जाने लगा। सिद्धान्तों में बोल्शेविक क्रान्तिकारी थे और मेन्शेविक सुधारवादी व अवसरवादी।

कांग्रेस समाप्त हो जाने के बाद पार्टी के भीतर के झगड़े ने और भी उग्र रूप धारण कर लिया। मेन्शेविकों ने दूसरी कांग्रेस के निर्णयों को असफल करने तथा पार्टी-केन्द्र पर दखल जमाने का हर तरह से प्रयत्न किया। लेनिन को यह

समझने में देर नहीं लगी कि पार्टी के भीतर पुराने पराजित अवसरवादी "अर्थ-वादियों" का स्थान मेन्शेविकों के रूप में नयी तरह के अवसरवादी लेना चाहते हैं। मेन्शेविकों को अपना विष और अधिक फैलाने का मौक़ा देना ग़लत था। इसलिए लेनिन ने उनको भी नंगा करके अलग-थलग करने का सफल प्रयत्न किया। परदेश में रहने वाले रूसी मार्क्सवादियों में ठीक रास्ते और सिद्धांत के लिए लेनिन को केवल मेन्शेविकों से ही नहीं बल्कि उनसे भी लोहा लेना पड़ रहा था, जो समझौता कराने के बहाने मेन्शेविकों द्वारा होनेवाले नुकसान को क़ायम रखना चाहते थे।

"इस्क्रा" मेन्शेविकों के हाथ में—अक्तूबर, १६०३ में रूसी समाजवादी जनतांत्रिक लीग की दूसरी कांग्रेस हुई। इसमें मेन्शेविकों को बहुमत प्राप्त हुआ। मारतोफ़, त्रात्स्की, एक्सेलरोद और दूसरे मेन्शेविकों ने लेनिन पर बड़े नीच आक्षेप किये। उन्होंने लीग को पार्टी-विरोधी हथियार बनाया और दूसरी पार्टी-कांग्रेस के निर्णयों को मंजूर करने से इन्कार कर दिया। लेनिन के नेतृत्व में बोल्शेविक लीग-कांग्रेस छोड़कर चले गये और केन्द्रीय कमिटी के प्रतिनिधि ने घोषित किया कि लीग-कांग्रेस को जारी रखना अनियमित है।

बोल्शेविकों और मेन्शेविकों का झगड़ा अब पूरी तरह से शुरू हो गया। क्रान्तिकारी और अवसरवादी विचारधाराओं में समझौता हो भी कैसे सकता था? प्लेखानोफ़ यद्यपि द्वितीय कांग्रेस में मेन्शेविकों के साथ नहीं था, लेकिन उसमें इतनी हिम्मत नहीं थी कि मेन्शेविकों का डट कर मुक़ाबला करे। मेन्शेविकों और बोल्शेविकों के संघर्ष में उसका झुकाव मेन्शेविकों की ओर हो चला। उसका रुझान भी कुछ उसी तरह का था, यह हम पहले भी देख चुके हैं।

१८ अक्तूबर की शाम को—जिस दिन लीग-कांग्रेस की बैठक खतम हो रही थी—"इस्क्रा" के दोनों सम्पादकों, प्लेखानोफ़ और लेनिन के बीच जो बातचीत हुई, उसने दोनों के दो रास्तों का फ़ैसला कर दिया। दूसरी कांग्रेस के समय प्लेखा-नोफ़ ने लेनिन का समर्थन किया था। अब उसने पैंतरा बदलते हुए कहा, मैं अपने पक्ष की ओर गोली नहीं चला सकता। उसने मांग की कि कांग्रेस ने जिन पुराने मेन्शेविक सम्पादकों को निकाल दिया है, उन्हें "इस्क्रा" के सम्पादक-मंडल में फिर से रखा जाय नहीं तो वह इस्तीफ़ा दे देगा। लेनिन कांग्रेस के निर्णय को पैरों तले रौंदने के लिए तैयार नहीं थे। उन्होंने केन्द्रीय कमिटी में अपनी स्थिति को मजबूत करने के लिए सम्पादक-मंडल से इस्तीफ़ा दे दिया। प्लेखानोफ़ ने मारतोफ़, एक्सेलरोद, ज़ासूलिच, पोत्रेसोफ़—चारों मेन्शेविक सम्पा-दकों को फिर से सम्पादक-मंडल में रख लिया।

अब "इस्क्रा" लेनिन का "इस्क्रा" नहीं था। उसे चिनगारी न कह कर राख कहना ही ठीक होगा। "इस्क्रा" का ५२ वां अंक तथा उसके बाद के सारे

अंक लेनिन के सम्पादकत्व में नहीं निकले। बोल्शेविक "इस्क्रा" अब मेन्शेविक "इस्क्रा" बन गया।

बारह महीने तक लेनिन "इस्क्रा" जैसे शक्तिशाली तथा अपने हाथों पाल-पोसकर बढ़ाये गये पत्र से वंचित रहे। अब पार्टी के संगठनों से सम्बंध क़ायम रखने के लिए वैयक्तिक पत्र-व्यवहार के अलावा और कोई साधन उनके पास नहीं था। लेकिन, योग्य हाथों में पहुंचकर कोई भी हथियार शक्तिशाली बन जाता है। लेनिन ने वैयक्तिक पत्र-व्यवहार के द्वारा पुराने "इस्क्रा" का काम लेना शुरू किया। हर महीने व्लादिमिर लगभग तीन सौ पत्र लिखते थे। इन पत्रों द्वारा उन्होंने बोल्शेविकों में काम करने का उत्साह पैदा किया तथा फूट डालने वालों के साथ जमकर लोहा लेने का उनमें उत्साह जगाया। रूस के भिन्न-भिन्न भागों से पार्टी कार्यकर्ता उनके पास पत्र भेजते थे। इन पत्रों से लेनिन को भिन्न-भिन्न स्थानों की अवस्था तथा पार्टी-मेम्बरों और कमकरों के मनोभावों का पता रहता था। इससे लेनिन के मन में दूनी शक्ति और दूना उत्साह पैदा होता था।

स्तालिन का पत्र—इसी समय लेनिन को स्तालिन का पत्र मिला। इस पत्र में स्तालिन ने दिल खोलकर लेनिन का समर्थन किया। उन्होंने लेनिन को पार्टी का संस्थापक और नेता कहा। लेनिन ने इस पत्र का जो जवाब दिया वह स्तालिन को साइबेरिया में, निर्वासन-स्थान में, मिला। इस पत्र के बारे में स्तालिन ने अपने संस्मरणों में लिखा था :

> "लेनिन का पत्र अपेक्षाकृत छोटा था, परन्तु उसमें उन्होंने हमारी पार्टी के व्यावहारिक कार्य की बड़ी निर्भीक और ज़बर्दस्त आलोचना की थी। उसमें भविष्य में पार्टी के काम की सारी योजना का संक्षिप्त विवरण था। केवल लेनिन ही अत्यन्त गहन वस्तुओं के बारे में इतनी सादगी और सफाई के साथ, इतने संक्षेप में और साहस के साथ, लिख सकते थे। उस पत्र का एक-एक वाक्य, बात ही नहीं कहता था बल्कि राइफिल की गोली की तरह छूटता था। इस सीधे-सादे और निर्भीक पत्र ने मेरे इस विचार को दृढ़ कर दिया कि लेनिन हमारी पार्टी के शाहबाज़ हैं।"

"इस्क्रा" से वंचित वैयक्तिक पत्र-व्यवहारों द्वारा ही लेनिन ने कितनी सफलता से काम किया, यह स्तालिन की उपरोक्त पंक्तियों में स्पष्ट हो जाता है।

"एक क़दम आगे, तो दो क़दम पीछे" (१९०४ ई०)—मेन्शेविकों ने "इस्क्रा" पर अधिकार करके अब लेनिन और बोल्शेविकों पर गोला-बारी शुरू की। कुछ समय बाद पार्टी कौंसिल भी मेन्शेविकों के हाथ में चली गयी और खुद केन्द्रीय कमिटी के भीतर भी समझौतावादी रुख ज़ोर पकड़ने लगा। मेन्शेविक लोग पार्टी के संगठन में शिथिलता, अस्त-व्यस्तता और अनुशासनहीनता का प्रचार करते हुए व्यक्तिवाद की महिमा बघारने में लगे हुए थे।

बोल्शेविकों को हर क्षेत्र में उनसे लड़ना था। संगठन के बारे में उनके अवसरवाद को नंगा करना और बोल्शेविज्म के संगठन-सम्बंधी सैद्धान्तिक आधार की पूरी व्याख्या करना ज़रूरी था।

यह काम लेनिन केवल पत्रों द्वारा अच्छी तरह नहीं कर सकते थे। अस्तु, जनवरी, १६०४ में उन्होंने *"एक क़दम आगे, तो दो क़दम पीछे"* नामक अपनी ऐतिहासिक पुस्तक लिखी जो ६ मई, १६०४ को प्रकाशित हुई। इस पुस्तक में लेनिन ने दूसरी कांग्रेस और उसके बाद के झगड़ों का बड़े सुन्दर ढंग से विश्लेषण किया। किस तरह बहस हुई और एक-एक बात पर वोट लिए गये, यह क़दम-क़दम पर बतलाते हुए उन्होंने साबित किया कि दूसरी कांग्रेस में जो झगड़ा हुआ था वह सिद्धान्तों का झगड़ा था, वह क्रान्तिकारी और अवसरवादी दो विचारधाराओं का झगड़ा था, वह सर्वहारा क्रान्तिकारियों और निम्न-मध्यवर्गी सुधारवादियों के बीच झगड़ा था।

इस पुस्तक में लेनिन ने संगठन के सवाल पर मेन्शेविकों के अवसरवाद के मुख्य-मुख्य लक्षणों को उघाड़ कर रखा है। ये लक्षण हैं: केन्द्रीयता का विरोध, अनुशासन से घृणा, संगठन के पुराने पड़ गये ढंगों का समर्थन, कमकर पार्टी के भीतर निम्न-मध्यवर्ग के अवसरवादी तत्वों को खुलकर आने देने की इजाज़त, समाजवादी क्रान्ति तथा सर्वहारा अधिनायकत्व के लिए मज़दूर वर्ग के संघर्ष में अत्यन्त महत्वपूर्ण साधन के तौर पर पार्टी संगठन को मानने से इन्कार।

"एक क़दम आगे, तो दो क़दम पीछे" में लेनिन ने सर्वहारा के लिए संगठनात्मक हथियार गढ़ा और मार्क्सवादी पार्टी के संगठनात्मक नियमों को तैयार किया। सर्वहारा पार्टी को कैसा होना चाहिए—इसकी मुख्य रूपरेखा मार्क्स-एंगेल्स ने तैयार की थी। उसी के आधार पर लेनिन ने मज़दूर वर्ग की पार्टी के लिए सिद्धान्त निश्चित किया: उसे केन्द्रीकृत तथा अनुशासनबद्ध क्रान्तिकारी पार्टी होना चाहिए। लेनिन ने बताया कि मार्क्सवादी पार्टी मज़दूर वर्ग का मुख्य अंग है। वह उसकी अग्रगामी, वर्ग-चेतन इकाई है जो वर्ग संघर्ष के नियमों से लैस है और इसलिए मज़दूर वर्ग के संघर्ष का संचालन करने की क्षमता रखती है।

साथ ही पार्टी एक ऐसी संगठित इकाई है जिसका अनुशासन उसके सभी मेम्बरों पर लागू होता है। केवल ऐसी पार्टी ही मज़दूर वर्ग के संघर्ष का पथ-प्रदर्शन कर सकती है तथा उसे सर्वमान्य लक्ष्य तक पहुंचा सकती है जो एक ऐसी इकाई के रूप में संगठित है जिसके मेम्बर सम्मिलित इच्छा से तथा संयुक्त कार्रवाई और अनुशासन द्वारा एक दूसरे के साथ घनिष्टतापूर्वक आबद्ध हैं।

पार्टी मज़दूर वर्ग के सभी तरह के संगठनों का सबसे ऊंचा रूप है, क्योंकि वह एक अग्रगामी सिद्धान्त तथा क्रान्तिकारी-आन्दोलन के तजुर्बे से लैस है। मज़दूर वर्ग के दूसरे सभी संगठनों का पथ-प्रदर्शन करना उसका काम है।

पार्टी मज़दूर वर्ग के हिरावल, और उस वर्ग की विशाल जनता के बीच के सम्बंध का साकार स्वरूप है। पार्टी चाहे कितनी ही अच्छी हिरावल हो, चाहे कितनी ही अच्छी तरह से संगठित हो, वह तब तक जीवित नहीं रह सकती, तब तक अपना विकास नहीं कर सकती, जब तक वह ग़ैर पार्टी जनसाधारण से सम्बंधित न हो और जब तक वह उनके साथ अपने सम्बंधों को व्यापक तथा मजबूत नहीं बनाती।

ठीक तौर से काम कर सकने और सुव्यवस्थित रूप से जनता का नेतृत्व कर सकने के लिए पार्टी को केन्द्रीयता के सिद्धान्त पर संगठित होना चाहिए। उसके नियम समान, अनुशासन सम्मिलित और उसका नेतृत्व करनेवाली केवल एक कमिटी होनी चाहिए। अल्पमत को बहुमत की बात स्वीकार करनी होगी; स्थानीय संगठनों को केन्द्र की और निम्न संगठनों को ऊपरी संगठनों की बात माननी होगी। अगर पार्टी अपने भीतर एकता क़ायम रखना चाहती है तो उसे अपनी व्यावहारिक कार्रवाइयों में कठोर सर्वहारा-अनुशासन लागू करना होगा। यह अनुशासन पार्टी के सभी मेम्बरों—नेताओं तथा साधारण कार्यकर्ताओं—पर एक सा लागू करना होगा। लेनिन ने पुस्तक के उपसंहार में लिखा था :

> "राजशक्ति के लिए संघर्ष करते समय सर्वहारा के पास अपना संगठन छोड़ और कोई हथियार नहीं है। पूंजीवादी-संसार के अराजकतापूर्ण प्रतियोगिता के नियमों द्वारा विभाजित, पूंजी की दासता में बंधे, मशक्कत में चूर, और चरम दरिद्रता, क्रूरता तथा पतन के निम्नतम तल पर लगातार दबाकर रखे गये सर्वहारा तभी एक अजेय शक्ति हो सकते हैं—और अन्त में होकर रहेंगे—जब मार्क्सवाद के सिद्धान्तों के चारों ओर उनकी विचार सम्बंधी एकता ऐसी संगठन-सम्बंधी भौतिक एकता के साथ दृढ़ हो जायगी जो करोड़ों मेहनतकशों को मज़दूर वर्ग की सेना में एकताबद्ध करती है। न तो रूसी ज़ारशाही का खूसट शासन इस सेना का बाल बांका कर पायेगा, और न अन्तर्राष्ट्रीय पूंजी का बुढ़वा शासन।"

इस पुस्तक में लेनिन ने मेन्शेविकों की जो कड़ी आलोचना की थी वह द्वितीय इन्टर्नेशनल की पार्टियों और नेताओं पर भी लागू होती थी। जिन दोषों को उन्होंने इस पुस्तक में दिखलाया वे आज के इंगलैंड, भारत तथा दूसरे देशों के तथाकथित समाजवादियों और उनके नेताओं में स्पष्ट देखे जा सकते हैं।

२. पार्टी-केन्द्र

१९०४ ई० की गर्मियों में पार्टी की भीतरी अवस्था बहुत बिगड़ गयी थी। बोलशेविकों और मेन्शेविकों के अतिरिक्त समझौतावादियों का भी एक गुट तैयार हो गया था जिसकी मदद से मेन्शेविकों ने केन्द्रीय कमिटी पर भी अधिकार

कर लिया। इस प्रकार अब पार्टी के सभी केन्द्रीय संगठन उनके हाथ में चले गये। पार्टी के पास न अपना मुख-पत्र था और न केन्द्रीय कमिटी।

द्वितीय इन्टर्नेशनल—मार्क्स-एंगेल्स ने सर्वहारा-क्रान्ति की तैयारी के लिए प्रथम इन्टर्नेशनल की स्थापना की थी। उनके जीवन में ही वह चरम उत्कर्ष पर पहुँची थी। बाद में वह निर्जीव हो गयी। सुधारवादियों ने बाद में बनी द्वितीय इन्टर्नेशनल पर कब्ज़ा कर लिया था। द्वितीय इन्टर्नेशनल के नेतागण मार्क्स के वास्तविक उत्तराधिकारी लेनिन के दृष्टिकोण और कार्यप्रणाली को पसन्द नहीं कर सकते थे। लेनिन जिन प्रहारों द्वारा मेन्शेविकों की शक्ति निर्बल और प्रभाव-शून्य बना रहे थे, उन्हीं से द्वितीय इन्टर्नेशनल और उसके नेताओं की भी पोल खुलती जा रही थी। द्वितीय इन्टर्नेशनल अवसरवादियों का ज़बर्दस्त गढ़ थी। वे भला मेन्शेविकों को अपनी ओर खींचने से कैसे बाज़ आ सकते थे? रोज़ा लुक्ज़ेमबुर्ग द्वितीय इन्टर्नेशनल में एक बहुत ही अग्रगामी विचार रखने वाली महिला थीं। लेकिन, वह भी लेनिन के नये सिद्धान्त की बातों को समझने में असमर्थ रहीं। द्वितीय इन्टर्नेशनल ने बोल्शेविकों को मान्यता देने से इन्कार कर दिया। लेकिन अगस्त, १९०४ में एम्सटर्डम कांग्रेस में उन्होंने बोल्शेविकों के स्वतंत्र प्रतिनिधित्व को स्वीकार कर लिया। कांग्रेस में आनेवाले प्रतिनिधियों को लेनिन द्वारा सम्पादित बोल्शेविकों की रिपोर्ट की कापियां मिलीं जिनमें कहा गया था कि जर्मन पार्टी के कटु अनुभवों को ध्यान में रखकर ही यह नियम बनाया गया है कि पार्टी सदस्यों को किसी न किसी पार्टी संगठन से सम्बंधित होना चाहिए।

नया संगठन—१९०४-५ ई० के रूस-जापान युद्ध में ज़ारशाही किस बुरी तरह पराजित हुई यह सारी दुनिया जानती है। इस लड़ाई के परिणाम-स्वरूप रूस की स्थिति में और भी ज़बर्दस्त तनाव पैदा हो गया। क्रान्ति की सम्भावना अधिकाधिक बढ़ती जा रही थी। किन्तु, इस स्थिति का उपयोग तभी किया जा सकता था जब पार्टी-मशीन को पूरी तरह तैयार कर लिया जाय। दूसरी कांग्रेस के बाद जो अस्तव्यस्तता चारों ओर दिखायी पड़ती थी, उसे दूर करने के लिए पार्टी की तीसरी कांग्रेस बुलाना आवश्यक था। यद्यपि तिकड़म से मेन्शेविकों ने पार्टी की केन्द्रीय कमिटी और दूसरे साधनों को अपने हाथ में कर लिया था, तो भी लेनिन जानते थे कि सर्वहारा और क्रान्तिकारियों का बहुमत अब भी उनके साथ है। १९०४ की जुलाई के अन्त में उन्होंने एक कान्फ्रेंस स्विज़रलैंड में बुलायी। इसमें बाइस बोल्शेविक प्रतिनिधि उपस्थित हुए थे। कान्फ्रेंस ने "पार्टी के नाम" एक अपील निकाली। इस अपील को लेनिन ने तैयार किया था। पार्टी-मेम्बरों के बहुमत ने मेन्शेविकों द्वारा दखल किये गये केन्द्रीय संगठनों में अविश्वास प्रकट किया और नये तथा सच्चे पार्टी-केन्द्र स्थापित किये। रूस के भीतर तीन स्थानीय कान्फ्रेंसें हुईं और बहुमत की ओर से कमिटियों का एक ब्यूरो स्थापित

किया गया। इस ब्यूरो ने तीसरी कांग्रेस की तैयारी के लिए ज़ोर-शोर से काम करना शुरू किया। जनवरी, १६०४ में साइबेरिया के निर्वासन से भागकर स्तालिन काकेशस में आ गये थे। यहां उन्होंने बड़ी लगन के साथ इस सम्बंध में काम किया। अपनी किसी पत्र-पत्रिका का न होना बोल्शेविकों के लिए बड़ी अड़चन की बात थी। लेनिन पत्र को लड़ाई का शस्त्रागार और गोला-बारूद कहते थे। उन्होंने रूस के बोल्शेविकों को एक पत्र में लिखा था: "सब कुछ इस अखबार पर निर्भर है।"

लेनिन जिस चीज़ का संकल्प कर लें, भला वह पूरी हुए बिना कैसे रह सकती थी! १६०४ के दिसम्बर में उनके सम्पादकत्व में "व्पेर्योद" (अग्रगामी) निकला। बोल्शेविक "व्पेर्योद" सब तरह से पुराने "इस्क्रा" का अवतार था। पत्र निकलने से लेनिन को कितनी प्रसन्नता हुई यह रूस के साथियों को लिखी उनकी इन पंक्तियों से मालूम हो जाता है:

> "सारा बहुमत इतना खुश और मगन है, जितना वह पहले कभी नहीं था। आखिर हमने इस सड़े झगड़े को खतम ही किया। अब हम उन सभी लोगों के साथ मिलकर काम करेंगे जो महज गड़बड़ी पैदा करना नहीं, बल्कि काम करना चाहते हैं।...आफ़रीं! हिम्मत न हारो, अब फिर हम उठ खड़े हो रहे हैं, और हम फिर तैयार हो जायेंगे।"

अध्याय ८

१६०५ की क्रान्ति

१. पृष्ठभूमि

लेनिन क्रान्ति के तत्वद्रष्टा थे। वे पहले ही समझ गये थे कि रूस-जापान युद्ध ज़ारशाही निरंकुशता की सड़ांध और कमज़ोरियों को खोलकर रख देगा, लोगों के ऊपर से ज़ारशाही का प्रभाव उठ जायेगा और क्रान्ति नज़दीक आ जायेगी। वह जानते थे कि इस लुटेरू लड़ाई में ज़ार सरकार की पराजय से उसका शासन कमज़ोर होगा तथा क्रान्तिकारी शक्तियां मज़बूत होंगी। २२ दिसम्बर, १६०४ को "व्पेर्योद" के प्रथम अंक में लेनिन ने "स्वेच्छाचारिता और सर्वहारा" के नाम से एक लेख लिखा जिसमें आनेवाली क्रान्ति का ज़िक्र करते हुए उन्होंने कहा: "रूस में क्रान्ति का आरम्भ हो चुका है।" जापानियों के पोर्ट आर्थर पर अधिकार करने की खबर सुनकर खूनी इतवार के कुछ दिन पहले उन्होंने लिखा था: "पोर्ट आर्थर का आत्मसमर्पण ज़ारशाही के आत्मसमर्पण की प्रस्तावना है।"

क्रान्ति के लिए तैयारी—पेरिस कम्यून के पतन के समय से अब तक कितनी ही दशाब्दियां बीत चुकी थीं। तब से योरप की भूमि क्रान्तियों और विद्रोहों से वंचित सी रही थी। अब रूस की स्थिति इतनी तेज़ी से बदल रही थी—तूफ़ान इतनी तेज़ी से नज़दीक आ रहा था—कि लेनिन के लिए देश से बाहर रहना असह्य हो उठा। ६ जनवरी की घटनाओं पर टिप्पणी करते हुए लेनिन ने लिखा था:

> "सचमुच, यहां जनेवा में बैठकर इस कम्बख्त दूरी से घटनाओं के साथ क़दम मिला सकना बहुत ही मुश्किल हो रहा है। लेकिन जब तक हमें इस कम्बख्त दूरी को बर्दाश्त करने पर मजबूर होना पड़ रहा है, हमें घटनाओं के साथ क़दम मिलाकर चलने की कोशिश करनी चाहिए, उन्हें समझना चाहिए, उनसे नतीजे निकालने चाहिए, आज के इतिहास से वह अनुभव निचोड़ना चाहिए जो कल हमारे लिए फ़ायदेमन्द साबित होगा, उस दूसरी जगह फ़ायदेमन्द साबित होगा जहां लोग "अभी भी खामोश हैं", लेकिन जहां, एक न एक रूप में, क्रान्ति की लपटें निकट भविष्य में ही जल उठने वाली हैं।"

लेनिन अब क्रान्ति की तैयारी में पूरी तरह जुट गये। १८४८ की क्रान्ति तथा दूसरे विद्रोहों के बारे में मार्क्स-एंगेल्स की कृतियों का उन्होंने फिर से

ध्यानपूर्वक अध्ययन किया। एंगेल्स के सेना-सम्बंधी लेखों तथा सड़कों की लड़ाई के बारे में लेखों को उन्होंने खास तौर से पढ़ा। पेरिस-कम्यून की ओर उनका खास ध्यान गया। वह रूसी, अंग्रेज़ी, जर्मन और फ्रेंच समाचार पत्रों को पढ़कर स्थिति की सच्ची तसवीर अपनी आंखों के सामने तैयार कर रहे थे। उन्होंने मुख्य लक्ष्य निर्धारित किया : सर्वहारा और किसानों को हथियारबन्द करना है; सशस्त्र विद्रोह के लिए संगठन करना है; और, मज़दूरों तथा किसानों के क्रान्तिकारी-जनतांत्रिक अधिनायकत्व को रूस में क़ायम करना है।

फ़रवरी, १९०५ में लेनिन ने "नये कर्तव्य और नयी शक्तियां" लेख लिखा। इसी लेख में उन्होंने पूंजीवादी जनतांत्रिक-क्रान्ति में बोल्शेविकों के मुख्य दांव-पेंच के नारे को—सर्वहारा और किसानों के क्रान्तिकारी-जनतांत्रिक अधिनायकत्व को—पहले-पहल सामने रखा। उन्होंने लिखा था :

> "एक समाजवादी जनतांत्रिक के लिए क्रान्ति का समय वैसा ही है, जैसा कि सेना के लिए युद्ध का। हमें अपनी सेना के सैनिकों को बढ़ाना होगा, उन्हें शान्ति-काल की फ़ौज से युद्ध की फ़ौज में परिवर्तित करना होगा; रिज़र्व को संचालित करना होगा तथा छुट्टी पर गये लोगों को वापस बुलाना होगा।... हमें यह नहीं भूलना चाहिए कि लड़ाई के समय कम शिक्षित रंगरूटों से सेना को बढ़ाने, अफ़सरों के स्थान पर सिपाहियों को नियुक्त करने और मामूली सैनिकों को अफ़सरों के दर्जे पर तरक्क़ी देने की प्रक्रिया को जल्दी और आसान तरीक़े से बढ़ाने की अनिवार्य आवश्यकता होती है।"

तीसरी पार्टी-कांग्रेस (लन्दन, १९०५ ई०)—लेनिन चाहते थे कि पार्टी की तीसरी कांग्रेस बिना देरी किये की जाय। वह जानते थे कि क्रान्ति शुरू होने से पहले पार्टी को मजबूत कर लेना ज़रूरी है। पार्टी के भीतर मेन्शेविकों के कारण बहुत अस्तव्यस्तता आ गयी थी। लेनिन कांग्रेस के लिए बड़े ज़ोर-शोर से तैयारी करने लगे! उन्होंने मुख्य प्रस्तावों के मसौदे बनाये, कांग्रेस की कार्रवाई की आम योजना तैयार की और "समाजवादी जनतंत्रता और स्थायी क्रान्तिकारी सरकार", "किसानों और मज़दूरों का क्रान्तिकारी जनतांत्रिक अधिनायकत्व" इत्यादि कितने ही लेख लिखे जिनमें उन्होंने कांग्रेस के सामने आनेवाली कार्यनीति सम्बंधी समस्याओं का विश्लेषण किया। अप्रैल, १९०५ में लन्दन में पार्टी की तीसरी कांग्रेस शुरू हुई। यह वस्तुतः बोल्शेविकों की कांग्रेस थी। मेन्शेविकों ने इसका बायकाट करते हुए जनेवा में अपनी अलग कान्फ्रेंस की।

तीसरी कांग्रेस के अध्यक्ष लेनिन चुने गये। कांग्रेस की सभी कार्रवाइयों में पूरी तरह भाग लेते हुए उन्होंने उसका संचालन किया। एजेंडा में जितनी भी बातें थीं, क़रीब-क़रीब सभी पर वह बोले। कुल मिलाकर वह सौ से अधिक बार

बोले। सशस्त्र विद्रोह, अस्थायी क्रान्तिकारी सरकार, किसानों के प्रति रुख आदि सभी मुख्य प्रस्तावों का मसौदा उन्होंने स्वयं तैयार किया।

इन प्रस्तावों में ज़ोर दिया गया था कि क्रान्ति में सर्वहारा को अत्यन्त सक्रिय भाग लेना होगा; उसे नेतृत्व करना होगा। किसानों से मैत्री करना तथा उदारवादी पूंजीवादियों को विलग करना उसका कर्तव्य होगा। पार्टी के सामने सबसे महत्वपूर्ण काम था सशस्त्र विद्रोह की तैयारी के संगठन को कार्यरूप में परिणत करना। कांग्रेस ने घोषित किया कि पार्टी को किसानों की दिल खोलकर सहायता करनी होगी और ज़मींदारियों को ज़ब्त करने के लिए तैयार रहना होगा। क्रान्तिकारी किसान कमिटियों के तुरन्त निर्माण पर भी कांग्रेस ने ज़ोर दिया।

बोल्शेविक कांग्रेस के मुक़ाबले मेन्शेविक कांग्रेस के प्रस्ताव और निर्णय कितने निर्बल और बेकार थे, यह इसी से मालूम हो जाता है कि पूंजीवादी क्रान्ति में उन्होंने उदार पूंजीवादियों के नेतृत्व का समर्थन किया था।

तीसरी कांग्रेस में "काकेशस की घटनाओं" के सम्बंध में लेनिन का एक प्रस्ताव पास किया गया। स्तालिन के नेतृत्व में काकेशस क्रान्ति के कामों में बहुत आगे बढ़ा था। उसकी सराहना किये बिना लेनिन कैसे रह सकते थे? प्रस्ताव में कहा गया था कि काकेशस का आन्दोलन स्वेच्छाचारिता के विरुद्ध राष्ट्रव्यापी विद्रोह की अवस्था तक पहुँच गया है। काकेशस के पार्टी-संगठनों का भी कांग्रेस ने अभिनन्दन किया। रूस की स्थानीय कमिटियों और केन्द्रीय कमिटियों को हिदायत दी गयी कि काकेशस की स्थिति के बारे में अधिक से अधिक प्रचार किया जाय और शक्ति भर सभी तरह से समय पर सहायता पहुँचाई जाय। लेनिन समझते थे कि सर्वहारा को सैनिक के तौर पर ही क्रान्ति में भाग नहीं लेना है; जब तक उसके भीतर से सच्चे और पक्के नेताओं को नहीं पैदा किया जाता तब तक स्थायी नेतृत्व नहीं मिल सकता। इसीलिए उन्होंने ज़ोर देकर कहा था :

> "हर तरह से प्रयत्न करना चाहिए कि पार्टी और मज़दूर वर्ग के बीच के सम्बंधों को मजबूत किया जाय। सर्वहारा और अर्ध-सर्वहारा के अधिकाधिक भागों को पूर्ण समाजवादी-जनतांत्रिक वर्ग-चेतना के स्तर पर उठाया जाय; उनकी स्वतंत्र क्रान्तिकारी समाजवादी जनतांत्रिक कार्रवाइयों को विकसित किया जाय और कमकर-जनसाधारण के भीतर से ऐसे स्त्री-पुरुषों की भारी संख्या को ऊपर उठाया जाय जो स्थानीय तथा केन्द्रीय पार्टी-संगठनों के मेम्बरों के तौर पर आन्दोलन तथा पार्टी-संगठनों का नेतृत्व कर सकें।"

जब लेनिन ने कमकरों को स्थानीय पार्टी-कमिटियों में लेने में हिचकिचाहट देखी तो वह बहुत असंतुष्ट हुए। "यह सुनकर मैं चुप नहीं रह सका कि कमकर स्थानीय कमिटियों के मेम्बर होने लायक़ नहीं हैं।" उन्होंने इस बात पर बल

दिया कि कमिटियों को अधिकाधिक सर्वहारा रूप दिया जाय। कांग्रेस में भाषण देते हुए उन्होंने कहा था : "कमिटियों में कमकरों को रखना केवल शिक्षात्मक काम ही नहीं है, बल्कि राजनीतिक काम भी है। कमकरों के पास वर्गगत नैसर्गिक बुद्धि होती है। जैसे ही उनको कुछ राजनीतिक अनुभव प्राप्त होता है वे दृढ़ समाजवादी जनतांत्रिक बन जाते हैं। मैं इस बात के अधिक पक्ष में रहूँगा कि हमारी कमिटियों में दो बुद्धिजीवियों पर आठ कमकर हों।" लेनिन के ये विचार बोल्शेविकों की संगठन की नीति बन गये और उनके कारण उन्होंने कमकर वर्ग का पूरा विश्वास प्राप्त किया।

कांग्रेस ने लेनिन की अध्यक्षता में एक केन्द्रीय कमिटी निर्वाचित की। इसकी पहली पूरी बैठक में वह पार्टी के केन्द्रीय मुख-पत्र "प्रोलेतारी" (सर्वहारा) के मुख्य सम्पादक निर्वाचित किये गये। पत्र का पहला अंक, जिसमें तीसरी कांग्रेस पर लेनिन के लेख थे, १४ मई, १६०५ को निकला।

लन्दन में कांग्रेस का अधिवेशन समाप्त होने के बाद लेनिन अन्य प्रतिनिधियों के साथ मार्क्स की समाधि पर गये। कहने की आवश्यकता नहीं कि अपने गुरु, और सही अर्थों में जगत् गुरु, मार्क्स की समाधि पर पहुँचने पर उनका हृदय श्रद्धा और पूजा के भाव से भर उठा था और उनके मन में उस महान् तत्वदर्शी की तपस्या और प्रतिभा का अनुस्मरण हो रहा था।

"दो कार्यनीतियां"—लेनिन जनेवा लौट आये। तीसरी कांग्रेस के निर्णयों के समर्थन और मेन्शेविक कांग्रेस की आलोचना में लेनिन ने "रूसी समाजवादी जनतांत्रिक मज़दूर पार्टी की तृतीय कांग्रेस के निर्णय की सूचना" आदि लेख लिखे और कितने ही व्याख्यान दिये। इस "निर्णय-सूचना" को उन्होंने जर्मन और फ्रेंच भाषाओं में भी प्रकाशित कराया। इस सम्बंध में उनकी सबसे महत्वपूर्ण कृति "*जनवादी क्रान्ति में समाजवादी जनतांत्रिकों की दो कार्यनीतियां*" थी जो जुलाई, १६०५ में प्रकाशित हुई। इस छोटी सी पुस्तक में उन्होंने बोल्शेविक और मेन्शेविक दलों के मौलिक मतभेदों की विवेचना करके बतलाया कि क्रान्ति में सफलता प्राप्त करने के लिए क्या करना होगा और उसमें सर्वहारा की कौन सी भूमिका होगी और उसका क्या उद्देश्य होगा। उन्होंने यह भी बतलाया कि मेन्शेविकों की नीति में उनका यह भय साफ दिखलाई पड़ता है कि कहीं क्रान्ति विजयी न हो जाय, कहीं फिर पूंजीवादी-नेतृत्व को सर्वहारा के अधीन न होना पड़े। उनका यह तरीक़ा क्रान्ति के साथ विश्वासघात करनेवाला है। "चूंकि हम लड़ने के लिए कटिबद्ध हैं, इसलिए हमें जीत की इच्छा करनी चाहिए और विजय के लिए ठीक रास्ता बतलाने के योग्य होना चाहिए।"

लेनिन द्वारा दो प्रकार के दांव-पेंचों की तुलना के बारे में स्तालिन ने कहा था : "मेन्शेविकों की ऐतिहासिक समानताओं वाली विचारधारा की व्यर्थता

को और मज़दूरों के हित को पूंजीपतियों की दया पर छोड़ देनेवाली मेन्शेविकों की 'क्रान्ति योजना' को बिल्कुल नंगा करके लेनिन ने रूसी क्रान्ति की असीम सेवा की।"

कहने की आवश्यकता नहीं कि लेनिन ने रूसी मेन्शेविकों को जिन अकाट्य युक्तियों से नंगा करके रख दिया था, वे दूसरे देशों के अवसरवादियों, विशेषकर द्वितीय इन्टर्नेशनल की पार्टियों और नेताओं, पर भी पूरी तरह लागू होती थीं।

"दो कार्यनीतियां" में लेनिन ने हर तरह से इस बात को सिद्ध किया कि पूंजीवादी जनतांत्रिक क्रान्ति का नेता बनना सर्वहारा के लिए बिल्कुल सम्भव है क्योंकि सर्वहारा ही सबसे आगे बढ़ा हुआ और लगातार क्रान्तिकारी वर्ग है, और उसकी खुद अपनी राजनीतिक पार्टी है जो पूंजीपति वर्ग से स्वतंत्र है। चूंकि संघर्ष का अन्तिम लक्ष्य समाजवाद की स्थापना करना है इसलिए क्रान्ति को उसके अन्तिम लक्ष्य तक—अर्थात ज़ारशाही के उलटने तक—ले जाने में उसको पूरी दिलचस्पी है। क्रान्ति का वास्तविक नेता बनने के लिए सर्वहारा के लिए आवश्यक है कि वह किसानों को उदार पूंजीवादियों से अलग करके अपनी तरफ़ लाये। इस प्रकार लेनिन ने पूंजीवादी जनतांत्रिक क्रान्ति में सर्वहारा के नायकत्व के विचार के रूप में मार्क्सवादी पार्टी के सामने एक बिल्कुल नये ढंग की कार्यनीति रखी। यह कार्यनीति उस कार्यनीति से बिल्कुल भिन्न थी जिसका अब तक मार्क्सवादी अनुसरण करते आये थे।

अपनी पुस्तक में लेनिन ने इसकी भी पूरी विवेचना की कि क्रान्ति में किन साधनों से विजय प्राप्त की जा सकती है। उन्होंने सिद्ध किया कि निर्णायक विजय प्राप्त करने के लिए सार्वजनिक सशस्त्र विद्रोह सबसे कारगर साधन है।

उन्होंने जनता को प्रेरित करने तथा उसे संगठित करने के लिए ये नारे पेश किये : सार्वजनिक राजनीतिक हड़तालें हों; शहरों में आठ घंटे का दिन तथा देहातों में जनतांत्रिक सुधार तुरन्त क्रान्तिकारी ढंग से लागू हों; क्रान्तिकारी किसान-कमिटियां तुरन्त संगठित की जायें; कमकर हथियारबन्द किये जायें। उन्होंने यह भी बतलाया कि विजय के बाद एक अस्थायी क्रान्तिकारी सरकार की स्थापना आवश्यक होगी और ज़ारशाही के ऊपर सार्वजनिक विद्रोह की विजय को अन्तिम रूप से दृढ़ करने के लिए इस अस्थायी सरकार को सर्वहारा और किसानों का क्रान्तिकारी-जनतांत्रिक अधिनायकत्व छोड़ और कुछ नहीं होना चाहिए।

"दो कार्यनीतियां" का कितना भारी महत्व है, यह *सोवियत संघ की कम्युनिस्ट पार्टी का इतिहास* के निम्न शब्दों से मालूम होता है :

> "इस पुस्तक का ऐतिहासिक महत्व सबसे ज़्यादा इस बात में है कि लेनिन ने सैद्धान्तिक रूप से मेन्शेविकों की निम्न पूंजीवादी कार्यनीति

की लाइन को चूर कर दिया। उन्होंने पूंजीवादी-जनवादी क्रान्ति की अगली प्रगति के लिए रूस के मज़दूर वर्ग को सैद्धान्तिक रूप से सशस्त्र कर दिया। ज़ारशाही पर नये हमले के लिए उसे लैस कर दिया। उन्होंने रूसी समाजवादी जनतांत्रिकों को एक साफ़ रास्ता दिखाया कि पूंजीवादी क्रान्ति का समाजवादी क्रान्ति की मंज़िल में प्रवेश करना ज़रूरी है।

"लेकिन, इससे लेनिन की पुस्तक का महत्व खत्म नहीं होता। उसका अमूल्य महत्व इस बात में है कि उसने मार्क्सवाद को क्रान्ति के एक नये सिद्धान्त से समृद्ध किया। उसने बोल्शेविक पार्टी की क्रान्तिकारी कार्यनीति की नींव डाली, जिसकी मदद से १९१७ में हमारे देश के सर्वहारा ने पूंजीवाद पर विजय प्राप्त की।"

अपने दूसरे लेखों में भी लेनिन ने क्रान्ति को सफल बनाने के लिए सही रास्ते का निर्देश किया। "किसान आन्दोलन के प्रति समाजवादी जनतांत्रिकों का रुख" नामक लेख में उन्होंने लिखा: "वर्ग-चेतनायुक्त तथा संगठित सर्वहारा की शक्ति के अनुसार... ...हम तुरन्त जनवादी क्रान्ति से समाजवादी क्रान्ति की तरफ़ बढ़ना शुरू करेंगे। हम लगातार क्रान्ति के पक्ष में हैं। हम आधे रास्ते में नहीं रुकेंगे।"

२. संघर्ष का आरम्भ

१९०५ ई० में कमकरों का क्रान्तिकारी संघर्ष उग्र राजनीतिक रूप लेने लगा। वेतन और दूसरी आर्थिक मांगों के लिए होनेवाली कमकरों की हड़तालें अब राजनीतिक हड़तालों और प्रदर्शनों का रूप लेने लगीं। ज़ारशाही पुलिस तथा सेना के साथ जनता की हथियारबन्द भिड़न्त बहुतायत से होने लगी। १९०५ ई० की गर्मियों में इवानोवो-वज़्नेसेन्स्क की हड़ताल बहुत ज़बर्दस्त थी। यह हड़ताल क़रीब ढाई महीने तक चलती रही। इसी हड़ताल में वहां के कमकरों ने अपने संघर्ष के संचालन के लिए प्रतिनिधियों की एक सोवियत (पंचायत) क़ायम की। यही वस्तुतः कमकर प्रतिनिधियों की पहली सोवियत थी। इसी ढांचे और स्वरूप को आगे चलकर पूंजीवादी शासनतंत्र के मुक़ाबले में सर्वहारा शासनतंत्र का नमूना माना गया।

कमकरों की राजनीतिक हड़तालें सारे देश पर प्रभाव डालने लगीं। नगर के विद्रोह का अनुसरण देहात में होने लगा। वसन्त में जगह-जगह किसान-विद्रोह होने लगे। मध्य-एशिया, वोल्गा प्रदेश और काकेशस—विशेषकर गुर्जी (जार्जिया)—में इन विद्रोहों ने विशाल रूप धारण कर लिया।

इधर किसानों और मज़दूरों का संघर्ष चल रहा था उधर जापान ने रूसी सेनाओं को लगातार कई बार हराया। इस सबका प्रभाव सेना पर पड़ना आवश्यक

था। आखिर सिपाही भी मज़दूरों और किसानों के बेटे थे। ज़ारशाही की जड़ हिलने लगी। जून, १६०५ में काला सागर के जंगी बेड़े के युद्धपोत "पोतेम्किन" ने विद्रोह कर दिया। ज़ार की सेना में यह पहली सार्वजनिक क्रान्तिकारी कार्रवाई थी। पहली बार ज़ार की सेना की एक बड़ी संख्या अपने शासकों का साथ छोड़ क्रान्ति की ओर आयी। पूंजीपति वर्ग ने ज़ार से समझौता करके शासन में अपने लिए अधिकार लेने तथा क्रान्ति को आगे बढ़ने से रोकने का प्रयत्न शुरू किया; लोगों को शांत करने, क्रान्ति की शक्तियों को छिन्न-भिन्न करने तथा उन्हें रोकने के लिए पूंजीवादियों ने "जनता" के लिए कुछ छोटे-छोटे सुधारों की मांग की। ज़ारशाही सरकार ने यदि एक ओर कमकरों और किसानों को दबाने के कठोर तरीक़े अख्तियार किये, तो दूसरी ओर उन्हें फुसलाने की नीति भी अपनायी। एक ओर यदि उसने रूस की भिन्न-भिन्न जातियों को एक दूसरे के खिलाफ़ भड़काया, तो दूसरी ओर राज्यदूमा (राज्य पार्लामेंट) के रूप में उसने एक "प्रतिनिधि संस्था" क़ायम करने का वचन भी दिया।

लेनिन सजग—लेनिन उस समय सुदूर जनेवा में थे। लेकिन उनकी दृष्टि क्रान्ति की ओर लगी हुई थी। क्रान्ति में सभी वर्गों के व्यवहार को वह बड़े ध्यान से देख रहे थे। रूस में होने वाली घटनाओं का विश्लेषण करते हुए उन्होंने "प्रोलेतारी" में कितने ही लेख लिखे और उदार पूंजीवादियों की सिद्धान्तहीनता, लोभ, कायरता और विश्वासघात को नग्न करके रखा। उदारवादियों की कोई हरकत उनकी आंखों से छिपी नहीं रही। संवैधानिक जनतांत्रिकों के विरुद्ध जो लेख उन्होंने लिखे, उनमें जनतांत्रिकता का चोगा पहने इन क्रान्ति-विरोधियों की उन्होंने खूब छीछालेदर की। "सर्वहारा लड़ रहे हैं, पूंजीवादी चुपके-चुपके राजसत्ता पर हावी हो रहे हैं"—इन शब्दों में उन्होंने इन दोनों वर्गों के आचरण की विवेचना की।

मेन्शेविकों के होश-हवास गुम थे। रूसी क्रान्ति के इतने व्यापक पैमाने तथा सर्वहारा क्रान्ति की सफलता की सम्भावना को देखकर उनकी नींद हराम हो गयी थी। अपने एक लेख का शीर्षक लेनिन ने रखा था: "राजवादी पूंजीवादियों की दुम के पीछे अथवा क्रान्तिकारी सर्वहारा-किसान जनता की अगुवाई"। इसमें उन्होंने बतलाया था कि मेन्शेविकों और बोल्शेविकों के दांव-पेन्चों में क्या भेद है। उन्होंने सभी ज़िलों के पार्टी-मेम्बरों का आह्वान किया कि मेन्शेविकों के खिलाफ़ अपने संघर्ष को वे और ज़ोरदार बनायें। इसी समय, १६०५ ई० की गर्मियों में, स्तालिन ने "पार्टी के भीतर मतभेदों पर कुछ विचार" नामक पुस्तिका काकेशस में प्रकाशित की। इस पुस्तिका के प्रकाशन के बाद वहां के मेन्शेविकों के लिए मुंह दिखाना मुश्किल हो गया था। लेनिन ने इस पुस्तिका का खुल कर समर्थन किया।

लेनिन देश के बाहर रहते हुए भी बोल्शेविकों की सारी कार्रवाइयों का संचालन कर रहे थे। हथियारबन्द विद्रोह, क्रान्तिकारी सेना का निर्माण तथा अस्थायी क्रान्तिकारी सरकार के निर्माण का नारा देकर उन्होंने बोल्शेविकों का पथ-निर्देशन किया। लेनिन ने केवल क्रान्ति के साधनों को सैद्धान्तिक रूप से बताने का ही काम नहीं किया। उन्होंने हथियार खरीदकर रूस भेजने का भी प्रबंध किया। उन्होंने "पोतेम्किन" के विद्रोहियों से सम्पर्क स्थापित करने के लिए आदमी भेजे। पार्टी के लोगों को उन्होंने बतलाया कि इस विद्रोह से उन्हें क्या शिक्षा लेनी चाहिए। लेनिन ने बतलाया कि नौसैनिकों के इस विद्रोह ने पार्टी के सामने क्रान्तिकारी सेना के निर्माण का व्यावहारिक कर्तव्य ला खड़ा किया है :

"क्रान्तिकारी सेना की हमें आवश्यकता है, क्योंकि महान ऐतिहासिक प्रश्न केवल शक्ति द्वारा ही हल किये जा सकते हैं, और आधुनिक संघर्ष में संगठित शक्ति का अर्थ है सैनिक संगठन।"

लेनिन ने पार्टी-मेम्बरों को सैनिक शिक्षा लेने तथा सैकड़ों-हज़ारों की संख्या में लड़ाकू टुकड़ियां तैयार करने में पूरी शक्ति लगाने पर ज़ोर दिया। अक्तूबर, १९०५ में उन्होंने रूसी समाजवादी जनतांत्रिक पार्टी की पीतरबुर्ग कमिटी की सैनिक समिति को लिखा था :

"सभी जगह, विशेषकर विद्यार्थियों और कमकरों आदि के बीच, लड़ाकू टुकड़ियां तुरन्त बनाने के लिए तरुणों से अपील करो। तीन-तीन, दस-दस, तीस-तीस आदि आदमियों की टुकड़ियां तुरन्त संगठित करो। उन्हें तुरन्त अपनी मर्ज़ी से किसी न किसी हथियार से—रिवाल्वर, छुरे, मिट्टी के तेल में भीगे आग लगाने के चीथड़ों आदि से—लैस होने दो। इन टुकड़ियों को तुरन्त अपने नेता निर्वाचित करने चाहिए और वे, यदि सम्भव हो तो, पीतरबुर्ग कमिटी की सैनिक समिति के साथ सम्पर्क स्थापित करें।...प्रति सप्ताह पांच या दस आदमी सैकड़ों कमकर तथा विद्यार्थी-चक्रों में जायँ, जहां भी हो सके भीतर घुसें और सब जगह इस सीधी-सादी, संक्षिप्त, दो टूक और स्पष्ट योजना को प्रस्तावित करें : तुरन्त टुकड़ियां बनाओ, अपने को जो भी मिले उससे हथियारबन्द करो, अपनी सारी शक्ति लगाकर काम करो। जहां तक हो सकेगा हम तुम्हारी सहायता करेंगे, लेकिन हमारी मदद के लिए रुको मत, स्वतंत्रतापूर्वक कार्रवाई करो।... कार्रवाई के लिए टुकड़ियों की सैनिक शिक्षा तुरन्त आरम्भ कर देनी चाहिए, तुरन्त।"

लेनिन को हरेक बात आईने की तरह साफ़ दिखायी दे रही थी। भिन्न-भिन्न शक्तियों के बीच जो संघर्ष छिड़े थे, साथ ही उनमें जो सहयोग हो रहे थे, उनसे आगे दूर तक उनके रास्ते को लेनिन पहले ही देख लेते थे। वे जानते थे

कि क्रान्ति का रास्ता आगे किस ओर मुड़ेगा। राज्यदूमा बुलाने के सम्बंध में ६ अगस्त को ज़ार ने क़ानून घोषित किया। उससे तीन दिन पहले ही लेनिन ने "बुलिगिन दूमा का बायकाट और विद्रोह" के नाम से एक लेख लिखा। इस लेख में उन्होंने राजनीतिक संघर्ष की एक निश्चित योजना बनायी थी : सशस्त्र विद्रोह के नारे के साथ राज्यदूमा का सक्रिय बायकाट हो! इस राजनीतिक संघर्ष को बोल्शेविकों ने बड़ी सफलता से चलाया। जनता ज़ारशाही के जाल में नहीं फँसी। बुलिगिन दूमा क्रान्तिकारी तूफ़ान में बह गयी। अक्तूबर, १६०५ में आम राजनीतिक हड़ताल फूट पड़ी और संघर्ष के बीच से सोवियतों (पंचायतों) का उदय हुआ। लेनिन पहले ही से जानते थे कि क्रान्ति का गला घोंट सकने के लिए ज़ारशाही कुछ बातों पर दबने को तैयार होगी। ज़ार के १७ अक्तूबर के घोषणापत्र की खबर पाने से कई घंटे पहले ही लेनिन ने लिखा था : "ज़ारशाही विजय प्राप्त करने में असमर्थ हो चुकी है, क्रान्ति अभी ऐसा करने में समर्थ नहीं हुई।" संविधान के लिए सहमति का नाटक दिखाकर ज़ारशाही लोगों को बेवकूफ़ बनायेगी। सर्वहारा को ज़ार के प्रदान किये हुए संविधान को फाड़ कर सशस्त्र विद्रोह द्वारा स्वेच्छाचारिता को उखाड़ फेंकना होगा।

क्रान्ति का वेग अधिकाधिक बढ़ता जा रहा था। आंधी की गति से बढ़नेवाली घटनाओं का दूर रहकर अनुसरण करना कठिन था। लेनिन अब रूस पहुंचने के लिए बेक़रार थे। १६०५ ई० के वसन्त में ही उन्होंने अपने लेखों में कमकरों और किसानों से सीधे बात करने और विशाल सार्वजनिक सभाओं में बोलने की इच्छा प्रकट की थी। अक्तूबर की सार्वजनिक हड़ताल जब अपने शिखर पर थी तब लेनिन ने लिखा था : "रूस में हमारी क्रान्ति वस्तुतः भव्य, सम्माननीय और यशस्वी है! हम जल्दी ही लौटने की आशा में हैं...।" वह अब लौटने की तैयारी करने लगे। मैक्सिम गोर्की के सहयोग से उन्होंने "नोवाया ज़ीस्न" (नवजीवन) नाम से एक क़ानूनी बोल्शेविक समाचार पत्र के पीतरबुर्ग में प्रकाशित करने का प्रबंध किया और १६०५ के अक्तूबर के अन्त में जनेवा से रूस के लिए प्रस्थान किया।

स्टाकहोम (स्वीडन) में कितने ही दिनों उन्हें रुकना पड़ा। यहीं उन्होंने "हमारे करणीय तथा कमकर प्रतिनिधियों की सोवियत" नाम से एक लेख लिखा जो उस समय गुम हो गया था और पैंतीस वर्ष बाद, १६४० ई० में, पहली बार प्रकाशित किया गया। लेनिन ने तुरन्त कमकर प्रतिनिधियों की सोवियतों का महत्व समझ लिया। सर्वहारा जनसाधारण की क्रान्तिकारी सूझ ने उनका निर्माण किया था और नयी सरकार, जनता के क्रान्तिकारी तत्वों के अधिनायकत्व के संगठनों, का वे प्रारम्भिक रूप थीं। लेनिन सोवियतों को अस्थायी क्रान्तिकारी सरकार का प्रारम्भिक रूप तथा परिपक्व हो रहे विद्रोह का संगठन समझते थे।

पार्टी और सोवियतों के बीच एवं सोवियतों और विशाल जनसाधारण के बीच क्या सम्बंध होने चाहिए, इसे बतलाते हुए उन्होंने प्रस्ताव रखा कि कमकरों और सैनिकों के प्रतिनिधियों की सम्मिलित सोवियतें बनायी जायें। इससे क्रान्ति का नेतृत्व करनेवाले राजनीतिक केन्द्रों के तौर पर सोवियतों के चारों ओर सारी जनता को जमा करने में सहायता मिलेगी। उन्होंने तुरन्त अस्थायी क्रान्तिकारी सरकार बनाने पर ज़ोर दिया और लिखा कि उसका कार्यक्रम पूर्ण और सच्ची राजनीतिक स्वतंत्रता, सच्ची राष्ट्रीय संविधान सभा का बुलाना, जनता को हथियारबन्द करना, उत्पीड़ित जातियों को तुरन्त सच्ची और सम्पूर्ण स्वतंत्रता प्रदान करना, आठ घंटे के दिन का क़ानून बनाना और सारी ज़मीन को किसानों के हाथों में देना, होना चाहिए। इस सरकार को जनता का विद्रोह के लिए आह्वान करना था।

लेनिन ने रूस पहुंचने के समय सर्वहारा-पार्टी के सामने काम का यह साकार स्वरूप रखा।

पीतरबुर्ग लौट—कई वर्षों की अनुपस्थिति के बाद १९०५ के नवम्बर महीने के आरम्भ में लेनिन पीतरबुर्ग पहुंचे। ज़ारशाही द्वारा मंजूर की गयी "स्वतंत्रताओं" के बावजूद लेनिन को छिपकर काम करना पड़ा। क़ानूनी तौर से नगर में रहने के उनके प्रयत्न का फल यही हुआ कि तुरन्त ही खुफिया पुलिस के झुंड ने उनके निवासस्थान को घेर लिया, और तब उन्हें गुप्त रूप से रहने के लिए मजबूर होना पड़ा। वह अपने पासपोर्ट और रहने के स्थान को बराबर बदलते रहते। कितनी ही बार पीतरबुर्ग छोड़ वह फिनलैंड में जाकर रहे। उनके रहने के लिए यह अपेक्षाकृत अधिक सुरक्षित स्थान था। पीतरबुर्ग पहुंचने के तुरन्त बाद "नोवाया ज़ीस्न" नामक दैनिक समाचार पत्र के सम्पादक-मंडल के बोल्शेविकों की एक सभा में लेनिन उपस्थित हुए। सम्पादक-मंडल में परिवर्तन किये गये और काम की एक योजना तैयार की गयी। बाद में लेनिन पार्टी की केन्द्रीय-कमिटी की बैठक में उपस्थित हुए। उसी में पार्टी कांग्रेस बुलाने के सम्बंध में पार्टी-संगठनों के लिए एक अपील तैयार की गयी। उसके कई दिनों बाद कमकर-प्रतिनिधियों की सोवियत की एक बैठक में लेनिन ने पूंजीपतियों द्वारा की गयी तालाबन्दी के प्रश्न पर भाषण भी दिया। सोवियत की कार्यकारिणी कमिटी ने इस प्रश्न पर लेनिन द्वारा पेश किये गये प्रस्ताव को स्वीकार किया।

लेनिन ज़ोर-शोर से काम में जुट गये। पार्टी संगठनों के साथ उनका व्यक्तिगत सम्बंध स्थापित हुआ। वह केन्द्रीय कमिटी तथा पार्टी की पीतरबुर्ग-कमिटी की बैठकों में शामिल हुए, पार्टी-सभाओं और कन्फ्रेंसों में उन्होंने भाषण दिये, रूस के सभी भागों से आनेवाले पार्टी-कर्मियों से बातचीत की तथा उनकी बैठकों में भाग लिया। सशस्त्र विद्रोह की तैयारी में भी उन्होंने पूरी तरह हाथ बंटाया। नवम्बर महीने के अन्त में केन्द्रीय कमिटी की एक बैठक हुई जिसमें गोर्की भी

उपस्थित थे। गोर्की ने कमिटी को बताया कि मास्को के कमकरों में कैसा जोश फैला हुआ है। महान् साहित्यकार गोर्की से लेनिन का यह पहला साक्षात्कार था। गोर्की क्रान्ति के समर्थक थे। उनके विचारों के कारण कुछ ही समय बाद ज़ारशाही ने उन्हें फांसी की सज़ा देनी चाही थी। लेकिन, वह तो विश्व के महान् लेखकों में गिने जाने लगे थे! दुनिया भर के साहित्यकारों के प्रबल विरोध ने गोर्की को अकाल ही काल-कवलित होने से बचा लिया!

"नोवाया ज़ीस्न" का संचालन लेनिन ने स्वयं अपने हाथ में लिया। १० नवम्बर को उसमें उनका पहला लेख निकला। इसका शीर्षक था: "पार्टी का पुनर्संगठन"! बदली हुई परिस्थितियों के अनुरूप पार्टी-कार्य में ज़बर्दस्त पुनर्संगठन की मांग करते हुए उन्होंने लिखा था: "पार्टी के गुप्त संगठन को क़ायम रखते हुए यह ज़रूरी है कि कमकर वर्ग ने जो क़ानूनी सुविधाएं जीती हैं, उनको जितने भी सम्भव हो उतने विशाल पैमाने पर इस्तेमाल किया जाय। गुप्त रह कर काम करते समय पार्टी-संगठन अपने पदाधिकारियों का निर्वाचन नहीं कर सकते थे। लेकिन, अब निर्वाचन के सिद्धांतों पर चलना होगा और अपने संगठन को जन-तांत्रिक केन्द्रवाद के आधार पर फिर से बनाना होगा।"

दो दिन बाद, १२ नवम्बर को, "सर्वहारा और किसान जनता" के नाम से उनका दूसरा लेख निकला। इसमें उन्होंने क्रान्ति में मज़दूर वर्ग और किसान-जनता के लक्ष्यों को बतलाते हुए ज़ोर दिया कि इन दोनों वर्गों के बीच की लड़ाकू मैत्री को मजबूत करना चाहिए। किसान भूमि और स्वतंत्रता चाहते हैं। मज़दूर वर्ग को अपनी सारी शक्ति से क्रान्तिकारी किसान-जनता का समर्थन करना चाहिए। लेकिन, संघर्ष यहीं समाप्त नहीं होगा। किसानों से साफ़-साफ़ बताना होगा कि उनके हाथ में भूमि आ जाने से और राजनीतिक स्वतंत्रता प्राप्त हो जाने मात्र से ही काम खत्म नहीं होगा, कारण कि इससे पूंजी का शासन अथवा जन-साधारण की ग़रीबी खत्म नहीं हो जायेगी। उन्होंने लिखा: "वर्ग-चेतन कमकरों का लाल झंडा पहले तो इस बात का सूचक है कि पूर्ण स्वतंत्रता तथा समूची भूमि के लिये हो रहे किसानों के संघर्ष का हम दिल से समर्थन करते हैं, .. दूसरे यह कि हम यहीं नहीं रुकेंगे, हम और आगे बढ़ेंगे। भूमि और स्वतंत्रता के संघर्ष के साथ-साथ हम समाजवाद के लिए भी संघर्ष कर रहे हैं।"

लेनिन के ये लेख पार्टी के प्रतिदिन के कामों का पथ-प्रदर्शन कर रहे थे। बोल्शेविक संगठनों का काम कमकर-जनसाधारण के बीच बहुत विस्तृत पैमाने पर होने लगा। देहातों में भी बोल्शेविक बहुत भीतर और दूर तक घुस गये। साथ ही, उन्होंने सेना और नौसेना में भी अपने मजबूत अड्डे क़ायम किये।

१६०५ के दिसम्बर के आरम्भ में तामरफ़ोर्स (फिनलैंड) में पहली बोल्शेविक कान्फ्रेंस हुई। यहीं पर स्तालिन की पहले-पहल लेनिन से मुलाक़ात हुई।

दोनों ही राज्यदूमा के सम्बंध में प्रस्ताव तैयार करनेवाली कमिटी के मेम्बर थे। इस कान्फ्रेंस में लेनिन ने वर्तमान स्थिति तथा किसान-समस्या के सम्बंध में दो रिपोर्टें दीं। इन रिपोर्टों के बारे में स्तालिन ने अपने संस्मरणों में कहा था :

"लेनिन को मैंने पहले-पहल दिसम्बर, १९०५ में तामरफ़ोर्स में हुई बोल्शेविकों की कान्फ्रेंस में देखा। मैं आशा करता था कि अपनी पार्टी के पहाड़ी गरुड़, इस महान पुरुष को, राजनीतिक तौर से ही नहीं, बल्कि, आप कह सकते हैं, शारीरिक तौर से भी महान् देखूंगा, क्योंकि अपनी कल्पना में लेनिन को मैंने एक विशालकाय, भव्य और गरु-गम्भीर पुरुष के रूप में चित्रित किया था। लेकिन सोचिये, मुझे कितनी निराशा हुई जब मैंने देखा कि वह एक साधारण से दिखायी देने वाले आदमी, कद में औसत आदमियों से भी कम, दूसरे मामूली इन्सानों से ज़रा भी अलग, क़तई भिन्न नहीं हैं।...

"आम तौर से "महान् पुरुष" के लिए माना जाता है कि वह सभाओं में देर से पहुंचेगा ताकि लोग सांस रोके उसकी प्रतीक्षा करते रहें; और फिर, इस "महान् पुरुष" के प्रकट होने के ठीक पहले, चेतावनी-सूचक फुसफुसाहट दौड़ जाती है : "हुश !...खामोश !... वह आ रहे हैं।" यह रस्म मुझे बेकार नहीं लगती थी, क्योंकि इससे एक रौब पड़ता है, लोगों में सम्मान की भावना पैदा होती है। लेकिन सोचिये, मुझे कितनी निराशा हुई जब मैंने देखा कि लेनिन प्रतिनिधियों से पहले ही कान्फ्रेंस में आ पहुंचे हैं, कि वह कहीं एक कोने में जा बैठे हैं और बड़े सादे ढंग से बातचीत कर रहे हैं, कान्फ्रेंस के सबसे साधारण प्रतिनिधियों से सबसे साधारण बातचीत कर रहे हैं। मैं आपसे छिपाना नहीं चाहता कि यह बात उस वक्त मुझे चन्द आवश्यक नियमों का उल्लंघन सी लगी।

"केवल बाद में मुझे पता चला कि लेनिन की यह सादगी और शालीनता, दिखावा न करने का यह प्रयत्न या कम से कम अपने को विशेषता न देने की कोशिश करना और ऊंचे पद का प्रदर्शन न करना, नयी जनता के, सीधी-सादी और साधारण जनता के, मानवता के "बिल्कुल मामूली" लोगों के, नये नेता के लिए सबसे महत्व की चीज़ थी।...

"लेनिन के भाषण हृदय के उद्‌गार थे। उन्होंने सारी कान्फ्रेंस में ज़बर्दस्त उत्साह भर दिया। उनमें दृढ़ विश्वास की असाधारण शक्ति, तर्क की सादगी और स्पष्टता थी। उनके वाक्य संक्षिप्त तथा सुगम थे। उनमें आडम्बर, बनावटी मुद्रा और प्रभाव डालने के लिए नाटकीय बचनों का अभाव था...।

"लेकिन उस समय जिस बात ने मेरे मन को हर लिया वह लेनिन के भाषणों की यह विशेषता नहीं थी। मेरे मन को हरा था उनके तर्क की अदम्य शक्ति ने, जो कुछ दुरूह ज़रूर थी, लेकिन जो श्रोता-मंडली पर पूरी तरह छा गयी, जिसने उसमें धीरे-धीरे विद्युत् संचार किया और अन्त में उसे पूर्णतया अपने अधिकार में कर लिया।"

जिस समय तामरफ़ोर्स में कान्फ्रेंस हो रही थी उसी समय मास्को में हथियारबन्द बग़ावत शुरू हो गयी! लेनिन के कहने से कान्फ्रेंस तुरन्त समाप्त कर दी दिया। कान्फ्रेंस में आये प्रतिनिधि विद्रोह में भाग लेने के लिए चल दिये।

३. मास्को का विद्रोह

१६०५ ई० के आरम्भ में कमकरों की विद्रोही मनोवृत्ति से बौखलाकर ज़ारशाही ने दमन का हथियार खूब ज़ोर-शोर से इस्तेमाल करना शुरू कर दिया था। कमकरों के गुस्से को शान्त करने के लिए सुधारवादी लोग उन्हें यह समझाते थे कि यह दमन तो नीचे के लोग कर रहे हैं। ज़ार, हमारा पिता, छोटा परमेश्वर, इस सबसे निर्लेप है।

इस वर्ष के आरम्भ में जासूस पादरी गेपन ने पिता ज़ार के लिए कमकरों की ओर से एक बहुत विनीत प्रार्थना-पत्र तैयार किया। उसे देने के लिए कमकरों के एक बड़े जलूस को लेकर वह पृथ्वी पर भगवान के दाहिने हाथ—ज़ार—के महल की ओर चला। जलूस में कितने ही वृद्ध पुरुष, स्त्री और बच्चे भी थे। पिता ज़ार ने १६०५ ई० की ६ जनवरी के उस इतवार को—ईसा मसीह और भगवान के पवित्र दिन—निहत्थी जनता पर अन्धाधुन्ध गोली चलवाकर जलूस का स्वागत किया! सैकड़ों आदमियों के खून से धरती लाल हो गयी। लोगों ने उस इतवार का नाम "खूनी इतवार" रखा। इस खूनी इतवार के बाद ज़ार के ऊपर से कमकर-जनता का विश्वास सदा के लिए उठ गया। अब उसने प्रार्थना की जगह अपनी शक्ति से काम लेना शुरू किया। खूनी इतवार के बाद हड़तालें और विरोधी प्रदर्शन बढ़ते ही गये।

ज़ार ने दिखावे के लिए कुछ सुधार देने और दूमा के बुलाने का स्वांग रचा। लेकिन अब वह लोगों की आंखों में धूल नहीं झोंक सकता था। सर्वहारा की पार्टी बड़ी तत्परता के साथ सहस्राब्दियों के उत्पीड़ितों की आंखें खोल रही थी। हथियारबन्द संघर्ष मास्को के कमकरों ने आरम्भ किया। उसका संचालन अब साधु गेपन जैसा कोई रंगा स्यार नहीं कर रहा था। उसका संचालन कमकर प्रतिनिधियों की मास्को-सोवियत तथा उसके नेता बोल्शेविक कर रहे थे।

७ दिसम्बर से मास्को में राजनीतिक हड़ताल शुरू हुई। ६ दिसम्बर को जनता ने सड़कों पर पहली मोर्चेबन्दी की। नौ दिन तक हथियारबन्द कमकर बड़ी

वीरता से ज़ारशाही का मुक़ाबला करते रहे। अन्त में पीतरबुर्ग, त्वेर तथा पश्चिमी प्रदेशों से सेना को मंगाकर ही सरकार विद्रोह को दबाने में सफल हुई।

संघर्ष के आरम्भ में ही कुछ नेता गिरफ्तार कर लिये गये थे। कुछ दूसरे नेताओं को विद्रोहियों के पास पहुँचने नहीं दिया गया।

सेना ने अलग-अलग मोहल्लों में विद्रोह को छिन्न-भिन्न कर दिया।

मास्को के विद्रोह का अनुकरण क्रास्नोयार्स्क, मोतोविलिखा (पर्म), नोवोरोसिस्क, सोरमोवो, सेवास्तोपोल, क्रोन्स्तात जैसे दूसरे नगरों और इलाक़ों ने भी किया। ज़ार-साम्राज्य की उत्पीड़ित जातियों ने भी हथियार उठा लिये। स्तालिन की जन्मभूमि गुर्जी ने बग़ावत का झंडा बुलन्द किया। उक्राइन के दोनबास इलाक़ों में जगह-जगह विद्रोह की आग फैलने लगी। लतविया ने बहुत ज़बर्दस्त संघर्ष चलाया। लेकिन, मास्को की तरह विद्रोहों को सभी जगह अमानुषिक अत्याचार के द्वारा दबा दिया गया।

दिसम्बर का सशस्त्र विद्रोह असफल रहा।

धीरे-धीरे क्रान्तिकारी ज्वार दबने लगा!

बोल्शेविकों और मेन्शेविकों के बीच का झगड़ा अब और भी उग्र रूप धारण कर चला। मेन्शेविकों ने कमकरों से संघर्ष से हाथ खींच लेने के लिए कहा। उनके विचार में बग़ावत को दबा देने से क्रान्ति खतम हो गयी थी। लेकिन, लेनिन का कहना था : नहीं, क्रान्ति खतम नहीं हुई है, वह अब भी जारी है। हमें अपने हथियार नहीं रखने होंगे, बल्कि उन्हें और भी जोश के साथ इस्तेमाल करना होगा! संवैधानिक जनतांत्रिक, समाजवादी क्रान्तिकारी और मेन्शेविक, जनता को संवैधानिक भ्रमजाल में डालकर धोखे में डालने की कोशिश कर रहे हैं। लेनिन ने कहा, हमें उनका विरोध करना होगा।

बोल्शेविकों ने प्रथम राज्यदूमा के सक्रिय बायकाट की घोषणा की।

विद्रोह के दबा दिये जाने पर मेन्शेविक प्लेखानोफ़ ने कहा था : "उन्हें हथियार नहीं उठाने चाहिए थे।" साथ ही उसने यह भी कहा कि वह वही रुख अपना रहा है जो १८७१ ई० में मार्क्स ने अपनाया था। लेनिन ने उपहास करते हुए उसको जवाब दिया था, क्यों न हो! प्लेखानोफ़ भी तो दूसरा मार्क्स बनने की तमन्ना रखता है! एक कायर और पतित की तरह प्लेखानोफ़ मास्को के कमकरों के वीरतापूर्ण विद्रोह की खिल्ली उड़ाता है जब कि मार्क्स ने पेरिस के कमकरों के अदम्य उत्साह और त्याग का बड़े सम्मान के साथ स्वागत किया था। उन्होंने कहा था कि पेरिस के कमकर "स्वर्ग पर कब्ज़ा कर लेने" के लिए तैयार थे। प्लेखानोफ़ ने दिसम्बर के विद्रोह पर एक "ग्रंथ" लिखा है जो संवैधानिक जनतांत्रिकों के लिए कुरान बन गया है, जब कि मार्क्स ने पेरिस के विद्रोही कमकरों के बारे में एक पुस्तक लिखी, जो अब भी "स्वर्ग" पर धावा बोलने का

पथ-प्रदर्शन करती है। लेनिन ने लिखा था: "रूस के कमकरों ने दिखला दिया है कि वे स्वर्ग पर धावा बोलने की क्षमता रखते हैं, और यह काम वे बार-बार करेंगे।"

"कमकर पार्टी के कर्तव्य"—जिस तरह मार्क्स ने पेरिस कम्यून के संघर्ष-मय जीवन का मूल्यांकन करते हुए अपना अमर ग्रंथ "फ्रांस का गृह-युद्ध" लिखा था, उसी तरह लेनिन ने १९०५ की क्रान्ति के तजुर्बों से फायदा उठाने के लिए "कादेतों की विजय और कमकर पार्टी के कर्तव्य" नाम से मार्च, १९०६ में एक पुस्तक लिखी। इसमें उन्होंने अपने प्रहार का लक्ष्य संवैधानिक-जनतांत्रिकों (कादेतों) को बनाया। उन्होंने उनके पिट्ठू मेन्शेविकों की भी खूब खबर ली। सर्वहारा के अधिनायकत्व के मार्क्सवादी सिद्धान्त की उन्होंने व्याख्या की और प्रथम रूसी क्रान्ति के तजुर्बों की रोशनी में उसका स्पष्टीकरण किया। अवसरवादी मेन्शेविक कहते थे कि सोवियतें स्थानीय शासन के संगठन मात्र हैं। इसका प्रत्याख्यान करते हुए लेनिन ने कहा था कि वे सशस्त्र विद्रोह के संगठन हैं; वे नयी क्रान्तिकारी शक्ति के अंकुर हैं। बाद में, १९२० ई० में, लेनिन ने कहा: "सोवियतों के महत्व पर यह बहस अधिनायकत्व के प्रश्न से काफ़ी सम्बंधित थी।"

इस पुस्तक में लेनिन ने सोवियतों के बारे में लिखा था:

> "इन संगठनों को जनता के एकमात्र क्रान्तिकारी अंगों ने ही स्थापित किया था। वे (सोवियतें) जनता की स्वाभाविक प्रतिभा की उपज के रूप में सभी क़ानूनों और प्रचलित नियमों से स्वतंत्र एकदम क्रान्तिकारी ढंग से स्थापित की गयी थीं, वे उस जनता की पहलक़दमी से स्थापित की गयी थीं जो पुरानी, पुलिस की बेड़ियों को तोड़ चुकी थी या तोड़ रही थी।...वे निस्संदेह नयी, जनप्रिय या कह सकते हैं, क्रान्तिकारी सरकार का अंकुर थीं। अपने सामाजिक तथा राजनीतिक रूप में वे जनता के क्रान्तिकारी तत्वों के अधिनायकत्व का अंकुर थीं।"

लेनिन ने इस पुस्तक को तुरन्त लिख डालना इसलिए भी ज़रूरी समझा कि तामरफ़ोर्स-कान्फ्रेंस में, कमकरों की मांग का खयाल करके, बोल्शेविकों ने जनता के संघर्ष का संयुक्त नेतृत्व करने के लिए—मेन्शेविकों के साथ मेल करने के उद्देश्य से—कांग्रेस बुलाने का प्रस्ताव स्वीकार किया था। जनता की मांग को देखकर मेन्शेविकों को संयुक्त कांग्रेस में सम्मिलित होने के लिए मजबूर होना पड़ा। यद्यपि लेनिन संयुक्त कांग्रेस की मांग के समर्थक थे, तो भी वह बोल्शेविकों और मेन्शेविकों के बीच के मतभेद पर पर्दा डालने के किसी भी प्रयत्न को पसन्द नहीं करते थे। अक्तूबर, १९०५ में ही उन्होंने केन्द्रीय कमिटी के मेम्बरों को लिखा था: "हमें दोनों भागों को एकताबद्ध करने की नीति को दोनों भागों को एक कर देने

की नीति समझने की ग़लती नहीं करनी चाहिए। हम दोनों भागों के एकताबद्ध होने को स्वीकार करते हैं। लेकिन, उनका एक होना—हरगिज़ नहीं।"

इन्हीं विचारों के आधार पर लेनिन ने कांग्रेस के लिए बोल्शेविकों के पक्ष का एक मसौदा तैयार किया। १६०६ ई० के फ़रवरी और मार्च में पहले कुओक्कला (फिनलैंड) के उपनगर वासा में, फिर मास्को में, कितनी ही पार्टी कान्फ्रेंसों में उस पर विचार हुआ। लेनिन कुछ समय वासा में रहने के लिए मजबूर हुए थे। मास्को में तो वह गिरफ्तार होने से बाल-बाल बचे। कान्फ्रेंस की अन्तिम बैठकें पीतरबुर्ग में हुईं।

कांग्रेस की तैयारी में लेनिन ने किसान-समस्याओं पर विशेष ध्यान दिया।

किसान-कार्यक्रम—लेनिन किसान कमिटी के मेम्बर थे। उन्होंने "कमकर पार्टी के किसान कार्यक्रम का संशोधन" के नाम से एक पुस्तिका लिखी। इसमें क्रान्ति के विजयी होने पर ज़मींदारियों के ज़ब्त करने तथा सारी भूमि का राष्ट्रीयकरण करने की मांग को रखते हुए उन्होंने उसकी व्याख्या की। चौथी कांग्रेस स्टाकहोम में होने वाली थी। वहां के लिए प्रस्थान करने से पहले लेनिन ने पीतरबुर्ग में बोल्शेविक प्रतिनिधियों की एक कान्फ्रेंस की। उस समय लुगान्स्क संगठन के प्रतिनिधि, आज के सोवियत राष्ट्रपति वोरोशिलोफ़, इस कान्फ्रेंस में मौजूद थे। यहीं उन्होंने पहली बार लेनिन को देखा। लेनिन की बातों का उन पर बहुत गहरा प्रभाव पड़ा। प्रतिनिधियों ने अपने-अपने यहां की पार्टी के काम की स्थिति के बारे में रिपोर्ट दी। इसके बाद लेनिन ने आम स्थिति का संक्षेप में वर्णन किया और फिर प्रतिनिधियों से इधर-उधर की बातें शुरू कर दीं। इस दृश्य का वोरोशिलोफ़ ने निम्न वाक्यों में वर्णन किया है:

> "व्लादिमिर इलिच उस वक्त हास-परिहास की मुद्रा में थे। किन्तु हंसी-मज़ाक के बीच-बीच वह एक या दूसरे प्रतिनिधि पर ऐसे प्रश्नों की झड़ी लगा देते, जो कभी-कभी बड़े अप्रतीक्षित ढंग के होते थे। वह शब्दशः सभी बातों में दिलचस्पी रखते थे।...वह समान दिलचस्पी के साथ राज्यदूमा के हाल के निर्वाचनों, मेन्शेविकों की चालों के बारे में कहानियों, कादेतों, हमारी लड़ाकू टुकड़ियों को प्रशिक्षित और हथियारबन्द करने के तरीक़ों तथा लुगान्स्क के पास-पड़ोस के स्टेशनों के कज़ाकों और ज़मींदारों की जिरातों को छीनने वाले किसानों आदि के बारे में सुन रहे थे।
>
> "कान्फ्रेंस से जाने के पहले व्लादिमिर इलिच ने कांग्रेस के बारे में और हमारी (बोल्शेविकों की) ज़रूरतों के बारे में बातचीत की।..
>
> "हम अनुभव कर रहे थे कि हमारा लेनिन क्रान्ति और क्रान्तिकारी समाजवादी जनतंत्रता की प्रतिरक्षा के साधनों और उपायों को जानता है और रूस में मुक्ति के महान संघर्ष का नेतृत्व करना उसका मिशन है।"

अध्याय ६

एकता के प्रयत्न

१. चौथी पार्टी कांग्रेस (१९०६ ई०)

यह कांग्रेस १९०६ के अप्रैल में स्टाकहोम (स्वीडन) में हुई। बोल्शेविक और मेन्शेविक, दोनों, इसमें शामिल हुए। इसी कारण इसे "एकता" कांग्रेस भी कहा जाता है। लेकिन यह "एकता" नाम के लिए ही साबित हुई। बोल्शेविक और मेन्शेविक दोनों अपने-अपने दृष्टिकोणों पर जमे रहे। उन्होंने अपने-अपने संगठनों को अलग क़ायम रखा। कांग्रेस में दोनों दलों का ज़बर्दस्त संघर्ष चलता रहा। लेनिन एजेंडा की सभी मुख्य बातों पर बोले। इनमें से कुछ बातें ये थीं: किसान-कार्यक्रम; वर्तमान स्थिति तथा सर्वहारा के वर्ग-कार्य; सशस्त्र-विद्रोह; राज्यदूमा के प्रति रुख; और, संगठन के प्रश्न। स्तालिन, कालिनिन, फ्रुंज़े, वोरोशिलोफ़, सोम्यान आदि, लेनिन के सभी पक्के शिष्य, वहां मौजूद थे। कांग्रेस में मेन्शेविकों का बहुत थोड़ा-सा बहुमत था। दिसम्बर-विद्रोह के बाद पुलिस ने बोल्शेविकों के कितने ही संगठन तोड़ दिये थे। अस्तु, सब संगठन अपने प्रतिनिधि नहीं भेज सके। परिणाम-स्वरूप मेन्शेविक कितने ही प्रश्नों पर अपने प्रस्तावों को पास कराने में सफल हुए। लेकिन, लेनिन इससे निराश नहीं हुए। उनका दृढ़ विश्वास था कि आखीर में बोल्शेविक विजयी होकर रहेंगे। इस समय की लेनिन की अवस्था के बारे में स्तालिन ने अपने संस्मरणों में कहा था:

> "पहली बार यहां मैंने लेनिन को पराजित रूप में देखा। किन्तु, वह उन नेताओं से रत्ती भर नहीं मिलते थे जो पराजित होने पर आहें-कराहें भरने लगते हैं और निरुत्साहित हो जाते हैं। इसके विपरीत, पराजय लेनिन को संचित शक्ति का केन्द्र बना देती थी, जिससे उनके अनुगामियों को नयी लड़ाइयों और भविष्य में विजय के लिए प्रेरणा मिलती थी। मैंने कहा, लेनिन पराजित हुए थे। किन्तु, क्या यह पराजय थी? आपको उनके विरोधियों, स्टाकहोम कांग्रेस के विजेताओं—प्लेखानोफ़, एक्सेलरोद, मारतोफ़ वग़ैरा की तरफ़ देखना भर था। सच्चे विजेताओं का कोई चिन्ह उनमें नहीं था। लेनिन द्वारा मेन्शेविज़्म की निर्मम आलोचना ने उनके शरीर में, कहा जा सकता है, एक भी हड्डी साबित नहीं छोड़ी थी। मुझे याद है कि हम, बोल्शेविक प्रतिनिधि, लेनिन पर टकटकी लगाये, एक-दूसरे से सटे दल बनाये खड़े थे और लेनिन की राय पूछ रहे थे। कुछ प्रतिनिधियों की बातचीत से थकावट और खिन्नता प्रकट हो रही

थी। मुझे याद है, लेनिन ने दांत पर दांत सटा कर बड़े तीखेपन से जवाब दिया था : " आहें-कराहें मत भरो साथियो, जीत हमारी होगी क्योंकि हम सही रास्ते पर हैं। " आहें भरने वाले बुद्धिजीवी के प्रति घृणा, अपनी ताक़त में भरोसा, विजय में विश्वास—लेनिन ने हमें ये बातें सिखायीं। हमें मालूम हुआ कि बोल्शेविकों की पराजय क्षणिक है, कि निकट भविष्य में उनकी विजय अवश्यम्भावी है।

" 'पराजित होने पर आहें-कराहें मत भरो'—लेनिन की कार्रवाइयों का यह वह गुण था जिससे उन्हें एक ऐसी सेना गढ़ने में मदद मिली जो अन्त तक सच्ची रहे और जिसे अपनी ताक़त पर भरोसा हो। "

लेनिन ने मेन्शेविकों के विरुद्ध, कांग्रेस के अवसरवादी निर्णयों के विरुद्ध और मेन्शेविक केन्द्रीय कमिटी के विरुद्ध निरन्तर लड़ते रहने के लिए बोल्शेविकों का आह्वान किया। कांग्रेस के अधिवेशन के खत्म होते ही उन्होंने बोल्शेविक प्रतिनिधियों की कान्फ्रेंस बुलायी। इसने लेनिन द्वारा तैयारी की गयी पार्टी-अपील को स्वीकार किया। इस अपील में बोल्शेविक दृष्टिकोण से कांग्रेस के कामों का सार बताया गया था और मुख्य-मुख्य गलतियों का उल्लेख किया गया था। मेन्शेविक कार्यक्रम की मुख्य-मुख्य गलतियां थीं : भूमि के म्युनिसिपलीकरण का नारा; संवैधानिक भ्रम का विरोध करने से इन्कार; ज़ारशाही से जनता की मुक्ति के लिए राज्यदूमा को सर्वश्रेष्ठ हथियार मानना; और, १९०५ की अक्तूबर–दिसम्बर की लड़ाइयों के अनुभवों से शिक्षा लेने से इन्कार करना।

२. *पीतरबुर्ग में (१९०६-७ ई०)*

कांग्रेस के बाद लेनिन पीतरबुर्ग लौट आये। यहां वह १९०७ की जनवरी तक रहे। पुलिस के हाथों से बचने के लिए उन्हें फिर कुओक्कला के पास वासा में छिपने के लिए मजबूर होना पड़ा। किसी एक जगह रहना उनके लिए खतरे से खाली नहीं था। इसलिए, उन्हें बराबर अपने निवासस्थान बदलते रहने पड़ते थे। अगर एक रात वह अपने सम्बंधी के साथ रहते, तो दूसरी रात किसी मित्र या परिचित के यहां। इस सारी स्थिति में भी वह अनथक लगन के साथ काम करते रहे। वह पार्टी और कमकरों की सभाओं में व्याख्यान देते, लेख और पुस्तिकाएं लिखते, पार्टी के पत्रों को चलाने और जनता को संगठित करने में बोल्शेविकों के कामों की निगरानी करते। इस अज्ञातवास की अवस्था में लेनिन ने सौ से अधिक लेख और पुस्तिकाएं लिखीं। ज़बर्दस्त खतरा सिर पर रहने पर भी ९ मई, १९०६ को पीतरबुर्ग के पनीना (लोक) प्रासाद की एक सार्वजनिक सभा में करपोफ़ के नाम से उन्होंने भाषण दिया। इस सभा में पीतरबुर्ग के सभी मोहल्लों के कमकर उपस्थित थे और सभी पार्टियों के प्रतिनिधियों के वहां भाषण हुए

थे। लेनिन अन्तिम वक्ता थे। उन्होंने अपने भाषण में संवैधानिक-जनतांत्रिकों की नीति की निन्दा की। ये लोग लोक-हित के विरुद्ध स्वेच्छाचारी शासकों से मोल-भाव कर रहे थे। संवैधानिक जनतंत्रतावादी उस समय ज़ार के मंत्रियों से बातचीत कर रहे थे। इसी बात को ध्यान में रखते हुए लेनिन ने कहा था : "बातचीत सौदा पक्का करने की आरम्भिक कार्रवाई है और सौदा पक्का करना बातचीत का व्यावहारिक परिणाम है।" उन्होंने ज़ोर देकर कहा कि इस बात के लिए पूरा प्रयत्न करना चाहिए कि क्रान्ति की बाढ़ के फिर उठने पर सर्वहारा विजयिनी क्रान्तिकारी सेना में मुख्य भूमिका अदा करे।

अपने संस्मरणों में इस सभा के बारे में क्रुप्स्काया ने लिखा है : "कादेत ओगोरोद्निकोफ़ के बोल लेने पर अध्यक्ष ने करपोफ़ को पुकारा। मैं भीड़ में खड़ी थी। इलिच बहुत जोश में थे। एक मिनट तक बुरी तरह से पीले पड़े वह चुपचाप खड़े रहे। सारा खून उनके हृदय की ओर बह गया था। आदमी तुरन्त अनुभव कर सकता था कि वक्ता का जोश किस तरह श्रोतृ-मंडली के पास पहुंच रहा है। एकाएक बड़े ज़ोर की ताली बजी—पार्टी-मेम्बरों ने इलिच को पहचान लिया था। मेरी बगल में खड़े एक कमकर का उत्तेजनापूर्ण चेहरा...मुझे अब भी याद आता है। वह ज़ोर से बोल उठा : कौन है यह, कौन है यह ! लेकिन किसी ने उसको जवाब नहीं दिया। हर्षध्वनि बन्द हुई। इलिच के भाषण के समाप्त होते-होते वहां मौजूद सभी लोग असाधारण उत्साह में बह गये—उस समय हरेक आदमी आनेवाली अन्तिम लड़ाई के बारे में सोच रहा था।"

लेनिन द्वारा रखे गये प्रस्ताव के पास हो जाने के बाद कमकर क्रान्तिकारी-गीत गाते हुए अपने-अपने घरों को लौटे।

दिसम्बर के असफल विद्रोह के बाद कमकर और क्रान्तिकारी किसान धीरे-धीरे पीछे हटे। पर वे पीछे हटे लड़ते हुए! १९०६ ई० की गर्मियों और शरद् में फिर क्रान्तिकारी संघर्ष भड़क उठा। फिर राजनीतिक हड़तालों की लहर सारे देश में उठने लगी। ज़मींदारों के खिलाफ़ किसानों का संघर्ष ज़ोर पकड़ने लगा। क्रोन्स्तात और स्वीयाबोर्ग के नौसैनिकों में बग़ावत शुरू हो गयी।

"नोवाया ज़ीस्न" पर बंदिश—दिसम्बर, १९०५ में ज़ार की सरकार ने बोल्शेविक क़ानूनी पत्र "नोवाया ज़ीस्न" (नवजीवन) को बन्द कर दिया। ज़ारशाही-दमन का मुक़ाबला करते हुए उसे "वोल्ना" (लहर), "व्पेर्योद" (अग्रगामी) और "इको" (प्रतिध्वनि) आदि भिन्न-भिन्न नाम धारण करने पड़े। लेनिन उसके सम्पादक थे। राज्यदूमा में जो कुछ हो रहा था उसे वह अपने लेखों में बतलाते, ज़ारशाही सरकार तथा संवैधानिक-जनतांत्रिकों (कादेतों) की नीति को नंगा करके रखते और किसानों को बतलाते कि तुम दूमा से न ज़मीन पाने की आशा कर सकते हो और न स्वतंत्रता पाने की। उन्होंने भविष्यवाणी की कि राज्यदूमा को

ज़ार तोड़ देगा। दूमा में संवैधानिक जनतांत्रिकों का समर्थन करने के लिए मेन्शेविकों की वह कड़ी आलोचना करते थे। जब मेन्शेविकों ने कादेतों की "दूमा-मंत्रिमंडल"—अर्थात् दूमा के प्रति उत्तरदायी मंत्रिमंडल—की मांग का समर्थन किया तो उनसे कड़ा संघर्ष शुरू हो गया। लेनिन के पथ-प्रदर्शन में पीतरबुर्ग की पार्टी-कमिटी ने इसके बारे में मेन्शेविकों के आधीन केन्द्रीय कमिटी के पास अपना विरोध-पत्र भेजा। जुलाई, १९०६ में प्रथम राज्यदूमा को ज़ार ने तोड़ दिया। इसके बाद उक्त घटना के सम्बंध में मेन्शेविक केन्द्रीय कमिटी के अवसरवादी रुख की लेनिन ने तीव्र आलोचना की। उन्होंने बतलाया कि मेन्शेविकों की ढुल-मुलयक़ीनी और हिचकिचाहट की नीति में विसर्जनवाद के कीटाणु छिपे हुए हैं। बाद में मेन्शेविक गुप्त पार्टी को खतम कर देने, अर्थात् उसको विसर्जित कर देने के भी पक्षपाती हो गये। इसीलिए, उनकी इस नीति को "विसर्जनवाद" कहा जाने लगा।

द्वितीय दूमा का चुनाव (१९०७ ई०)—दूमा के नये चुनाव के समय फिर पार्टी के रुख का सवाल उठा। लेनिन हरेक प्रश्न को एक सच्चे द्वन्द्वात्मकता-वादी की तरह तत्कालीन परिस्थिति में विचारने के आदी थे। एक बार दूमा का बायकाट करने का मतलब यह नहीं था कि बराबर उसका बायकाट किया जाय। क्रान्ति की बाढ़ के समय बायकाट अच्छी चीज़ थी। उसके कारण दूमा की प्रतिष्ठा में भारी बट्टा लगा था। अब क्रान्तिकारी बाढ़ उतरती जा रही थी। इस समय दूमा के निर्वाचन को क्रान्तिकारी प्रचार के लिए इस्तेमाल किया जा सकता था। मेन्शेविक संवैधानिक-जनतांत्रिकों (कादेतों) के साथ दूमा में उनके समर्थन की नीति के आधार पर निर्वाचन सम्बंधी समझौता करना चाहते थे। बोल्शेविक ज़ोर दे रहे थे कि निर्वाचन के समय पार्टी को बिल्कुल स्वतंत्र रहना चाहिए। हां, वे निर्वाचन के समय, तथा दूमा में भी, एक "वामपक्ष" बनाने के पक्ष में थे। वामपक्ष से उनका मतलब था शहर और देहात के जनवादी निम्न मध्यवर्ग का प्रतिनिधित्व करनेवाली तथाकथित त्रुदोविक (मेहनतकश) पार्टियों के साथ समझौता करना।

अब, बोल्शेविकों और मेन्शेविकों के बीच का झगड़ा बहुत उग्र हो चला। जनवरी, १९०७ में पीतरबुर्ग के रूसी समाजवादी जनतांत्रिक मज़दूर पार्टी के संगठनों की कान्फ्रेंस हुई। इसमें लेनिन ने बोल्शेविक नीति को स्पष्ट करके रखा। कान्फ्रेंस ने एक प्रस्ताव पास कर उनका समर्थन किया। वहां मेन्शेविकों का सारा प्रयत्न व्यर्थ गया और उन्हें मुंह की खानी पड़ी। लेकिन, पार्टी की केन्द्रीय कमिटी अब भी उन्हीं के हाथों में थी। इसके द्वारा फूट डालने का उन्होंने बहुत प्रयत्न किया। लेनिन ने बतलाया कि कमकरों के पीठ-पीछे मेन्शेविक उनके वोटों को कादेतों के हाथ बेच रहे हैं। "पीतरबुर्ग में चुनाव और ३१ मेन्शेविकों का पाखंड" तथा अन्य लेखों में लेनिन ने बड़े कठोर शब्दों में मेन्शेविकों की निन्दा

की। मेन्शेविक केन्द्रीय कमिटी ने पार्टी अदालत के सामने लेनिन पर अभियोग चलाने का निश्चय किया। पार्टी संगठनों में इस पर भारी क्षोभ प्रकट किया जाने लगा।

लेनिन पर अभियोग चलाया गया। लेनिन उसमें उपस्थित हुए—किन्तु, अभियुक्त की जगह अभियोक्ता के रूप में। उन्होंने मेन्शेविकों की कड़ी खबर ली। अपने भाषण में उन्होंने साफ़-साफ़ कहा कि मेन्शेविकों की घोर निन्दा करने का मेरा उद्देश्य था : "इन लोगों के प्रति जनसाधारण में घृणा, उपेक्षा और दुर्भाव पैदा करना, क्योंकि वे संयुक्त पार्टी के मेम्बर नहीं बल्कि राजनीतिक शत्रु बन गये हैं और निर्वाचन-आन्दोलन में हमारे समाजवादी जनतांत्रिक संगठनों के मार्ग में रोड़ा अटकाने की कोशिश कर रहे हैं। इसलिए उस समय ऐसे राजनीतिक शत्रुओं के विरुद्ध मैंने सर्वनाशी युद्ध छेड़ा और उसके फिर दोहराये जाने तथा फूट डालने के समय सदा ऐसा युद्ध छेड़ूंगा।"

मेन्शेविक केन्द्रीय कमिटी समझ गयी कि अभियोग से उनकी पूरी हार होगी, इसलिए उसे आगे नहीं बढ़ाया। इसी बीच रूस में प्रतिक्रियावाद और भी खौफ़नाक रूप धारण करने लगा और पार्टी के गुप्त संगठन को मजबूत करने के लिए कोई उपाय करना या क़ानूनी अखबार निकालना और भी मुश्किल हो गया। १६०६ की जुलाई में ज़ारशाही ने "इको" (प्रतिध्वनि) को बन्द कर दिया। अगस्त से बोल्शेविकों ने "प्रोलेतारी" नाम का एक ग़ैर-क़ानूनी अखबार निकालना शुरू किया। इसके सम्पादक लेनिन थे। अखबार के प्रत्येक अंक में लेनिन के लेख छपा करते थे।

१६०७ की फ़रवरी में द्वितीय राज्यदूमा का उद्घाटन हुआ। "प्रोलेतारी", "व्पेर्योद" और बोल्शेविकों के क़ानूनी अखबार "नोवी लुच" (नई किरण) तथा "नाशे इको" (हमारी प्रतिध्वनि) में लेनिन ने दूमा की कार्रवाइयों से उद्धरण देते हुए बतलाया कि ज़ारशाही नयी चाल चल रही है और कादेत उसके साथ सौदा करके जन-हित का बलिदान कर रहे हैं। उन्होंने अपने लेख में भविष्यवाणी की कि द्वितीय दूमा को भी सरकार उसी तरह तोड़ देगी जैसे उसने पहली दूमा को तोड़ा था। उन्होंने यह भी घोषित किया कि "काले सैकड़े" ('यमराज सभा' वाले) कूप-दे-ता करने की (सत्ता पर हावी होने की) तैयारी कर रहे हैं। इस समय मेन्शेविक केवल संवैधानिक जनतांत्रिकों (कादेतों) की मांगों को दोहरा रहे थे। 'इस समय लेनिन उनकी अवसरवादी चालों का विरोध करते हुए निम्न मध्यवर्गी जनतांत्रिकों और मुख्यतः किसानों को कादेतों से अलग करने का प्रयत्न कर रहे थे। दूमा में जो कमकर-प्रतिनिधि गये थे उन्हें भी वह यह सिखला रहे थे कि किस तरह दूमा के भाषण-मंच को क्रान्तिकारी कामों के फ़ायदे के लिए अधिक से अधिक इस्तेमाल किया जा सकता है।

३. पाँचवीं पार्टी कांग्रेस (लन्दन, १९०७ ई०)

बहुत प्रयत्न करने के बाद लेनिन पार्टी के बहुमत को बोल्शेविकों के पक्ष में करने तथा पार्टी-कांग्रेस बुलाने के लिए निर्णय कराने में सफल हुए। उन्होंने उसकी भारी तैयारी की। मेन्शेविकों ने कहा कि सभी मज़दूर आन्दोलनों के प्रतिनिधियों की "कमकर कांग्रेस" बुलायी जाय। लेनिन ने इसका मुंहतोड़ जवाब देते हुए कहा कि यह पार्टी को निम्न-मध्यवर्गी तत्वों की भीड़ में डुबाने का प्रयत्न है।

१९०७ के अप्रैल और मई के महीनों में पार्टी की पांचवीं कांग्रेस लन्दन में हुई। इस समय त्रात्स्की मेन्शेविकों से अलग होकर अपना केन्द्रवादी गुट बनाना चाहता था। कांग्रेस में रिपोर्ट देते हुए लेनिन ने पूंजीवादी पार्टियों के प्रति पार्टी के रुख को बतलाया। कांग्रेस ने अपने प्रस्ताव में बोल्शेविकों के दांव-पेंचों को स्वीकार करते हुए निर्णय किया कि "यमराज सभावालों" और अक्तूबरियों के विरुद्ध निराबाध संघर्ष करना, संवैधानिक जनतांत्रिकों को दृढ़तापूर्वक नंगा करते हुए किसानों को अपने हाथ में लेने के कादेतों के प्रयत्नों का विरोध करना, और तथाकथित नरोद्निक अथवा त्रुदोविक (जनवादी समाजवादी, मेहनतकश गुट और समाजवादी क्रान्तिकारी) पार्टियों के अपने को समाजवादी दिखलाने के ढोंग का पर्दाफ़ाश करना उनका काम होगा। निर्णय हुआ कि जहां तक उक्त पार्टियां शहरी और देहाती निम्न मध्यवर्ग के हितों का प्रतिनिधित्व करती हैं, उनके साथ ज़ारशाही तथा संवैधानिक जनतांत्रिकों के विरुद्ध संघर्ष में समय-समय पर समझौता करने की नीति को मानते हुए उनके समाजवादी होने के ढोंग का पर्दाफ़ाश किया जायगा।

पांचवीं कांग्रेस में बोल्शेविकों की विजय हुई। लेकिन, लेनिन विजय से सिर फिर जाने को बुरा समझते थे। इसीलिए इसके लिए उन्होंने बोल्शेविकों को सावधान किया। स्तालिन ने लेनिन के उस समय के रुख के बारे में कहा है :

> "यह पहला समय था जब मैंने लेनिन को विजेता के रूप में देखा। विजय आम तौर से नेताओं का सिर फिरा देती है और उन्हें मिथ्याभिमानी तथा घमंडी बना देती है। वे बहुधा विजय-महोत्सव मनाने लगते हैं और अपनी सफलताओं पर फूलकर निष्क्रिय हो जाते हैं। लेनिन ऐसे नेताओं से ज़रा भी नहीं मिलते थे। इसके विपरीत, विजय के बाद लेनिन अत्यन्त जागरूक और सावधान रहते थे। मुझे याद है कि लगातार ज़ोर देकर लेनिन प्रतिनिधियों को समझाते थे : "पहली बात यह है कि विजय के उल्लास में बह नहीं जाना चाहिए, मद से चूर नहीं हो जाना चाहिए; दूसरी बात यह है कि विजय को सुदृढ़ बनाना चाहिए; तीसरी बात

यह है कि शत्रु को कुचल देना चाहिए, क्योंकि पराजित होने पर भी वह कुचला नहीं गया है।" वह उन प्रतिनिधियों की खूब खबर लेते थे जो हल्के दिल से कहते थे कि "मेन्शेविक अब खतम हो गये।" यह साबित करने में उन्हें कठिनाई नहीं होती थी कि मेन्शेविकों की जड़ें अब भी मज़दूर-आन्दोलन में जमी हुई हैं, कि उनके विरुद्ध बहुत कौशल के साथ लड़ना होगा और अपनी शक्ति का सभी तरह से अधिक मूल्यांकन, और खास तौर से, शत्रु की शक्ति का सभी तरह से निम्न मूल्यांकन करने से बाज आना होगा।

"'विजय के मद में चूर नहीं होना चाहिए'—यह लेनिन के चरित्र की विशेषता थी जो उन्हें शत्रु की शक्ति को गम्भीरतापूर्वक तौलने तथा अचानक किसी आक्रमण से पार्टी की सुरक्षा करने में मदद देती थी।"

जैसा कि लेनिन ने कहा था, सरकार ने दूसरी राज्यदूमा को भी भंग कर दिया। उसने समाजवादी जनतांत्रिक प्रतिनिधियों को गिरफ्तार कर लिया और वोट-अधिकार के क़ानून में अपने अनुकूल संशोधन किये। इसे ३ जून का 'सत्ता-हरण' कहा गया। क्रान्ति के विफल होने के बाद ज़ारशाही दमन को बराबर जारी रखे हुए थी। इस नयी परिस्थिति में लेनिन ने पार्टी के लिए नये काम निर्धारित किये। मेन्शेविक ज़ारशाही के डर के मारे दुम दबाये कह रहे थे कि सभी क्रान्तिकारी कार्रवाइयों को छोड़कर पार्टी को कादेतों के साथ मिलकर दूमा में रचनात्मक कामों में लग जाना चाहिए। लेनिन ने मेन्शेविकों की खूब खबर ली। साथ ही उन्होंने कामेनेफ़, बोग्दानोफ़ आदि कथाकथित बायकाट-वादियों की भी कड़ी आलोचना की जो यह कहते थे कि दूमा का बायकाट करके उसे क्रान्तिकारी प्रचार के लिए भाषण-मंच के तौर पर इस्तेमाल करना छोड़ देना चाहिए।

पीतरबुर्ग से ५० मील दूर, समुद्र के किनारे, फिनलैंड के भीतर तेरियोकी क़स्बा है। यहीं पर पार्टी के पीतरबुर्ग संगठन की एक कान्फ्रेंस जुलाई, १९०७ में हुई। इसमें लेनिन भी उपस्थित थे। इस कान्फ्रेंस के बारे में एक महिला प्रतिनिधि ने अपने साथियों को लिखा था: "तेरियोकी में पीतरबुर्ग संगठन की जो कान्फ्रेंस हुई उसमें मैं उपस्थित थी। वहां, राज्यदूमा के सम्बंध में हमारा क्या रुख होना चाहिए, इस पर विचार किया गया। मैंने लेनिन का भाषण सुना। उनके भाषण से मैं अत्यन्त प्रभावित हुई। लेनिन इस पक्ष में थे कि दूमा के चुनाव में भाग लेना चाहिए।...हम बड़े खतरे की हालत में अपने नेताओं का भाषण सुन रहे थे। पहले हम एक सराय में जमा हुए थे। लेकिन जैसे ही लेनिन ने भाषण शुरू किया, सरायवान ने आकर कहा कि पुलिस सराय को बन्द करने की धमकी दे रही है। इस पर हम लोग जंगल में चले गये—

एक-एक करके, जिससे कि किसी का ध्यान हमारी ओर न जाये। फिर मूसलाधार वर्षा होने लगी और हम एक प्रस्ताव पास करने में भी असमर्थ रहे।"

इस कान्फ्रेंस ने लेनिन की बात को माना। उसी साल जुलाई और नवम्बर के महीनों में पार्टी की तीसरी और चौथी कान्फ्रेंस हुई। इनमें भी लेनिन की विजय हुई।

अगस्त, १६०७ में इन्टर्नेशनल समाजवादी कांग्रेस स्टुटगार्ट में हुई। लेनिन ने इसमें भी भाग लिया। कांग्रेस में क्रान्तिकारी और अवसरवादी विचारधाराओं की ज़बर्दस्त टक्कर हुई। रोज़ा लुक्ज़ेम्बुर्ग के साथ मिलकर लेनिन ने अवसरवादियों के प्रस्ताव में ऐतिहासिक "संशोधन" पेश करते हुए कहा कि युद्ध रोकने के लिए केवल प्रयत्न करना भर ही कमकर पार्टियों का काम नहीं है, बल्कि यदि युद्ध शुरू हो जाय तो उसके द्वारा पैदा हुए संकट से लाभ उठाते हुए उन्हें समाजवादी क्रान्ति को बढ़ाने का प्रयत्न भी करना चाहिए। इसी कांग्रेस के दिनों में लेनिन ने द्वितीय इन्टर्नेशनल के अवसरवादियों और केन्द्रवादियों के विरुद्ध संघर्ष करने तथा तमाम वामपंथी प्रतिनिधियों की एकता स्थापित करने के लिए एक कान्फ्रेंस भी की।

स्टुटगार्ट से लेनिन कुओक्कला (फिनलैंड) लौट आये। पुलिस उनका बड़े ज़ोरों से पीछा कर रही थी। अस्तु, यह स्थान उनके लिए सुरक्षित नहीं रह गया था। इसके बाद वह हेलसिंगफ़ोर्स के पास एक गांव—ओगेलबी—में चले गये। लेकिन वहां भी वही हालत थी। ज़ारशाही, जैसे भी हो, क्रान्ति के इस महान नेता को अपने पंजों में दबोचना चाहती थी। इसलिए बोल्शेविक केन्द्रीय संगठन ने लेनिन के रूस से बाहर जाने का निश्चय किया और दिसम्बर में उनके विदेश जाने का प्रबंध कर दिया।

अध्याय १०

परदेश से काम

(१९०७–१७ ई०)

१. जनेवा में (१९०७ ई०)

यह लेनिन का द्वितीय परदेशवास था—और यह बहुत लम्बा साबित हुआ। वह दस साल तक रूस नहीं लौट सके। २५ दिसम्बर, १९०७ को लेनिन जनेवा पहुँचे। लेनिन को काम की भरमार में ही सुख और संतोष मिलता था। जनेवा पहुँचने पर पहले दिन उन्होंने कहा था : "मुझे मालूम होता है जैसे मैं यहां दफन होने के लिए आया हूँ।" जनवरी, १९०८ में उन्होंने लिखा था : "..इस अभिशापित जनेवा में फिर लौटकर आना पस्त बनाता है। लेकिन कोई उपाय भी तो नहीं है!" पहले के परदेशवास के समय रूस में क्रान्तिकारी शक्तियां उभड़ रही थीं, इसलिए वह उन्हें अखर नहीं सकता था। लेकिन अब वे दब चुकी थीं।

यद्यपि क्रान्ति की पराजय के बाद अब प्रतिक्रियावाद का बोलबाला था, क्रान्तिकारियों को ढूंढ़-ढूंढ़ कर पकड़ा जा रहा था, पार्टी-संगठनों को पुलिस छिन्न-भिन्न कर रही थी, जनता में थकावट के चिन्ह मालूम हो रहे थे और क्रान्ति के सहयात्रियों, विशेषकर बुद्धिजीवियों में से कितने ही विश्वासघाती बन गये थे और क्रान्ति तथा पार्टी को छोड़कर भागते दिखायी पड़ रहे थे—तो भी, इससे लेनिन की हिम्मत नहीं टूटी। वह और ज़ोर-शोर के साथ पार्टी के शत्रुओं के पीछे पड़ गये। मज़दूर वर्ग के अपराजेय और अटूट शक्ति-स्रोत पर उनको पूरा विश्वास था। वह जानते थे कि दूसरी क्रान्ति अनिवार्य है और उसे कोई रोक नहीं सकता। जनेवा पहुँच कर जो पहला लेख व्लादिमिर इलिच ने लिखा, उसमें उन्होंने बतलाया था :

> "क्रान्ति से पहले हम लम्बे अर्से तक काम करने में समर्थ हुए थे। अगर हमको दृढ़ कहा जाता था, तो यों ही नहीं। समाजवादी जनतांत्रिकों ने एक सर्वहारा पार्टी बनायी है। वह अपने सैनिक अभियान की असफलता से न तो निराश हो सकती है, न अपनी अकल खो सकती है और न दुस्साहसी योजनाओं के चक्कर में पड़ सकती है। यह पार्टी, पूंजीवादी क्रान्ति के इस या उस काल के परिणाम के साथ अपने भाग्य को बांधे बिना, समाजवाद की ओर बढ़ रही है। यही कारण है कि वह

पूंजीवादी क्रान्ति की कमजोरियों का शिकार नहीं होती।... सर्वहारा पार्टी विजय की ओर आगे बढ़ रही है।"

बोल्शेविक पार्टी के मुख-पत्र "प्रोलेतारी" (सर्वहारा) को निकालना लेनिन को इस समय बहुत आवश्यक जान पड़ा। रूस में ज़ारशाही बोल्शेविकों का गला घोंट देने के लिए तैयार थी। वह नहीं चाहती थी कि वहां से पत्र निकालकर वे अपने विचारों का प्रचार करें। एक महीने के भीतर ही पत्र निकालने का सारा प्रबन्ध हो गया। लेकिन, इसी समय उसके सम्पादक-मंडल—लेनिन, दुब्रोविन्स्की और बोग्दानोफ़—में भारी मतभेद हो गया। पर, हाथ पर हाथ रख कर बैठ जाना लेनिन को पसन्द नहीं था। रूस में पूंजीवादी पत्रों के कालम अब धर्म, रहस्यवाद तथा दूसरी खुराफ़ातों से रंगे रहते थे। बहुत से पूंजीवादी लेखकों ने मार्क्सवाद के खिलाफ़ जेहाद बोल दिया था। मज़दूर वर्ग के आन्दोलन में घुस आये उनके एजेंट भी प्रतिक्रियावाद के प्रचार में लगे हुए थे। बोग्दानोफ़ जैसे बोल्शेविकों के पहले के सहयोगी तथा कितने ही मेन्शेविक लेखक अब मार्क्सवाद की दुगलोचना में लगे हुए थे। वे मार्क्सवाद के दार्शनिक तथा वैज्ञानिक-ऐतिहासिक तत्वों का खंडन करने का प्रयत्न कर रहे थे। मार्क्स के भौतिकवादी दर्शन की जगह उन्होंने परिमार्जित आदर्शवाद को पेश करना शुरू किया। कुछ तथाकथित "भगवान्-खोजी" और "भगवान्-निर्माता" इस बात पर भी ज़ोर दे रहे थे कि हमें एक नये धर्म की आवश्यकता है। वे धर्म की अफीम खिलाकर कमकरों के दिमाग को भुला देना चाहते थे।

ऐसी अवस्था में मार्क्स-एंगेल्स के उत्तराधिकारी का क्या कर्तव्य था, यह आसानी से समझा जा सकता है। इसी वक्त लेनिन ने लिखा था : "ऐसे समय में जब कि जनता प्रत्यक्ष क्रान्तिकारी संघर्ष के नये तथा अभूतपूर्व रूप से मूल्यवान अनुभव को आत्मसात् कर रही है, क्रान्तिकारी विश्व-दृष्टिकोण—अर्थात, क्रान्तिकारी मार्क्सवाद—के लिए सैद्धान्तिक संघर्ष करना आज का नारा हो जाता है।"

आस्ट्रिया के भौतिकशास्त्री और आदर्शवादी माख के सिद्धान्तों को मानने वाले अनेक लेखकों के निबंध "मार्क्सीय दर्शन का अध्ययन" नाम से १९०८ ई० के आरम्भ में प्रकाशित हुए। मार्क्सवाद की रक्षा करने के बहाने यह मार्क्सवाद के कलेजे में छुरा भोंकने का प्रयत्न था। पुस्तक को देखते ही लेनिन क्षुब्ध हो उठे। उन्होंने २५ फ़रवरी, १९०८ को गोर्की के नाम लिखे एक पत्र में कहा :

> "'मार्क्सीय दर्शन का अध्ययन' पुस्तक अभी-अभी निकली है। सुवारोफ़ के निबंध को छोड़कर (जिसे मैं इस वक्त पढ़ रहा हूँ) मैंने सभी निबंध पढ़ डाले हैं और इनमें से प्रत्येक लेख को पढ़कर मैं गुस्से से भर उठा हूँ। नहीं, यह मार्क्सवाद नहीं है। हमारे अनुभव-सिद्ध आलोचक,

अनुभव-सिद्ध अद्वैतवादी और अनुभव-सिद्ध प्रतीकवादी कीचड़ के दलदल में फिसल रहे हैं। वे पाठकों को यह विश्वास दिलाना चाहते हैं कि बाह्य जगत् की वास्तविकता में 'विश्वास' करना 'रहस्यवाद' (बज़ारोफ़) है। वे बड़े भयंकर तौर से भौतिकवाद और कान्टीयवाद को एक करके गड़बड़ घुटाला मचाना चाहते हैं (बज़ारोफ़ और बोग्दानोफ़)। वे एक प्रकार के अज्ञेयवाद (अनुभव-सिद्ध आलोचनावाद) और आदर्शवाद (अनुभवीय अद्वैतवाद) का उपदेश दे रहे हैं—वे कमकरों को "धार्मिक अनीश्वरवाद" का उपदेश देते हैं और उच्चतर मानव सम्भावनाओं (लूनाचार्स्की) की "पूजा" करने के लिए कहते हैं—वे घोषित करते हैं कि एंगेल्स का द्वन्द्ववाद का सिद्धान्त रहस्यवाद है (बेरमान)...। नहीं, यह अति है। हां, यह ठीक है कि हम साधारण मार्क्सवादी लोग दर्शन के अधिक जानकार नहीं हैं। लेकिन, मार्क्सवाद के दर्शन के नाम पर इस तरह की खुराफ़ातों को रखकर वे क्यों हमारी बुद्धि का उपहास करते हैं? ऐसी खुराफ़ातों का उपदेश करने वाले किसी पत्र या संस्था से सहयोग करने में सहमत होने के बजाय मैं फांसी पर लटकाया जाना, घसीटा जाना और टुकड़े-टुकड़े कर दिया जाना ज़्यादा पसन्द करूंगा।"

"मार्क्सवाद और संशोधनवाद"—अप्रैल, १९०८ में लेनिन ने मार्क्स के पच्चीसवें मृत्यु-दिवस के अवसर पर इस नाम का एक लेख लिखा। इसमें उन्होंने बतलाया कि मज़दूर-आन्दोलन में मार्क्सवाद की विजय देखकर उसके शत्रुओं ने अब यह नयी चाल अख्तियार की है और संशोधन के बहाने वे मार्क्सवाद की जड़ काटने की कोशिश कर रहे हैं। लेनिन ने दर्शन, राजनीतिक-अर्थशास्त्र और राजनीति में संशोधन की विचारधारा को नंगा करके रखते हुए उसकी वर्ग-जड़ को बतलाया। उन्होंने सिद्ध किया कि संशोधनवाद के विरुद्ध लड़ना समाजवाद के लिए लड़ना है। अपने इस लेख के उपसंहार में उन्होंने निम्न स्मरणीय वाक्य लिखे :

"आज जो विवाद हम अधिकतर केवल विचार क्षेत्र में ही—मार्क्स के विचारों में सैद्धान्तिक संशोधन पर मतभेदों के रूप में—देख रहे हैं...उसे मज़दूर वर्ग को उस समय अत्यन्त बड़े पैमाने पर अवश्य देखना पड़ेगा जब सर्वहारा-क्रान्ति सभी प्रश्नों को और तीव्र बना देगी और जन साधारण के व्यवहार को निर्धारित करने में तुरन्त के महत्व की बातों के सभी मतभेदों को केन्द्रित कर देगी। संघर्ष की गर्मी में वह यह ज़रूरी बना देगी कि मित्रों और शत्रुओं में भेद किया जाय और बुरे सहायकों को निकाल बाहर किया जाय ताकि शत्रु पर निर्णायक चोट की जा सके।

"उन्नीसवीं शताब्दी के अन्त में संशोधनवादियों के साथ क्रान्तिकारी मार्क्सवाद का जो सैद्धान्तिक संघर्ष शुरू हुआ था वह सर्वहारा के

महान् क्रान्तिकारी युद्धों की प्रस्तावना मात्र था। निम्न मध्यवर्ग की सभी कमज़ोरियों और हिचकिचाहटों के बावजूद सर्वहारा अपने उद्देश्य की पूर्ण विजय की ओर बढ़ रहा है।"

अपने इस लेख द्वारा लेनिन ने संशोधनवादियों और मार्क्सवाद के सिद्धान्तों को झुठलाने वालों के विरुद्ध युद्ध की घोषणा कर दी। कॉट्स्की ने इस विचारधारा के प्रति तटस्थता की नीति अख्तियार की थी। ऐसा करना बहुत कुछ इस विचारधारा का समर्थन करना था। लेनिन उसके इस आचरण को नापसन्द करते थे! प्लेखानोफ़ ने माखवादियों के विरुद्ध थोड़े से जो लेख आधे दिल से लिखे थे, उनसे भी वह असंतुष्ट थे।

लेकिन, इन नये शत्रुओं का मुंहतोड़ जवाब देने के लिए लेनिन और तैयारी करना आवश्यक समझते थे। उन्होंने "प्रॉलेतारी" का खयाल दिल से निकाल दिया और रूसी मार्क्सवादियों के ग्रंथों का गम्भीरता से अध्ययन शुरू किया। मार्च, १९०८ में गोर्की के नाम एक पत्र में उन्होंने लिखा था: "दर्शन के नशे में मैंने अखबार की पर्वाह छोड़ दी है।" इस सम्बंध में लेनिन ने माख, अवेनारियस, ह्यूम, बर्कले और दूसरे लेखकों के ग्रंथ पढ़े। लेकिन इतने ही से संतोष न करके उन्होंने प्राकृतिक विज्ञान, विशेषकर सैद्धांतिक भौतिकशास्त्र के साहित्य का गम्भीर अध्ययन किया। मई के अन्तिम भाग में लन्दन जाकर उन्होंने ब्रिटिश म्यूज़ियम में एक महीने तक स्वाध्याय किया। जून के अन्त में अपने सम्बंधियों को लेनिन ने लिखा: "बीमारी ने दर्शन-सम्बंधी मेरे काम को काफ़ी रोक दिया है। लेकिन अब मैं क़रीब-क़रीब स्वस्थ हो गया हूं और अपनी पुस्तक अवश्य लिखूंगा। मैंने माखवादियों के सम्बंध में काफ़ी अध्ययन किया है।..."

"भौतिकवाद और अनुभव-सिद्ध आलोचना"—लेनिन ने फ़रवरी में इस पुस्तक को लिखना शुरू किया और आठ महीने बाद, अक्तूबर १९०८ में, उसे समाप्त कर दिया। वह इस ग्रंथ को रूस में क़ानूनी तौर से प्रकाशित कराना चाहते थे। पर, इस काम में काफ़ी देर लगी। पुस्तक को प्रकाशक के पास भेजकर फ़रवरी, १९०९ में उन्होंने अपनी बहन को लिखा था: "बस, एक—और केवल एक—चीज़ का ही मैं स्वप्न देख रहा हूं। बस एक ही चीज की प्रार्थना कर रहा हूं। वह है: किताब के प्रकाशन में जल्दी होनी चाहिए।" एक महीने बाद इसी बात की ओर संकेत करते हुए उन्होंने फिर लिखा था: "मेरे लिए यह भयानक रूप से आवश्यक है कि पुस्तक जल्द से जल्द प्रकाशित हो जाये। क्योंकि इसके प्रकाशन के लिए मैं साहित्यिक ही नहीं, बल्कि महत्वपूर्ण राजनीतिक दायित्वों से भी बंधा हुआ हूं।"

लेनिन पुस्तक के तुरन्त प्रकाशन के लिए इसलिए भी उत्सुक थे कि "प्रॉलेतारी" के सम्पादकीय-विभाग की विस्तारित कान्फ्रेंस जून, १९०९ में होने

वाली थी जिसमें बोग्दानोफ़ और उसके समर्थकों के विरुद्ध उन्हें एक निर्णायक लड़ाई लड़नी थी।

अन्त में, मई, १६०६ में लेनिन की पुस्तक "*भौतिकवाद और अनुभव-सिद्ध आलोचना*" प्रकाशित हुई।

अपने इस ग्रंथ में लेनिन ने पूंजीवादी आदर्शवादी दर्शन की नवीनतम व सूक्ष्म विचारधाराओं का हर दृष्टिकोण से खंडन किया। द्वन्द्ववादी भौतिकवाद के सिद्धांत का बड़ी गम्भीरता से विवेचन करते हुए उन्होंने प्राकृतिक विज्ञान—विशेष कर भौतिकशास्त्र—के नये आविष्कारों के सम्बंध में दार्शनिक भौतिकवादी दृष्टिकोण सामने रखा। उन्होंने यह भी बतलाया कि माखवादी जिस दृष्टिकोण को प्रस्तुत करके भौतिकवाद का खंडन करना चाहते हैं, वह वास्तव में अवस्तुवादी आदर्शवाद के पुराने दृष्टिकोण की पुनरावृत्ति मात्र है। उदाहरण देकर लेनिन ने साबित किया कि बोग्दानोफ़ और दूसरे लोग जिसे २० वीं शताब्दी के प्राकृतिक विज्ञान का दर्शन बताते हैं, वह १८ वीं शताब्दी के अंग्रेज दार्शनिक बर्कले के अवस्तुवादी आदर्शवाद के अलावा और कुछ नहीं है!

उन्होंने बताया कि ज्ञान-सिद्धांत की समस्या वैज्ञानिक रूप से केवल भौतिकवादी दृष्टिकोण के द्वारा ही हल की जा सकती है। विश्व, गतिपरायण तत्व है। प्रकृति मनुष्य के आने से पहले भी मौजूद थी। मनुष्य की चेतना अत्यंत उच्च रूप में संगठित तत्व की उपज है। वस्तुएं हमारी चेतना के बाहर तथा उससे स्वतंत्र रूप से मौजूद हैं। "हमारे अनुभव और विचार उनके प्रतिबिम्ब हैं। झूठे या सच्चे प्रतिबिम्बों के बीच भेद व्यवहार द्वारा होता है।"* भौतिकवादी ज्ञान-सिद्धांत का सार लेनिन का उपरोक्त वाक्य है।

मार्क्सवादी ज्ञान-सिद्धांत के बारे में लेनिन ने निम्न तीन मौलिक स्थापनाएं की हैं:

> "(१) वस्तुएं हमारी चेतना से, हमारे प्रत्यक्ष अनुभवों से स्वतंत्र, हमसे बाहर अपनी सत्ता रखती हैं।...

* यहाँ इस बात का उल्लेख करना असम्बद्ध नहीं होगा कि धर्मकीर्ति ने भी परमार्थ सत् (वास्तविक तत्व) का लक्षण बताते हुए लिखा है: "अर्थक्रिया समर्थ यत् तदत्र परमार्थसत्।" (अर्थक्रिया में जो समर्थ है, वही वास्तविक तत्व है)। अर्थक्रिया व्यवहार का ही दूसरा नाम है, इसे कहने की आवश्यकता नहीं। लेकिन, धर्मकीर्ति के बारे में यह कह देना भी आवश्यक है कि वह व्यवहारवादी द्वन्द्वात्मक-भौतिकवादी नहीं बल्कि व्यवहारवादी स्वातंत्रिक विज्ञानवादी थे। उन्होंने केवल विरोधियों का मुंह बन्द करने के लिए आदर्शवाद से स्वतंत्रता अख्तियार करके वस्तुवादी दृष्टिकोण को जहां-तहां अपनाया था। —ले०

"(२) बहिर्जगत् और वस्तु अपने में, इन दोनों के बीच सिद्धांत-रूपेण निश्चय ही कोई भेद नहीं है, और न कोई ऐसा भेद हो सकता है। भेद है केवल ज्ञात और अभी तक अज्ञात के बीच।

"(३) ज्ञान-सिद्धांत पर विज्ञान की दूसरी शाखाओं की तरह ही हमें द्वन्द्वात्मक रूप से विचार करना चाहिए—अर्थात् हमें अपने ज्ञान को पका-पकाया और अपरिवर्त्तनशील नहीं मान लेना चाहिए, बल्कि निश्चय करना चाहिए कि किस तरह अज्ञान से ज्ञान उद्भूत होता है, किस तरह अपूर्ण अ—सम्यक् ज्ञान अधिक पूर्ण और अधिक सम्यक बनता है।"

बाह्य-जगत् को प्रतिबिम्बित करते हुए मानव ज्ञान एक ही समय में प्रकृति तथा सामाजिक जीवन के अनन्त प्रकार के सभी प्राकट्यों को अपने भीतर सीमित नहीं कर सकता। ज्ञान अनेक आकारों और स्थितियों वाली एक प्रक्रिया है। इन आकारों और स्थितियों में से प्रत्येक का स्वभाव सापेक्ष है। लेकिन उन्हीं के बीच पूर्ण सत्य का अंश भी निहित है। "अतएव, मानव-चिन्तन स्वभावतः ही पूर्ण सत्य—जो कि सापेक्ष सत्यों के पूर्ण योग का सम्मिलित रूप है—प्रदान कर सकता है, और करता है। विज्ञान के विकास का प्रत्येक क़दम पूर्ण सत्य के योग में एक नये कण को जोड़ता है। लेकिन, प्रत्येक वैज्ञानिक स्थापना की सच्चाई की सीमाएं सापेक्ष हैं। ज्ञान की ये सीमाएं उसकी वृद्धि के साथ एक समय प्रसरित और दूसरे समय संकुचित होती रहती हैं।" उदाहरणार्थ, २० वीं शताब्दी के आरम्भ तक अधिकांश वैज्ञानिकों का विश्वास था कि परमाणु भौतिक तत्व का सबसे छोटा तथा अविभाज्य कण है। किन्तु, आधुनिक विज्ञान ने सिद्ध कर दिया कि परमाणु भी कितने ही कणों से बना है, और उसकी बनावट भी पेचीदा है। "वस्तुगत, पूर्ण सत्य के सम्बंध में हमारे ज्ञान की निकटता की सीमाएं ऐतिहासिक तौर से निर्धारित होती हैं, लेकिन ऐसे सत्य का अस्तित्व बिला शर्त है, और यह तथ्य भी बिला शर्त ठीक है कि हम उस सत्य के अधिक निकट पहुंचते जा रहे हैं।"

१९ वीं शताब्दी के अन्त में तेजोद्गरण (रेडियो-क्रिया), एलेक्ट्रन (विद्युत्कण) आदि के आविष्कारों ने प्राकृतिक विज्ञान में उथल-पुथल मचा कर आम तौर से स्वीकृत पुरानी वैज्ञानिक धारणाओं को पूरी तरह उलट दिया। परन्तु बहुत से प्राकृतिक विज्ञानवेत्ता पुराने भौतिकवाद को छोड़ने तथा द्वन्द्वात्मक भौतिकवाद को स्वीकार करने में असमर्थ रहे। उन्होंने अब यह आदर्शवादी निष्कर्ष निकालना शुरू किया कि भौतिक तत्व खतम हो जाता है और दिशा तथा काल अवस्तुवादी धारणाएं हैं। प्राकृतिक विज्ञान में, विशेषकर भौतिकशास्त्र में हुई क्रान्ति का विश्लेषण करते हुए लेनिन ने दिखलाया कि नये वैज्ञानिक आविष्कार द्वन्द्वात्मक भौतिकवाद का प्रत्याख्यान नहीं करते। वे उसके अस्तित्व को सिद्ध करते हैं। आधुनिक भौतिकशास्त्र द्वन्द्वात्मक भौतिकवाद को जन्म दे रहा है।

लेनिन श्रौर उनकी पत्नी क्रुप्स्काया

गोर्की की रचना सुनते हुए

प्रतिक्रियावाद की विजय के काल में बोल्शेविकों को एकजुट करने में लेनिन की इस पुस्तक ने महत्वपूर्ण हथियार का काम दिया। १९०९ ई० में ही, लेनिन की पुस्तक पढ़ने के बाद, स्तालिन ने लिखा था "इलिच की पुस्तक ही वह एकमात्र पुस्तक है जिसमें मार्क्सवाद के दर्शन की...... स्थापनाओं का सार दिया गया है।" इस पुस्तक ने दर्शन शास्त्र को लेकर कूदने वाले संशोधनवादियों को करारी मात दी। वे जनता को बरगलाने के काम में असफल रहे।

२. *प्रथम क्रान्ति का मूल्यांकन*

प्रथम क्रान्ति असफल रही। लेकिन, तजुर्बों के रूप में सर्वहारा को वह एक बड़ा हथियार दे गयी। इस तजुर्बे से सर्वहारा को आगे के लिए सबक़ सीखना था।

लेनिन ने बताया कि क्रान्ति से तीन सबक़ सीखे जा सकते हैं। वे ये हैं: दृढ़ता और लगनपूर्वक क्रान्तिकारी संघर्ष द्वारा ही जनसाधारण अपनी स्थिति में वास्तविक परिवर्तन ला सकता है। ज़ारशाही शासन को निर्बल करना ही पर्याप्त नहीं है, बल्कि उसको निर्मूल करना, उसको जड़ से उखाड़कर ध्वस्त करना आवश्यक है। और तीसरे, जनता ने इस क्रान्ति में देख लिया कि क्रान्ति के समय भिन्न-भिन्न वर्ग कैसा रुख अख्तियार करते हैं। उसने यह भी जान लिया कि हमारे वास्तविक उद्देश्य क्या हैं, हम किस लिए लड़ रहे थे और कितनी दृढ़ता, लगन और ज़ोर के साथ हम लड़ सकते हैं।

लेनिन ने प्रथम क्रान्ति के विफल होने के मूल कारणों को बतलाया। इन कारणों में से एक कारण यह था कि क्रान्ति के समय कमकरों और किसानों के बीच दृढ़ मैत्री का अभाव था; दूसरी बात यह थी कि किसानों के संघर्ष "अकस्मात, असंगठित और अपर्याप्त रूप से आक्रमणात्मक" थे। "क्रान्ति के सबक़" नाम के १९१० ई० में लिखे लेख में लेनिन ने कहा:

> "पांच वर्ष हुए जब सर्वहारा ने ज़ारशाही स्वेच्छाचारिता के ऊपर पहला प्रहार किया था और रूसी जनता ने स्वतंत्रता की पहली किरणों की झलक पायी। लेकिन, अब ज़ारशाही स्वेच्छाचारिता फिर से स्थापित हो गयी है। अर्धदासों के स्वामी फिर राजकाज चला रहे हैं। फिर से सब जगह कमकर और किसान क्रूरता के शिकार हो रहे हैं। सभी जगह हम फिर अधिकारियों की एशियाई निरंकुशता को और लोगों के विरुद्ध उनके घृणित अत्याचार को देख रहे हैं। लेकिन ये कठोर सबक़ भुलाये नहीं जा सकते। आज रूसी जनसाधारण वे ही नहीं हैं जो १९०५ के पहले थे। सर्वहारा ने उन्हें सिखा दिया है कि कैसे लड़ना चाहिए। सर्वहारा उन्हें विजय तक पहुंचायेगा।"

किसान समस्या—लेनिन ने इस क्रान्ति में किसान-समस्या के महत्व का बहुत बारीकी से अध्ययन किया। रूस में पूंजीवादी जनतांत्रिक-क्रान्ति का मूल्यांकन करते हुए उन्होंने उसके आर्थिक आधार को बतलाया। रूसी क्रान्ति के लिए किसान-समस्या को उन्होंने मूल धुरी बतलाया और उदाहरण सहित विवेचना करते हुए दिखाया कि संवैधानिक-जनतांत्रिक किसानों के दुश्मन हैं। उन्होंने किसान-कार्यक्रम को सामने रखते हुए बताया कि हमें क्रान्तिकारी उपायों से देहातों में अर्ध-दासता के अवशेषों को उखाड़ फेंकना होगा और समाजवाद के लिए संघर्ष का रास्ता साफ़ करना होगा। किसान-समस्या पर उस समय लेनिन ने जो लिखा था, वह सब उसी समय नहीं छप सका। अपने निष्कर्षों को उन्होंने कुछ संक्षिप्त लेखों के रूप में ग़ैर-क़ानूनी तौर से "रूसी क्रान्ति में समाजवादी जनतांत्रिकों का किसान-कार्यक्रम" और दूसरे लेखों में प्रकाशित किया। उनकी प्रधान कृति "१९०५-७ ई० की प्रथम रूसी क्रान्ति में समाजवादी जनतांत्रिकों का किसान-कार्यक्रम" जब प्रेस में छप रही थी, उसी समय पुलिस ने उसको नष्ट कर दिया। "१९ वीं शताब्दी के अन्त में रूस में किसान-प्रश्न" भी प्रकाशित नहीं हो सकी। लेनिन की ये कृतियां क्रान्ति के बाद ही प्रकाशित हुईं।

स्तोलिपिन आतंक—ज़ारशाही साफ़ देख रही थी कि केवल दमन और आतंक से लोगों के असंतोष को नहीं दबाया जा सकता। किसान मज़दूरों के सहायक बनें, यह उसके लिए और भी खतरे की बात थी। अस्तु, तत्कालीन प्रधान-मन्त्री स्तोलिपिन ने ९ नवम्बर, १९०६ को एक नया किसान-क़ानून लागू करके एक नयी चाल चली। किसानों को अपने गांव के लोक-समूह से अलग हो स्वतंत्र घरबार क़ायम करने का अधिकार मिल गया। अब तक गांव की सारी ज़मीन गांव की सम्मिलित सम्पत्ति समझी जाती थी। किन्तु अब, हरेक किसान उस सम्मिलित सम्पत्ति से अपने भाग को लेकर लोक-समूह से अलग हो सकता था। यही नहीं; किसानों को अपनी ज़मीन को बेचने का अधिकार भी दे दिया गया। लोक-समूह को इस बात के लिए भी बाध्य किया गया कि जो कोई भी समूह को छोड़ने की इच्छा करे उसे उसकी ज़मीन एक टुकड़े में मिलनी चाहिए।

अब तक ज़मीन बेचने का अधिकार नहीं था। लेकिन जैसे ही यह अधिकार मिला, ग़रीबों की ज़मीन को कुलक (धनी किसान) बहुत थोड़े मूल्य पर खरीदने लगे। कुछ ही वर्षों के भीतर कई लाख किसान अपनी ज़मीन बेचकर भिखमंगे बन गये। उनकी ज़मीन लेकर देहात में कुलकों की संख्या और भी बढ़ गयी। ज़ारशाही जानती थी कि देहात के ये कुलक ही हैं, जो उसपर मुसीबत पड़ने पर उसके सहायक होंगे। इसलिए, उसने देहाती लोक-समूह को कुलकों को सबसे अच्छी भूमि देने के लिए मजबूर किया, और ऊपर से, अपना फ़ार्म खड़ा करने के लिए उन्हें काफ़ी कर्ज़ दिया।

स्तोलिपिन क्या करना चाहता था, यह स्पष्ट है। वह देहात में लोक-समूह को तोड़ने और अपने विश्वासपात्र कुलकों द्वारा किसानों के विद्रोह को विफल करने की तैयारी कर रहा था।

लेनिन इस चाल को अच्छी तरह समझ रहे थे। उन्होंने कितने ही लेखों और व्याख्यानों में इस चाल का भंडाफोड़ करते हुए बोल्शेविक दृष्टिकोण रखा। विसर्जनवादियों और अत्ज़ोवियों के विचारों का खंडन करते हुए उन्होंने बताया कि विसर्जनवादियों का यह दावा बिलकुल ग़लत है कि स्तोलिपिन की नीति ने दूसरी क्रान्ति की सभी आशाओं पर पानी फेर दिया है। स्तोलिपिन के प्रयत्नों से एक ओर जहां कुलकों का वर्ग मज़बूत हुआ, वहां दूसरी ओर, किसानों में भारी असंतोष फैला। इस असंतोष के कारण नया क्रान्तिकारी विस्फोट अनिवार्य था। अत्ज़ोवियों को जवाब देते हुए लेनिन ने कहा कि वे इस नये तथ्य को समझने में असमर्थ हैं कि स्तोलिपिन की नीति "निसर्गतः परस्पर-विरोधी और एक असम्भव प्रयत्न है। वह एक बार फिर स्वेच्छाचारिता को ध्वंसोन्मुख बनायेगी और १६०५ ई० के भव्य युद्धों की पुनरावृति करायेगी। किन्तु, १८६७-१६०३ ई० की तुलना में घटनाएं भिन्न रास्ते पर चल रही हैं। वे १६०५ ई० की तुलना में एक भिन्न ही रास्ते से लोगों को क्रान्ति की ओर ले जायेंगी। अब इस "भिन्नता" को हमें समझना होगा और अपने दांव-पेंचों को बदलना होगा।"

३. पेरिस में (१६०८ ई०)

नयी परिस्थिति में नये दांव-पेंचों की आवश्यकता महसूस करके केन्द्रीय कमिटी ने अगस्त, १६०८ की बैठक में कान्फ्रेंस बुलाने का निश्चय किया।

पांचवीं पार्टी-कान्फ्रेंस (१६०६ ई०)—कान्फ्रेंस की तैयारी करने के लिए १६०८ के दिसम्बर में लेनिन पेरिस चले गये। पेरिस ऐसा केन्द्र था जहां योरप के भिन्न-भिन्न देशों में बिखरे हुए निर्वासित रूसी क्रान्तिकारी आसानी से मिल सकते थे।

लेनिन पेरिस के उपनगर में रहते थे। वह ८ बजे सबेरे वहां से साइकिल पर "बिब्लियोथेक नाशेनाल" पुस्तकालय जाते। यह दुनिया के चार बड़े पुस्तकालयों में से एक था। २ बजे वहां से लौट कर वह घर के काम में लग जाते। एक दिन जब वह पेरिस के पास जुविज़ी से आ रहे थे (वहां पर वह उस समय के लिए नयी चीज़—विमान की उड़ान—देखने गये थे) कि रास्ते में एक मोटर उनकी साइकिल की ओर चढ़ दौड़ी। ऐन वक्त पर लेनिन साइकल से कूद गये। साइकिल चूर-चूर हो गयी। लेनिन बाल-बाल बचे।

स्तोलिपिन-प्रतिक्रियावाद के काल में पांचवीं कान्फ्रेंस, लेनिन के शब्दों में, पार्टी के इतिहास में एक नया मोड़ थी। लेनिन ने कान्फ्रेंस के सामने महत्वपूर्ण

भाषण दिये। इनमें विसर्जनवादियों और अत्ज़ोवियों की कड़ी आलोचना की गयी। लेनिन द्वारा तैयार किये एक प्रस्ताव को कान्फ्रेंस ने मंजूर किया। "गलोस-सोत्सियाल देमोक्राता" (समाजवादी जनतांत्रिकों की आवाज़) मेन्शेविकों का पत्र था। उससे सम्बंध रखनेवाले व्यक्ति, मारतोफ़ और पार्टी के दूसरे शत्रु, विसर्जन-वादियों का बड़ी चालाकी से समर्थन कर रहे थे। त्रात्स्की और उसके अनुयायी "मेल-मिलाप कराने" की आड़ में यह कोशिश कर रहे थे कि पार्टी अपनी सारी शक्ति को एकताबद्ध करके मज़बूत न बन सके। विरोधियों का सामना करते हुए लेनिन ने यह आवश्यक समझा कि निम्न-मध्यवर्गी सहयात्रियों से बोल्शेविक संगठनों का पिंड छुड़ाया जाय और उन लोगों को निकाल बाहर किया जाय जो लड़ाई में बाधा डालते हैं और जनता से बोल्शेविकों को अलग करने की कोशिश करते हैं।

जून, १९०९ में "प्रोलेतारी" के सम्पादक-मंडल की एक विस्तारित कान्फ्रेंस हुई। इसमें लेनिन ने "भगवान के निर्माता" अत्ज़ोवियों पर ज़बर्दस्त आक्रमण किया। कान्फ्रेंस ने अत्ज़ोवियों की निन्दा करते हुए उन्हें बोल्शेविक संगठन से निकाल बाहर किया। लेनिन भिन्न-भिन्न अवसरवादियों के खिलाफ़ जो कार्रवाई करके पार्टी को मज़बूत कर रहे थे, उसका रूस में ज़बर्दस्त समर्थन हुआ। स्तालिन सोलविचेगोद्स्क में निर्वासित नज़रबन्दी के जीवन से भाग निकलने में सफल हुए थे और जून, १९०९ में काकेशस जा पहुंचे थे। वहां उन्होंने बोल्शे-विकों की शक्ति को संगठित करना शुरू कर दिया था। १९०९ के अगस्त में स्तालिन के नेतृत्व में बाकू की पार्टी-कमिटी ने बोग्दानोफ़ और उसके समर्थकों के खिलाफ़ ज़बर्दस्त सैद्धांतिक संघर्ष चलाने का प्रस्ताव पास किया। इस तरह उन्होंने पार्टी का अत्यन्त आवश्यक काम पूरा करने की ओर क़दम बढ़ाया।

विसर्जनवादियों के खिलाफ़ भी लेनिन का यही रुख था।

त्रात्स्की का रवैया—विसर्जनवादियों को भी लेनिन विभीषण समझते थे। वह उन्हें भी हटाने के लिए तैयार थे। त्रात्स्की ने अपने को केन्द्रवादी (मध्यस्थ) कह कर, अर्थात् अपने रूप को छिपाते हुए, विसर्जनवादियों की रक्षा करने की कोशिश की। जनवरी, १९१० में उसके गुप्त एजेंट कामेनेफ़, ज़िनोवियेफ़, राइकोफ़ और दूसरों ने लेनिन से बिना पूछे ही केन्द्रीय कमिटी की एक बैठक बुलायी। लेकिन फिर भी, लेनिन ने १९०८ की दिसम्बर वाली कान्फ्रेंस के निर्णयों का इस बैठक में समर्थन करवा लिया। एक प्रस्ताव में बैठक ने विसर्जनवादियों और अत्ज़ोवियों की निन्दा करते हुए उन्हें सर्वहारा के ऊपर पूंजीवादी प्रभाव का साधन बतलाया। तो भी, त्रात्स्की और उसके गुप्त समर्थकों ने लेनिन के विरुद्ध कितने ही निर्णय पास कराये। इनमें से एक बोल्शेविक अखबार "प्रोलेतारी" को बन्द करने और वियना से त्रात्स्की द्वारा प्रकाशित किये जाने वाले एक पर्चे को आर्थिक सहा-यता देने के बारे में था। बाद में लेनिन ने केन्द्रीय कमिटी के इन निर्णयों को

"मूर्खतापूर्ण" बताया। उन्होंने बताया कि इनके कारण पार्टी का काम एक बरस तक विकसित न हो पाया।

केन्द्रीय कमिटी की इस बैठक के बाद झगड़ा और बढ़ गया। सभी विरोधियों ने मिलकर लेनिन के विरुद्ध एक संयुक्त मोर्चा बनाया और पार्टी के विरुद्ध दिलोजान से काम करने की कोशिश शुरू कर दी। लेनिन त्रात्स्की को 'जूदास त्रात्स्की' कहा करते थे। 'जूदास' के बारे में हमें मालूम ही है कि उसने कुछ चांदी के टुकड़ोंके लिए ईसा को पकड़वाकर दार पर चढ़ाने में मदद की थी।

त्रात्स्की ने बोल्शेविकों और लेनिन के विरुद्ध हर तरह के सिद्धांतहीन लोगों को मिलाकर अपना एक ब्लाक (गुट) बनाया जिसे "पार्टी विरोधी अगस्त-ब्लाक" कहा जाता था। द्वितीय इन्टर्नेशनल भी मेन्शेविकों की सहायता के लिए आगे बढ़ी। बोल्शेविक और लेनिन अवसरवादियों के सबसे खतरनाक शत्रु थे। उनके कारण जनसाधारण में उनकी कलई खुल रही थी। इसलिए योरप के इन समाजवादियों के पत्रों ने बोल्शेविकों के खिलाफ़ तरह-तरह का झूठा प्रचार करने के लिए अपने मुद्द्ढ हाज़िर कर दिये। "सोत्सियाल देमोक्रात" में रहते हुए ज़िनोवियेफ़ और कामेनेफ़ ने शत्रुओं से मिलकर बोल्शेविकों के विरुद्ध षड़यंत्र में पूरी तरह हाथ बंटाया।

लेकिन, लेनिन हिम्मत हारने वाले आदमी नहीं थे। वह सर्वहारा के हित के सच्चे समर्थक थे। उनको विश्वास था कि पार्टी के दुश्मन कभी सफल नहीं हो सकते।

उन्होंने त्रात्स्की के पार्टी-विरोधी सिद्धांतहीन ब्लाक की निन्दा की और कहा :

> "त्रात्स्की उन सभी लोगों को एकताबद्ध कर रहा है जिन्हें सैद्धांतिक गड़बड़ी प्रिय है। वह उन सभी कूप-मण्डूकों को एकताबद्ध कर रहा है जो नहीं जानते कि युद्ध किस लिए हो रहा है; वह उन लोगों को एकताबद्ध कर रहा है जो सीखना, समझना नहीं चाहते और जो हमारे मतभेदों की सैद्धांतिक जड़ों तक पहुंचना नहीं चाहते।"

"जूदास त्रात्स्की की लज्जापूर्ण मुख लालिमा" के नाम से एक लेख में लेनिन ने त्रात्स्की के सारे पाखंडों का पर्दाफ़ाश किया : "केन्द्रीय कमिटी की बैठक में उसने शपथ ली थी कि मैं विसर्जनवाद और अत्ज़ोववाद के विरुद्ध हूं। उसने 'भगवान की कसम खायी कि मैं पार्टी का पक्षपाती हूं।' लेकिन, बैठक के बाद उसने अपने को विसर्जनवादियों और अत्ज़ोवियों के चरणों में डाल दिया और पार्टी के विरुद्ध षड़यंत्र करने में शामिल हो गया।"

पार्टी विरोधियों के विरुद्ध लड़ने में लेनिन को रूस के पार्टी संगठनों की पूरी मदद मिली। स्तालिन उनके ज़बर्दस्त समर्थक थे। मारतोफ़ के समर्थकों के

भयानक विरोध के बावजूद स्तालिन के काकेशिया से लिखे पत्र "सोत्सियाल देमोक्रात" में, जो उस समय पार्टी का केन्द्रीय मुख-पत्र था, प्रकाशित हुए। इन पत्रों में स्तालिन ने विसर्जनवादियों की बुरी तरह खबर ली थी। इन पत्रों में, तथा साइबेरिया के अपने निर्वासन-स्थान सोलविचेगोद्स्क से लेनिन के पास भेजे गये पत्र में, स्तालिन ने रूस में पार्टी-संगठन के बारे में एक योजना पेश की थी। इसमें उन्होंने कहा था कि एक साधारण पार्टी कान्फ्रेंस बुलायी जाय, एक क़ानूनी अख़बार निकाला जाय और व्यावहारिक कामों के संचालन के लिए एक गुप्त पार्टी बनायी जाय। बाद में, प्राग में होने वाली पार्टी-कान्फ्रेंस में स्तालिन की योजना स्वीकार की गयी।

४. *द्वितीय इन्टर्नेशनल के अवसरवादियों से लोहा*

द्वितीय इन्टर्नेशनल के अवसरवादियों और केन्द्रवादियों के ख़िलाफ़ भी लेनिन ने तलवार उठायी। अन्तर्राष्ट्रीय जगत् में मज़दूर-आन्दोलन की गति-विधि को वह देख रहे थे और समझ रहे थे कि किस तरह द्वितीय इन्टर्नेशनल में अवसरवाद बढ़ रहा है। उन्होंने बतलाया कि यह अवसरवाद मुख्यतः मज़दूर-आन्दोलन के निम्न-मध्यवर्गी सहयात्रियों तथा "मज़दूर अमीरों" की ओर से पैदा हो रहा है। "मज़दूर अमीर" मज़दूर वर्ग के ऊपरी स्तर के वे लोग होते हैं जिन्हें पूंजीपति रिश्वत देकर अपनी ओर कर लेते हैं। भिन्न-भिन्न देशों की पार्लामेन्टों में मज़दूर तथा समाजवादी जनतांत्रिक गुट एवं मज़दूर सभा के पदाधिकारी अवसरवाद के मुख्य वाहक हैं। १९०५ ई० की शरद् से ही लेनिन इन्टर्नेशनल समाजवादी ब्यूरो के सदस्य थे! ब्यूरो की १९०८, १९०९ और १९११ की बैठकों में उन्होंने क्रान्तिकारी रास्ता स्वीकार कराने के लिए अवसरवादियों से बराबर लड़ाई लड़ी थी, त्रात्स्की की केन्द्रवादी नीति की आलोचना की थी, हॉलैण्ड के वाम-समाजवादी जनतांत्रिकों का समर्थन किया था और जर्मन समाजवादी जनतांत्रिक पार्टी की नेत्री, रोज़ा लुक्ज़ेम्बुर्ग, के पक्ष का समर्थन किया था।

अगस्त, १९१० में लेनिन द्वितीय इन्टर्नेशनल की कोपेनहैगेन (डेन्मार्क) में होनेवाली कांग्रेस में सम्मिलित हुए। उसकी कार्रवाइयों में भाग लेते हुए उन्होंने अवसरवादियों का ज़बर्दस्त विरोध किया। इसी समय उन्होंने अन्तर्राष्ट्रीय मज़दूर-आन्दोलन से सम्बद्ध क्रान्तिकारी तत्वों को एकजूट करने के उद्देश्य से वामपक्षी प्रतिनिधियों की एक कान्फ्रेंस बुलायी।

अध्याय ११

पुनर्जागृति

(१९१०—१२ ई०)

१९०५ ई० की क्रान्ति के बाद जो अवसाद फैला था और उसके साथ ही जो घोर दमन शुरू हुआ था, उससे रूस में चारों ओर मुर्दनी सी छा गयी थी। लेकिन, जहां दुःख-दरिद्रता की भीषणता अपना नंगा नाच दिखा रही हो, जहां सर्वहारा एक बार अपनी शक्ति की परीक्षा कर चुका हो, वहां निराशा और अवसाद कितनी देर ठहर सकते हैं? फिर, सर्वहारा का नेतृत्व करनेवाली पार्टी मार्क्सवाद का हथियार लिए हर घड़ी चौकन्नी थी ही!

१९१० ई० के अन्त में रूस की जनता में फिर जागृति के चिन्ह दिखलायी पड़ने लगे। अब उसकी थकावट दूर हो गयी थी। वह सड़ी ज़ारशाही के प्रहारों को बर्दाश्त करने के लिए तैयार नहीं थी।

१. नये पत्र : नये बारूदखाने

लेनिन की दृष्टि जनमत के थर्मामीटर पर हर वक्त रहती थी। वह जनता और सर्वहारा के भावों के उतार-चढ़ाव को देखते रहते थे। इस जागृति से फ़ायदा उठाने के लिए ज़रूरी था कि रूस के भीतर भी पत्र-पत्रिकाएं निकाली जायें। मार्क्सवादी आतंकवादियों की तरह बमों और रिवाल्वरों पर विश्वास नहीं रखते। वे समझते हैं कि अन्त में सारे हथियार तो किसानों और कमकरों के हाथों में हैं, वे ही पलटन और पुलिस हैं। असल में उनके दिमाग़ को अपने वर्ग-हित के पक्ष में करने की आवश्यकता है। और इसके लिए मार्क्सवाद के सिद्धान्त महामंत्र हैं। इसीलिए, मार्क्सवादी सहित्य—विशेषकर उसकी पत्र-पत्रिकाएं—सर्वहारा के लिए बारूदखाने से भी बढ़-चढ़कर हैं।

लेनिन का ध्यान अब इसी ओर गया। उन्होंने परदेश में बोल्शेविक मुख-पत्र "रबोच्चया गज़ेता" (कमकर गज़ेट) निकाला। रूस के भीतर क़ानूनी तौर से "ज्वेज़्दा" (तारा) अखबार और "मिस्ल" (विचार) पत्रिका निकली। एलिज़ारोफ़ को लिखे, २० दिसम्बर, १९१० के अपने एक पत्र में लेनिन ने कहा था: "कल मैंने रूस से 'ज्वेज़्दा' का पहला अंक पाया और आज 'मिस्ल' का पहला अंक। यह अत्यन्त संतोष की बात है! मुझे आशा है, तुमने देखा होगा। सचमुच, यह अत्यन्त संतोष की बात है!"

दोनों पर लेनिन का बहुत ध्यान था। उनके लेख अब इन पत्र-पत्रिकाओं में निकलने लगे। राजधानी पीतरबुर्ग में केन्द्रीय कमिटी के प्रतिनिधि याकोव स्वेर्दलोफ़ थे। उनसे भी लेनिन का पत्र-व्यवहार शुरू हो गया। यह जानकर लेनिन को बड़ी प्रसन्नता हुई कि मज़दूर वर्ग की पार्टी के नये कार्यकर्ता मैदान में आ रहे हैं। लेनिन ने उनकी शिक्षा का पूरी तरह प्रबंध किया। जब ये कार्यकर्ता योरप में उनके पास आते, तो वह उनके आराम का खयाल रखते तथा रहने का प्रबंध करते। वह उनके अध्ययन को जारी रखते तथा उनकी प्रगति को भी देखते।

अत्ज़ोवियों ने भी कमकरों की जिज्ञासा से फ़ायदा उठाने के लिए कापरी में अपना अलग स्कूल खोला था। लेनिन ने अत्ज़ोवियों की फूट की नीति तथा पथ-भ्रष्टता को बतलाते हुए पेरिस में इन विद्यार्थियों को अपने साथ लाने में सफलता पायी। १९०९ के नवम्बर और दिसम्बर में उन्होंने वर्तमान स्थिति तथा स्तोलिपिन किसान-नीति के बारे में कई भाषण दिये। १९११ ई० की गर्मियों में पेरिस के पास लौंगजूम्यो में उन्होंने एक पार्टी-स्कूल खोला। वहां उन्होंने राज-नीतिक अर्थनीति, समाजवाद के सिद्धान्त और प्रयोग एवं किसान-समस्या के बारे में व्याख्यान दिये।

विभीषणों से लोहा—लेनिन जानते थे कि ग़लत विचारधारा कितनी हानिकारक होती है। उन्होंने विसर्जनवादी तथा अत्ज़ोवी अवसरवादियों की खूब खबर ली। विसर्जनवादियों और अत्ज़ोवियों के अतिरिक्त समझौतावादी भी इस वक्त संगठन को कमज़ोर करने में सबसे अधिक भाग ले रहे थे। उनका नेता त्रात्स्की था। लेनिन ने समझौतावादियों को विसर्जनवादियों का गुप्तचर कहते हुए उनकी खुली निन्दा की। उनके बारे में "समझौतावादियों का नया गुट" नाम के एक लेख में उन्होंने कहा:

> "प्रतिक्रान्ति के समय समझौतावादियों की भूमिका निम्न चित्र द्वारा व्यक्त की जा सकती है। प्रचन्ड शक्ति लगाकर बोल्शेविक हमारी पार्टी की गाड़ी को चढ़ाई पर खींच रहे हैं। विसर्जनवादी गलोस-पत्नी अपनी सारी शक्ति लगाकर गाड़ी को ढलाव की ओर खींच रहे हैं। गाड़ी में एक समझौतावादी बैठा है, जो साकार कोमलता है। उसका चेहरा इतना मधुर है कि मानो वह ईसा मसीह हो। वह सद्‌गुणों का अवतार दिखायी पड़ता है। नम्रता के साथ अपनी आंखों को नीचे झुकाते हुए अपने हाथ को ऊपर उठाते हुए और बोल्शेविकों और मेन्शेविकों की ओर सिर हिलाते हुए वह बोल उठता है: 'मैं तुझे धन्यवाद देता हूं भगवान, कि मैं इन में से नहीं हूं। ये पाजी सारी प्रगति में बाधा डाल रहे हैं।' लेकिन गाड़ी धीरे-धीरे आगे की ओर बढ़ती है और समझौतावादी उसमें बैठा हुआ है।..."

नयी पार्टी कान्फ्रेंस के सवाल पर विवाद उठ खड़ा हुआ। केन्द्रीय कमिटी ने कान्फ्रेंस की तैयारी के लिए जून, १६११ में संगठन कमिटी तथा टेकनीकल कमिटी क़ायम की थी। ये दोनों ही विसर्जनवादियों का समर्थन करती हुई कान्फ्रेंस के प्रबंध में बाधा डाल रही थीं। लेनिन और उनके अनुगामियों ने इसके लिए उनकी तीव्र निन्दा की।

इसी समय स्तालिन रूस के भीतर विसर्जनवादियों से लोहा ले रहे थे। स्तालिन के एक लेख "स्तोलिपिन 'कमकर' पार्टी के कैम्प से" को प्रकाशित करते हुए लेनिन ने उसके बारे में लिखा था: "साथी को० (कोबा, स्तालिन) का लेख उन लोगों के लिए बड़े ध्यान से पढ़ने की चीज़ है, जिनके हृदय में हमारी पार्टी की भलाई का खयाल है।"

कान्फ्रेंस के प्रबंध के वास्ते एक संगठन कमिटी बनाने के उद्देश्य से लेनिन ने ओर्जोनिकिद्ज़े को रूस भेजा। ओर्जोनिकिद्ज़े ने खूब परिश्रम किया। कमिटी बन गयी। वहां कई कान्फ्रेंसें हुईं। कमिटी ने एक अपील निकाल कर बतलाया कि पार्टी कान्फ्रेंस क्यों की जा रही है। किन्तु, कान्फ्रेंस करना आसान नहीं था। पार्टी की ओर से पहले पत्रक के निकलते ही पुलिस का दमन बढ़ चला। साफ़ मालूम होने लगा कि काम को रोकने के लिए पुलिस सभी बड़े-बड़े कार्यकर्ताओं को पकड़कर जेल में बन्द करने से बाज नहीं आयेगी।

जो भी हो, पुलिस दमन करती रही; लेकिन कमकरों का झन्डा फिर रूस में फहराने लगा। सारे देश में कमकर-चक्र सजीव होने लगे!

कान्फ्रेंस की तैयारी के सम्बंध में १६११ ई० की शरद् में लेनिन पेरिस, जूरिच, बर्न, जनेवा, ब्रूसेल्स, अन्तवर्प और लन्दन के बाल्शेविकों के पास गये। वहां उन्होंने भाषण दिये। १६११ के दिसम्बर में पेरिस में प्रवासी बोल्शेविकों का एक सम्मेलन करके लेनिन ने पार्टी की स्थिति के बारे में रिपोर्ट दी।

छठी पार्टी-कान्फ्रेंस (प्राग १६१२ ई०)—सभी विघ्न-बाधाओं को दूर करके और शत्रुओं के हौसले पस्त करके लेनिन पार्टी-कान्फ्रेंस बुलाने में सफल हुए। १६१२ की जनवरी में प्राग में छठी अखिल रूसी कान्फ्रेंस हुई। लेनिन इसके मुख्य संचालक थे। उन्होंने रिपोर्ट पेश की, बहस में भाग लिया और कान्फ्रेंस के मुख्य प्रस्तावों के मसौदे तैयार किये। उन्होंने बतलाया कि सर्वहारा के अग्रगामी भाग को शिक्षित, संगठित और एकताबद्ध करने के प्रयत्न को जारी रखना पार्टी का प्रथम करणीय है। उन्होंने बताया कि राजनीतिक आन्दोलन को हमें बड़े व्यापक पैमाने पर चलाना है। जन-आन्दोलन को बढ़ाने के लिए हर तरह से कोशिश करनी होगी। अपने काम को सफलतापूर्वक करने के लिए हमें एक मज़बूत और सुसंबद्ध गुप्त पार्टी की आवश्यकता है जो सभी तरह की क़ानूनी सुविधाओं का अधिक से अधिक लाभ उठा सके। आज की स्थिति को देखते हुए

छोटे, लचकदार और गति-पटु गुप्त पार्टी ग्रुपों की नितान्त आवश्यकता है। अपने सभी क़ानूनी (खुले) संगठनों के केन्द्र के रूप में उनकी देखभाल करते हुए इस बात का ध्यान रखना होगा कि पार्टी की नीति का अनुसरण सभी क़ानूनी शाखाओं में हो रहा है या नहीं। इन्टर्नेशनल के समाजवादी ब्यूरो की कार्रवाइयों के बारे में लेनिन ने कहा कि उससे संबद्ध क्रान्तिकारी तथा सुधारवादी तत्वों के बीच का झगड़ा उग्र रूप ले रहा है। समाजवादी जनतांत्रिक पार्टियां समाजवादी क्रान्ति के एक नये युग की ओर बढ़ रही हैं तथा सर्वहारा और पूंजीपति वर्ग के बीच निर्णायक युद्ध होंगे। आर्थिक संकट तथा युद्ध संकट इस नये ऐतिहासिक युग के आगमन की पूर्व-सूचना हैं।

प्राग कान्फ्रेंस अपने लक्ष्य में सफल हुई। उसने मेन्शेविकों को पार्टी से निकाल बाहर किया और एक नये ढंग की पार्टी—बोल्शेविक पार्टी—की नींव डाली।

२. नये ढंग की पार्टी

घर के विभीषणों को पोसते हुए किसी प्रचंड और कुटिल शत्रु से लड़ाई नहीं लड़ी जा सकती। लड़ाई के हथियार और लक्ष्य पर ही जिनका विश्वास नहीं, वे कैसे अन्तिम लड़ाई लड़ सकते हैं? "इस्क्रा" निकाल कर लेनिन ने इस तरह की पार्टी बनाने की कोशिश की थी। उसे बहुत टेढ़े-मेढ़े उत्थान और अवसाद की भूमि से गुज़रना पड़ा। "अर्थवादी", मेन्शेविक, त्रात्स्कीवादी, अत्ज़ोवी, अनुभव-सिद्ध लोचक—ये सभी रास्ते के कांटे बने हुए थे। इन में से एक-एक को उखाड़ फेंकना कोई आसान और जल्दी होने वाला काम नहीं था। लेकिन, लेनिन ने अपनी वाणी, अपनी लेखनी और अपने दांव-पेंचों से यह काम पूरा किया। उन्होंने इस संघर्ष में "क्या करें" से लेकर "भौतिकवाद और अनुभव-सिद्ध आलोचना" तक महान् ग्रंथ लिखे। ये ग्रंथ उस समय के लिए ही उपयोगी नहीं थे। ये ग्रंथ सर्वत्र और सदा मार्क्सवाद के सिद्धान्तों को समझने और सर्वहारा-क्रान्ति का पथ-प्रदर्शन करने में सहायक होंगे। सामयिक कठिनाइयों और निराशापूर्ण परिस्थिति से लेनिन का साहस कभी कुंठित नहीं हुआ। वह लक्ष्य को हमेशा अपने सामने रखकर मार्क्स द्वारा जलायी गई मशाल हाथ में लिए आगे बढ़ते रहे!

अध्याय १२

महान तैयारी

(१९१२—१३ ई०)

प्राग कान्फ्रेंस के साथ-साथ लेनिन के जीवन का एक बड़ा युग पूर्ण हुआ। यह युग तीव्र संघर्ष और भयंकर भूकंपों का युग था। इस समय शत्रुओं से टक्करें लेकर उन्हें धीरे-धीरे आगे बढ़ना पड़ा था। लेकिन, अब गंगा अपने उद्‌गम से निकल कर क्षीण धारा की जगह एक ज़बर्दस्त सरिता का रूप ले चुकी थी। उसके तीव्र प्रवाह में घास और तिनके क्या, बड़े-बड़े वृक्ष और शिलाएं भी रुकावट नहीं डाल सकती थीं। प्राग कान्फ्रेंस की सफल समाप्ति से संतुष्ट होकर १९१२ ई० के शुरू में लेनिन ने गोर्की को लिखा था : "विसर्जनवादी कमीनों की सारी कोशिशों के बावजूद भी अन्त में मैं पार्टी और उसकी केन्द्रीय कमिटी को फिर से स्थापित करने में सफल हुआ। मुझे विश्वास है कि इसके लिए तुम भी हमारे साथ खुशी मनाओगे।"

१. शक्तिशाली पार्टी-संगठन

पार्टी-संगठन अब अधिक सुसंगठित और एकताबद्ध हो गया था। लेकिन, उसको अपने ध्येय को पूरा करने के लिए जितनी प्रबल शक्ति की आवश्यकता थी, उसका संचय करना अब सबसे बड़ा काम था। कान्फ्रेंस में हार कर भी विरोधियों ने अभी हथियार नहीं डाले थे। उन्होंने द्वितीय इंटरनेशनल से सहायता के लिए प्रार्थना की थी।

इस कान्फ्रेंस के विरुद्ध त्रात्स्की ने जर्मन समाजवादी पार्टी के मुख-पत्र "फोरवर्ट्स" में अपना लेख छपवाया था। लेकिन, लेनिन ने उन लोगों की एक भी न चलने दी। उन्होंने उनके विरुद्ध इंटर्नेशनल के समाजवादी जनतांत्रिक ब्यूरो के पास पत्र लिखा। "'फोरवर्ट्स' का अज्ञात लेखक और रूसी समाजवादी जनतांत्रिक मज़दूर पार्टी की स्थिति" के नाम से उन्होंने एक लेख भी लिखा। उन्होंने कहा कि परदेश में भटकने वाले ये फूटपरस्त बेकार का हल्ला मचा रहे हैं; इनका रूस के भीतर के पार्टी-संगठनों से कोई सम्बंध नहीं है। किन्तु "फोरवर्ट्स" ने लेनिन का लेख प्रकाशित करने से इनकार कर दिया। इस पर लेनिन ने जर्मन भाषा में उसे पुस्तिका की शक्ल में छपवाकर ६०० पतों पर भेजा और इस तरह त्रात्स्की तथा उसके जैसे दूसरों को मुंहतोड़ जवाब दिया।

लेनिन इन प्रवासी फूटपरस्तों के हो-हल्ले से बहुत परेशान न थे। वह समझते थे कि ये बिना सेना के जनरल हैं। रूस के सभी पार्टी-संगठन अब बोल्शेविकों के हाथ में थे। लेनिन का सारा ध्यान उनको मज़बूत और विस्तृत करने में तथा आन्दोलन को आगे बढ़ाने में लगा हुआ था।

"प्रावदा" की स्थापना (१९१२ ई०)—अब लेनिन को बोल्शेविक दैनिक की आवश्यकता मालूम होने लगी। उन्होंने ओर्जोनिकिद्ज़े को उसके प्रबंध के लिए रूस भेजा। प्राग कान्फ्रेंस ने वोलोग्दा में निर्वासित नज़रबन्दी का जीवन बिताने वाले स्तालिन को केन्द्रीय कमिटी का सदस्य चुना था। लेनिन के प्रस्ताव पर उन्हें रूस में केन्द्रीय कमिटी के ब्यूरो का प्रमुख बनाया गया। ओर्जोनिकिद्ज़े स्तालिन को कान्फ्रेंस के निर्णय की सूचना देने के लिए सीधे वोलोग्दा पहुँचे और फिर लेनिन को लिखा: "मैं इवानोविच (स्तालिन) से मिलने गया था। उनके साथ मैंने सब बातों का प्रबंध कर लिया है।"

२९ फ़रवरी, १९१२ को स्तालिन अपने निर्वासन का जीवन समाप्त करके वोलोग्दा से फ़रार हो गये। लेनिन की हिदायत के अनुसार वह क़ानूनी बोल्शेविक अख़बार "*प्रावदा*" (सत्य) निकालने का प्रबन्ध करने लगे। ५ मई, १९१२ को "प्रावदा" का प्रथम अंक निकला। इसकी सारी तैयारी स्तालिन की देखरेख में हुई थी। लेकिन, दो ही दिन बाद स्तालिन गिरफ्तार कर लिये गये।

परन्तु, उससे क्या होता था! "प्रावदा" एक शक्तिशाली शस्त्र की तरह ऐसे समय प्रकट हुआ जब रूसी जनता में चारों ओर फिर तैयारी दिखायी देने लगी थी। नये जन-जागरण की सूचना ४ अप्रैल को लेना की सोने की खानों के भीषण गोली-कांड ने दी। लेनिन ने उसके बारे में लिखा था:

> "लेना के गोली-कांड ने शक्ति-संचार का काम किया है। उसने जनता के क्रान्तिकारी रुख को जनता के क्रान्तिकारी विभ्राट के रूप में परिणत कर दिया।"

ज़ारशाही द्वारा इस भीषण हत्याकांड के विरोध में देश के भिन्न-भिन्न भागों में हड़तालें की गयीं जिनमें तीन लाख कमकरों ने भाग लिया। १ मई की हड़ताल में तो चार लाख कमकर शामिल हुए। मज़दूर-आन्दोलन फिर ज़ोर से चलने लगा।

२. *लेनिन क्राको में*

सुदूर पेरिस में रहकर "प्रावदा" और पार्टी के कामों का संलाचन करना बहुत कठिन था। इसलिए लेनिन ने रूस के नज़दीक रहने का निश्चय किया। वह क्राको (पोलैंड) चले आये। क्राको उस समय आस्ट्रिया के आधीन था। गोर्की के पूछने पर लेनिन ने लिखा था:

"तुम मुझसे पूछते हो कि मैं आस्ट्रिया क्यों पसन्द करता हूँ? केन्द्रीय कमिटी ने यहां एक ब्यूरो क़ायम किया है (यह बात अपने तक ही सीमित रखना); यह सीमांत के नज़दीक है जिससे हम लाभ उठा रहे हैं; यह पीतरबुर्ग के अधिक नज़दीक है, जहां के अखबार हम दो दिन के भीतर पा जाते हैं; यहां से पीतरबुर्ग के अखबारों के लिए लिखना भी अधिक आसान है। और भी अधिक घनिष्टता के साथ सहयोग करने का प्रबंध हो रहा है।"

लेनिन ने १९ जून, १९१२ को क्राको के लिए प्रस्थान किया था। वह दो साल तक, अर्थात १९१४ ई० में प्रथम साम्राज्यवादी युद्ध के आरम्भ होने के समय तक, वहां रहे। जाड़ों में वह नगर में रहते थे और गर्मियों में पोरोनिनो गांव चले जाते थे। अपने सम्बंधियों को लिखे एक पत्र में लेनिन ने कहा था: "पेरिस की अपेक्षा यहां रहना हमें अच्छा मालूम होता है। हम अपने भावावेगों को विश्राम देकर यहां अधिक साहित्यिक काम कर रहे हैं। खटपट भी यहां कम है।" जनवरी, १९१३ में गोर्की को उन्होंने लिखा था: "क्राको बहुत उपयोगी साबित हुआ।"

१९१३ ई० की गर्मियों में क्रुप्स्काया की बीमारी के कारण लेनिन उनके साथ पोरोनिनो में रहने गये। इस सम्बंध में उन्होंने अपने सम्बंधियों को एक पत्र में लिखा था:

"कुछ दिन हुए हम ... गर्मियों के लिए ज़ाकोपान से ७ किलोमीटर दूर पहाड़ पर पोरोनिनो में चले आये हैं। यह तत्रा की पहाड़ियों के पास है और क्राको से दक्षिण में छः या आठ घंटे की रेल की यात्रा पर अवस्थित है—रूस और योरप का क्राको से यातायात सम्बंध है। रूस से यह कुछ अधिक दूर है, लेकिन कोई दूसरा उपाय भी तो नहीं है।"

क्राको में एक यह असुविधा थी कि वहां कोई अच्छा पुस्तकालय नहीं था। गोर्की को उन्होंने लिखा था: "खटपट नहीं है, यह सुविधा है; किन्तु यहां अच्छा पुस्तकालय नहीं है, यह असुविधा भी है। बिना किताबों के काम करना बहुत मुश्किल है।"

इस समय लेनिन काफ़ी समय "प्रावदा" के लिए लिखने में लगाते थे। "प्रावदा" के सम्पादक-मंडल के सेक्रेटरी मोलोतोफ़ थे। लेनिन ठीक समय पर डाक द्वारा अखबार पाने पर ज़ोर देते थे। अगर कुछ घंटों की भी देर हो जाती थी तो वह नाराज़ होते थे (डाक दिन में दो बार बांटी जाती थी)। सम्पादकों के नाम एक पत्र में उन्होंने लिखा था:

"पत्र भेजने के लिए मैं तुम्हें धन्यवाद देता हूँ। दो बार अखबार समय पर पूंजीवादी अखबारों के साथ-साथ आये। लेकिन इन दोनों समयों

के अतिरिक्त "जा प्रावदा" ("सत्य के लिए" जो प्रावदा के दबा देने पर निकाला था—ले०) पूंजीवादी पत्रों से सदा आधा दिन देर करके आता है। क्या तुम इसमें परिवर्तन नहीं कर सकते और हमेशा समय पर नहीं भेज सकते ताकि वह पूंजीवादी अखबारों के साथ-साथ यहां पहुँचे।"

क्राको में रहते हुए लेनिन "प्रावदा" की ज़रा-ज़रा सी ग़लती को ध्यान से देखते और उसे सुधारने की कोशिश करते थे। वह बराबर ज़ोर देते थे कि पत्र के ग्राहकों की संख्या बढ़ानी चाहिए। उन्होंने एक बार लिखा था :

"तुम सीधे कारखानों में जाओ और 'प्रावदा' के लिए लड़ो। अधिक कापियों के ग्राहक बनाओ और हरेक कारखाने को 'लुच' (किरण)—विसर्जवादियों के मुख-पत्र—से अलग करने की कोशिश करो। 'प्रावदा' के ग्राहकों की संख्या बढ़ाने में कारखानों में होड़ लगनी चाहिए।...'प्रावदा' की ग्राहक-संख्या तीस हज़ार से पचास या साठ हज़ार तक बढ़ाने के लिए जद्दोजहद करो।...अगर ऐसा किया, तो हम 'प्रावदा' के आकार में वृद्धि तथा लेखों में विशेषता पैदा कर सकते हैं!"

लेनिन ने गोर्की से भी 'प्रावदा' के लिए लेख लिखने को कहा था। उन्हें लेनिन एक महान सर्वहारा लेखक मानते थे। निझ्नी-नवगरोद (आधुनिक गोर्की) से पुलिस ने गोर्की को जब निर्वासित किया, तो अपने पुराने "इस्क्रा" में लेनिन ने गोर्की का ज़बर्दस्त पक्ष लिया था। प्रतिक्रियावाद जब ज़ोर पर था तब उनके माखवादी मित्रों से अलग करके गोर्की को पक्का मार्क्सवादी बनाने में लेनिन ने बड़ी सहायता की थी। गोर्की के नाम लिखे लेनिन के पत्रों में उनके क्रान्तिकारी भाव बड़े शक्तिशाली और गम्भीर रूप में देखे जाते हैं। दोनों महापुरुषों में बड़ी गहरी मित्रता थी। गोर्की के ज़रा भी अस्वस्थ होने की खबर सुनकर लेनिन व्याकुल हो जाते, और बराबर उनके बारे में अपने पत्रों में पूछा करते थे। लेनिन को जब मालूम हुआ कि गोर्की ने माखवाद से अपना पिंड छुड़ा लिया है तो उन्होंने उन्हें बोल्शेविक पत्रों में लिखने के लिए आमंत्रित किया।

"प्रावदा" के लिए लेनिन प्रायः प्रतिदिन लेख लिखते। इन लेखों द्वारा कमकर आन्दोलन और पार्टी का सही पथ-प्रदर्शन होता तथा समाजवादी चेतना को फैलाने में सहायता मिलती। वह भाषा के बारे में हमेशा इस बात का ध्यान रखते थे कि जिनके लिए वह लेख लिख रहे हैं, उनको उसे समझने में कोई कठिनाई न हो।

जहां वह सीधी-सादी भाषा में लिखे लेखों द्वारा रूस के सर्वहारा को पूंजीवाद से अन्तिम युद्ध के लिए तैयार कर रहे थे, वहां देश-विदेश में जो और घटनाएं घट रही थीं उन्हें भी वह छोड़ना नहीं चाहते थे। १९११ ई० की चीनी क्रान्ति का लेनिन ने ज़बर्दस्त समर्थन किया। तुर्की के विरुद्ध स्वतंत्रता की

लड़ाई लड़नेवाली बलकान की जातियों का उन्होंने पक्ष लिया और बराबर इस ओर संकेत करते रहे कि साम्राज्यवादी युद्ध नज़दीक आ रहा है। उनके लेखों में कितनी ही चुभनेवाली बातें होती थीं। एक लेख में उन्होंने लिखा था :

"हम अपने बाप-दादों की अपेक्षा अधिक अच्छी तरह से लड़ रहे हैं। हमारे लड़के और भी अच्छी तरह लड़ेंगे और विजय प्राप्त करेंगे।

"मज़दूर वर्ग नष्ट नहीं होगा; वह बढ़ रहा है, अधिक ताक़त हासिल कर रहा है, परिपक्व हो रहा है, एकताबद्ध, समझदार और संघर्ष में फ़ौलादी बन रहा है। अर्धदासता, पूंजीवाद और छोटे उत्पादन के प्रति हम निराशावादी हैं; लेकिन मज़दूर आन्दोलन और उसके उद्देश्यों के प्रति हम अत्यन्त आशावादी हैं। हम इस समय जिस नयी इमारत की नींव रख रहे हैं, हमारे लड़के उसे पूरा करेंगे।"

लेकिन, इमारत बनाने का काम उन्होंने अपनी संतानों के लिए नहीं छोड़ा!

दैनिक "प्रावदा" के अलावा लेनिन ने एक बोल्शेविक साहित्य-पत्रिका के भी क़ानूनी प्रकाशन की आवश्यकता समझी। इस उद्देश्य से उन्होंने मासिक "प्रोसवेशचेनिये" (शिक्षा) पत्रिका की स्थापना की। पत्रिका का पहला अंक पीतरबुर्ग में दिसम्बर, १९११ में निकला। इसके सम्पादक-मंडल में भी लेनिन सक्रिय भाग लेते थे और उसके प्रायः प्रत्येक अंक के लिए लेख लिखा करते थे। इसके लिए पैसा जमा करने का काम भी उन्होंने किया। "प्रावदा" जब अपने पैरों पर खड़ा हो गया तो उन्होंने सुझाव रखा कि मास्को से भी एक क़ानूनी बोल्शेविक दैनिक निकाला जाय। कितनी ही कठिनाइयों के बाद अगस्त, १९१३ में लेनिन मास्को से "नाश पुत" (हमारा पथ) निकलवाने में सफल हुए।

३. चौथी दूमा का चुनाव (१९१२ ई०)

१९१२ ई० में तृतीय दूमा की अवधि पूरी हो गयी। उसी साल चतुर्थ दूमा के लिए निर्वाचन हुआ। "प्रावदा" की तरह ही दूमा में गये समाजवादी जनतांत्रिक भी जन-आन्दोलन में महत्वपूर्ण भाग ले सकते थे। इसीलिए लेनिन ने दूमा के निर्वाचन को उचित महत्व दिया। उन्होंने पार्टी का निर्वाचन का मसौदा तैयार किया और निर्वाचन-आन्दोलन के समय "प्रावदा" में कितने ही लेख लिखे, "प्रावदा" ने निर्वाचन-संघर्ष में डटकर भाग लिया और विसर्जन-वादियों की अच्छी तरह पोल खोली। निर्वाचन का समय ज्यों-ज्यों नज़दीक आता लेनिन की कलम और तेज़ होती जाती। सितम्बर, १९१२ में उन्होंने गोर्की को लिखा था : "निर्वाचन के काम में इस समय हम कानों तक डूबे हुए हैं।...पार्टी का निर्माण बहुत कुछ निर्वाचन के परिणामों पर निर्भर है।"

निर्वाचन-संघर्ष जिस वक्त अपनी चरम सीमा पर था, उसी समय नरिम (साइबेरिया) से फ़रार हुए स्तालिन को केन्द्रीय कमिटी ने पीतरबुर्ग भेजा। वहां पहुंच कर "प्रावदा" और निर्वाचन-प्रचार का संचालन स्तालिन ने अपने हाथ में लिया। लेनिन ने स्तालिन के साथ इस समय तक घनिष्ट सम्बंध स्थापित कर लिया था। स्तालिन के भाषणों और लेखों से अपने भावी उत्तराधिकारी के प्रति लेनिन का स्नेह और सम्मान अधिकाधिक बढ़ता जा रहा था। "मज़दूर वर्ग के अपने प्रतिनिधि को पीतरबुर्ग के कमकरों का आदेश-पत्र" स्तालिन ने तैयार किया था। इसे पढ़ने के बाद लेनिन ने उसके हाशिये पर यह लिखकर लौटाया: "बिना भूले मेरे पास लौटाना! गन्दा न करना। यह लेख सुरक्षित रखने लायक तथा अत्यन्त महत्वपूर्ण है।" "प्रावदा" सम्पादकों को एक पत्र में उन्होंने लिखा था: "पीतरबुर्ग के प्रतिनिधि के लिए इस आदेश-पत्र को तुम बड़े टाइप में प्रमुख स्थान पर छापना।" निर्वाचन में बोल्शेविकों को बहुत सफलता मिली। सभी मुख्य-मुख्य उद्योग-प्रधान गुबर्नियों में कमकरों ने बोल्शेविक उम्मीदवारों को दूमा के लिए चुना।

दूमा में ६ बोल्शेविक और ७ मेन्शेविक समाजवादी, कुल १३ समाजवादी जनतांत्रिक चुने गये। उन्होंने एक संयुक्त दल बना लिया था। लेकिन, मेन्शेविक अपने एक के बहुमत को इस्तेमाल करके बोल्शेविकों के बोलने में रुकावट पैदा करते थे। वह चाहते थे कि बोल्शेविक पीछे रह जायें और कमकर जनसाधारण मेन्शेविकों को बोलने-चालने में आगे बढ़ा देख कर वाहवाही देने लगें। इसके विरोध में लेनिन ने ज़ोरदार शब्दों में "प्रावदा" को भी वैसा करने को कहा। अन्त में बोल्शेविक प्रतिनिधियोंको मेन्शेविकों से अलग होकर अपना स्वतंत्र दल बनाना पड़ा। लेनिन की सलाह पर इसका नाम "रूसी समाजवादी जनतांत्रिक मज़दूर दल" पड़ा।

प्राग कान्फ्रेंस को हुए क़रीब बारह महीने बीत चुके थे। इस बीच पार्टी ने जो काम किया था, उसका लेखा-जोखा करने के लिए एक कान्फ्रेंस बुलाने की आवश्यकता थी। लेनिन ने १९१२ ई० के अन्त में—दूमा के स्थगित होने के समय—केन्द्रीय कमिटी और पार्टी के अधिकारियों की एक सम्मिलित कान्फ्रेंस का क्राको में प्रबंध कराया। दूमा से छुट्टी पाने के कारण बोल्शेविक प्रतिनिधि भी इस समय क्राको आ सकते थे।

४. क्राको-कान्फ्रेंस (१९१२ ई०)

यह कान्फ्रेंस २८ दिसम्बर, १९१२ को हुई। रिपोर्ट, एजेंडा आदि तैयार करने का काम स्वयं लेनिन ने किया। उन्होंने प्रस्ताव तैयार किये और स्तालिन की सहायता से "प्रावदा" के नेतृत्व का फिर से संगठन किया। नये युग में पार्टी के

दांव-पेंच क्या होने चाहिए, इसकी भी रूपरेखा उन्होंने तैयार की। उन्होंने ज़ोर देकर कहा कि पार्टी को तीन क्रान्तिकारी नारे बराबर उठाते रहना चाहिए : जनतांत्रिक गणराज्य; सभी ज़मींदारियों को ज़ब्त करना; और, आठ घन्टे का दिन। कमकरों के साथ किसानों की शक्ति को भी संगठित करने की ओर उन्होंने ध्यान दिया। कमकरों के बारे में बतलाया कि बोल्शेविकों को आगे बढ़े कमकरों को नीचे से एकताबद्ध करने की कोशिश करनी चाहिए। कान्फ्रेंस सफल रही। लेनिन को बहुत संतोष हुआ। कान्फ्रेंस ने बतला दिया कि बोल्शेविक पार्टी विकसित हुई है तथा अधिक शक्ति-सम्पन्न हुई है। लेकिन, लेनिन इतने से संतुष्ट होनेवाले नहीं थे। वह गुप्त बोल्शेविक संगठन को और मज़बूत करना तथा क़ानूनी कार्रवाइयों को सभी दिशाओं में दूर तक बढ़ाना चाहते थे। जनवरी, १९१३ में उन्होंने गोर्की को लिखा था : "यदि हम एक ऐसा अच्छा सर्वहारा-संगठन बना सकें जो कि विश्वासघाती विसर्जनवादियों से बाधित न हो सके, तो नीचे से आन्दोलन की वृद्धि द्वारा कितनी ही विजयों को प्राप्त कर सकते हैं।...कितना अफ़सोस है, हमारे पास पैसा नहीं है। अगर पैसा होता तो उससे हम कितना अधिक काम कर सकते!"

कान्फ्रेंस के बाद ही १० फ़रवरी, १९१३ को स्वेर्दलोफ़ को पुलिस ने गिरफ्तार कर लिया। २३ फ़रवरी को उसने स्तालिन को भी फिर पकड़ लिया। इससे पार्टी को एक बड़ा धक्का लगा। लेनिन के कहने पर क्रुप्स्काया ने पीतरबुर्ग को लिखा था : "अभी-अभी हमने शोकजनक खबर वाले पत्र को पाया। इस स्थिति में बड़ी दृढ़ता तथा और भी अधिक एकता की आवश्यकता है।"

लेनिन "प्रावदा" का तो ध्यान रखते ही थे, वह दूमा में गये बोल्शेविक प्रतिनिधियों का भी पथ-प्रदर्शन किया करते थे। उनके लिए वह भाषण तक—विशेषकर शिक्षा-मंत्री की नीति, बजट, किसानों और जातियों के प्रश्न के बारे में—लिखकर भेजा करते थे। परतंत्र जातियों के ऊपर लगी बाधाओं को उठा देने के वास्ते एक क़ानून का मसौदा भी दूमा के लिए उन्होंने तैयार करके भेजा था। दूमा के प्रतिनिधि अक्सर लेनिन के पास क्राको जाते और वहां से हिदायतें लेकर लौटते। बदायेफ़ ने अपने संस्मरणों में लिखा है कि दूसरे प्रतिनिधियों की तरह वह भी नहीं जानता था कि दूमा में क्या करना है। लेनिन ने बातचीत में एक बार उससे कहा : "यमराज सभा वाली दूमा कभी ऐसे क़ानून नहीं पास करेगी जिनसे कमकरों की दशा में सुधार हो। दूमा में गये कमकर-प्रतिनिधियों का काम यमराज सभा वालों को प्रतिदिन यह याद दिलाते रहना है कि मज़दूर वर्ग दृढ़ और शक्तिशाली है और वह दिन बहुत दूर नहीं जब क्रान्ति फिर फूटेगी और वह उन्हें तथा उनकी सरकार को बहा देगी।"

"**जातीय प्रश्न**"—रूस में मध्य-एशिया, साइबेरिया और काकेशस की एशियाई जातियां ज़ारशाही जुए के नीचे कराह रही थीं। हर तरह का भेद-भाव

रखते हुए उनका कड़ा शोषण किया जाता था। हर तरह से कोशिश की जाती थी कि राजनीतिक, आर्थिक और सांस्कृतिक तौर से वे बराबर नीचे दबी रहें। इन जातियों में अब थोड़ा-थोड़ा जागरण होने लगा था। लेनिन-स्तालिन जानते थे कि इनकी समस्या हल किये बिना वे क्रान्ति की शक्ति को मज़बूत नहीं बना सकते। ज़ारशाही इनको क्रान्ति के विरुद्ध भी इस्तेमाल कर सकती थी, जैसे फ्रांस और स्पेन मराकश (मराको) के मूरों को इस्तेमाल करते थे। क्राको में कान्फ्रेंस के समय स्तालिन भी वहां पहुंचे थे। उसी समय लेनिन के प्रोत्साहन पर उन्होंने अपनी अनमोल कृति "*मार्क्सवाद और जातियों का प्रश्न*" लिखी थी। यह पुस्तक लेखों के रूप में पहले "प्रोसवेशचेनिये" में प्रकाशित हुई। लेनिन ने स्वयं भी १९१३ ई० के मध्य में और बाद में भी इस विषय पर कई लेख, जैसे "जातीय प्रश्न पर आलोचनात्मक टिप्पणी" (१९१३ ई०) और "जातियों का आत्म-निर्णय का अधिकार" (फ़रवरी, १९१४ ई०) लिखे। उन्होंने इस विषय पर क्राको, पेरिस, लीग, लिपज़िग, जूरिच, जनेवा और बर्न में कितने ही व्याख्यान भी दिये। पोलिश समाजवादी जनतांत्रिकों, रोज़ा लुक्ज़ेम्बुर्ग, बुंद (यहूदी समाजवादी जनतांत्रिक लीग), उक्राइनी समाजवादी जनतांत्रिकों तथा दूसरे निम्न-मध्यवर्गी राष्ट्रवादियों का तीव्र विरोध करते हुए लेनिन ने इस पर ज़ोर दिया कि परतन्त्र जातियों को आत्मनिर्णय का पूरा अधिकार होना चाहिए और कमकर वर्ग तथा सर्वहारा पार्टी को उनके इस अधिकार का समर्थन करना चाहिए। लेनिन ने मई, १९१३ में "प्रावदा" में एक लेख में लिखा था : "सभी जातियों के कमकरों की (स्थानीय और नीचे से) पूर्ण एकता—जिसे इतने समय तक काकेशस में सफलता-पूर्वक व्यवहार में लाया गया है—ही वह चीज़ है जो मज़दूर-आन्दोलन के हितों और उद्देश्यों के अनुकूल है।" लेनिन ने अपने लेखों में दो टूक कहा था कि जातियों के आत्मनिर्णय का मतलब केवल सांस्कृतिक आत्मनिर्णय नहीं है, उसमें हर जाति को अपना स्वतंत्र राज्य बनाने का अधिकार, सभी जातियों और भाषाओं की पूर्ण समानता, विस्तृत स्थानीय स्वायत्त-शासन, जातीय अल्पमतों के अधिकार की गारंटी भी सम्मिलित है।

क्रान्तिकारी-आन्दोलन का ज़ोर—रूस में क्रान्तिकारी-आन्दोलन का प्रवाह फिर ज़ोर पकड़ने लगा। सरकारी आंकड़ों के अनुसार १९१२ ई० में ७ लाख २५ हज़ार कमकरों ने हड़तालें की थीं जो वस्तुतः १० लाख से कम कमकरों की हड़तालें नहीं थीं। १९१३ ई० में सरकारी आंकड़ों से ८ लाख ६१ हज़ार और दूसरे श्रोतों से १२ लाख ७२ हज़ार कमकर हड़ताल में शामिल हुए थे। १९१४ ई० की पहली छमाही में ही १५ लाख के क़रीब कमकरों ने हड़ताल में भाग लिया। हड़ताल का ज़ोर और प्रवाह बढ़ता ही गया। मालूम होने लगा कि क्रान्तिकारी आन्दोलन फिर जाग उठा है।

क्राको में लेनिन का छोटा सा बासा क्रान्तिकारी-आन्दोलन के सेना-संचालकों (स्टाफ) का सदर-मुकाम बना हुआ था। १९१३ और १९१४ ई० में केन्द्रीय कमिटी और पार्टी कर्मियों के कई मिलेजुले सम्मेलन हुए। १९१३ के सितम्बर में पोरोनिनो में इसी तरह का एक महत्वपूर्ण सम्मेलन हुआ था जिसमें केन्द्रीय कमिटी के कामों की रिपोर्ट देते हुए लेनिन ने जातीय समस्या पर भी अपनी रिपोर्ट पेश की थी। दूसरे अवसरवादियों पर आक्षेप करते हुए उन्होंने त्रात्स्की के पार्टी-विरोधी "अगस्त ब्लाक" की भी खूब खबर ली थी। इससे मालूम हो जाता है कि त्रात्स्की का अवसरवाद कितना ला-इलाज था और वह स्वयं क्रान्ति के लिए कितना अविश्वसनीय आदमी था। जीवन के अन्तिम दिनों में उसने जो कुछ किया, वह उसके लिए कोई आकस्मिक बात नहीं थी।

रूसी अवसरवादियों को इस तरह सब जगह बोल्शेविकों द्वारा परास्त होते देखकर द्वितीय इन्टर्नेशनल के अन्तर्राष्ट्रीय अवसरवादियों ने अपने अनुयायियों की मदद करने के लिए रूसी समाजवादी जनतांत्रिक आन्दोलन में "समझौता" और "एकता" लाने के बहाने मध्यस्थ बनने का प्रस्ताव किया। लेकिन, लेनिन इस तरह की लल्लो-चप्पो में आने वाले नहीं थे।

लेनिन का दो साल तक क्राको में निवास सर्वहारा के लिए बड़ा ऐतिहासिक महत्व रखता है। इसी समय उन्होंने बोल्शेविक-क्रान्ति में सफलता के लिए साधन एकत्रित किए और तैयारियां कीं। पार्टी अब बहुत मज़बूत तथा अत्यन्त जनप्रिय हो चुकी थी। उसका प्रभाव सारे रूस में—कमकरों, किसानों और परतन्त्र जातियों में—देखा जाता था। जून, १९१४ में केन्द्रीय कमिटी की बैठक में अगली पार्टी-कांग्रेस बुलाने का निश्चय हुआ। लेकिन दो ही महीने बाद अगस्त, १९१४ में प्रथम साम्राज्यवादी विश्व-युद्ध शुरू हो गया। इस कारण कांग्रेस नहीं हो सकी।

अध्याय १३

प्रथम विश्व-युद्ध

(१९१४–१८ ई०)

१. गिरफ्तारी (१९१४ ई०)

विश्व-युद्ध आरम्भ होने के समय लेनिन गैलीशिया (पोलैंड) के पोरोनिनो नामक पहाड़ी गांव में थे। रूस आस्ट्रिया का दुश्मन था, इसलिए रूसी होने के कारण ८ अगस्त, १९१४ को आस्ट्रिया की पुलिस ने लेनिन को गिरफ्तार करके नोवी तार्ग के जेलखाने में भेज दिया। लेकिन, उन पर जो दोष लगाया गया था वह झूठा था। अन्तर्राष्ट्रीयतावादी होने के नाते लेनिन साम्राज्यवादी युद्ध में रूसी ज़ारशाही के समर्थक नहीं थे। १९ अगस्त को उन्हें छोड़ दिया गया।

लेनिन ने आस्ट्रिया में रहना अच्छा नहीं समझा। रूसी होने के कारण किसी भी समय उनको गिरफ्तार किया जा सकता था। उनके क्रान्तिकारी कामों में भी वहां बहुत बाधा पड़ती थी। अस्तु, लेनिन आस्ट्रिया से स्विज़रलैंड चल पड़े। वह पहले बर्न में फिर ज़ुरिच में १९१७ के अप्रैल महीने के अन्त तक रहे। हाथ से निकल गयी चिड़िया की तरफ ज़ारशाही खुफिया-पुलिस का ध्यान बराबर लगा रहता था। पुलिस-विभाग ने दक्षिण-पश्चिमी मोर्चे के मुख्य-सेनापति से कह रखा था कि क्राको पर अधिकार होते ही लेनिन को पकड़ कर पीतरबुर्ग भेज दिया जाय। लेकिन पुलिस-विभाग का मनोरथ सिद्ध नहीं हुआ।

स्विज़रलैंड से लेनिन युद्ध के खिलाफ़ युद्ध घोषित करने की बराबर अपील करते रहे। प्रथम विश्व-युद्ध साम्राज्यवाद के आन्तरिक विरोधों का परिणाम था। दो बड़े-बड़े पूंजीवादी गुटों ने अपने-अपने लिए बाज़ार हथियाने और नफ़ा कमाने के उद्देश्य से दुनिया का फिर से बंटवारा करने के लिए यह युद्ध छेड़ा था। इन दो गुटों में से एक में जर्मनी और आस्ट्रिया थे और दूसरे में इंगलैंड, फ्रांस और रूस। इस युद्ध का उद्देश्य आदर्शवादी या परोपकारी नहीं था। इसका उद्देश्य था दूसरी जातियों को गुलाम बनाना और उपनिवेशों की लूट-खसोट करना।

मज़दूर आन्दोलन से सम्बंध रखनेवाली पार्टियों के लिए यह युद्ध एक ज़बर्दस्त कसौटी था। पश्चिमी योरप की समाजवादी जनतांत्रिक पार्टियों में युद्ध से बहुत पहले ही अवसरवाद का बोलबाला था। मौका पाने पर वे भला मज़दूर वर्ग के हितों के साथ विश्वासघात करने से कैसे बाज आ सकती थीं ! "राष्ट्रीय रक्षा" के नाम पर पूंजीवादियों के हितों की रक्षा करने के लिए उन्होंने युद्ध का

समर्थन करना शुरू किया। द्वितीय इन्टर्नेशनल के नेता अपनी-अपनी साम्राज्यवादी सरकारों की सहायता करने के लिए उतावले हो रहे थे। लेनिन का विचार इस विषय में साफ़ था। वह अपने राष्ट्रीय पूंजीवादियों की सहायता के लिए दौड़ पड़ने वालों में से नहीं थे।

२. युद्ध पर निबंध

५ सितम्बर, १९१४ को लेनिन बर्न पहुँचे।

अगले ही दिन शहर से बाहर के जंगलों में स्थानीय बोल्शेविकों की एक बैठक हुई। इसमें युद्ध के प्रति पार्टी के रुख के बारे में लेनिन ने भाषण दिया। इस बैठक ने लेनिन के "युद्ध पर निबंध" के ऐतिहासिक महत्व को स्वीकार किया।

लेनिन ने युद्ध के स्वरूप और मज़दूर वर्ग के करणीयों का विवेचन करते हुए बतलाया कि यह युद्ध पूंजीवादी-साम्राज्यवादी युद्ध है; यह लूट-खसोट का युद्ध है। उन्होंने सर्वहारा के हित के प्रति द्वितीय इन्टर्नेशनल के नेताओं के विश्वासघात की खुले शब्दों में निन्दा की और बतलाया कि द्वितीय इन्टर्नेशनल का टूटना कोई आकस्मिक घटना नहीं थी; उसमें अवसरवाद की गलीज भर जाने का ही यह परिणाम था। उन्होंने बतलाया कि सच्चे अन्तर्राष्ट्रीयतावादियों का इस समय प्रमुख कर्तव्य है समाजवादी क्रान्ति के लिए प्रचार करना और भिन्न-भिन्न देशों के कमकरों और किसानों को अपने हथियारों को एक-दूसरे के विरुद्ध नहीं, बल्कि साम्राज्यवादी सरकारों और अपने देश के पूंजीपतियों तथा साम्राज्यवादी सरकारों के खिलाफ़ घुमाने के लिए तैयार करना। अपने निबंध में उन्होंने इस बात पर भी ज़ोर दिया कि ज़ारशाही की पराजय केवल रूसी सर्वहारा के नहीं, बल्कि सभी देशों के सर्वहारा के हित की बात होगी।

लेनिन ने "युद्ध पर निबंध" को तुरन्त ही रूस भेजा। परदेश में रहने वाले बोल्शेविकों में भी उसका काफ़ी प्रचार हुआ। चारों ओर से लेनिन का समर्थन होने लगा। इन्हीं निबंधों के आधार पर लेनिन ने साम्राज्यवादी युद्ध पर केन्द्रीय कमिटी के घोषणापत्र को १९१४ के सितम्बर के अन्त में लिखा। इस घोषणापत्र का शीर्षक था: "युद्ध और रूसी समाजवादी जनतांत्रिक"। इसमें उन्होंने आह्वान किया कि: साम्राज्यवादी युद्ध को गृहयुद्ध में—पूंजीपतियों और ज़मींदारों के विरुद्ध युद्ध में—बदल दो! "पूंजीवादी पितृभूमि की रक्षा" के बदले उन्होंने नारा दिया: अपनी साम्राज्यवादी सरकार को हराओ! साथ ही उन्होंने यह भी कहा कि अब सड़ी हुई द्वितीय इन्टर्नेशनल के स्थान पर तृतीय इन्टर्नेशनल क़ायम करना आवश्यक है।

३. *तैयारी*

बोल्शेविक पार्टी को संगठित और मज़बूत करने के लिए लेनिन और भी तत्परता से काम में जुट गये। युद्ध की स्थिति में यह काम बहुत कठिन था। वह अब रूस की सीमा से बहुत दूर चले गये थे। रास्ते की हज़ारों मील लम्बी-चौड़ी भूमि में चारों ओर तोपों की गड़गड़ाहट सुनाई देती थी। स्विज़रलैंड से रूस को भेजे गये पत्र एक महीने से अधिक समय में पहुँचते थे। रूसी पत्र-पत्रिकाएं तो बहुत मुश्किल से, और कभी-कभी ही, मिलती थीं। हरेक चीज़ का बड़ी सख्ती से सेन्सर किया जाता था। पुलिस रूस में पार्टी-संगठनों को छिन्न-भिन्न करने में लगी हुई थी।

कठिनाइयां—रूस में पार्टी के बड़े-बड़े कार्यकर्त्ता—स्तालिन, मोलोतोफ़, स्वेर्दलोफ़, स्पान्दरियान, वोरोशिलोफ़, ओर्जोनिकिद्ज़े—या तो जेलों में बन्द थे, या निर्वासन का जीवन बिता रहे थे। स्विज़रलैंड यद्यपि तटस्थ देश था, तो भी वहां की भूमि को क्रान्ति के अड्डे के तौर पर इस्तेमाल किया जाना संभव नहीं था। वहां की पुलिस और फ़ौज बहुत जागरूक रहती थीं।

सबसे बड़ी बाधा थी पैसों की कमी। १६१४ ई० के शरद में जब पार्टी ने "सोत्सियाल देमोक्रात" फिर से प्रकाशित करना शुरू किया तो उस समय पार्टी के कोष में १६० से अधिक फ्रांक नहीं थे। लेनिन ने लिखा था: "हमारे पास पैसा नहीं है, पैसा नहीं है! यही सबसे बड़ी कठिनाई है!"

लेनिन का अपना जीवन भी इस समय बहुत कष्टमय था। उनका रहन-सहन हमेशा ही बहुत सीधा-सादा रहा था। परदेश में रहते समय उन्हें खास तौर से आर्थिक कठिनाइयों का सामना करना पड़ता था। लेकिन ये कठिनाइयां कभी उतनी ज़्यादा नहीं बढ़ीं जितनी कि इस वक्त लड़ाई के समय। १६१६ ई० के उत्तरार्ध में अपने एक पत्र में उन्होंने लिखा था: "जहां तक मेरी बात है, मैं यही कहूँगा: मुझे कुछ पैसा कमाना होगा, नहीं तो हालत खराब हो जायगी, सचमुच खराब हो जायगी! रहन-सहन का खर्च भयंकर रूप से बढ़ गया है और हमारे पास जीविका का कोई साधन नहीं है।" उन्होंने अपने पत्रों में ज़ोर देकर लिखा था कि उनके हस्तलेखों के शुल्क के तौर पर प्रकाशकों से कुछ ज़रूर भिजवाया जाय: "अगर तुम इसका प्रबंध नहीं करते, तो मैं अपने को काम पर क़ायम नहीं रख सकूँगा। मैं यह बात पूरी गम्भीरता से कह रहा हूँ।"

इससे यह मालूम हो जाता है कि स्विज़रलैंड में रहते समय लेनिन को कितनी कठिनाइयों का सामना करना पड़ रहा था। लेकिन, वह अपने क्रान्तिकारी काम को कभी शिथिल नहीं होने दे सकते थे। लेनिन अपने हथियारों पर शान चढ़ाते रहे और अपनी सेना को कवायद-परेड द्वारा दुरुस्त करते रहे।

युद्ध के सम्बंध में उन्होंने स्विज़रलैंड के कई शहरों में भाषण दिये। जब उन्हें मालूम हुआ कि प्लेखानोफ़ युद्ध के प्रति समाजवादियों के रुख के बारे में लोज़ान में व्याख्यान देने जा रहा है, तो वह वहां पहुँचे। बहस में उन्होंने प्लेखनोफ़ के युद्ध-पक्षी विचारों की धज्जियां उड़ा दीं।

उन्होंने स्विज़रलैंड के भीतर भी बोल्शेविक साहित्य के प्रकाशन और प्रचार की कोशिश की।

लेनिन स्विज़रलैंड में बड़े खतरे के बीच रह रहे थे। जैसा कि उन्होंने १६१४ के सितम्बर में लिखा था : "यह मानने के लिए सभी कारण मौजूद हैं कि स्विस पुलिस और सैनिक अधिकारी (रूसी, फ्रेंच या किसी भी दूसरे राजदूत का पहला संकेत पाते ही) उस आदमी का कोर्ट मार्शल या निष्कासन कर देंगे जिसे वे तटस्थता भंग करने का दोषी समझते हैं।" लेनिन ने इसीलिए बड़ी सावधानी बरतने और हरेक काम को गुप्त रीति से करने की हिदायत दी थी। उन्होंने कहा था कि जो भी लिखना हो, उसे "रसायन" से लिखा जाय; सभी छपे हुए पत्रकों, अखबारों आदि को प्रभावशाली स्विस नागरिकों के घरों में रखा जाय।

"सोत्सियाल देमोक्रात"—इन सब कठिनाइयों—विशेष रूप से आर्थिक कठिनाइयों—के रहते हुए भी लेनिन "सोत्सियाल-देमोक्रात" को निकालने में सफल हुए। "कम्युनिस्ट" (१६१५ ई०) को भी उन्होंने निकाला। "स्बोर्निक सोत्सियाल देमोक्राता" (समाजवादी जनतांत्रिक पत्रिका) के दो अंक उन्होंने १६१६ ई० में निकाले। इसी तरह कितने ही पत्रक और पुस्तिकाएं भी उन्होंने निकालीं।

इस समय "सोत्सियाल देमोक्रात" का निकलना बहुत महत्व रखता था। बारह महीने बन्द रहने के बाद ३३ वें अंक के रूप में वह १ नवम्बर, १६१४ को निकला। इसमें लेनिन द्वारा लिखा गया केन्द्रीय कमिटी का युद्ध सम्बंधी घोषणापत्र भी छपा। यह अंक गुप्त रीति से रूस में तथा परदेश में रहनेवाले सभी बोल्शेविकों में बांटा गया। साम्राज्यवादी युद्ध के विरुद्ध प्रचार करने में इसने बड़ा काम किया। ज़ारशाही और पूंजीवादियों के खिलाफ़ लोगों की भावनाओं को उत्तेजित करते हुए इसने समाजवादी क्रान्ति के लिए रास्ता तैयार करने में सहायता दी।

दूमा के बोल्शेविकों पर मुक़दमा (१६१४ ई०)—पुलिस के दमन और अत्याचारों के बावजूद बोल्शेविक अपना काम लगातार करते जा रहे थे। बहुत से बोल्शेविक नेता पकड़कर जेलों में बन्द कर दिये गये थे। लेकिन, दूमा के बोल्शेविक सदस्य अब भी बाहर थे। ६ बोल्शेविक-सदस्यों में से एक ज़ारशाही खुफिया पुलिस का आदमी निकला। बाक़ी पांच सदस्यों को १६१४ के नवम्बर में पुलिस ने गिरफ्तार कर लिया। अगले साल की फ़रवरी में मुक़दमा चलाकर पुलिस ने उन्हें साइबेरिया-निर्वासन का दंड दिया। इन सदस्यों ने अदालत को अपना मंच

बनाया और साम्राज्यवादी युद्ध के खिलाफ़ अपने विचारों को प्रकट करते हुए सर्वहारा के अन्तर्राष्ट्रीयतावाद का डटकर प्रचार किया।

बोल्शेविक पार्टी के सामने अब काम करने का कोई खुला रास्ता नहीं रह गया था। उसे सारा काम गुप्त रीति से करना पड़ता था। लेकिन, लेनिन ने तो इसके लिए पार्टी को पहले ही से तैयार कर लिया था। दो वर्षों के भीतर "प्रावदा" ने सर्वहारा पार्टी के काफ़ी कर्मी तैयार कर लिये थे। पुलिस बड़े पैमाने पर गिरफ्तारियां करके भी कर्मियों के अभाव में काम को बन्द नहीं करा सकती थी। दूमा के बोल्शेविक-सदस्यों की गिरफ्तारी की खबर सुनकर लेनिन ने लिखा था :

> "हमारी पार्टी के लिए काम करना अब सौ गुना अधिक कठिन हो गया है। तो भी, हम अपना काम करते रहेंगे! 'प्रावदा' ने हज़ारों वर्ग-चेतन कमकरों को तैयार किया है। सभी कठिनाइयों के बावजूद उनमें से रूस में पार्टी की केन्द्रीय कमिटी का नया नेतृत्व चुन लिया जायगा।"

रूस के सबसे नज़दीक का तटस्थ देश स्वीडन था। यहीं केन्द्रीय कमिटी का विदेशी ब्यूरो स्थापित किया गया। लेनिन की हिदायतों के अनुसार रूस के भीतर के पार्टी-कर्मियों के साथ ब्यूरो ने निकट का सम्बंध क़ायम किया। लेनिन ने कहा था : "सबसे आवश्यक बात यह है कि स्थायी और विश्वसनीय संचार-सम्बंध क़ायम रहें।" उन्होंने ज़ोर दिया था कि रूस में दो या तीन अत्यंत महत्वपूर्ण केन्द्रों में पार्टी-दल क़ायम किये जायें; रूस में केन्द्रीय कमिटी के ब्यूरो और स्वयं केन्द्रीय कमिटी को फिर से कार्य-तत्पर किया जाय; और, विदेश में पार्टी-केन्द्र के साथ सम्बंध क़ायम रखने के लिए एक या दो सदस्यों को स्वीडन भेजने का प्रबंध किया जाय।

तमाम कठिनाइयों के बावजूद रूस के पार्टी संगठनों के साथ सम्बंध स्थापित करने में लेनिन सफल हुए। पीतरबुर्ग में केन्द्रीय कमिटी के ब्यूरो के साथ उन्होंने निकट का सम्बंध क़ायम रखा। उनके कहने पर इर्कुत्स्क के निर्वासन से फ़रार हुए मोलोतोफ़ ब्यूरो के काम में लग गये। स्तालिन, स्वेर्दलोफ़ और स्पान्दरियान को साइबेरिया के अत्यंत दूर के इलाक़ों में निर्वासित किया गया था। लेनिन ने उनके साथ भी सम्बंध स्थापित किया और उनके पास "युद्ध पर निबंध" भेजा।

फ़रवरी, १६१५ में स्तालिन ने साइबेरिया से लेनिन को लिखा था :

> "मेरा अभिवादन प्यारे इलिच, हार्दिक, हार्दिक अभिवादन! ···आप कैसे हैं; आपका स्वास्थ्य कैसा है? मैं पहले की तरह ही हूँ, रोटी चबाते, निर्वासन की आधी अवधि काट रहा हूं। कुछ-कुछ जी ऊबने लगता है, मगर कोई चारा नहीं। आपका काम कैसा चल रहा है? वहां आपके निकट तो काफ़ी चहल-पहल होगी।··· हाल ही में मैंने क्रोपोत्किन के कुछ लेख पढ़े—वह बूढ़ा बेवकूफ़ है, दिमाग़ से बिलकुल हाथ धो बैठा है।

"रेच" में प्लेखानोफ़ की भी छोटी सी बकवास पढ़ी—कैसा पुराना गप्पी है जो सुधरने का नाम ही नहीं लेता है ! अरे, हां··· विसर्जनवादियों और उनके प्रतिनिधियों, अर्थशास्त्रीय समाज के दलालों की क्या खबर है ! अफ़सोस है कि उनकी तबियत दुरुस्त करने वाला वहां कोई नहीं है ! क्या सचमुच बिना सज़ा पाये वे बच निकलेंगे ? अब तो यह खुशखबरी लिख भेजिए कि जल्दी ही एक मुख-पत्र निकलने वाला है... ।"

बोल्शेविकों की कान्फ्रेंस (१६१५ ई०)—१६१५ की फ़रवरी में लेनिन की देखभाल में बर्न में बोल्शेविक दलों की एक कान्फ्रेंस हुई। एजेंडा के मुख्य विषय—"युद्ध और पार्टी के करणीय"—पर लेनिन ने रिपोर्ट दी। इस कान्फ्रेंस में लेनिन के क्रान्तिकारी दांव-पेंचों—साम्राज्यवादी युद्ध को गृह-युद्ध में परिवर्तित कर दो—का और इस नारे का कि ज़ारशाही सरकार को हराओ, बुखारिन ने विरोध किया। कान्फ्रेंस ने लेनिन द्वारा पेश किये गये प्रस्तावों को स्वीकार किया। केन्द्रीय कमिटी के घोषणापत्र और बर्न-कान्फ्रेंस के निश्चयों ने बोल्शेविकों के एके को और भी मज़बूत बना दिया।

बोल्शेविकों का काम—युद्ध के दिनों में भी बोल्शेविकों की क्रान्तिकारी कार्रवाइयां बराबर जारी रहीं। उनके सामने तुरन्त हल करने के लिए नयी-नयी समस्याएं आती रहीं। उनके पथ-प्रदर्शन के लिए लेनिन ने १६१५ ई० की शरद् में "सोत्सियाल-देमोक्रात" में एक लेख "कुछ थीसिस" के नाम से प्रकाशित किया। ११ सूत्रों में उन्होंने पार्टी के करणीयों का निर्देश किया। उन्होंने रूस में पूंजीवादी जनतांत्रिक-क्रान्ति के लिए संघर्ष और उसे समाजवादी क्रान्ति में परिवर्तित करने के सम्बंध में दाव-पेंचों और नारों की व्याख्या की। आने वाली क्रान्ति के अठारह महीने पहले ही लेनिन ने बता दिया कि क्रान्ति के समय पार्टी का क्या रुख होना चाहिए। उन्होंने जो बात कही थी, वह बिलकुल ठीक साबित हुई।

कमकरों तथा जनसाधारण में काम करने के अतिरिक्त नौसेना और सेना में—विशेषकर उत्तरी मोर्चे तथा बाल्तिक प्रदेशों की सेनाओं में—बोल्शेविकों ने अपनी क्रान्तिकारी कार्रवाई जारी रखी। क्रान्ति की अवस्था परिपक्व होती जा रही थी। रूस में ही नहीं, बल्कि पश्चिम में भी क्रान्ति की सी स्थिति नज़दीक आ रही थी। लेनिन के नेतृत्व में बोल्शेविक पार्टी क्रान्ति की मुख्य संगठक शक्ति थी। केवल लेनिन और बोल्शेविक ही युद्ध काल में सच्चे अन्तर्राष्ट्रीयतावादी और पक्के क्रान्तिकारी रहे। बाक़ी सब तो आंधी के सामने सूखे तिनकों की तरह उड़ गये। द्वितीय इन्टर्नेशनल के पतन को देखकर विश्वयुद्ध के आरम्भ के समय से ही लेनिन ने नये इन्टर्नेशनल की नींव रखनी शुरू कर दी थी। स्तालिन के शब्दों में :

"यह ऐसा समय था जब दूसरी इन्टर्नेशनल ने पूंजीवाद के सामने अपने झंडे को झुका दिया था और प्लेखानोफ़, कौट्स्की, गुइदे जैसे लोग

भी देशाहंकार की बाढ़ के सामने टिक नहीं सके थे। लेनिन ही उस समय केवल, अथवा प्रायः केवल, वह व्यक्ति थे जिन्होंने सामाजिक देशाहंकार और सामाजिक शान्तिवाद के विरुद्ध दृढ़ता के साथ संघर्ष करते हुए गुइदे और कॉट्स्की जैसों के विश्वासघात की निन्दा की... । लेनिन जानते थे कि उन्हें केवल एक नगण्य अल्पमत का समर्थन प्राप्त है। लेकिन उनके लिए यह निर्णायक बात नहीं थी। वह जानते थे कि भविष्य में सफल होनेवाली ठीक नीति एक ही है—और वह है दृढ़ अन्तर्राष्ट्रीयतावाद की नीति... ।

"हम जानते हैं कि नये इन्टरनेशनल के लिए संघर्ष में जीत लेनिन की हुई।"

४. साम्राज्यवादी युद्ध

लेनिन ने जब पहले-पहल साम्राज्यवादी युद्ध को गृह-युद्ध में परिवर्तित करने के लिए अपील की थी तो दुनिया के मज़दूर-आन्दोलन में उनकी यह अकेली आवाज़ थी। लेकिन, लेनिन प्रवाह में बह जाने वाले व्यक्ति नहीं थे। उन्होंने हिम्मत से काम लिया और युद्ध के वास्तविक लक्ष्यों को नंगा करके लोगों के सामने रखा। उन्होंने साम्राज्यवादी सरकारों और पूंजीपतियों के जूते चाटने वाले "समाजवादी" लगुओं-भगुओं की झूठों और धोखा-धड़ी को खोल कर रखा। लेनिन को सबसे ज्यादा घृणा थी कॉट्स्की, त्रात्स्की जैसे तथाकथित केन्द्रवादी समाजवादियों से जो मुंह से तो मार्क्स का नाम लेते थे पर मार्क्स के सिद्धान्तों का खून कर रहे थे। कॉट्स्की के बारे में उन्होंने लिखा था : "कॉट्स्की को मैं सबसे अधिक घृणा और नाराजी से देखता हूं।" त्रात्स्की के बारे में उन्होने अपने एक लेख में लिखा था : "ईश्वर ने खुद त्रात्स्की को हुक्म दिया था कि वह कॉट्स्की और बर्नस्टाइन के लहंगे से लिपटा रहे।" लेनिन ने अवसरवादियों के साथ पूर्णतया सम्बंध-विच्छेद करने के लिए कहा।

उन्होंने अवसरवादियों के सामने यह अल्टीमेटम रखने का प्रस्ताव किया :

"यह है हमारी केन्द्रीय कमिटी का......युद्ध सम्बंधी घोषणापत्र। तुम इसे अपनी भाषा में छापने को तैयार हो? नहीं? तो फिर, राम राम! हमारा रास्ता अलग, तुम्हारा रास्ता अलग।"

उन्होंने दृढ़तापूर्वक अवसरवादियों का विरोध किया। यद्यपि युद्धरत सरकारों ने अवसरवादियों के लिए प्रचार की सुविधाएं बढ़ा दी थीं और वे अपने ज़बर्दस्त शत्रु पर बराबर प्रहार कर रहे थे, तो भी लेनिन अन्तर्राष्ट्रीयतावादियों को एकताबद्ध करने की बराबर कोशिश करते रहे। सभी वामपन्थी समाजवादी नेताओं और गुटों के साथ उन्होंने सम्बंध स्थापित किये और अवसरवादियों से लोहा लेने के लिए उन्हें प्रभावित किया।

स्विज़रलैंड में पहुंचते ही योरप और अमरीका के मज़दूर-आन्दोलन की क्रान्तिकारी शक्तियों को एकजूट करने के लिए लेनिन ने पूरी ताक़त से प्रयत्न शुरू कर दिया था। केन्द्रीय कमिटी के घोषणापत्र तथा बोल्शेविकों के दूसरे अभिलेखों के भिन्न-भिन्न विदेशी भाषाओं में अनुवाद कराके उनका वितरण करने का प्रबंध किया। लेनिन की प्रेरणा से १४ सितम्बर, १९१४ को लुगानो में इतालवी और स्विस समाजवादियों का एक सम्मेलन हुआ जिसमें "युद्ध पर निबंध" पर बहस हुई। इससे सम्मेलन के प्रस्तावों पर बहुत प्रभाव पड़ा। १९१५ की फ़रवरी में अंतांत (जर्मनी-आस्ट्रिया) देशों के "समाजवादियों" का एक सम्मेलन हुआ जिसमें लेनिन ने युद्ध के पक्षपाती अवसरवादी समाजवादियों की पोल खोलते हुए बतलाया कि इन लोगों ने समाजवाद के साथ विश्वासघात किया है।

बोल्शेविकों की प्रेरणा से मार्च, १९१५ में अन्तर्राष्ट्रीय समाजवादी महिला-कान्फ्रेंस का अधिवेशन हुआ। इसके अधिकांश प्रतिनिधि निम्न-मध्यवर्गी शान्तिवादी विचारों के थे। लेकिन फिर भी इसका खास महत्व था। इसका महत्व इस बात में था कि युद्ध छिड़ने के बाद समाजवादियों की यह पहली अन्तर्राष्ट्रीय बैठक थी। लेनिन के सुझाव पर बोल्शेविक प्रतिनिधियों ने एक प्रस्ताव पेश किया जिसमें घोषित किया गया कि द्वितीय इन्टर्नैशनल के स्टुटगार्ट (१९०७) कोपेनहैगेन (१९१०) और बासले (१९१२) में किये गये निर्णयों का अधिकांश समाजवादी पार्टियों ने उल्लंघन किया है। समाजवाद के प्रति उनके विश्वासघात की निन्दा करते हुए घोषणा-पत्र में "वर्ग शान्ति" को तोड़ने का आह्वान किया गया।

इसके कुछ ही समय बाद बर्न में अन्तर्राष्ट्रीय तरुण कान्फ्रेंस हुई जिसमें बोल्शेविक प्रतिनिधियों का पथ-प्रदर्शन करते हुए लेनिन ने दूसरे देशों के आन्दोलनों के प्रमुख नेताओं के साथ सम्बंध स्थापित किये।

युद्ध जितना ही और आगे बढ़ रहा था, जनता के संकट उतने ही बढ़ते जाते थे। युद्ध तथा सामाजिक-देशाहंकार के विरुद्ध लोगों का मनोभाव दृढ़ हो रहा था।

१९१५ ई० की शरद् में—युद्ध छिड़ने के एक साल बाद ही—जनता युद्ध के दुष्प्रभाव का अनुभव करने लगी। लाखों आदमी मृत्यु के मुख में समाये जा रहे थे; औद्योगिक जीवन अस्त-व्यस्त हो रहा था; जीवन की आवश्यक वस्तुएं बहुत महंगी होती जाती थीं। युद्ध का ज्वर अब नीचे उतरने लगा था। साफ़ मालूम हो रहा था कि लेनिन का सोचना ठीक साबित हुआ। लोगों में असंतोष बढ़ रहा था। ऐसे समय में सभी देशों के वाम-समाजवादी नेताओं का एक सम्मेलन बुलाने की आवश्यकता अधिकाधिक बढ़ती जा रही थी। लेनिन ने इसके लिए बड़ी सावधानी से तैयारी की।

इतालवी तथा स्विस इस समाजवादी सम्मेलन को पूंजीवादी-शान्तिवादी और केन्द्रवादी संगठनों का सम्मेलन बना देना चाहते थे। लेनिन ने उनकी एक न चलने दी। जुलाई, १६१५ में प्रारम्भिक सम्मेलन हुआ। इसमें बोल्शेविक प्रतिनिधियों को भेजने में लेनिन सफल हुए। इसके बाद उन्होंने वामपन्थी समाजवादियों के प्रमुख व्यक्तियों पर भी सम्मेलन में जाने के लिए ज़ोर डाला। सम्मेलन का बाक़ायदा उद्घाटन होने के समय तक लेनिन एक वाम-गुट संगठित करने में सफल हो गये। इसे बाद में ज़िमिरवाल्ड-वामपन्थ कहा गया। योरप के दूसरे कमकरों को युद्ध के बारे में बोल्शेविकों की स्थिति बतलाने के लिए लेनिन ने ज़िमिरवाल्ड कान्फ्रेंस के ठीक पहले एक पुस्तिका "समाजवाद और युद्ध" जर्मन भाषा में प्रकाशित करायी। उन्होंने बर्न के बोल्शेविक सम्मेलन के प्रस्तावों को भी फ्रेंच भाषा में प्रकाशित कराया।

ज़िमिरवाल्ड कान्फ्रेंस (१६१५ ई०)—यह कान्फ्रेंस ५ सितम्बर, १६१५ को स्विज़रलैंड के एक गांव ज़िमिरवाल्ड में शुरू हुई। इसमें जर्मनी, फ्रांस, नार्वे, स्वीडन और हालैंड की समाजवादी पार्टियों के अल्पमतों, एवं इटली, स्विज़रलैंड, पोलैंड और लतविया के प्रतिनिधि तथा रूसी बोल्शेविक भी सम्मिलित हुए। वामपन्थ का नेतृत्व लेनिन ने इतनी योग्यता से किया कि कॉट्स्की के अनुयायियों का बहुमत होने पर भी कान्फ्रेंस के प्रस्तावों में उन्होंने अपनी कितनी ही बातें रखवाने में सफलता पायी। कान्फ्रेंस ने एक घोषणापत्र निकाला जो यद्यपि कितने ही परस्पर विरोधी भावों वाला तथा अस्पष्ट था, तो भी लेनिन और उनके नेतृत्व में वामपन्थी प्रतिनिधियों ने उसके लिए वोट दिये। पर साथ ही, लेनिन और वामपन्थियों ने इस सम्मेलन की असंगतियों की आलोचना करना बन्द नहीं किया। लेनिन के नेतृत्व में ज़िमिरवाल्ड-वामपन्थ ने "विश्व-युद्ध और समाजवादी जनतांत्रिकों के सामने करणीय" के नाम से अपना सिद्धान्त-पत्रक निकाला और अपना "घोषणापत्र" भी प्रकाशित किया। लेनिन ज़िमिरवाल्ड-वामपन्थ की इस समय की कार्रवाइयों को बहुत महत्वपूर्ण मानते थे। यद्यपि उस समय मज़दूर-आन्दोलन में रूसी बोल्शेविक तथा उनके नेतृत्व में चलने वाले वामपन्थियों का नगण्य अल्पमत था, तो भी उनकी हिम्मत कम नहीं हुई। लेनिन ने कहा था : "इस समय हम मुट्ठी भर हैं, यह तथ्य इतना महत्व नहीं रखता; हमारे साथ लाखों होंगे, क्योंकि बोल्शेविकों की स्थापना ही एकमात्र ठीक स्थापना है।"

५. *लेखन कार्य*

जिस तरह कितने ही अन्तर्राष्ट्रीय सम्मेलनों और दूसरी बैठकों में भाग लेते हुए लेनिन ने बोल्शेविक विचारों और कार्यक्रम का प्रचार किया, उसी तरह उनकी लेखनी भी अविश्राम गति से चलती रही।

"कार्ल-मार्क्स"—युद्ध के प्रारम्भिक महीनों में ग्रांट के विश्व शब्दकोष के लिए लेनिन ने "कार्ल मार्क्स" शीर्षक एक लेख लिखा। मार्क्स के जीवन के बारे में बताते हुए उन्होंने मार्क्सवाद के मुख्य-मुख्य सिद्धान्तों का विश्लेषण किया। मार्क्स के दार्शनिक सिद्धान्तों—भौतिकवाद, द्वन्द्ववाद, इतिहास की भौतिकवादी विचारधारा और वर्ग-संघर्ष—की विवेचना करते हुए उन्होंने अपने इस निबंध में मार्क्स के आर्थिक सिद्धान्तों, मूल्य, अतिरिक्त-मूल्य, पूंजी का संचयन, पूंजीवादी संचयन का ऐतिहासिक झुकाव, लाभ की औसत दर, भूमि कर, कृषि में पूंजीवाद का विकास, और समाजवाद तथा सर्वहारा के वर्ग-संघर्ष के दांव-पेच जैसे भूलभूत प्रश्नों का भी सुन्दर विवेचन किया।

१९१४-१५ में बर्न में हीगेल का अध्ययन जारी रखते हुए उन्होंने हीगेल की कृतियों—"तर्क", "इतिहास-दर्शन" और "दर्शन का इतिहास"—पर नोट लिखे और साथ ही अरस्तू, फ़ायरबाख़ जैसे दूसरे दार्शनिकों की कृतियों का भी अनुशीलन किया। ये नोट और उनके बारे में लेनिन की व्याख्या "दर्शन सम्बंधी नोट-बुक" के नाम से प्रसिद्ध है। इसको देखने से लेनिन के सैद्धान्तिक अध्ययन के वैज्ञानिक ढंग का पता लगता है। हीगेल के ग्रंथों की मूल्यवान बातों को बड़ी सावधानी से चुनते हुए उन्होंने हीगेल के आदर्शवाद के मिथ्या तत्व को हर जगह खोलकर रखा है। लेनिन भौतिकवादी द्वन्द्वात्मकता के वैज्ञानिक आधार का निर्माण करने और उसको सूत्रबद्ध करने के काम में लगे रहे। वह मार्क्सवादी द्वन्द्वात्मक सिद्धान्तों की एक संक्षिप्त रूपरेखा लिखना चाहते थे। उसी के लिए यह "दार्शन सम्बंधी नोट-बुक" उन्होंने तैयार की थी।

वह देख रहे थे कि रूसी-क्रान्ति निकट आ रही है। उसमें किसानों को बहुत महत्वपूर्ण पार्ट अदा करना होगा, यह वह जानते थे। इसलिए, किसान समस्या की ओर उनका ध्यान जाना स्वाभाविक था। उन्होंने किसान-समस्या का गम्भीरता-पूर्वक अध्ययन जारी रखा और पूंजीवादी देशों में इस समस्या का—कृषि की अवस्था और किसानों की हालत का—अध्ययन किया। उन्होंने संयुक्त राष्ट्र अमरीका तथा दूसरे देशों के कृषि सम्बंधी आंकड़ों का बड़े ध्यान से अध्ययन किया। इसके परिणाम-स्वरूप १९१४-१५ में उन्होंने "*संयुक्त राष्ट्र अमरीका में पूंजीवाद और कृषि*" पुस्तक लिखी जो १९१७ में जाकर ही प्रकाशित हो सकी। लेनिन की उस पुस्तक का यह पहला भाग था जिसे वह "कृषि में पूंजीवाद के विकास के क़ानूनों के बारे में नये आंकड़े" के नाम से लिखने वाले थे, किन्तु जिसे लिखने का उन्हें मौका नहीं मिला।

क्रान्ति से सम्बंध रखने वाले भिन्न-भिन्न विषयों पर लेनिन का दिमाग़ किस तरह घूमता था, यह इसीसे मालूम हो जायगा कि दर्शन और किसान-समस्या के साथ-साथ वह सैनिक विज्ञान की पुस्तकों का भी बड़ी गम्भीरता से अध्ययन कर रहे थे।

१६ वीं शताब्दी के इस विषय के महान् विचारक क्लौज़विज़ को वह बहुत योग्य मानते थे और उसकी इस बात की सत्यता को स्वीकार करते थे कि "युद्ध दूसरे" (हिंसात्मक) "साधनों से राजनीति का ही आगे जारी रहना है।" क्लौज़विज़ ने आक्रमण और प्रतिरक्षा के पारस्परिक सम्बंध पर जो विचार प्रकट किये हैं, उन की व्याख्या करते हुए लेनिन ने लिखा था : "प्रतिरक्षा और आक्रमण का भेद खतम हो जाता है" क्योंकि उसने लिखा है "अपनी भूमि की विदेशी भूमि पर रक्षा करो।"

"**साम्राज्यवाद**"—१६ वीं शताब्दी के अन्त में पूंजीवाद ने साम्राज्यवाद का जो अपना अन्तिम रूप धारण किया उसी का परिणाम प्रथम विश्व-युद्ध था। इसलिए साम्राज्यवाद के अध्ययन की ओर लेनिन का ध्यान जाना स्वाभाविक था। उन्होंने दुनिया की भिन्न-भिन्न भाषाओं में मिलने वाले साहित्य का बड़ी गम्भीरता से अध्ययन किया और बड़े आकार की बीस नोटबुकों में (कुल पृष्ठ ६४०) नोट लिए, जिन्हें पीछे "*साम्राज्यवादकी नोट-बुकें*" के नाम से प्रकाशित किया गया।

इन्हीं नोट-बुकों के आधार पर लेनिन ने "*साम्राज्यवाद, पूंजीवाद की चरम अवस्था*" १९१६ के जून में लिखकर समाप्त की। लेनिन की यह कृति मार्क्सीय साहित्य के श्रेष्ठ ग्रंथों में है। मार्क्स ने अपने "कापिताल" (पूंजी) में पूंजीवाद के आधारों का विश्लेषण किया था। लेनिन के ग्रंथ को "कापिताल" का ही आगे का भाग समझना चाहिए। उन्होंने बाज़ारों की इजारेदारी तथा पूंजीवादी तरीक़े से उद्योग-धन्धों के भारी विकास के बाद की अवस्था का विश्लेषण करके अपने इस ग्रंथ में सिद्ध किया कि साम्राज्यवाद मरनहाल पूंजीवाद है, कि "साम्राज्यवाद सर्वहारा सामाजिक-क्रान्ति का आरम्भ काल है।" लेनिन ने अपने इस ग्रंथ में पूंजीवाद की यह व्याख्या की :

> "साम्राज्यवाद पूंजीवाद के विकास की वह अवस्था है जिसमें इजारेदारियां और महाजनी पूंजी अपनी प्रधानता स्थापित कर लेती हैं; जिसमें पूंजी का निर्यात साफ़ तौर से महत्व प्राप्त कर लेता है; जिसमें अन्तर्राष्ट्रीय ट्रस्टें आपस में संसार का विभाजन आरम्भ करती हैं; और, जिसमें महान पूंजीवादी राज्यों के बीच पृथ्वी के सारे भूभागों का बंटवारा पूरी तौर से कर लिया जाता है।"

लेनिन ने बतलाया कि राजनीति के क्षेत्र में साम्राज्यवाद की अपनी विशेषता है,—जनवाद को छोड़ कर राजनीतिक प्रतिक्रियावाद को अपनाना। लेनिन ने कॉट्स्की के "चरम साम्राज्यवाद" के सिद्धान्त का पूरी तरह खण्डन किया। कॉट्स्की ने माना था कि साम्राज्यवाद के भीतर पूंजीवादी देशों का आपस में समझौता करना सम्भव है, इसके द्वारा युद्ध को सदा के लिए बन्द किया जा सकता है और सारे विश्व में संगठित उत्पादन की नींव डाली जा सकती है। बूढ़े

कॉट्स्की ने अपने इस सिद्धान्त द्वारा आशा प्रकट की थी कि अब शान्तिपूर्ण साधनों द्वारा पूंजीवाद के पारस्परिक विरोधों को हटाया जा सकता है और बिना सर्वहारा क्रान्ति के, सुधारों द्वारा, अपने लक्ष्य पर पहुंचा जा सकता है।

लेनिन ने साम्राज्यवाद के विकास की विवेचना की और बताया कि पूंजीवाद की इस अवस्था की विशेषताएं ये हैं: (१) इजारेदारी पूंजीवाद; (२) परजीवी या विनाशोन्मुख पूंजीवाद; और (३) मरनहाल पूंजीवाद। साथ ही उन्होंने यह भी बतलाया कि मरनहाल पूंजीवाद का अर्थ यह नहीं समझना चाहिए कि अब पूंजीवाद अपने आप खतम हो जायगा।

इस काल में जनता का बर्बर शोषण भयंकर रूप धारण कर लेता है जिससे सर्वहारा का असंतोष बढ़ता है और हर देश में क्रान्तिकारी शक्तियां परिपक्व होती हैं। साथ ही, उपनिवेशों तथा आश्रित देशों की करोड़ों जनता का बेलगाम शोषण और उत्पीड़न भी बढ़ता है जिससे वहां साम्राज्यशाही के खिलाफ़ मुक्ति संग्राम की शक्तियां ताक़तवर बनती हैं।

साम्राज्यवाद का अध्ययन करते हुए लेनिन ने पूंजीवाद के असमान राजनीतिक तथा आर्थिक विकास के सिद्धान्त का पता लगाया: पूंजीवाद का विकास इस समय अत्यन्त असमान तथा परस्पर-विरोधी स्वभाव का होता है। बाज़ारों तथा पूंजी लगाने के क्षेत्रों—उपनिवेशों एवं कच्चे माल के स्रोतों—को लेकर साम्राज्यवादी शक्तियों में जो घोर प्रतिद्वंद्विता पैदा होती है, वह संसार के फिर से बंटवारे के लिए समय-समय पर साम्राज्यवादी युद्धों को अनिवार्य बना देती है। साम्राज्यवादी युद्ध साम्राज्यवाद की शक्ति का क्षय करके, साम्राज्यवादी मोर्चे को उसके सबसे निर्बल स्थान पर तोड़ना सम्भव बना देता है। इसीसे लेनिन इस निष्कर्ष पर पहुंचे कि मार्क्स-एंगेल्स का पुराना सूत्र—अर्थात यह कि समाजवाद किसी एक देश में विजयी नहीं हो सकता और उसके लिए सभी आगे बढ़े हुए पूंजीवादी देशों में एक साथ सर्वहारा-क्रान्ति की विजय होनी आवश्यक है—अब नयी ऐतिहासिक परिस्थिति के अनुकूल नहीं है। उसकी जगह लेनिन ने नया सूत्र उपस्थित किया: समाजवाद किसी एक देश में भी विजयी हो सकता है; एक ही साथ सभी देशों में समाजवाद की विजय असम्भव है। यह हमारे युग की सबसे बड़ी खोज थी। इस नतीजे पर पहुंच कर ही लेनिन ने एक देश में समाजवाद की विजय प्राप्त करने में सफलता पायी और इसी के अनुसार स्तालिन ने एक देश में सफलतापूर्वक समाजवादी नवनिर्माण किया।

लेनिन ने अपने इस सिद्धान्त को पहले-पहल अगस्त १९१५ में "संयुक्त राष्ट्र योरप का नारा" नामक लेख में उपस्थित किया था:

> "असमान आर्थिक तथा राजनीतिक विकास पूंजीवाद का परम विधान है। इसलिए समाजवाद की विजय पहले कुछ या केवल एक

पूंजीवादी देश में भी सम्भव है। विजयी सर्वहारा अपने देश के पूंजीवादियों को खतम करके अपने समाजवादी उत्पादन का संगठन करने के बाद बाक़ी पूंजीवादी जगत का सामना करेगा, दूसरे देशों के उत्पीड़ित वर्गों को अपनी ओर आकृष्ट करेगा, शोषक वर्गों तथा उनके राज्यों के विरुद्ध विद्रोह खड़ा करेगा और आवश्यकता पड़ने पर हथियारबन्द शक्ति के रूप में भी मैदान में उतरेगा।"

यह कहने की आवश्यकता नहीं कि मार्क्स और एंगेल्स के पुराने सूत्र को छोड़कर लेनिन ने मार्क्सवाद के पथ को नहीं छोड़ा, क्योंकि हर वक्त की बदलती स्थिति के अनुसार अपनी कार्यनीति को बदलना मार्क्सवाद का एक मौलिक सिद्धांत है। उसी के अनुसार नये सूत्र का आविष्कार करके लेनिन ने व्यवहार द्वारा उसकी सत्यता सिद्ध कर दी।

६. *अभियान की तैयारी*

ज़िमिरवाल्ड-कान्फ्रेंस में वामपक्षी समाजवादियों को एकताबद्ध करने का जो काम लेनिन ने शुरू किया था, उसे आगे भी उन्होंने जारी रखा।

द्वितीय ज़िमिरवाल्ड-कान्फ्रेंस (१९१६ ई०)—अप्रैल, १९१६ में स्विज़रलैंड के किन्थल गांव में यह द्वितीय कान्फ्रेंस हुई। इस कान्फ्रेंस में वामपक्ष दक्षिणपक्ष से ज्यादा मज़बूत रहा और कान्फ्रेंस के निर्णयों पर पहले की अपेक्षा अधिक प्रभाव डालने में सफल हुआ। इसमें लेनिन ने शान्तिवाद की आलोचना और इंटर्नेशनल-समाजवादी ब्यूरो की कड़ी निन्दा का प्रस्ताव पास कराया। अवसरवादियों से विच्छेद करने पर ज़ोर देते हुए मार्च, १९१६ में लेनिन ने लिखा था : "वे सभी लोग सर्वहारा के शत्रु हैं जो ऐसा करने में हिचकिचा रहे हैं। उनके सामने हरगिज झुकना नहीं होगा।" शान्तिवादियों की नीति लेनिन की दृष्टि में झूठी आशा पैदा करने के सिवा और कुछ नहीं थी। वह "निःशस्त्रीकरण" के नारे को भी बेकार समझते थे। इसकी जगह लेनिन ने कहा कि युद्ध दो प्रकार के होते हैं। न्यायपूर्ण और अन्यायपूर्ण। बोल्शेविकों और सर्वहारा क्रान्तिकारियों को सभी युद्धों का नहीं, बल्कि आक्रमणात्मक और अन्यायपूर्ण युद्धों का विरोध करना चाहिए। इन युद्धों का उद्देश्य होता है, दूसरे लोगों को जीतकर दास बनाना। लेकिन मुक्ति के युद्ध—जैसे दास बनाने के लिए प्रयत्न करने वालों के विरुद्ध लोगों का लड़ाई करना, पूंजीवाद के जुए से लोगों को मुक्त करने के लिए लड़ना, साम्राज्यवाद के जुए से उपनिवेशों और परतन्त्र देशों की मुक्ति के लिए युद्ध करना—न्यायपूर्ण युद्ध हैं। बोल्शेविकों को इन युद्धों का समर्थन करना चाहिए।

पुरोहितों और निम्न-मध्यवर्गियों के शान्तिवाद को खोखला बतलाते हुए लेनिन ने कहा कि पूंजीवाद के रहते लड़ाई के खतम हो जाने का स्वप्न देखना

बिल्कुल बेकार है। युद्ध तभी सदा के लिए बंद हो सकते हैं जब पूंजीवाद को खतम कर सारी दुनिया में समाजवाद की विजय हो जाय। सर्वहारा को शान्ति और अहिंसा का उपदेश देनें वालों के तर्कों की धज्जियां उड़ाते हुए लेनिन ने लिखा था :

> "जो उत्पीड़ित वर्ग हथियारों का इस्तेमाल सीखने की, हथियारों पर अधिकार प्राप्त करने की इच्छा नहीं रखता, वह गुलामों जैसे व्यवहार के ही योग्य है।"

प्रत्येक वर्ग-समाज में उत्पीड़क वर्ग सदा हथियारबन्द रहता है। इसलिए जो शोषण के जुए को उतार फेंकना चाहते हैं, उन्हें हथियार लेकर अपने शोषकों के विरुद्ध भयंकर संघर्ष करना होगा। हमारा नारा होना चाहिये :

> "पूंजीवादियों को पराजित करने, उनके स्वत्वों को छीनने, तथा उन्हें निहत्था करने के लिए सर्वहारा को हथियारबन्द करो!"

लेनिन ने बुखारिन, पेताकोफ़, रादेक जैसों के चरम-वामपंथी—किन्तु वस्तुतः चरम-अवसरवादी—इस दावे का भी घोर विरोध किया कि साम्राज्यवाद के भीतर सर्वहारा को जनतांत्रिक उद्देश्यों के लिए नहीं लड़ना चाहिए।

भावी क्रान्ति—क्रान्ति आगे बढ़ती चली आ रही है, इसे लेनिन पहले ही से साफ़ देख रहे थे। १९१६ ई० की शरद् में ही उन्होंने लिखा था :

> "योरप में समाजवादी क्रान्ति सभी तरह के उत्पीड़ित तथा असंतुष्ट तत्वों की ओर से सार्वजनिक संघर्ष का विस्फोट छोड़ और कुछ नहीं हो सकती। निम्न-मध्यवर्ग और पिछड़े कमकरों के कुछ भाग भी इसमें अनिवार्यतः भाग लेंगे। उनके भाग लिए बिना सामूहिक संघर्ष असम्भव है, कोई क्रान्ति सम्भव नहीं है। यह भी अवश्यम्भावी है कि ये लोग आन्दोलन में अपनी मिथ्या धारणाओं, अपनी प्रतिक्रियावादी कल्पनाओं, अपनी कमज़ोरियों और भूलों को भी अपने साथ लायेंगे। लेकिन, वस्तुरूपेण वे पूंजी पर आक्रमण करेंगे; और, क्रान्ति के वर्ग-चेतन हिरावल—अग्रगामी सर्वहारा—विविधापूर्ण एवं बिखरे हुए, बहुरंगी और देखने में असम्बद्ध सामूहिक संघर्ष के वस्तु सत्य को व्यक्त करते हुए इस संघर्ष को संयुक्त करके और संचालित करके सत्ता पर कब्ज़ा करने, बैंकों पर अधिकार करने, सभी लोगों की घृणा की पात्र (भिन्न-भिन्न कारणों से!) ट्रस्टों को खतम करने तथा अन्य अधिनायकत्वपूर्ण क़दम उठाने में सफल होंगे, जो कुल मिलाकर पूंजीपतियों को सत्ता से हटाना और समाजवाद की विजय होगा। लेकिन... इससे निम्न-मध्यवर्गी मैल तुरन्त "धुल" नहीं जायेगा।"

लेनिन ने जातियों की समस्या पर अपने विचारों को फिर स्पष्ट रूप में रखा और आत्म-निर्णय तथा अलग होकर स्वतंत्र राज्य स्थापित करने के जातियों

के अधिकार को स्वीकार करने पर ज़ोर दिया। उन्होंने बताया कि साम्राज्यवाद के युग में विश्व की जनता दो असमान भागों में बंटी हुई है। एक भाग में उत्पीड़क राष्ट्रों का छोटा सा गुट है और दूसरे में उपनिवेशों, अर्ध-उपनिवेशों और परतन्त्र देशों की उत्पीड़ित जनता है। मार्क्स-एंगेल्स के नारे को फिर से दोहराते हुए लेनिन ने कहा : "वह राष्ट्र कभी स्वतंत्र नहीं हो सकता जो स्वयं दूसरे राष्ट्रों का उत्पीड़न करता है।" मार्च, १६१६ में लेनिन ने "समाजवादी क्रान्ति और जातियां का आत्म-निर्णय का अधिकार" के नाम से एक निबंध लिखा। उसी साल शरद् में उन्होंने "आत्म-निर्णय की बहस का सार" नाम का भी एक लेख लिखा। इसमें उन्होंने जातियों के सर्वसत्ता-सम्पन्न होने के अधिकार पर ज़ोर दिया।

कम्युनिस्ट इन्टर्नेशनल—कॉट्स्की, ग्रिम तथा दूसरों ने ज़िमिरवाल्ड और किन्थल के घोषणापत्रों पर हस्ताक्षर किये थे। लेकिन अब वे अवसरवादियों से समझौता और मैत्री करने का प्रयत्न कर रहे थे। इस पर लेनिन ने ऐलान किया कि "ज़िमिरवाल्ड (इन्टर्नेशनल) साफ़ तौर से अब दिवालिया हो गयी है।" ज़िमिरवाल्ड के पतन के बाद लेनिन को नये इन्टर्नेशनल की आवश्यकता महसूस हुई। उन्होंने उसके लिए अपील की।

परिस्थितियों का लेखा-जोखा—एक बार फिर लेनिन ने क्रान्ति और राज्य के बारे में मार्क्स और एंगेल्स की कृतियों का गम्भीर अध्ययन किया। जो सामग्री उन्होंने जमा की, वह बाद में *"राजसत्ता और क्रान्ति"* के नाम से प्रकाशित हुई।

अपनी इस कृति में लेनिन ने लिखा कि राज्य के सिद्धान्त के सम्बंध में १६०५ ई० की रूसी-क्रान्ति की महान् देन यह थी कि पुराने, पके-पकाये राज्य और पार्लामेन्टी (संसदीय) यन्त्रों की जगह उसने "कमकर प्रतिनिधियों की सोवियतों और उनके प्रतिनिधियों" को स्थापित किया।

२२ जनवरी, १६१७ को "खूनी इतवार" की बरसी मनाने के समय ज़ूरिच के तरुण कमकरों की एक सभा हुई। इसमें १६०५ ई० की क्रान्ति पर भाषण देते हुए लेनिन ने कहा :

> "आज योरप में जो श्मशान जैसी नीरवता छाई हुई है, उससे हमें धोखा नहीं खाना चाहिए। योरप क्रान्ति के लिए उद्यत हो रहा है। साम्राज्य-वादी युद्ध की राक्षसी भीषणता और जीवनोपयोगी वस्तुओं की भारी महंगी के कारण जो कष्ट हो रहा है, वह सभी जगह क्रान्तिकारी भावनाओं को पैदा कर रहा है। शासक वर्ग—पूंजीपति वर्ग—अपने पिट्ठुओं, यानी सरकारों, के साथ अन्धी गली की ओर अधिकाधिक बढ़ते जा रहे हैं जहां से बिना जबर्दस्त विस्फोट के वे अपने को कभी बाहर नहीं निकाल सकते।"

उक्त भाषण के एक महीने से थोड़े ही दिन बाद साम्राज्यवादी शृंखला की सबसे कमज़ोर कड़ी—रूस—में क्रान्ति फूट पड़ी।

फ़रवरी क्रान्ति—१६१७ के साल की शुरुआत ही ६ जनवरी की हड़ताल से हुई। हड़ताल के दौरान में पेत्रोग्राद (जर्मनों के प्रति अपने विरोधी भाव को प्रकट करते हुए रूसियों ने जर्मन शब्द "बुर्ग" को निकाल कर उसकी जगह रूसी शब्द "ग्राद" जोड़ कर अब राजधानी का नाम पेत्रोग्राद कर दिया था), मास्को, बाकू और निझ्नी-नवगरोद में प्रदर्शन हुए।

१८ फ़रवरी को पेत्रोग्राद के पुतिलोव कारखाने में हड़ताल शुरू हुई। कारखाने के मैनेजर ने धमकी दी कि वह हड़ताली मज़दूरों को निकाल बाहर करेगा। २२ फ़रवरी को कारखाना बन्द रहा। दूसरे दिन पुतिलोव कारखाने के २०,००० मज़दूरों ने शहर में प्रदर्शन किया। २३ फ़रवरी को अन्तर्राष्ट्रीय महिला दिवस था। बोल्शेविक पार्टी ने मज़दूरों को हड़ताल पर निकल आने का नारा दिया। लगभग ६०,००० मज़दूरों ने औज़ार रख दिये। दिन में पेत्रोग्राद के आसपास का इलाक़ा प्रदर्शनकारियों के हाथ में था। इनमें अधिकांश महिलाएं थीं जो राशन की दूकानें छोड़ प्रदर्शन में भाग लेने के लिए सिमट आयी थीं।

२४ फ़रवरी को प्रदर्शन और भी ज़ोर-शोर से हुआ। लगभग दो लाख मज़दूर हड़ताल में शामिल हुए।

२५ फ़रवरी को जगह-जगह प्रदर्शन और पुलिस से टक्करें हुईं। मज़दूरों के झंडों पर लिखा था : "ज़ार का नाश हो!", "युद्ध मुर्दाबाद!", "हमें रोटी दो!"

सर्वहारा को १६०५ की क्रान्ति के सबक़ भूले नहीं थे। वे जानते थे कि फ़ौज को अपनी तरफ़ लाना ज़रूरी है। मज़दूर, विशेषकर मज़दूर औरतें, फ़ौजियों को घेर लेतीं। उनकी संगीनें पकड़ कर वे उनसे अपील करतीं कि क्रान्ति को अपने भाइयों को खून में न डुबाओ।

२६ फ़रवरी को पावलोव्स्की पलटन की रिज़र्व बटालियन की चौथी कम्पनी ने अपनी बन्दूकों का मुंह उन पुलिस घुड़सवारों के जत्थों की तरफ़ मोड़ दिया जो मज़दूरों से टक्कर ले रहे थे।

२६ फ़रवरी को केन्द्रीय समिति के ब्यूरो ने जनता का आह्वान किया कि वह ज़ारशाही के खिलाफ़ हथियारबन्द संघर्ष जारी रखे।

२७ फ़रवरी को पेत्रोग्राद की फ़ौज ने मज़दूरों पर गोली चलाने से इन्कार कर दिया। विद्रोह में शामिल होने वाले फ़ौजियों की संख्या शाम तक ६० हज़ार तक पहुंच गयी।

मज़दूरों और सिपाहियों ने ज़ार के मंत्रियों और जनरलों को गिरफ्तार करना तथा क्रान्तिकारियों को जेल से रिहा करना शुरू कर दिया।

पेत्रोग्राद में क्रान्ति की विजय का दूसरे शहरों और युद्ध के मोर्चों पर भी असर पड़ा। वहां भी मज़दूर और सिपाही ज़ार के अफ़सरों को हटाने लगे!

फ़रवरी की पूंजीवादी-जनवादी क्रान्ति विजयी हुई!

लौटने की तैयारी—लेनिन को पेत्रोग्राद के विद्रोह की विजय की खबर पहले-पहल मार्च के आरम्भ में मिली। अब वह सब कामों को छोड़ हरेक महत्वपूर्ण घटना का मूल्यांकन करने तथा रूस में लौटने के लिए अधीर हो गये। ४ मार्च, १९१७ को उन्होंने रूस की क्रान्तिकारी घटनाओं का विश्लेषण करते हुए अपने एक निबंध की रूपरेखा तैयार की। अस्थायी सरकार के बारे में अपने विचार प्रकट करते हुए लेनिन ने कहा कि यह पूंजीवादी साम्राज्यवादी सरकार है जिसका लक्ष्य लुटेरों के इस युद्ध को अन्त तक जारी रखना है। कमकर व सैनिक-प्रतिनिधियों की सोवियतों को उन्होंने "कमकर सरकार का गर्भांकुर" और उन तमाम ग़रीबों के—९० प्रतिशत जनता—के हितों का प्रतिनिधि बतलाया, जो शान्ति, रोटी और स्वतंत्रता के लिए जद्दोजहद कर रहे थे।

बोल्शेविक पार्टी के रुख के बारे में लेनिन ने उसी समय लिखा था कि "हमारी पार्टी का अस्तित्व स्वतंत्र और पृथक् रहेगा। किसी भी दूसरी पार्टी से मेल नहीं करना—यह मेरा अल्टीमेटम है। इसके बिना सर्वहारा का जनवादी क्रान्ति से कम्यून तक पहुंचना असम्भव होगा। और मैं, इसे छोड़ और किसी दूसरे उद्देश्य की सेवा नहीं करूंगा।"

लेनिन स्विज़रलैंड में पिंजड़े में बन्द शेर की तरह तड़फड़ा रहे थे। "ऐसे समय में यहां रहना हम सबों के लिए कैसी सांसत है!" लेकिन, स्विज़रलैंड से निकल कर रूस पहुंचना आसान काम नहीं था। अंतांत देशों (जर्मनी-आस्ट्रिया) ने अपने भीतर से जाने की आज्ञा देने से इन्कार कर दिया था। यह भी स्पष्ट था कि इंग्लैंड साम्राज्यवादी युद्ध के भयंकर शत्रु लेनिन को स्विज़रलैंड छोड़ने का मौक़ा नहीं दे सकता।

अध्याय १४

रूस लौटे

१. लौटने में कठिनाइयां

लेनिन हताश नहीं हुए। उन्होंने रूस जाने के लिए रास्ता निकालने का प्रयत्न जारी रखा। अन्त में, स्विस मज़दूर-आन्दोलन के कुछ प्रमुख व्यक्तियों के प्रयत्न से निम्न शर्तों पर जर्मनी ने लेनिन को अपनी ज़मीन पर से देश लौटने की इजाज़त दी: जिस गाड़ी में लेनिन और दूसरे राजनीतिक निर्वासित यात्रा करेंगे, उसमें उन्हें अतिभूभागीय अधिकार होगा; मुसाफिरों के पासपोर्ट तथा सामान की जांच नहीं की जायगी; उनकी अनुमति के बिना कोई आदमी गाड़ी में दाखिल नहीं होगा। दूसरी तरफ निर्वासितों को भी मंजूर करना होगा कि देश पहुंचकर वे संख्या में अपने जितने ही रूस में नज़रबन्द आस्ट्रियनों और जर्मनों की रिहाई के लिए आन्दोलन करेंगे।

स्विज़रलैंड छोड़ते समय लेनिन ने "स्विस कमकरों को विदाई-पत्र" लिखा। यह विदाई-पत्र बोल्शेविक निर्वासितों की एक सभा में पढ़ा और स्वीकृत किया गया। इस पत्र में लेनिन ने रूस के सर्वहारा के करणीयों को बतलाते हुए कहा कि बोल्शेविक पार्टी तुरन्त शान्ति और सभी उपनिवेशों, सभी उत्पीड़ित जातियों, की मुक्ति का प्रस्ताव रखेगी। पत्र के अंत में उन्होंने निम्न शब्द लिखे थे: "साम्राज्यवादी युद्ध को गृह-युद्ध में परिवर्तित करना एक वास्तविकता बनती जा रही है। योरप में आरम्भ हो रही सर्वहारा-क्रान्ति जिन्दाबाद!"

६ अप्रैल, १९१७ को लेनिन कुछ अन्य राजनीतिक निर्वासितों सहित बर्न से रवाना हुए। जर्मनी से गुज़रते हुए, १४ अप्रैल को सवेरे वह तटस्थ देश स्वीडन के स्टाकहोम नगर में पहुंचे। उसी दिन शाम को उन्होंने रूस के लिए प्रस्थान कर दिया। स्वीडन से वह फिनलैंड में दाखिल हुए, जो उस समय ज़ारशाही के आधीन था। रेल द्वारा फिनलैंड पार करते हुए लेनिन ने सिपाहियों से बातचीत की, उनके मनोभावों को जानने के लिए कितने ही प्रश्न पूछे और "भूमि, स्वतंत्रता तथा युद्ध की समाप्ति" के सम्बंध में बातचीत की।

२. स्वागत

१६ अप्रैल को लेनिन बेलो-ओस्त्रोफ़ स्टेशन पर पहुंचे। यहीं कमकरों से उनका पहला अत्यन्त उत्साहवर्धक मिलन हुआ। वहां सेस्तोरेत्स्क के कमकरों ने

और स्तालिन के नेतृत्व में पेत्रोग्राद के कमकरों के प्रतिनिधि मंडल ने, लेनिन का ज़बर्दस्त स्वागत किया। वहां उपस्थित एक कमकर ने इस मीटिंग के बारे में बाद में बतलाया था :

"जैसे ही इलिच ने गाड़ी से बाहर पैर रखा, मैंने बड़ी ऊंची आवाज़ में चिल्लाकर कहा : "इलिच की जय!" और मैं उनके एक पैर से इस तरह लिपट गया कि वह अपने को न संभाल सके और उन्होंने हाथों को मेरी गर्दन में लपेट लिया। मेरे पास वाले कुछ और साथियों ने भी पकड़ा और हमने उन्हें अपने कन्धों पर उठा लिया। जब हम ऐसा कर रहे थे उसी समय उन्होंने कहा : "संभाल के, भाई! क्या इरादा है तुम लोगों का! .." लेकिन हम उन्हें कन्धे से ऊपर उठाये लिए चले। हमारी तरफ़ आने वाले लोग हमें रास्ता देने के लिए अलग खड़े हो गये (प्लेटफ़ार्म पर हमारे सिवा बहुत तरह के लोगों की भारी भीड़ लगी हुई थी)। हमने इलिच को स्टेनशन ले जाकर ज़मीन पर खड़ा किया। वह वहां खड़े थे और उनके चारों तरफ़ खड़े हम कमकर मुंह से एक शब्द नहीं निकाल सके। आनन्द के मारे मानो हम स्तम्भित हो गये थे। मुझे अब भी याद है कि मैं अपने से पूछ रहा था : क्या यह सपना है? क्या यह व्लादिमिर इलिच ही मटमैली पोशाक पहने बेलो-आस्त्रोफ़ के लकड़ी वाले फ़र्श पर खड़े हैं?

"यह दृश्य वर्णनातीत था। मैंने देखा, इलिच भी बहुत भावावेश में आ गये हैं। लेकिन यह सब कुछ एक क्षण तक ही रहा। उन्होंने जल्दी ही अपने को संभाला और फिर पहले एक को, फिर दूसरे को और फिर तीसरे को छाती से लगाकर चूमा। हमारे एक साथी ने सेस्तोरेत्स्क के कमकरों की ओर से उनके स्वागत में भाषण दिया।"

१६ अप्रैल की रात को ११ बजकर १० मिनट पर लेनिन पेत्रोग्राद पहुंचे। राजधानी का फिनलैंड स्टेशन, स्टेशन का हाता, पास की सारी सड़कें लाल झंडे लिए हज़ारों कमकरों, सैनिकों और नौसैनिकों से भरी थीं। ट्रेन से लेनिन के बाहर निकलते ही भीड़ में एक अवर्णनीय जोश फैल गया।

सर्वहारा ने अपने नेता का ज़बर्दस्त हर्षध्वनि के साथ अभिनन्दन किया। लेनिन को भी अपने भावों को संभालना मुश्किल हो गया। कमकर उन्हें कन्धे तक ऊपर उठाकर बड़े विश्राम-घर ले गये। यहां पर मेन्शेविक नेता उनके स्वागत में भाषण देना चाहते थे। लेकिन, लेनिन उनकी उपेक्षा करके बाहर हाते में चले गये। बाहर कमकर, सैनिक और नौसैनिक उनकी प्रतीक्षा कर रहे थे।

हाते में एक बख्तरबन्द मोटर खड़ी थी। लेनिन उस पर चढ़ गये और उन्होंने अपना प्रसिद्ध भाषण देते हुए जनता का समाजवादी-क्रान्ति की विजय के

लिए लड़ने का आह्वान किया। अपने भाषण को उन्होंने इस ऐतिहासिक नारे के साथ समाप्त किया : "समाजवादी क्रान्ति ज़िन्दाबाद !"

दीर्घकालीन निवासन के बाद पेत्रोग्राद के सर्वहारा और सैनिकों के सामने उनका यह पहला व्याख्यान था। उसी बख्तरबन्द मोटर पर लेनिन स्टेशन से बोल्शेविक पार्टी की केन्द्रीय कमिटी के हेड-क्वार्टर को चले। पीछे-पीछे कमकर जनता का एक विशाल जलूस चल रहा था। सर्चलाइटें सड़क पर रोशनी करती चल रही थीं और सड़क के दोनों ओर मज़दूर नर-नारी पांति बांधे खड़े थे। लेनिन का आगमन क्रान्ति और बोल्शेविक पार्टी के लिए ज़बर्दस्त महत्व रखता था। दुनिया की जो अद्भुत क्रान्ति अब घटित होने जा रही थी, उसके लिए लेनिन जैसा अद्भुत पुरुष ही आवश्यक था। क्रान्ति के नेता ने बागडोर अपने हाथ में संभाली। उसी रात उन्होंने अपने मित्रों और सहकारियों से आगे के काम के बारे में अपने विचारों को बतलाया और उनकी राय ली। वस्तुतः बेलो-ओस्त्रोफ़ स्टेशन से ही वह स्तालिन तथा अपने दूसरे सहकारियों से हर तरह की जानकारी प्राप्त करते चले आये थे।

३. अप्रैल-थीसिस

१६ अप्रैल के बाद १७ अप्रैल आया। उसी दिन सुबह तौरिदा प्रासाद में मुख्य कार्यकर्ताओं की एक बैठक में लेनिन ने युद्ध और क्रान्ति के सम्बंध में अपना भाषण दिया और पीछे अखिल रूसी सोवियत कान्फ्रेंस के बोल्शेविक और मेन्शेविक प्रतिनिधियों की एक बैठक में अपना निबंध पढ़ा। यही प्रसिद्ध 'अप्रैल-थीसिस' थी, जिसने पार्टी का नया पथ-प्रदर्शन किया। लेनिन ने बतलाया कि आज की स्थिति की विचित्रता है दोहरी राज्यशक्ति का अस्तित्व में आना; अस्थायी सरकार के साथ-साथ सोवियतों के रूप में आज एक दूसरी सरकार भी यहां मौजूद है। अस्थायी सरकार पूंजीवादियों के अधिनायकत्व का शासन-यन्त्र है। सोवियतें सर्वहारा और किसानों के क्रान्तिकारी-जनतांत्रिक अधिनायकत्व का शासन-यन्त्र हैं। यह दोहरी राज्यशक्ति क्रान्ति के विकास की संक्रान्ति कालीन अवस्था को बतलाती है, कारण कि दोहरी राज्यशक्ति जैसी कोई चीज़ देर तक नहीं टिक सकती। "रूस की वर्तमान स्थिति की विशेषता यह है कि वह क्रान्ति के प्रथम अवस्था से दूसरी अवस्था में संक्रमण की द्योतक है। क्रान्ति की पहली अवस्था में सर्वहारा की अपर्याप्त वर्ग-चेतना और संगठन के कारण सत्ता पूंजीवादियों के हाथ में चली गयी। दूसरी अवस्था में सत्ता सर्वहारा और ग़रीबी के स्तर के किसानों के हाथों में आयेगी।" थीसिस में लेनिन ने सबसे अधिक ज़ोर इस बात पर दिया था कि सारी राज्य-शक्ति को सोवियतों के हाथ में पहुँचा कर एक सोवियत गणराज्य की स्थापना की जाय।

अब तक पूंजीवाद से समाजवाद में संक्रमण के समय समाज के राजनीतिक संगठन का सबसे अनुकूल रूप संसदीय जनतांत्रिक गणराज्य माना जाता था। लेकिन, पेरिस कम्यून के अनुभवों का वैज्ञानिक ढंग से विश्लेषण करते हुए और १६०५ की रूसी क्रान्ति तथा १६१७ की पूंजीवादी-क्रान्ति के अनुभवों को ध्यान में रखते हुए, लेनिन इस निष्कर्ष पर पहुंचे कि सोवियत गणराज्य समाज का कहीं अधिक ऊंचा राजनीतिक संगठन है। सर्वहारा अधिनायकत्व का राज्य सोवियतों के रूप में होगा। लेनिन ने तुरन्त सोवियतों के इस महत्व को समझा। वह जानते थे कि पूंजीवादी शासन-यन्त्र को ध्वस्त करके उसकी जगह नये शासन-यन्त्र को क़ायम किये बिना सर्वहारा-क्रान्ति अपने उद्देश्य में सफल नहीं हो सकती। पुराने स्वार्थों के साथ उन्हें दया-माया नहीं दिखलानी थी। इसलिए वह भारत के आज के नेताओं की तरह अंग्रेज़ों की पकी-पकाई नौकरशाही से काम लेने जैसी भूल नहीं कर सकते थे। यदि लेनिन ने यह महत्वपूर्ण क़दम आरम्भ ही में न उठाया होता, तो सर्वहारा की हार होती और उसके दुश्मन विजयी होते। लेनिन ने उसी समय नारा दिया : "अस्थायी सरकार की सहायता मत करो!" लेकिन साथ ही, लेनिन ने पार्टी को सावधान भी किया कि अभी अस्थायी सरकार को उखाड़ फेंकने का समय नहीं आया है, क्योंकि अभी उसे सोवियतों का समर्थन प्राप्त है। सोवियतों में अभी मेन्शेविकों तथा समाजवादी-क्रान्तिकारियों का प्राधान्य था। लेनिन ने बोल्शेविकों को बतलाया कि इन पार्टियों की विश्वासघाती नीति और अवसरवादिता को जनता के सामने नंगा करते हुए उन्हें उसके समर्थन से वंचित करना और सोवियतों के बहुमत को अपने पक्ष में करना हमारा मुख्य कर्तव्य है।

४. *कम्युनिस्ट-पार्टी (१६१७ ई०)*

पार्टी के सम्बंध में लेनिन ने सुझाव रखा कि पार्टी का कार्यक्रम और नाम बदल दिया जाय। 'समाजवादी जनतांत्रिक पार्टी'—यह नाम द्वितीय इन्टर्नैशनल से सम्बद्ध पार्टियों और रूसी मेन्शेविकों के समाजवाद के प्रति विश्वासघात और अवसरवादिता के कारण इतना बदनाम हो चुका था कि उसे और क़ायम रखना ठीक नहीं था। लेनिन ने प्रस्ताव रखा कि बोल्शेविक पार्टी का नाम कम्युनिस्ट पार्टी रखा जाय, क्योंकि बोल्शेविक पार्टी का अन्तिम लक्ष्य कम्युनिज़्म (साम्यवाद) को स्थापित करना है। मार्क्स और एंगेल्स ने भी अपनी पार्टी का नाम कम्युनिस्ट पार्टी रखा था।

अन्त में, लेनिन ने तृतीय (कम्युनिस्ट) इन्टर्नैशनल को स्थापित करने का सुझाव रखा।

मई, १६३८ में क्रेमलिन में भाषण देते हुए स्तालिन ने लेनिन के "अप्रैल थीसिस" और लेनिन की नीति के बारे में कहा था :

"मैं महान वैज्ञानिकों में से एक के बारे में—जो कि आधुनिक युग का सर्वश्रेष्ठ पुरुष भी था—कुछ कहना चाहता हूं। यहां मेरा मतलब लेनिन, हमारे गुरू, हमारे शिक्षक से है। १६१७ की याद कीजिये। रूस के सामाजिक विकास और अन्तर्राष्ट्रीय परिस्थिति के वैज्ञानिक विश्लेषण से लेनिन इस निष्कर्ष पर पहुंचे कि मौजूदा स्थिति से बाहर निकलने का एक मात्र रास्ता था—रूस में समाजवाद की विजय। उस समय के कितने ही वैज्ञानिकों को यह बात सुनकर बड़ा आश्चर्य हुआ था। लेकिन, लेनिन प्रवाह के विरुद्ध जाने से नहीं डरते थे। और विजय लेनिन की हुई!"

जब "अप्रैल-थीसिस" प्रकाशित हुई, तो पूंजीवादियों, मेन्शेविकों तथा समाजवादी-क्रान्तिकारियों ने सिर पर असमान उठा लिया। लेनिन के विरुद्ध उन्होंने बदतमीज़ी का तूफ़ान खड़ा कर दिया। वह उन्हें मारने तक की धमकी देने लगे। पूंजीवादी पत्रों ने खुलेआम उनकी हत्या के लिए लोगों को ललकारा।

लेकिन, लेनिन ने तो बचपन ही से निर्भयता का पाठ पढ़ा था। वह कब डरने वाले थे? उन्हें अटूट विश्वास था कि भविष्य बोल्शेविकों के हाथ में है। "अप्रैल-थीसिस" से जनता इस नतीजे़ पर पहुंची कि बोल्शेविक तुरन्त जनतांत्रिक संधि के पक्ष में हैं, कि वे तुरन्त ज़मींदारी ज़ब्त करने तथा खाद्य की कमी एवं आर्थिक दुर्व्यवस्था को हटाने के लिए उग्र उपाय करने को तैयार हैं। यही सब कुछ रूस के कमकर चाहते थे।

पेत्रोग्राद पहुंचने के बाद से ही लेनिन ने बोल्शेविक पार्टी के संगठन के कामों में सक्रिय भाग लेना शुरू कर दिया। उनकी देखरेख में पेत्रोग्राद के पार्टी-संगठनों का एक सम्मेलन अप्रैल में हुआ। इसने लेनिन का समर्थन करते हुए "अप्रैल-थीसिस" को स्वीकार किया।

५. *स्थिति का पर्यवेक्षण*

जिस समय उपरोक्त सम्मेलन हो रहा था, उसी समय अस्थायी सरकार की साम्राज्यवादी नीति से क्षुब्ध होकर पेत्रोग्राद के कमकरों और सैनिकों ने उसका विरोध करना शुरू किया। इससे पूंजीवादी घबड़ाने लगे। इन दिनों—३, ४ और ५ मई को—केन्द्रीय कमिटी की बैठक प्रतिदिन हुआ करती थी। पेत्रोग्राद पार्टी संगठन के मुट्ठी भर चरमपंथी ज़ोर दे रहे थे कि अस्थायी सरकार को उखाड़ फेंका जाय। लेनिन ने उनका ज़बर्दस्त विरोध करते हुए कहा कि अभी उसके लिए अनुकूल स्थिति पैदा नहीं हुई है। अनुकूल स्थिति पैदा करने के लिए हमें जान लड़ाकर काम करना होगा और अस्थायी सरकार के साम्राज्यवादी मन्सूबों को नंगा करके जनता को अपने पक्ष में लाना होगा।

"अप्रैल"-कान्फ्रेंस (१६१८ ई०)—पार्टी-संगठन को और भी मज़बूत करने के लिए लेनिन ने पार्टी-कान्फ्रेंस बुलाना आवश्यक समझा। इसकी तैयारी उन्होंने बड़ी सावधानी से की। यह कान्फ्रेंस बोल्शेविक पार्टी की सातवीं (अप्रैल) कान्फ्रेंस के नाम से प्रसिद्ध है यद्यपि वह ७ मई को पेत्रोग्राद में आरम्भ हुई थी।* लेनिन कान्फ्रेंस के अध्यक्ष चुने गये। उन्होंने अत्यन्त महत्वपूर्ण तीन रिपोर्टें पेश कीं और एजेंडा में रखे सभी प्रश्नों पर भाषण दिये।

कान्फ्रेंस में लेनिन ने अपने भाषणों में क्रान्ति-सम्बंधी सभी मौलिक प्रश्नों का जवाब दिया तथा बोल्शेविकों के दांव पेंचों को बतलाया। उन्होंने कहा कि समाजवादी क्रान्ति को आगे बढ़ाने के लिए भिन्न-भिन्न वर्गों को पहचानकर देखना होगा कि कौन हमारे साथ चल सकता है, कौन नहीं। क्रान्ति के ज़बर्दस्त नेता और झंडाबरदार सर्वहारा रहेंगे। लेकिन, पेरिस-कम्यून के अनुभव से लेनिन जानते थे कि गांव के ग़रीबों को साथ लिए बिना वह शत्रुओं की शक्ति को छिन्न-भिन्न नहीं कर सकते। उन्होंने बतलाया कि ज़मींदारों के अतिरिक्त गांव के कुलक (धनी किसान) भी क्रान्ति के भारी शत्रु हैं। गांव में उनका वही स्थान है, जो शहरों में पूंजीवादियों का है। वे वस्तुतः गांव के पूंजीवादी ही हैं। ग़रीब और मध्यवित्त किसानों को क्रान्ति की ओर लाना होगा। इसी समय उन्होंने नारा दिया: "सारी शक्ति सोवियतों को दो !"

मेन्शेविकों की ही तरह कामेनेफ़, राइकोफ़, बुखारिन और कितने ही दूसरे लोग लेनिन के नारे का विरोध करते हुए कहने लगे कि समाजवादी क्रान्ति के लिए अभी उचित अवसर नहीं आया है। लेकिन, कान्फ्रेंस ने लेनिन का समर्थन किया। स्तालिन, स्वेर्दलोफ़, ओर्जोनिकिद्ज़े, ज़ेरज़िन्स्की जैसे फ़ौलादी मन्सूबे वाले क्रान्तिकारी लेनिन के समर्थक थे।

वक्ता लेनिन—मालूम होता था इस छोटे क़द के बिल्कुल साधारण शरीर वाले इन्सान में शक्ति का अक्षय भण्डार भरा है। "प्रावदा" में उनके लेख प्रायः प्रतिदिन निकलते थे; कभी-कभी एक ही अंक में कई लेख। कान्फ्रेंस के दिनों में भी "प्रावदा" के लिए उन्होंने लेख लिखे। रूस में लौटने के दिन से जुलाई तक उन्होंने डेढ़ सौ लेख और बहुत से पुस्तिकाएं लिखीं। लेकिन, लेखनी से भी अधिक उस समय उनकी वाणी जादू कर रही थी। वह कमकरों और सैनिकों की सभाओं में व्याख्यान देते। पुतिलोफ़, अंबूखोफ़, सेमयान्निकोफ़

* अभी तक रूस में पुराना पंचांग चला आता था, जो नये या अन्तर्राष्ट्रीय पंचांग से तेरह दिन पीछे था। अतः, ७ मई को उस समय २४ अप्रैल कहा जाता था। इसीलिए इस कान्फ्रेंस का नाम अप्रैल कान्फ्रेंस और बाद में ७ नवम्बर को होनेवाली बोल्शेविक-क्रान्ति को अक्तूबर-क्रान्ति कहा जाने लगा था। —ले०

आर्डनेन्स-कारखाना, त्रेउगोल्निक रबर-कारखाना, ओख्ता, अलेक्सान्द्रोफ़, ऐवाज़ इंजीनियरिंग कारखाना, स्कोरोखोद बूट फैक्टरी, रेलवे डब्बा कारखाना, निकोलायेफ़ (वर्तमान अक्तूबर) रेलवे और पेत्रोग्राद के बहुत से दूसरे कारखानों के मज़दूरों में जाकर लेनिन ने भाषण दिये। अखिल रूसी किसान-प्रतिनिधि कांग्रेस, पेत्रोग्राद फैक्टरी कमिटी कान्फ्रेंस, तथा प्रथम अखिल रूसी सोवियतों की कांग्रेस में भी उन्होंने व्याख्यान दिये। लेनिन अपने भाषणों से जनता पर अद्भुत प्रभाव डालने में समर्थ थे। उनकी भाषा सरल होती थी, वाणी में नाटकीय ढंग का उतार-चढ़ाव या भाव-भंगिमाएं नहीं के बराबर होती थीं। लेकिन उनका एक-एक शब्द नपा-तुला होता था और उनके वाक्य उनके भावों को सीधे और स्पष्ट रूप में व्यक्त करते थे। लेनिन के वाक्यों में गज़ब की तर्क-शक्ति रहती। उन्हें बुद्धि तुरन्त आत्मसात कर लेती। लेनिन अपने श्रोताओं को भावुकता में बहाने की कोशिश नहीं करते थे। उनमें विचार परिवर्तन कराने की शक्ति थी। गोर्की ने लेनिन के बारे में लिखा था: "उनका भाषण आदमी के दिल में हमेशा अकाट्य शक्ति की शारीरिक अनुभूति पैदा करता है।" पुतिलोफ़ (वर्तमान किरोफ़) कारखाने की एक सभा में उपस्थित एक कमकर ने बताया है:

"मालूम होता था कि वह भीड़ में से, चालीस हज़ार आदमियों के समूह में से, एकाएक भाषण-मंच पर प्रकट हो गये थे।.. अपने सभी श्रोताओं को जिस चुम्बक जैसे आकर्षण से, जिस शक्ति से, उन्होंने पकड़ लिया था उसे प्रकट करने के लिए शब्द मिल सकते हैं, यह मुझे नहीं मालूम।... लेनिन की वाणी से हम अन्तःप्रेरित और आत्मविभोर हो गये। हमारा डर भाग गया, थकावट काफूर हो गयी। जान पड़ता था, केवल लेनिन ही नहीं बोल रहे हैं, बल्कि बैठे, खड़े अथवा जिस किसी चीज़ पर चढ़े चालीस हज़ार कमकर अपने अन्तस्तल के विचारों और आशाओं को प्रकट कर रहे हैं। जान पड़ता था कि कमकर जिस बात को अपने दिमाग़ और हृदय में रखे हुए थे, वह लेनिन की वाणी से प्रकट हो रही है। हम में से हरेक जिस चीज़ को सोचता और अनुभव करता था, किन्तु जिसे पूरी तौर से और स्पष्ट रूप में प्रकट करने के लिए अवसर और शब्द नहीं मिलते थे, वही एकाएक आकार प्राप्त करके उनकी वाणी से फूट पड़ी थी।"

कमकर और सैनिक अस्थायी सरकार में भी वही "रफ्तार बेढंगी" देख रहे थे। अस्थायी सरकार की तीक्ष्ण आलोचना को और उसे हटाकर अपनी सरकार क़ायम करने के विचारों को वे अपने हृदय से निकला समझते थे।

मेन्शेविक और समाजवादी-क्रान्तिकारी अस्थायी सरकार के पूंजीवादी शासन का दिल खोलकर समर्थन करते थे। जून, १६१७ में प्रथम अखिल रूसी सोवियत-कांग्रेस हुई थी। इसमें मेन्शेविक नेता सेरेतेली ने कहा था कि बिना

पूंजीवादी-शासन के, बिना पूंजीवादियों के साथ मैत्री किये, क्रान्ति का विफल होना निश्चित है। उसने ऐलान किया कि रूस में ऐसी कोई राजनीतिक पार्टी नहीं है जो अकेले ही देश के शासन को संभाल सके। लेनिन उस कांग्रेस में मौजूद थे। उन्होंने तुरन्त उठकर आवाज़ बुलन्द की: "ऐसी पार्टी मौजूद है।" लेनिन ने कहा कि बोल्शेविक पार्टी किसी क्षण भी "सारी शक्ति को लेने के लिए तैयार है।...तुम हमें अपना विश्वास दो, और हम तुम को अपना कार्यक्रम देंगे।" इसी कांग्रेस में लेनिन ने बोल्शेविक पार्टी के कार्यक्रम की रूपरेखा उपस्थित की थी।

अस्थायी सरकार की कार्रवाइयों से जनसाधारण की आंखें खुलती जा रही थीं। वे उससे दूर खिंचते जा रहे थे।

विशाल प्रदर्शन—जनता पर बोल्शेविकों का प्रभाव दिन-प्रति-दिन बढ़ता जा रहा था। उन्होंने कांग्रेस के अधिवेशन के समय—२३ जून को—प्रदर्शन करने का फ़ैसला किया था। सारी तैयारी पूरी हो चुकी थी। लेकिन, एक दिन पहले—२२ जून को—मेन्शेविकों और समाजवादी-क्रान्तिकारियों के प्रभाव से उस समय की सोवियतों की कांग्रेस ने प्रदर्शन रोक देने का फ़ैसला किया। उस समय पार्टी ने इस रोक को तोड़ना ठीक नहीं समझा। इसीलिए, २२ जून की रात को बोल्शेविक केन्द्रीय कमिटी ने प्रदर्शन न करने का निश्चय किया। पार्टी के संगठन की यह कठोर परीक्षा थी। रात को कुछ ही घन्टों में, पहले से आयोजित विशाल प्रदर्शन को बिना किसी हानि के रोकने में सफलता प्राप्त करना आसान काम नहीं था। लेकिन, बोल्शेविक इसमें सफल हुए। पेत्रोग्राद की जनता उनके पथ-प्रदर्शन को सिपाही की तरह मानने को तैयार थी।

प्रदर्शन रोक दिया गया। अस्थायी सरकार के खिलाफ़ प्रदर्शन को मेन्शेविक और समाजवादी-क्रान्तिकारी नेता पसन्द कर भी कैसे सकते थे? लेकिन जनता का दबाव बढ़ता जा रहा था। अन्त में यह दबाव इतना बढ़ा कि १ जुलाई को प्रदर्शन करने के लिए स्वयं उन्हें बाध्य होना पड़ा।

उस दिन ५ लाख कमकर और सिपाही पेत्रोग्राद की सड़कों पर निकल पड़े। लेकिन, वे मेन्शेविकों और समाजवादी-क्रान्तिकारियों के नहीं, बल्कि बोल्शेविकों के झंडे के नीचे थे। देश के सभी भागों से, कारखानों, खानों, खेतों और खाइयों से बधाई के संदेशों की बाढ़ आ गयी। सभी लेनिन का समर्थन करने के लिए तैयार थे। इन संदेशों में से कुछ थे: "हम कैसे युद्ध को बन्द कर सकते हैं?" "किसान समस्या और मोर्चे की स्थिति के बारे में तुम्हारी क्या राय है?" कितनों ही ने बोल्शेविकों के पूरे कार्यक्रम के बारे में भी पूछा था।

कुछ सैनिकों ने लेनिन को लिखा था: "हमारे कानों में बराबर भरा जा रहा है कि तुम रूस की जनता के शत्रु हो, इत्यादि। लेकिन, सैनिक इस पर विश्वास नहीं करते और उनकी सहानुभूति तुम्हारे साथ है।"

युद्ध के मोर्चे से सैनिकों का एक पत्र मिला था, जिसमें लिखा था : "साथी, दोस्त लेनिन, याद रखना कि हम सैनिकों में से हरेक तुम्हारे पीछे कहीं भी चलने को तैयार है। तुम्हारे विचार सचमुच ही किसानों और कमकरों की इच्छा को प्रकट करते हैं।"

लेनिन पर रूस के जनसाधारण का, विशेषकर कमकरों और सैनिकों का, असीम विश्वास यों ही नहीं था! लेनिन क्रान्ति की तैयारी के लिए रात-दिन अनथक परिश्रम कर रहे थे। वह आने वाले संग्राम की बड़ी सावधानी से तैयारी कर रहे थे। हां, समय से पहले उसे छेड़ने को वह तैयार नहीं थे। १६ और १७ जुलाई को पेत्रोग्राद के कमकर और सैनिक अपने आप ही प्रदर्शन करने के लिए निकल पड़े। उनकी मांग थी : "सभी शक्ति सोवियतों को दो।" लेकिन, लेनिन अभी उस समय को आया नहीं समझते थे।

६. *अज्ञातवास*

जुलाई की घटनाओं से फ़ायदा उठाकर क्रान्ति-विरोधियों ने हमला करना शुरू कर दिया। सरकार बोल्शेविक पार्टी को तोड़ने और उसके सक्रिय कार्यकर्ताओं को गिरफ्तार करने पर उतारू हो गयी। नेव्स्की प्रास्पेक्ट (राजपथ) में वोइनोफ़ नामक एक बोल्शेविक कर्मी बोल्शेविक अखबार "लिस्तोक प्रावदी" बेंच रहा था। कादेतों ने उसे उसी समय दिन-दहाड़े मार डाला। १७ जुलाई की रात को उन्होंने "प्रावदा" के सम्पादकीय कार्यालय पर हमला किया और उसे तहस-नहस कर दिया। लेनिन बाल-बाल बचे। कादेतों के हमले से आधे घन्टे पहले ही वह वहां से बाहर गये थे।

बोल्शेविकों और उनके नेताओं के खिलाफ़ ज़बर्दस्त प्रचार शुरू हुआ। लेनिन पर जर्मनी का जासूस होने का आरोप लगाया जा रहा था। पूंजीवादी पत्र तथा पूंजीवादी वक्ता चिल्ला-चिल्लाकर कह रहे थे कि इसके "सबूत" मौजूद हैं। शत्रुओं की बदहवासी को लेनिन अपनी सफलता समझते थे। वे अक्सर कवि नेक्रासोफ़ के शब्दों को दोहराते थे :

"हम सुनते सम्मान की आवाज़
नहीं मीठे प्रशंसा के शब्दों में,
बल्कि बर्बर हल्ले और निंदा में!"

अस्थायी सरकार ने लेनिन की गिरफ्तारी का वारंट निकाला। उनको पकड़ने के लिए उसने भारी इनाम घोषित किया। इससे पहले, जून में ही, बोलशेविज़्म-विध्वंसक लीग में पूंजीवादियों ने लेनिन की हत्या करने का प्रस्ताव पास किया था। अब कादेत, सैनिक अफ़सर और गुप्तचर लेनिन के लिए सारे शहर को छान रहे थे। लेकिन, जिनके ऊपर इतनी बड़ी क्रान्ति की सफलता का

भार हो, वह कच्चे खिलाड़ी कैसे हो सकते थे? लेनिन को बोल्शेविकों ने सुरक्षित जगह पर पहुँचा दिया। बोल्शेविक पार्टी भी भूमिगत हो गयी।

गुप्त जीवन—उस समय लेनिन की जीवन-रक्षा करने में सबसे अधिक सावधानी से स्तालिन और स्वेर्दलोफ़ ने काम किया। २० जुलाई को लेनिन के बासे में कादेत घुस आये। लेकिन, तब तक लेनिन दूर जा चुके थे। असल में, १८ जुलाई को ही स्वेर्दलोफ़ ने इस खतरे से लेनिन को आगाह कर दिया था और वह उसी दिन सबेरे लोप हो गये थे। दो दिनों तक वह एक गुप्त-स्थान से दूसरे गुप्त-स्थान के लिए अपना बासा बदलते रहे। १६ जुलाई को लेनिन रेनॉल्ट कारखाने में एक चौकीदार के झोंपड़े में हुई पेत्रग्राद की पार्टी-कमिटी की बैठक में भी शामिल हुए। २० जुलाई को वह बाकू के एक पुराने बोल्शेविक मज़दूर अलिलुयेफ़ के घर में छिपे रहे। अलिलुयेफ़ ने बाकू में स्तालिन के साथ काम किया था। परिवार की जिस कोठरी में लेनिन रहे बाद में उसी में अगस्त, १६१७ से अक्तूबर, १६१७ तक स्तालिन भी रहे।

लेकिन यह स्थान भी सुरक्षित नहीं समझा गया। अस्तु, २४ जुलाई की रात को स्तालिन लेनिन को राज़लिफ़ रेलवे स्टेशन के नज़दीक एक दूसरे कमकर के घर में ले गये। रवाना होने से पहले लेनिन ने अपनी चिर-पोषित दाढ़ी मुड़ा डाली और मूँछें कतर लीं। अब उनको पहचानना बहुत मुश्किल हो गया। राज़लिफ़ के इस घर की छत की खाली जगह में लेनिन कितने ही दिन छिपे रहे। फिर एक झील के किनारे उनके रहने के लिए झोंपड़ी बना दी गयी। जब जाड़ा पड़ने लगा, तो अगस्त के अन्त में लेनिन को फिनलैंड भेजने का प्रबंध किया गया। एक कमकर के पासपोर्ट को लिए हुए बनावटी बालों का टोप पहने कोयला झोंकने वाले के भेष में इंजिन के पावदान पर खड़े होकर लेनिन ने फिनलैंड की सीमा पार की। पहले वह यलकाला गांव में रहे, फिर हेलसिंगफ़ोर्स नगर में। फिनलैंड के बोल्शेविक अपने प्राण देकर भी लेनिन की रक्षा करने के लिए तैयार थे।

जुलाई की घटनाओं के बाद अब एक नयी परिस्थिति उत्पन्न हुई। क्रान्ति के लिए शान्तिपूर्ण समय बीत चुका था। अब तो गोलियों और संगीनों से बातें होती थीं। सोवियतों की शक्ति को खतम करके क्रान्ति-विरोधी अस्थायी सरकार ने सारे अधिकार अपने हाथ में ले लिए थे। सोवियतें उनकी पूंछ भर रह गयी थीं। मेन्शेविक और समाजवादी-क्रान्तिकारी सोवियतों के संचालक थे।

सोवियतों की ऐसी स्थिति में लेनिन ने पार्टी के दांव-पेंचों को बदलना आवश्यक समझा। उनके सुझाव पर "सारी शक्ति सोवियतों को दो" का नारा कुछ समय के लिए वापस ले लिया गया। लेकिन, इस नारे को लौटाते समय लेनिन ने बतलाया कि इसका अर्थ सोवियतों द्वारा शक्ति पर अधिकार करने के लिए संघर्ष को छोड़ देना नहीं है।

उन्होंने कहा :

"नयी क्रान्ति में सोवियतें प्रकट हो सकती हैं और उन्हें प्रकट होना होगा—लेकिन ऐसी सोवियतें नहीं जो पूंजीवादियों के साथ समझौते के लिए हथियार हैं, बल्कि ऐसी सोवियतें, जो पूंजीवादियों के विरुद्ध क्रान्तिकारी संघर्ष करने वाले संगठन हों। यह सच है कि तब भी हम सोवियतों के ढंग पर ही सारे राज्य का निर्माण करने के समर्थक होंगे। सवाल आम तौर से सोवियतों का नहीं है। सवाल है मौजूदा प्रतिक्रान्ति और वर्तमान सोवियतों के विश्वासघात के विरुद्ध संघर्ष का।"

छठी पार्टी कांग्रेस—८ अगस्त को पेत्रोग्राद में बोल्शेविक पार्टी की छठी कांग्रेस आरम्भ हुई। इसके सामने मुख्य काम था नये दांव-पेंचों और नये नारों को तैयार करना। लेनिन उस समय अज्ञातवास में थे। किन्तु उनकी अनुपस्थिति में भी उन्हें सम्मानित अध्यक्ष चुना गया। उनके योग्य शिष्य स्तालिन, स्वेर्दलोफ़, मोलोतोफ़, ओर्जोनिकिद्ज़े काम के लिए वहां थे ही। लेनिन ने कांग्रेस से पहले ही मुख्य-मुख्य विषयों पर निबंधों का मसौदा तैयार कर दिया था। कांग्रेस का संचालन स्तालिन कर रहे थे। रिपोर्ट पेश करने का काम भी स्तालिन ने ही किया। और, लेनिन की तरह ही उन्होंने क्रान्ति की नयी स्थिति में संघर्ष के लिए पार्टी के उद्देश्यों और दांव-पेंचों को सामने रखा। कांग्रेस ने "सभी शक्ति सोवियतों को दो" के नारे को लौटा लिया। उसकी जगह उसने हथियारबन्द विद्रोह की तैयारी करने, और ग़रीब किसानों से मैत्री करके सर्वहारा द्वारा बलपूर्वक शासन पर अधिकार करने, का प्रस्ताव स्वीकार किया।

त्रात्स्की और उसके अनुयायी हथियारबन्द विद्रोह का विरोध करते रहे। सर्वहारा के अधिनायकत्व को वे पसन्द नहीं करते थे। लेनिन के इस विचार का भी उन्होंने विरोध किया कि केवल एक देश—रूस में—समाजवाद की विजय सम्भव है। लेकिन, कांग्रेस लेनिन के साथ थी। उसने समाजवादी-क्रान्ति तथा हथियारबन्द विद्रोह का रास्ता अपनाया।

छठी पार्टी-कांग्रेस से थोड़े ही दिन पहले अस्थायी सरकार ने अपने गुप्तचरों की मदद से जाली काग़ज़ तैयार करके लेनिन के ऊपर "देशद्रोह" का अभियोग लगाया था और उनकी गिरफ्तारी का वारंट निकाला था। कामेनेफ़, त्रात्स्की, राइकोफ़ जैसे कुछ लोगों ने राय दी कि लेनिन को अदालत के कटघरे में उपस्थित होकर विरोधियों के इलज़ामों का जवाब देना चाहिए। लेकिन, स्तालिन और उनके साथी जानते थे कि कटघरे में पहुँचने पर एक गोली लेनिन को खतम करने के लिए काफ़ी होगी; और, क्रान्ति-विरोधियों ने हज़ारों गोलियां लेनिन के लिए रख रखी थीं। उन्होंने मित्रता का दावा करने वाले इन शत्रुओं के प्रस्तावों को स्वीकार नहीं किया।

इस झूठे अपराध का जवाब कमकरों और क्रान्तिकारी सैनिकों ने अपना ज़बर्दस्त विरोध प्रदर्शित करके दिया। छठी कांग्रेस में भी यह सवाल उठाया गया था। कांग्रेस ने अपना निर्णय यह दिया कि लेनिन को अदालत में हाज़िर नहीं होना चाहिए—उनके साथ वहां न्यायोचित बर्ताव नहीं होगा और इससे शत्रुओं को प्रहार करने का मौक़ा मिलेगा। कांग्रेस ने पूंजीवादी पुलिस के ज़ुल्म की निन्दा करते हुए लेनिन के पास अभिनंदन का संदेश भेजा।

राजसत्ता और क्रान्ति—शिकारी के भेष में जंगल में झील के किनारे एक झोंपड़ी में रहते अथवा फिनलैंड में गुप्त जीवन बिताते हुए लेनिन का दिमाग़ सो नहीं सकता था। वह बराबर क्रान्ति की अगली मंज़िलों के बारे में सोचा करते। पार्टी की केन्द्रीय कमिटी के साथ उनका अविच्छिन्न सम्बंध था। केन्द्रीय मुख-पत्र के लिए उन्होंने कितने ही लेख लिखे। अपने अज्ञातवास के समय (जुलाई से अक्तूबर) में लेनिन ने साठ लेख, पुस्तिकाएं और पत्र लिखे। इस प्रकार इस समय भी सर्वहारा अपने नेता की आवाज़ सुन सकने से वंचित नहीं थे। लेनिन को पूरा विश्वास था कि समाजवादी-क्रान्ति सफल होगी और राज्यशक्ति सर्वहारा के हाथ में आ जायेगी। झील के किनारे वाली झोंपड़ी में रहते समय एक बार ओर्जोनिकिद्ज़े ने उनके पास जाकर कहा कि हमारे एक साथी की राय है कि अगस्त या सितम्बर से पहले बोल्शेविकों के हाथ में शक्ति आ जायेगी और लेनिन सरकार के मुखिया होंगे। लेनिन ने गम्भीरतापूर्वक इसका जवाब देते हुए कहा : "हां, ऐसा ही होगा!" लेनिन जिस स्थिति में रह रहे थे और अस्थायी सरकार जिस प्रकार हाथ धोकर उनके पीछे पड़ी थी उससे किसी समय भी उनके पकड़े और मारे जाने का खतरा था। लेकिन, लेनिन को इसकी चिन्ता नहीं थी। उनका दिमाग़ क्रान्ति और राज्य-शासन के हरेक पहलू पर विचार करने में लगा हुआ था, जिसके सुफल "*राजसत्ता और क्रान्ति*", "*भयंकर खतरा और उससे कैसे लड़ें*" तथा एक लेख "क्या बोल्शेविक राज्यशक्ति हाथ में रख सकेंगे?" के रूप में प्रकट हुए।

"राजसत्ता और क्रान्ति" पुस्तक में लेनिन ने मार्क्स और एंगेल्स के राज्य-सम्बंधी विचारों का विवेचन किया। लेकिन, तबसे सर्वहारा को रूस की १९०५ और १९१७ की दो क्रान्तियों से गुज़रना पड़ा था। इन तजुर्बों की रोशनी में इस विषय पर लेनिन ने फिर से विचार किया। सर्वहारा के अधिनायकत्व को और स्पष्ट करते हुए लेनिन ने लिखा कि सर्वहारा का अधिनायकत्व धनी और ग़रीब सब के लिए जनवाद का रूप नहीं ले सकता। वह "ऐसा राज्य है जो एक नये रूप में (सर्वहारा और आम तौर से ग़रीबों के लिए) जनवादी है, और एक नये रूप में (पूंजीवादियों के विरुद्ध) अधिनायकत्व है।" उन्होंने यह भी दिखलाया कि सर्वहारा का अधिनायकत्व पूंजीवादी समाज के शान्तिपूर्ण

विकास से नहीं पैदा हो सकता। वह केवल सशस्त्र सर्वहारा-क्रान्ति और पूंजीवादी राज्य-यन्त्र के ध्वंस के परिणाम-स्वरूप ही पैदा हो सकता है। उन्होंने अपने राज्य-यन्त्र का निर्माण करने के लिए मज़दूर वर्ग के करणीयों को बताया, जिन आर्थिक स्थितियों में राज्य मुर्झा जायेगा उनको बतलाया और कहा कि कम्युनिस्ट समाज के विकास की अवस्थाएं दो होंगी। लेनिन ने पार्टी के नेताओं को लिखा था कि अगर अस्थायी सरकार के गुर्गे मुझे मारने में सफल हो जायें तो स्टाकहोम में सुरक्षित "राज्य के सम्बंध में मार्क्सवाद" नामक मेरी नोट-बुकें प्रकाशित करा दी जायें। जब वह फिनलैंड में छिपकर रहने जा रहे थे, उसी समय उन्होंने "राजसत्ता और क्रान्ति" पुस्तक की अपनी हस्तलिपि साथ जानेवाले साथी को यह कहकर दे दी थी कि मेरे गिरफ्तार होने पर इसे स्तालिन को दे देना। लेनिन को इस ग्रंथ के दूसरे भाग को भी लिखने की इच्छा थी, जिसमें वह रूस की दोनों क्रान्तियों और सोवियत-शासन के अनुभवों का निष्कर्ष देना चाहते थे। उन्होंने कुछ विषय-सूची भी तैयार कर ली थी। लेकिन जैसा कि उन्होंने बाद में कहा :

> "नाम के सिवाय मैं अध्याय की एक पंक्ति भी नहीं लिख सका। राजनीतिक संकट और १९१७ की अक्तूबर-क्रान्ति के आरम्भ ने मेरी क़लम को 'रोक दिया।' इस तरह की 'रुकावट' का स्वागत ही होना चाहिए। पुस्तक के दूसरे भाग ("१९०५ और १९१७ की रूसी-क्रान्तियों के अनुभव") के लिखने को शायद देर तक के लिए उठा रखना पड़ेगा। क्रान्ति के बारे में लिखने की अपेक्षा 'क्रान्ति के अनुभव' के बीच से गुजरना अधिक आनंद और लाभ की बात है।"

लेनिन, अंत तक अपनी इस पुस्तिका को नहीं लिख सके।

अपनी पुस्तिका "भयंकर खतरा और उससे कैसे लड़ें" में लेनिन ने सर्वहारा-अधिनायकत्व के आरम्भिक काल के आर्थिक प्रोग्राम को तैयार किया। स्वेच्छाचारिता और पूंजीपतियों ने देश को सर्वनाश की कगार पर पहुंचा दिया है। देश को सत्यानाश से बचाना, उसकी प्रतिरक्षा की शक्ति को बढ़ाना और समाजवाद के निर्माण का काम करना—ये काम एक दूसरे से अत्यन्त सम्बद्ध हैं। उत्पादन और वितरण पर कमकरों के नियंत्रण को स्थापित करना, बैंकों का राष्ट्रीकरण करके उन्हें एक राज्य-बैंक के रूप में मिला देना, ट्रस्टों का राष्ट्रीकरण और औद्योगिक कारखानों को अनिवार्य रूप से आपस में मिलाना, व्यापारिक रहस्यों (गुप्त बातों) को खतम करना और उपभोक्ता सहकारी-समितियों में जनता का संगठन करना—ये ही वे क्रान्तिकारी उपाय हैं जिनके द्वारा देश को बचाया जा सकता है। समाजवाद के निर्माण के काम के ये पहले क़दम हैं। यदि समाजवाद की ओर चलने में ज़रा भी झिझक दिखायी गयी, तो कोई प्रगति न हो सकेगी। लेनिन ने लिखा :

"क्रान्ति के कारण रूस ने अपने राजनीतिक ढांचे के सम्बंध में आगे बढ़े हुए देशों को कुछ ही महीनों के भीतर पकड़ लिया है। लेकिन यह पर्याप्त नहीं है। युद्ध बड़ी ही निष्ठुर चीज है। वह बड़ी तीक्ष्णता के साथ इस निर्दय प्रश्न को सामने रखता है : या तो आगे बढ़े हुए देशों को दौड़कर पकड़ लो और **आर्थिक रूप से भी** उनसे आगे बढ़ जाओ, नहीं तो नष्ट होना पड़ेगा।...

"या तो पूरी शक्ति से आगे बढ़ो, या नष्ट हो जाओ। इतिहास ने समस्या को इसी तरह सामने रखा है।"

अपने लेख "क्या बोल्शेविक राज्यशक्ति हाथ में रख सकेंगे" में लेनिन ने सोवियत राज्य का निर्माण करने में सर्वहारा-अधिनायकत्व को क्या-क्या क़दम उठाने होंगे, इसे बतलाया है। क्रान्ति के शत्रु जनता को यह कह कर भयभीत करना चाहते थे कि बोल्शेविक दो सप्ताह भी राज्यशक्ति अपने हाथ में नहीं रख सकेंगे। इसका मुंहतोड़ जवाब देते हुए लेनिन ने लिखा था :

"यदि बोल्शेविक अपने को भयभीत न होने दें और शक्ति हथियाने में समर्थ हो जायें, तो धरती पर कोई ताक़त नहीं जो उन्हें राज्यशक्ति को उस समय तक अपने हाथ में रखने से रोक सके जब तक कि विश्व समाजवादी-क्रान्ति की अन्तिम विजय न हो जाय।"

७. *कौर्निलोफ़ का विद्रोह*

जनरल कौर्निलोफ़ ज़ारशाही अफ़सर होने के साथ-साथ विदेशी साम्राज्यवादियों का पिट्ठू भी था। क्रान्ति को खतम करके ज़ार को फिर से तख्त पर बैठाने के लिए उसने विद्रोह किया। लेनिन की अनुपस्थिति में पार्टी की केन्द्रीय कमिटी का संचालन स्तालिन कर रहे थे। स्तालिन ने तुरन्त कमकरों, सैनिकों और नौसैनिकों का क्रान्ति की रक्षा के लिए आह्वान किया। क्रान्ति रूस में कोई आकस्मिक घटना नहीं थी। उसकी जड़ें जनता में बहुत मज़बूत थीं। कौर्निलोफ़ का गर्व चूर करते हुए सर्वहारा ने ज़ारशाही के अन्तिम मन्सूबे को खतम कर दिया। कौर्निलोफ़ ने जिस तरह हमला किया था, उससे अस्थायी सरकार और उसके पिट्ठुओं के होश-हवास गुम हो गये थे। क्रान्ति की पक्षपाती असली शक्ति का सहारा न लेकर उन्होंने उन्हीं तत्वों को आगे बढ़ा रखा था जो प्रतिक्रियावाद के पोषक थे। केवल उनके बल पर वे कौर्निलोफ़ के हमले को कैसे विफल कर सकते थे? लेकिन, यह अस्थायी सरकार की रक्षा का सवाल नहीं था। यह ज़ारशाही से क्रान्ति की रक्षा का सवाल था। पार्टी के नेतृत्व में कौर्निलोफ़ के मनोरथ को विफल करके बोल्शेविकों ने जनसाधारण के मन में अपना प्रभाव कई गुना बढ़ा लिया। देहात के मंझोले किसान अप्रैल से अगस्त तक दुविधा में पड़े हुए थे;

अब वे भी गांव के ग़रीबों से मिलकर बोल्शेविकों के पक्षपाती बनने लगे। अपने विश्वासघातपूर्ण आचरणों से मेन्शेविक और समाजवादी-क्रान्तिकारी तेज़ी से जनता में अपना प्रभाव खोने लगे और सोवियतों में बोल्शेविकों की प्रधानता हो गयी। सितम्बर के आरम्भ तक सबसे अधिक महत्व रखनेवाली मास्को और पेत्रोग्राद की सोवियतें पूरी तरह बोल्शेविकों के नेतृत्व में आ गयीं। कौर्निलोफ़ की पराजय से क्रान्ति की शक्ति कई गुना बढ़ गयी और उसके साथ ही अब चारों तरफ़ बोल्शेविक भी छा गये।

लेनिन ने जैसा कहा था, घटनायें ठीक उसी तरह घटीं।

८. "*शक्ति को हाथ में लो!*"

२५ और २७ सितम्बर के बीच लेनिन ने केन्द्रीय कमिटी तथा पेत्रोग्राद और मास्को की पार्टी-कमिटियों को "बोल्शेविकों को शक्ति हाथ में लेनी होगी" के नाम से अपना ऐतिहासिक पत्र लिखा। इसी समय "मार्क्सवाद और विद्रोह" लेख भी उन्होंने लिखा। केन्द्रीय कमिटी को लिखे पत्र में लेनिन ने कहा था कि हथियारबन्द-विद्रोह के कार्यक्रम को सबसे पहले रखना है। जनता को अपने तजुर्बे से विश्वास हो गया था कि बोल्शेविकों के नारे ठीक हैं। अब लेनिन ने कहा: "जनता का बहुमत हमारे साथ है।" अब "विजय निश्चित है।"... "दोनों राजधानियों में कमकर-सैनिक-प्रतिनिधियों की सोवियतों में बहुमत प्राप्त कर लेने के बाद बोल्शेविकों को शक्ति अपने हाथ में लेनी चाहिए...।"

२८ सितम्बर को स्तालिन ने लेनिन का पत्र केन्द्रीय कमिटी के सामने रखा। उन्होंने कहा कि इसे हिदायत के तौर पर स्थानीय पार्टी-संगठनों के पास भेज दिया जाय। पर ग़द्दार कामनेफ़ ने प्रस्ताव रखा कि इस पत्र को आग की नज़र कर देना चाहिए। कमिटी ने स्तालिन के प्रस्ताव को स्वीकार किया। कामेनेफ़ और ज़िनोवियेफ़ बराबर ज़ोर देते रहे कि बोल्शेविकों को मेन्शेविकों, समाजवादी-क्रान्तिकारियों और कादेतों की प्रारम्भिक पार्लामेन्ट में सम्मिलित हो जाना चाहिए। वे बोल्शेविकों को सशस्त्र-विद्रोह की तैयारी के काम से हटाकर भूल-भुलैयों में फंसाना चाहते थे। लेकिन, लेनिन का पथ-प्रदर्शन कच्चा नहीं था। प्रारम्भिक पार्लामेन्ट में कामेनेफ़ और तेयोदोरोविच जैसे लोग मेम्बर बने रहना चाहते थे। इस पर केन्द्रीय कमिटी ने बायकाट का प्रस्ताव पास करते हुए बोल्शेविकों को पार्लामेन्ट से निकल आने का हुक्म दिया। साथ ही, उसने सोवियतों की द्वितीय कांग्रेस बुलाने की तैयारी पूरे ज़ोर से शुरू कर दी। बोल्शेविक जानते थे कि सोवियतों की कांग्रेस में उनका बहुमत होना निश्चित है।

अब पार्टी की सारी शक्ति सशस्त्र-विद्रोह की तैयारी में लग गयी। बोल्शेविकों ने फिर से नारा दिया: "सभी शक्ति सोवियतों को दो!"

अध्याय १५

महाक्रान्ति

(१९१७ ई०)

लेनिन अब उस समय को निकट देख रहे थे, जब उन्हें पेत्रोग्राद के नज़दीक रहकर जनशक्ति का संचालन दृढ़तापूर्वक अपने हाथ में लेना पड़ेगा। हेलसिंगफ़ोर्स पेत्रोग्राद से बहुत दूर था। वहां से जल्दी-जल्दी संदेशों का आना-जाना नहीं हो सकता था। इसलिए, ३० सितम्बर को लेनिन हेलसिंगफ़ोर्स छोड़ कर विबोर्ग पहुँच गये।

१. *अन्तिम तैयारियां*

विबोर्ग से लेनिन ने पार्टी-नेताओं के पास संदेश भेजते हुए ज़ोर दिया कि विद्रोह की तैयारी में जल्दी करनी चाहिए, क्योंकि अस्थायी सरकार क्रान्ति-विरोधी सेनाओं को औद्योगिक केन्द्रों के पास जमा कर रही थी। वह चाहती थी कि क्रान्तिकारी पलटनों को दोनों राजधानियों से और दूसरे बड़े-बड़े शहरों से हटाकर तथा युद्ध के मोर्चे पर भेज कर क्रान्ति की ताक़तों को कमज़ोर कर दे। लेनिन ने यह भी बतलाया कि देश के महत्वपूर्ण भागों में पूंजीवादी वर्ग क्रान्ति-विरोधी केन्द्र संगठित कर रहे हैं और पेत्रोग्राद को जर्मनों के हाथ में देने का भी षड्यंत्र रच रहे हैं। वे जर्मन साम्राज्यवादियों से मिलकर क्रान्ति को चूर-चूर करने के लिए रूसी पलटनों को युद्ध के मैदान से हटाने का भी प्रस्ताव कर रहे हैं।

विद्रोह की कला—लेनिन शतरंज के खिलाड़ी की तरह उस समय हरेक मोहरे की स्थिति को बड़े ध्यान से देखते हुए उसकी शक्ति को आंक रहे थे। समाजवादी क्रान्ति में वह उतावलापन दिखाने के लिए तैयार नहीं थे। क्रान्ति की शक्तियों को बढ़ाने के लिए उन्होंने लगातार लेखों और भाषणों द्वारा जनता को अपने पक्ष में करने का प्रयत्न किया। धोखे में डालने वाले मेन्शेविकों और समाजवादी-क्रान्तिकारियों के आचरण ने जनता को बतला दिया था कि केवल बोल्शेविक ही उसके सच्चे हितैषी हैं। १९१७ ई० के वसन्त में जब पार्टी के कुछ आदमियों ने तुरन्त अस्थायी सरकार को उलट फेंकने के लिए कहा, तो लेनिन ने उन्हें फटकारा, क्योंकि इसका अर्थ यह होता कि अभी तक पूरी तौर से तैयार न हुई जनता पीछे रह जाती और बोल्शेविक आगे बढ़ जाते। बोल्शेविकों के लिए

आगे रहते हुए भी पीछे आती जनता के साथ अटूट सम्बंध रखना क्रान्ति की सफलता के लिए अत्यावश्यक था। लेनिन जानते थे कि जनता बोल्शेविकों के साथ अटूट सम्बंध बनाये रखकर आगे बढ़ने को तैयार है। लेनिन समझ गये कि आखिरी घड़ी आ गयी है।

"देरी का अर्थ मृत्यु"—१२ अक्तूबर को लेनिन ने केन्द्रीय कमिटी के नाम एक पत्र में लिखा था :

> "संकट की स्थिति अब परिपक्व हो चुकी है। रूसी क्रान्ति का सारा भविष्य दांव पर है। बोल्शेविक पार्टी की इज्ज़त कसौटी पर है। समाजवाद के सम्बंध में अन्तर्राष्ट्रीय कमकर-क्रान्ति का सारा भविष्य दांव पर है।"

अक्तूबर के आरम्भिक दिनों में केन्द्रीय कमिटी, मास्को कमिटी, पेत्रोग्राद कमिटि और पेत्रोग्राद तथा मास्को की सोवियतों के बोल्शेविक सदस्यों के नाम लिखे अपने एक पत्र में लेनिन ने कहा था :

> "बोल्शेविकों को सोवियतों की कांग्रेस की प्रतीक्षा करने का कोई अधिकार नहीं है; उन्हें तुरन्त शक्ति हाथ में लेनी चाहिए! ...प्रतीक्षा करना क्रान्ति के प्रति घोर अपराध है।"

अक्तूबर के आरम्भ में हुए पेत्रोग्राद के बोल्शेविकों के सम्मेलन का संचालन लेनिन ने अपने छिपने के स्थान से किया। सम्मेलन के लिए उन्होंने प्रस्तावों के मसौदे बनाये, आगे आने वाली पार्टी-कांग्रेस के प्रतिनिधियों के लिए हिदायतें तैयार कीं, और गुप्त अधिवेशन में पढ़ने के लिए एक पत्र लिखा। २० अक्तूबर (पुराना ७ अक्तूबर) १६१७ को लिखे पत्र में लेनिन ने फिर दोहराया :

> "हमें यह स्वीकार करना होगा कि यदि करेन्स्की की सरकार निकट भविष्य में सर्वहारा और सैनिकों द्वारा उखाड़ नहीं फेंकी गयी तो क्रान्ति नष्ट हो जायगी।"

अगले दिन उत्तरी भूभाग की सोवियतों की कांग्रेस के बोल्शेविक-प्रतिनिधियों के लिए उन्होंने जो पत्र लिखा था, उसमें कहा था : "देरी का अर्थ मृत्यु है!"

लेनिन ने मार्क्स और एंगेल्स के सूत्र को दोहराते हुए कहा था कि विद्रोह युद्ध की तरह एक कला है, उसको संयोग और साहस पर छोड़ना मूर्खता है। उसके लिए पूरे कौशल से तैयारी करना तथा संगठन करना और सावधानी के साथ कार्यक्रम की योजना तैयार करना आवश्यक है। विद्रोह की कला के सम्बंध में लेनिन ने निम्न नियम पार्टी के सामने उपस्थित किये थे :

> "१. विद्रोह के साथ खिलवाड़ मत करो, परन्तु एक बार जब वह आरम्भ हो गया हो तो अच्छी तरह याद रखो कि तुम्हें अन्त तक जाना है।

"२. यह आवश्यक है कि निर्णायक समय पर निर्णायक स्थान में अपनी सेना को अधिक से अधिक परिमाण में जमा किया जाय, नहीं तो शत्रु बेहतर तैयार और संगठित होने के कारण विद्रोहियों को नष्ट कर देगा।

"३. एक बार जब विद्रोह आरम्भ हो जाय तो अत्यंत दृढ़ निश्चय के साथ काम करना चाहिए, पूरी तौर से और सभी परिस्थितियों में हमें आक्रमणात्मक युद्ध करना चाहिए। 'प्रतिरक्षात्मक युद्ध हथियारबन्द-विद्रोह के लिए मृत्यु है।'

"४. शत्रु को अचानक घेरने की, उस समय से फ़ायदा उठाने की जब कि शत्रु की सेनाएं बिखरी हुई हों, पूरी कोशिश करनी चाहिए।

"५. हमें हर दिन, (बल्कि एक नगर की बात होने पर कहा जा सकता है, हर घंटा) कम से कम कोई छोटी भी सफलता प्राप्त करने की कोशिश करनी चाहिए और सभी परिस्थितियों में 'नैतिक बल को ऊँचा' रखना चाहिए।

"हथियारबन्द-विद्रोह के सम्बंध में सभी क्रान्तिकारियों के तजुर्बों के सार को मार्क्स ने इतिहास में क्रान्तिकारी दांव-पेंच के सबसे बड़े आचार्य दान्तन के शब्दों को दुहराते हुए कहा था: "साहस, साहस और उससे भी अधिक साहस करो।"

लेनिन ने विद्रोह के लिए निम्न योजना तैयार की थी :

"पेत्रोग्राद को घेरो और उसका बाहर से सम्बंध विच्छेद कर दो; नौसैनिक बेड़े, कमकरों और सेना के सम्मिलित आक्रमण द्वारा पेत्रोग्राद पर अधिकार करो।" इन तीनों मुख्य शक्तियों को इस तरह जोड़ो कि "चाहे जितने मूल्य पर भी निम्न स्थानों पर कब्ज़ा करना और उन्हें हाथ में रखना निश्चित हो जाय : (क) टेलीफोन सम्बंध; (ख) सदर तारघर; (ग) रेलवे स्टेशन; और, सबसे बढ़कर (घ) पुल।" अत्यधिक महत्वपूर्ण कार्रवाइयों के लिए "सबसे अच्छे कमकरों, और तरुण कमकरों, सबसे अच्छे नौसैनिकों, और सबसे साहसी व्यक्तियों" के तूफ़ानी दस्ते संगठित करने चाहिए, "जिनका आदर्श-वाक्य हो : 'हम एक-एक कर मर जायेंगे, पर शत्रु आगे नहीं बढ़ पायेगा।'" लेनिन ने लिखा था : "रूसी और विश्व-क्रान्ति, दोनों की सफलता दो या तीन दिनों की लड़ाई पर निर्भर करती है।"

२. *"समाजवादी-क्रान्ति ज़िन्दाबाद !"*

ऊपर की पंक्तियों से मालूम होगा कि लेनिन और बोल्शेविक पार्टी ने क्रान्ति की तैयारी कितनी सावधानी से की थी। कार्यक्रम के साथ क्रान्ति आरम्भ करने का दिन भी निश्चित कर लिया गया था। २० अक्तूबर को लेनिन ने

केन्द्रीय कमिटी के निर्णय के अनुसार विबोर्ग से पेत्रोग्राद के लिए गुप्त गति से प्रस्थान किया। अगले दिन स्तालिन ऐवाज़ कारखाने के एक मज़दूर के घर में उनसे मिले। कई घंटे तक आगे की कार्रवाइयों के बारे में गुरु-शिष्य की बातें होती रहीं। लेनिन की हिदायत के अनुसार स्तालिन ने विद्रोह की एक विस्तृत योजना बनायी। इसे उन्होंने लेनिन के सामने रखा। लेनिन ने उसको पसन्द किया। सूत्रकार लेनिन के अत्यंत योग्य भाष्यकार स्तालिन थे, इसका स्पष्ट परिचय इस समय मिला।

तीन दिन बाद, २३ अक्तूबर को, पार्टी की केन्द्रीय कमिटी की ऐतिहासिक बैठक हुई। लेनिन ने रिपोर्ट पेश करते हुए ज़ोर देकर कहा कि विद्रोह को तुरन्त आरम्भ करना अत्यावश्यक है। इस रिपोर्ट के बाद लेनिन द्वारा रखे गये प्रस्ताव को केन्द्रीय कमिटी ने मंज़ूर किया। इसमें कहा गया था कि "सशस्त्र-विद्रोह आज का प्रथम काम है।" २९ अक्तूबर को केन्द्रीय कमिटी की परिवर्धित बैठक ने भी लेनिन की बात का समर्थन किया। इस बैठक में लेनिन दो घंटे बोले थे। लेनिन के प्रस्ताव पर ही विद्रोह के संचालन के लिए स्तालिन की प्रमुखता में एक पार्टी-केन्द्र क़ायम करने का निश्चय किया गया। पार्टी-केन्द्र में पेत्रोग्राद-सोवियत की सैनिक-क्रान्तिकारी-कमिटी के मुखिया सम्मिलित थे। विद्रोह का प्रायः पूरा संचालन इसी के हाथ में था।

जिस स्थिति में यह महान क़दम उठाया जा रहा था, उसमें लेनिन की पैनी दृष्टि ही परिणाम को स्पष्ट रूप से देख सकती थी। यह भारी जोखिम का काम था। लेकिन जैसा कि स्तालिन ने कहा है :

> "लेनिन जोखिम से डरते नहीं थे, क्योंकि वह जानते थे, वह अपनी भविष्य-दर्शी आंखों से देख रहे थे, कि विद्रोह का होना अनिवार्य है, कि विद्रोह विजयी होकर रहेगा, कि रूस का यह विद्रोह साम्राज्यवादी युद्ध को खतम करने का रास्ता साफ़ करेगा, कि वह पश्चिमी देशों की थकी-मांदी जनता को उठाकर खड़ा कर देगा, कि वह साम्राज्यवादी युद्ध को गृह-युद्ध में परिवर्तित करेगा। वह जानते थे कि विद्रोह सोवियतों के गणराज्य को स्थापित करेगा और सोवियतों का यह गणराज्य सारी दुनिया में क्रान्तिकारी आन्दोलन के लिए एक गढ़ का काम देगा।
>
> "हम जानते हैं, लेनिन की यह क्रान्तिकारी दूरदर्शिता पीछे अद्वितीय सचाई साबित हुई।"

केन्द्रीय कमिटी की दोनों बैठकों में कामेनेफ़ और ज़िनोवियेफ़ ने विद्रोह आरम्भ करने के प्रस्ताव के विरुद्ध वोट दिये। उन्होंने मेन्शेविक पत्र "नोवाया ज़ीस्न" के १८ अक्तूबर (पुराने पंचांग) वाले अंक में अपना वक्तव्य प्रकाशित करते हुए कहा कि बोल्शेविक विद्रोह की तैयारी कर रहे हैं। विद्रोह की तैयारी

अत्यन्त गुप्त रीति से की जा रही थी। समय से पहले भेद खोल देना भारी विश्वासघात था; यह पीठ में छुरा भोंकना था। कामेनेफ़, ज़िनोवियेफ़, त्रात्स्की और कुछ अन्य लोगों ने भी सर्वहारा-क्रान्ति की योजना को बेकार करने के लिए हर तरह की कोशिश की। त्रात्स्की ने प्रस्ताव रखा था कि सोवियतों की द्वितीय कांग्रेस के आरम्भ होने से पहले विद्रोह आरम्भ नहीं करना चाहिए। लेनिन ने उसका मुंहतोड़ जवाब देते हुए कहा था कि कांग्रेस के अधिवेशन तक प्रतीक्षा करने का मतलब होगा "निरी बेवकूफ़ी या सरासर विश्वासघात!" उन्होंने मांग की कि कामेनेफ़ और ज़िनोवियेफ़ को क्रान्ति के साथ ग़द्दारी करने के अपराध में पार्टी से निकाल बाहर करना चाहिए।

विभीषणों को सफलता नहीं मिली। पार्टी-केन्द्र ने विद्रोह की सारी तैयारी बड़ी दृढ़ता के साथ की।

इस समय लेनिन पेत्रोग्राद में विबोर्ग की तरफ़ छिपे रहकर वहीं से केन्द्रीय कमिटी का लगातार पथ-प्रदर्शन कर रहे थे। एक रात तो वह अस्थायी सरकार के हाथ में पड़ते-पड़ते बचे। वह टहलने के लिए बाहर गये थे, रास्ते में एक पहरेदार ने उन्हें रोक लिया। लेकिन, उसने कागज़-पत्रों को देखने के बाद उन्हें छोड़ दिया। उसे पता नहीं लग सका कि यह कौन आदमी है।

बोल्शेविक विद्रोह की तैयारी कर रहे हैं, यह कामेनेफ़ और ज़िनोवियेफ़ की कृपा से अस्थायी सरकार को मालूम हो ही गया था। वह जानती थी कि विद्रोह के जनरल स्टाफ़ का सदर-दफ्तर स्मोल्नी में है। उसने ६ नवम्बर को उस पर आक्रमण करने का हुक्म दिया।

३. *भूचाल के दिन*

बोल्शेविक निहत्थे नहीं थे। उनके पास ज़ारशाही के सिखलाये हुए, किन्तु अब क्रान्ति के पक्षपाती, सैनिक थे, बख्तरदार मोटरें थीं और कितने ही तोपखाने, रिसाले और जहाज़ी बेड़े भी थे। अस्थायी सरकार ने बोल्शेविक पत्र "रबोची पुत" (कमकर-पथ) को बन्द करने का हुक्म निकाला। प्रेस और सम्पादकीय कार्यालय के बाहर सशस्त्र सेनाएं और हथियारबन्द मोटरें आकर खड़ी हो गयीं। स्तालिन ने उन्हें मार भगाने का हुक्म दिया। लाल गारद और क्रान्तिकारी सैनिकों ने उनके हुक्म का पालन करते हुए क्रान्ति-विरोधियों को वहां से मार भगाया। ११ बजे दिन को "रबोची पुत" निकला। इसमें स्तालिन का लेख "हमें किस चीज़ की ज़रूरत है?" छपा था। इस लेख में अस्थायी सरकार को उखाड़ फेंकने के लिए जनता से अपील की गयी थी। उसी दिन लाल गारद और क्रान्तिकारी सैनिक फुर्ती से स्मोल्नी के आसपास जमा हो गये।

विद्रोह शुरू हो गया।

लेनिन अब भी अज्ञातवास में थे। वह स्मोल्नी पहुंचने के लिए अधीर हो रहे थे। लेकिन, केन्द्रीय कमिटी की आज्ञा के बिना वह अपने स्थान को नहीं छोड़ सकते थे। शाम के वक्त नादेज्दा क्रुप्स्काया ने "केन्द्रीय कमिटी के सदस्यों को" सम्बोधित लेनिन का एक पत्र केन्द्रीय कमिटी को दिया। उसमें लिखा था :

"स्थिति अत्यन्त संकटमय है...। इस समय हर चीज़ सूत के एक धागे से लटकी हुई है। ...ताक़त को... २५ अक्तूबर (नया ७ नवम्बर) तक करेन्स्की मंडली के हाथ में किसी हालत में भी नहीं रहने देना चाहिए, किसी भी हालत में नहीं। इस बात का निर्णय बिना चूके आज ही शाम या आज ही रात को करना होगा।

"क्रान्तिकारियों की देर को, जो कि आज विजयी हो सकते हैं (और निश्चय ही आज विजयी होंगे), और जिनके कल बहुत अधिक खोने का जोखिम है, सब कुछ खोने का जोखिम है, इतिहास कभी क्षमा नहीं करेगा।

"कार्रवाई में देरी का अर्थ है—मृत्यु।"

लेनिन केन्द्रीय कमिटी पर तुरन्त कार्रवाई का फ़ैसला करने के लिए ज़ोर डाल रहे थे। उनको डर था कि त्रात्स्की और उसके समर्थक विद्रोह को कहीं स्थगित न करा दें। विद्रोह के लिए जैसे फ़ौलादी हृदय और दिमाग़ की ज़रूरत थी, उसकी उम्मीद त्रात्स्की जैसे ढुलमुलयक़ीनों से नहीं की जा सकती थी। उधर करेन्स्की भी विद्रोह को दबाने के लिए भारी प्रयत्न कर रहा था। उसी रात उसे युद्ध के मोर्चे से विश्वसनीय सेना के पेत्रोग्राद पहुंचने की आशा थी।

लेनिन स्मोल्नी में—६ नवम्बर की रात को स्तालिन के ज़ोर देने पर केन्द्रीय कमिटी ने लेनिन को स्मोल्नी में बुलाकर उनके हाथ में नेतृत्व की बागडोर देने का निश्चय किया। लेनिन के वहां पहुंचने में देर नहीं हुई। स्तालिन ने सारी बातों की पूरी रिपोर्ट देकर बतलाया कि शरद् प्रासाद पर अधिकार करने की योजना कहां तक तैयार हो चुकी है। लेनिन अब क्रान्तिकारी विद्रोह के सारथी थे! इतना योग्य सारथी इतिहास में बहुत दुर्लभ है।

७ नवम्बर (पुराना २५ अक्तूबर) को प्रातःकाल सारा पेत्रोग्राद विद्रोही सर्वहारा के हाथ में था और टेलीफोन-सम्बंध, सदर तारघर, रेडियो-स्टेशन, नेवा नदी के पुल, रेलवे के स्टेशन तथा अधिकांश महत्वपूर्ण सरकारी कार्यालय अब करेन्स्की-सरकार के हाथ से निकल गये थे। विद्रोह ने एक सांस में भारी सफलता प्राप्त कर ली थी।

उसी दिन १० बजे सबेरे सैनिक क्रान्तिकारी कमिटी ने लेनिन द्वारा तैयार किये हुए "रूस के नागरिकों के नाम" ऐतिहासिक घोषणापत्र को जारी करते हुए कहा कि अस्थायी सरकार का तख्ता उलट दिया गया है और राज्यशक्ति सोवियतों के हाथ में आ गयी है।

अपराह्न में लेनिन ने पेत्रोग्राद सोवियत की एक विशेष बैठक में भाषण दिया। भाषण-मंच पर अपने महान् नेता को देखकर जनता कितनी ही देर तक करतलध्वनि और हर्षध्वनि करती रही। अपने भाषण में लेनिन ने समाजवादी-क्रान्ति की विजय घोषित करते हुए बतलाया कि रूस में समाजवाद अवश्य विजयी होगा। अपने भाषण को समाप्त करते हुए उन्होंने कहा था : " विश्व समाजवादी-क्रान्ति ज़िन्दाबाद ! "

सोवियतों की कांग्रेस—उसी दिन रात को पौने ११ बजे स्मोल्नी में द्वितीय सोवियत-कांग्रेस आरम्भ हुई। इसमें केन्द्रीय और स्थानीय राज्यशक्ति के सोवियतों के हाथ में आने की बाकायदा घोषणा की गयी।

लेनिन को सोने या विश्राम करने की कहां फुर्सत थी ! उन्होंने पहली सारी रात स्मोल्नी में रहते हुए विद्रोह के संचालन, सैनिकों के संगठन तथा सोवियत-शासन के अत्यावश्यक पहले क़दमों की व्यवस्था करने में बितायी थी। प्रायः दो दिन और दो रात लगातार काम करने के बाद, शरद् प्रासाद पर अधिकार हो जाने तथा वहीं अस्थायी सरकार के गिरफ्तार कर लिए जाने पर, लेनिन ने ७ नवम्बर की रात को कुछ घंटे स्मोल्नी के पास ही पार्टी के एक कार्यकर्ता के घर में विश्राम किया। लेकिन, उस वक्त भी उन्हें नींद नहीं आई। घर वाले जग न जायें, इसलिए बहुत चुपके से उठकर वह मेज़ पर जा बैठे, और वहां उन्होंने भूमि-सम्बंधी फ़रमान तैयार किया। ८ तारीख़ का सारा दिन उन्होंने उसी तरह लगातार काम में बिताया। पेत्रोग्राद की प्रतिरक्षा तथा नगरवासियों के लिए रोटी का प्रबंध करना सबसे ज़रूरी और तुरन्त करणीय था। इनके अतिरिक्त उन्हें केन्द्रीय कमिटी की बैठक की भी अध्यक्षता करनी थी जिसमें सोवियत सरकार के सदस्यों के बारे में विचार करना था। इसके बाद वह एक सम्मेलन में गये जिसमें उद्योग-धन्धों पर कमकर-संगठन के नियन्त्रण के बारे में बातचीत करनी थी। शाम तक उन्हें क्षण भर का भी अवकाश नहीं मिला।

शाम को वह सोवियतों की कांग्रेस के अधिवेशन के आरम्भ के समय भाषण देने गये। कांग्रेस ने समाजवादी क्रान्ति के महान नेता का ज़बर्दस्त स्वागत किया। लोग देर तक करतलध्वनि और हर्षोद्गार प्रकट करते रहे। कितनी ही देर तक लेनिन भाषण नहीं दे सके। इतिहास के इस महान् नेता ने अब मानव इतिहास में एक नये युग की—सर्वहारा-क्रान्ति और सर्वहारा के अधिनायकत्व के युग की—घोषणा की।

लेनिन के प्रस्ताव पर सोवियत-कांग्रेस ने सोवियत-सरकार के पहले फ़रमान—शान्ति-सम्बंधी फ़रमान और भूमि-सम्बंधी फ़रमान—पास किये। ये युग प्रवर्तक अभिलेख सर्वहारा-अधिनायकत्व को मज़बूत करने और समाजवाद का निर्माण करने में अत्यन्त महत्वपूर्ण साबित हुए। इसी कांग्रेस में कमकरों और किसानों की

पहली सोवियत सरकार—जन-कमीसरों की परिषद—बनायी गयी। लेनिन परिषद के प्रधान-मंत्री चुने गये।

४. सोवियत-सरकार

देश में क्रान्ति की महाविजय हो चुकी थी। लेनिन अब नयी सरकार के मुखिया थे। क्रान्ति को सफल बनाने के लिए उन्होंने जिस तरह की तत्परता के साथ काम किया था, उसी तरह की तत्परता से अब उन्होंने सोवियत सरकार को मज़बूत करने तथा समाजवाद का निर्माण करने के काम में हाथ लगाया। अभी तक उन्होंने अपने कौशल को क्रान्ति-युद्ध में दिखलाया था; अब अपनी असाधारण प्रतिभा का जौहर राज्य-प्रबंध में दिखलाना शुरू किया। इतिहास में ऐसा अन्य व्यक्ति नहीं देखा गया जो इतनी सैद्धान्तिक सूझ, राजनीतिक प्रतिभा, दूरदर्शिता और इतना अदम्य साहस रखता हो। न ही कोई ऐसा राजनीतिक नेता हुआ जो जनता के साथ इतना घनिष्ट सम्बंध रखता हो और जिसमें जनता इतना विश्वास रखती हो। लेनिन सच्चे अर्थों में "साधारण जनता" के नेता थे! क्रान्ति सफल बनाने के लिए उन्हें जितना काम करना पड़ा उससे कम काम अब लेनिन और सोवियत सरकार के ऊपर नहीं था। शोषक वर्ग को अधिकारच्युत किया जा चुका था। लेकिन उसका प्रतिरोध अभी खतम नहीं हुआ था। पुराना, पूंजीवादी शासन-यंत्र क्रान्ति के लिए साधन नहीं, बल्कि भारी बाधक था। उसे तोड़ फेंकना ज़रूरी था जिससे कि सरकारी अफ़सर भीतर से गड़बड़ी न पैदा कर सकें। भारी कठिनाइयों में नगर के लिए खाद्य का प्रबंध करना था, कारखानों को फिर से चालू करना था, कमकरों-किसानों के राज्य का नये ढंग से निर्माण करना था। लेकिन कठिनाइयां लेनिन को अनुत्साहित नहीं कर सकती थीं। उनका महामंत्र था: "विजय प्राप्त करना और शक्ति को अपने हाथ में रखना केवल उन्हीं लोगों के लिए सम्भव है जिनका जनता में विश्वास है और जो जनता की सृजनात्मक प्रतिभा में विश्वास रखकर छलांग मारने के लिए तैयार हैं।"

नयी सरकार का केन्द्र स्मोल्नी था। वहां हर वक्त लोग मधुमक्खियों की तरह अपने काम में व्यस्त रहते थे। एक क्षण का विश्राम किये बिना रात और दिन बड़े ज़ोर-शोर के साथ क्रान्तिकारी कार्यवाइयां जारी रहतीं। लेनिन को दूर जाकर रहने की फुर्सत कहां थी? वह स्मोल्नी के ही भीतर रहते थे। राजनीतिक, आर्थिक, सैनिक, शिक्षा, संस्कृति तथा आन्दोलन सम्बंधी तरह-तरह की समस्याएं उठ खड़ी होती थीं। पार्टी, कमकर या किसान राजकाज का कोई तजुर्बा नहीं रखते थे। यह तजुर्बा उन्हें इस वक्त हासिल करना था। लेनिन सभी बातों में उनका पथ-प्रदर्शन करने के लिए तैयार थे। सोवियत सरकार पुराने क़ानूनों और विधि-विधानों के अनुसार नहीं चलायी जा सकती थी। उसके लिए लेनिन ने नये

फ़रमान, नये नियम, तथा कितने ही घोषणापत्र और लेख लिखे। नवम्बर के अन्त से जन-कमीसार-परिषद (मंत्रि-मंडल) प्रतिदिन बैठने लगी। उसकी कार्रवाइयों का संचालन लेनिन करते थे। साथ ही जनता के साथ घनिष्ट सम्बंध रखना भी वह ज़रूरी समझते थे। सोवियत-शासन के पहले दो महीनों में उन्होंने २० विशाल सार्वजनिक सभाओं में भाषण दिया। पेत्रोग्राद में होने वाली कितनी ही कांग्रेसों में उन्होंने रिपोर्टें पेश कीं तथा भाषण दिये और उनके लिए प्रस्ताव तथा अपीलें तैयार कीं।

कारखानों के कितने ही कमकर-प्रतिनिधि-मंडल, युद्ध के मोर्चे के सैनिकों के प्रतिनिधि तथा देहाती किसानों के प्रतिनिधि लेनिन से मिलकर उनके सामने अपनी शंकाओं और प्रश्नों को रखते। लेनिन उनका जवाब देते और जनता से कहते: नये जीवन का निर्माण-कार्य तुम अपने हाथों में लो।

स्थिति बड़ी खतरनाक थी। लेनिन को फ़ौजी बातों की ओर विशेष ध्यान देने की आवश्यकता थी। करेन्स्की और कज़ाक पेत्रोग्राद की ओर बढ़े आ रहे थे। नगर के भीतर भी जोखिम कम नहीं था। ११ नवम्बर को कादेतों (सैनिक अफ़सरों) की टुकड़ी ने विद्रोह कर दिया। मास्को में अभी भी लड़ाई जारी थी। लेनिन ने कहा कि राजनीतिक प्रश्न सैनिक प्रश्न के साथ विलीन होने लगे हैं। ९ नवम्बर की रात को स्तालिन के साथ लेनिन पेत्रोग्राद सैनिक भूभाग के सदर दफ्तर में पहुंचे और सैनिक काम में नियुक्त साथियों से स्थिति के बारे में रिपोर्ट मांगी। इस समय की घटना के बारे में क्रान्तिकारी सैनिक कमिटी के एक सदस्य पोद्वोइस्की ने कहा है:

> "मैंने पूछा, इस आने का अर्थ अविश्वास या और कोई चीज़ है? इस पर ब्लादिमिर ने बड़ी शान्ति से, किन्तु दृढ़तापूर्वक कहा: 'नहीं, अविश्वास नहीं, कमकरों-किसानों की सरकार सिर्फ़ यही जानना चाहती है कि उसके सैनिक-अधिकारी किस तरह काम कर रहे हैं।' उसी क्षण से मैंने अनुभव किया कि हमारे यहां अधिनायकत्व काम कर रहा है, हमारे पास एक दृढ़ और मज़बूत कमकर-सरकार है।"

लेनिन सदर दफ्तर में लगातार कई दिनों तक रहे और वहीं से उन्होंने करेन्स्की और क्रास्नोफ़ की सेनाओं के साथ सैनिक मुठभेड़ों का संचालन किया और उनके विरुद्ध लड़ने के लिए सभी उपलब्ध शक्तियों को चालित और संगठित किया।

अंत में शत्रु की पराजय हुई।

सोवियत सरकार ने करेन्स्की और क्रास्नोफ़ के मंसूबों को विफल कर दिया।

कामेनेफ़, ज़िनोवियेफ़, राइकोफ़ जैसों की भीतर से रोड़ा अटकाने की नीति अब भी बन्द नहीं हुई थी। समाजवादी-क्रान्ति का मतलब है पुराने स्वार्थों

का पूरी तरह से ध्वंस और अल्पजनहिताय की जगह बहुजनहिताय सरकार का शासन। लेकिन ढुलमुलयक़ीन और नेतृत्व के भूखे ये लोग पहले तो सशस्त्र विद्रोह को शुरू करने में झिझकते थे, और अब मांग कर रहे थे कि मेन्शेविकों और समाजवादी-क्रान्तिकारियों को भी मिलाकर एक संयुक्त सरकार बनायी जाय। मेन्शेविक और समाजवादी-क्रान्तिकारी क्रान्ति के समय पूंजीवादी नेताओं की पूंछ पकड़े हुए थे। सोवियत सरकार को जो काम करना था उसमें ये क़दम-क़दम पर बाधक होते थे। भला ऐसे लोगों को साथ लेकर चलना कैसे सम्भव हो सकता था? केन्द्रीय कमिटी ने इसे 'सोवियत सरकार के नारे के प्रति ग़द्दारी' कहते हुए इस मांग को अस्वीकृत कर दिया। इस पर कामेनेफ़, राइकोफ़ और उनके दूसरे साथियों ने केन्द्रीय कमिटी और जन-कमीसार-परिषद (मंत्रि-मंडल) से इस्तीफ़ा दे दिया। किन्तु, इस स्तीफ़े का लेनिन के दृढ़ संकल्प पर कोई प्रभाव नहीं पड़ा। उन्होंने उनकी कोई पर्वाह न करके पार्टी-सदस्यों और कमकर जनता को सम्बोधित करते हुए कहा :

> "कमकर जनता को आश्वस्त और दृढ़ रहना चाहिए! हमारी पार्टी, सोवियत बहुमत की पार्टी, उनके हितों की रक्षा के लिए ठोस और एकताबद्ध होकर खड़ी है। पहले ही की तरह आज भी नगरों के लाखों कमकर, खन्दकों के सैनिक और गांवों के किसान करोड़ों की संख्या में हमारी पार्टी के पीछे हैं। पार्टी का संकल्प है कि जैसे भी हो शान्ति और समाजवाद की विजय प्राप्त की जाय।"

क्रान्ति के आरम्भिक दिनों में ही लेनिन ने सोवियतों की भूमि की प्रतिरक्षा के कार्य को सबसे आगे रखा। "हमें यह नहीं सोचना चाहिए कि प्रतिरक्षात्मक युद्ध, जो हमारे ऊपर ज़बर्दस्ती लादा जा सकता है—हमें नहीं करना है!" इसीलिए उन्होंने नारा दिया : "समाजवादी पितृभूमि की रक्षा करो!" उन्होंने सोवियत भूमि में रहनेवाली जातियों की ओर से घोषित किया कि देश के ऊपर हथियारबन्द हमला होने पर सारी कमकर-जनता अपनी मातृभूमि की रक्षा के लिए हथियार उठायेगी : "हम, कमकर और किसान अपने से और सारी दुनिया से कहते हैं, और इसे साबित करके भी दिखायेंगे, कि सोवियत गणराज्य की रक्षा के लिए हम सब उठ खड़े होंगे।"

नया शासन-यंत्र—क्रान्ति के बाद के पहले सप्ताहों में लेनिन का सारा ध्यान नवोत्पन्न सोवियत राज्य के निर्माण में लगा रहा। सोवियत राज्य एक बिल्कुल नयी तरह का राज्य था जिसका इतिहास में उदाहरण नहीं मिलता। उसके नेतृत्व में समाजवाद की इमारत बनाने के लिए ज़मीन साफ़ की गयी, पूंजीवादी राज्य के सारे शासन-यंत्र को ध्वस्त कर दिया गया, पुराने ज़ारशाही कर्मचारियों के लिए भीतर से तोड़-फोड़ कर सकने का कोई मौक़ा नहीं छोड़ा गया, क्रान्ति-विरोधी

संविधान सभा को तोड़ दिया गया; जमींदारी, जाति-व्यवस्था, स्त्रियों की असमानता, जातीय-उत्पीड़न और ईसाई गिरजाघरों के विशेषाधिकारों को सामाजिक जीवन के सभी क्षेत्रों में पूरी तरह खतम कर दिया गया। इसके बाद समाजवादी इमारत की नींव का पहला पत्थर रखा गया। सामाजिक उत्पादन और वितरण का नियंत्रण कमकरों के हाथ में दिया गया। बैंकों, रेलों तथा बड़े पैमाने के उद्योग-धंधों का राष्ट्रीकरण आरम्भ किया गया। सोवियत सरकार ने अपने मुख्य-मुख्य फ़रमान जारी किये। इनमें से बहुतों का मसौदा लेनिन ने बनाया था।

लेनिन ने लिखा था :

> "हमारा फ़रमान कार्रवाई करने की पुकार है, लेकिन पुराने ढंग की कार्रवाई की पुकार नहीं है कि, 'कमकरो, उठो और पूंजीपति वर्ग को उखाड़ फेंको!' नहीं, यह जनता के लिए पुकार है। यह रचनात्मक काम करने की पुकार है। ये फ़रमान, ऐसी हिदायतें हैं जो अमली काम के लिए जनता का आह्वान करती हैं।"

सोवियत राज्य और सभी मंत्रि-विभागों की स्थापना में लेनिन का सीधा हाथ था। उनकी प्रेरणा से सर्वहारा-अधिनायकत्व का सुदृढ़ हथियार, प्रतिक्रान्ति-ध्वंसक अखिल रूसी असाधारण-कमीशन—चेका—स्थापित किया गया। इसके मुखिया ज़ेर्ज़िन्स्की बनाये गये। लेनिन के प्रस्ताव पर राष्ट्रीय अर्थनीति की सर्वोच्च परिषद बनायी गयी। इसका काम था समाजवादी राष्ट्रीय अर्थनीति की योजना बनाना तथा उसे कार्यरूप में परिणत करना।

द्वितीय सोवियत कांग्रेस—लेनिन के प्रस्ताव पर द्वितीय अखिल रूसी सोवियत कांग्रेस ने जातीय विषय सम्बंधी मंत्रि-विभाग की स्थापना करके स्तालिन को जन-कमीसार नियुक्त किया। पूंजीवादी राज्यों का काम जातियों का उन्मोचन और संवर्धन नहीं, बल्कि उत्पीड़न और शोषण है। इसलिए उनके यहां ऐसे मंत्रि-विभाग की आवश्यकता नहीं होती। लेकिन सच्चे समाजवाद में—एटली और मौरिसन के खोटे समाजवाद में नहीं—जातियों का शोषण और उत्पीड़न असम्भव है। १६ नवम्बर, १६१७ को लेनिन और स्तालिन के हस्ताक्षर से "रूस की जातियों के अधिकारों की घोषणा" निकाली गयी। इस घोषणा ने ज़ारशाही के ज़माने की सतायी गयी और परतंत्र जातियों को समान अधिकार प्रदान किये।

अखिल रूसी केन्द्रीय कार्यकारिणी कमिटी की बैठक में १७ नवम्बर, १६१७ को लेनिन ने कहा :

> "समाजवाद ऊपर से जारी किये गये आदेशों के द्वारा नहीं निर्मित किया जा सकता। नौकरशाही यन्त्रवाद उसके भावों के विरुद्ध है; सजीव और सृजनात्मक समाजवाद जनसाधारण का अपना सृजन है।"

उन्होंने भली प्रकार समझ लिया था कि काम में जनता की प्रेरणा, कमकरों और किसानों की सृजनात्मक प्रतिभा ही ऐसी चीज़ है, जिसके ज़रिये श्रम की उपज को बढ़ाया जा सकता है तथा लोगों की राजनीतिक और सांस्कृतिक शिक्षा जल्दी से जल्दी पूरी की जा सकती है। १८ नवम्बर को जनता से अपील करते हुए लेनिन ने लिखा था :

"साथी मेहनतकशो ! याद रखो कि **तुम स्वयं अब** राज्य का शासन कर रहे हो। यदि तुम एकताबद्ध होकर **राज्य के सभी कामों को अपने हाथ में** नहीं ले लेते, तो कोई तुम्हारी सहायता नहीं कर सकेगा। तुम्हारी सोवियतें अब राज्य के संगठन, राज्यशक्ति के यन्त्र हैं। वे सभी प्रश्नों पर फैसला देने की क्षमता रखती हैं।"

दिसम्बर, १६१७ के अन्त में फिनलैंड के भीतर (किन्तु पेत्रोग्राद से अधिक दूर नहीं) लेनिन ने कुछ दिनों तक विश्राम किया। लेकिन उसे पूरा विश्राम नहीं कहा जा सकता था क्योंकि इसी समय उन्होंने "होड़ को कैसे संगठित करें" नामक महत्वपूर्ण लेख लिखा।

एक तरफ जनता का विशाल भाग सोवियत सरकार और उसके नेता के युग प्रवर्तक कामों को देखकर फूला नहीं समाता था, तो दूसरी तरफ उसके कारण पूंजीवादी तथा उसके लगुवे-भगुवे, मेन्शेविक और समाजवादी-क्रान्तिकारी, गुस्से से पागल हो रहे थे। सभी साम्राज्यवादी देशों की सरकारें इन लोगों की पीठ पर थीं। कारण यह कि वे बोल्शेविक-क्रान्ति को अपने लिए सबसे खतरे की चीज़ समझती थीं। वे चाहती थीं कि आंखों के कांटे लेनिन को रास्ते से निकाल बाहर किया जाय। उन्होंने पार्टी के नेताओं, और विशेषकर लेनिन की, हत्या कराने की कोशिश की।

१४ जनवरी, १६१८ को लेनिन की मोटर पर गोलियां चलायी गयीं। मोटर में कई जगह छेद हो गये, लेकिन लेनिन को ज़रा भी चोट नहीं आई।

क्रान्ति-विरोधी लोग संविधान-सभा को सोवियत-शासन के विरुद्ध हथियार के तौर पर इस्तेमाल करना चाहते थे। बोल्शेविकों ने उसे जनता के हित के ख़याल से बुलाया था। उनका यह भी विचार था कि अगर संविधान सभा ने वैसा करने से इन्कार किया तो जनता उसके विरुद्ध हो जायेगी। १८ जनवरी, १६१८ को संविधान-सभा की पहली बैठक हुई। उसने सोवियत-सरकार और उसके द्वारा जारी किये गये फ़रमानों को मानने से इन्कार कर दिया। ऐसी संविधान-सभा की जनसाधारण के लिए अब क्या आवश्यकता हो सकती थी ? उसे तोड़ दिया गया। धनियों की 'जनतंत्रता' को फाड़ फेंकने के कारण दुनिया के धनियों की सरकारें इसे स्वेच्छाचारिता, अधिनायकतन्त्र और जाने क्या-क्या कहकर प्रचार करने से भला कैसे पीछे रह सकती थीं ?

तृतीय सोवियत-कांग्रेस (१६१८ ई०)—२३ जनवरी, १६१८ को संविधान सभा के भंग होने के पांच दिन बाद, तृतीय अखिल रूसी सोवियत-कांग्रेस का उद्घाटन हुआ। सोवियत-शासन को स्थापित हुए अब तक दो महीने पन्द्रह दिन बीत चुके थे। कांग्रेस में जन-कमीसार-परिषद के कामों की रिपोर्ट देते हुए लेनिन ने कहा : "हमारा सोवियत समाजवादी प्रजातंत्र, अन्तर्राष्ट्रीय समाजवाद के दीपस्तम्भ की तरह, और सारी मेहनतकश जनता के लिए उदाहरण के तौर पर, दृढ़तापूर्वक खड़ा रहेगा।" लेनिन द्वारा उपस्थित की गयी "कमकर तथा शोषित जनता के अधिकारों की घोषणा" को कांग्रेस ने स्वीकार किया। यह सोवियत-संविधान की पहली रूपरेखा थी। इसमें, सोवियत-राज्य की पहली कार्रवाइयों को क़ानूनी रूप दिया गया था।

अध्याय १६

अग्नि-परीक्षा

(१६१८ ई०)

लेनिन देख रहे थे कि जब तक रूस की जर्मनी से लड़ाई छिड़ी रहेगी तब तक सोवियत-शासन की स्थिति मज़बूत नहीं बनायी जा सकेगी। अक्तूबर-क्रान्ति के तुरन्त बाद ही उन्होंने शान्ति के लिए आन्दोलन शुरू कर दिया। ८ नवम्बर, १६१७ के शान्ति-सम्बंधी फ़रमान में सोवियत सरकार के नाम से उन्होंने "सभी युद्धरत लोगों और सरकारों को न्यायोचित और जनतांत्रिक शान्ति के लिए तुरन्त बातचीत आरम्भ करने..." की अपील की। जर्मनी के साथ बोल्शेविक संधि न कर लें, इसके लिए पूंजीवादी तथा उनके एजेंट, मेन्शेविक तथा समाजवादी-क्रान्तिकारी, हर तरह से कोशिश कर रहे थे। वे जर्मनी को पूरे ज़ोर से आक्रमण करने के लिए उकसा रहे थे। वे जानते थे कि सोवियत-शासन अभी इतना मज़बूत नहीं है कि जर्मन सेनाओं का मुक़ाबला कर सके।

१. *समाजवादी पितृभूमि खतरे में*

पूंजीवादियों को अब जर्मन सेनाओं से ही आशा रह गयी थी। उनके अनुमान से वे ही बोल्शेविकों के शासन को उलट सकती थीं। जो ज़ारशाही जनरल बोल्शेविकों के साथ थे, वे भी सोवियत सरकार के आदेशों को खटाई में डालने की कोशिश करते थे।

२२ नवम्बर की रात को लेनिन ने कमांडर-इन-चीफ़ जनरल दुखोनिन से सीधे तार से बात करते हुए कहा कि सैनिक कार्रवाई बन्द की जाय और अस्थायी-संधि के लिए जर्मनों के साथ बातचीत शुरू की जाय। स्तालिन उस समय लेनिन के साथ थे। उस स्थिति के बारे में उन्होंने बाद में कहा :

> "यह एक भयंकर क्षण था। दुखोनिन और जनरल हेड-क्वार्टर ने जन-कमीसर-परिषद (मंत्रि-मंडल) के आदेशों को मानने से इन्कार कर दिया था। सैनिक अफ़सर पूरी तरह जनरल हेड-क्वार्टर के असर में थे। जहां तक सैनिकों का सम्बंध था, कोई नहीं कह सकता था कि एक करोड़ बीस लाख आदमियों का यह समूह क्या करेगा। क्योंकि वे ऐसे तथाकथित सेना-संगठनों के आधीन थे जो सोवियतों के विरोधी थे। खुद पेत्रोग्राद में, जैसा कि हम जानते हैं, सैनिक कादेत विद्रोह की तैयारी कर रहे थे।...

मुझे याद है, ज़रा देर तार पर ठमकने के बाद लेनिन का चेहरा एकाएक चमक उठा; वह असाधारण रूप से उत्फुल्ल हो उठे। साफ़ ही था, लेनिन किसी निर्णय पर पहुंच चुके थे।"

लेनिन ने कहा—हमें तुरन्त रेडियो-स्टेशन पर चलना है और जनरल दुखोनिन को बर्खास्त करके सीधे सैनिकों को हुक्म देना है : "जनरलों को पकड़ लो, सैनिक कार्रवाई बन्द करो, आस्ट्रियाई और जर्मन सैनिकों के साथ सम्बंध स्थापित करो और शान्ति के काम को अपने हाथ में लो।"

स्तालिन ने लिखा है :

> "यह 'अन्धेरे में कूदना' था। लेकिन, लेनिन ऐसे कूदने से ज़रा भी घबड़ाने वाले आदमी नहीं थे! बल्कि इसके विरुद्ध वह उसके लिए बहुत उत्सुक थे, क्योंकि वह जानते थे कि सेना शान्ति चाहती है, वह अपने रास्ते की सभी बाधाओं को दूर हटाकर शान्ति प्राप्त करेगी। वह जानते थे कि शान्ति-स्थापना के इस ढंग का जर्मन और आस्ट्रियाई सिपाहियों पर भी असर पड़ना लाज़िमी है और इससे सारे मोर्चे पर शान्ति की चाह बढ़ेगी। हम जानते हैं, लेनिन की यह क्रान्तिकारी भविष्यदर्शिता भी बाद में पूरी तरह ठीक साबित हुई।"

लेनिन जानते थे कि नये सोवियत राज्य के पास अभी अपनी सेना नहीं है, इसलिए वह शक्तिशाली जर्मन सेना से लड़कर पार नहीं पा सकता। उससे जूझे रहने का मतलब होगा सर्वहारा के राज्य को खतरे में डालना। वह यह भी जानते थे कि जब साम्राज्यवादी एक-दूसरे की जान के गाहक हो रहे हैं तो उस अवस्था में एक पक्ष के साथ शांति स्थापित करना आसान है। लेनिन ने कहा :

> "सन्धि कर लेने से अक्तूबर-क्रान्ति का अन्तर्राष्ट्रीय महत्व कम नहीं होगा, बल्कि और बढ़ेगा। रूस का समाजवादी सोवियत प्रजातंत्र सभी देशों के लोगों के लिए एक सजीव उदाहरण का काम देगा, और इस उदाहरण का एक ज़बर्दस्त प्रचारात्मक और क्रान्तिकारी असर पड़ेगा। एक तरफ बिल्कुल गयी-गुज़री पूंजीवादी व्यवस्था और लुटेरों के दो गुटों की लूट की लड़ाई है, और दूसरी तरफ शांति तथा सोवियतों का समाजवादी प्रजातंत्र है।"

जिस तरह क्रान्ति के लिए तैयारी करते समय युद्ध-आरम्भ के पहले से ही स्तालिन लेनिन के दाहिने हाथ थे उसी तरह अब भी वह उनके सबसे बड़े साथी और सहायक थे। मोर्चे पर युद्ध बन्द करके जब समझौते की बातचीत के लिए ब्रेस्त-लितोव्स्क में सोवियत प्रतिनिधि-मंडल भेजने का समय आया तो उसके लिए हिदायतें तैयार करने में लेनिन ने स्तालिन से सहायता ली। एक दिन प्रतिनिधि-मंडल ने हिदायत भेजने के लिए तार दिया, तो लेनिन ने जवाब दिया :

"स्तालिन यहां नहीं हैं, और मैं उन्हें सूचित नहीं कर सका ।...उत्तर देने से पहले मैं स्तालिन से सलाह लेना चाहता हूं ।" थोड़ी ही देर बाद लेनिन ने प्रतिनिधि-मंडल के पास तार भेजा : "स्तालिन अभी-अभी आये हैं । मैं इस बात पर उनसे तुरन्त सलाह-मशविरा करूंगा और अपना सम्मिलित उत्तर तुम्हारे पास भेजूंगा ।" संधि-पत्र पर हस्ताक्षर करने के लिए जो हिदायत ब्रेस्त-लितोव्स्क भेजी गयी थी, उस पर लेनिन और स्तालिन दोनों के हस्ताक्षर थे । इसीसे पता लग जाता है कि क्रान्ति के आरम्भ में ही स्तालिन का क्या स्थान था । पूंजीवादी लेखक और उनके पिट्ठू सोवियत के खिलाफ़ हज़ारों झूठ बोलने में पुण्य समझते हैं । इसलिए, कोई आश्चर्य नहीं यदि वे क्रान्ति की सफलता का ज़्यादा श्रेय त्रात्स्की को देकर फिर उसके भाग्य पर आंसू बहाते हुए यह भाव पैदा करना चाहते हैं कि सोवियत-शासन की बुनियाद कृतघ्नता और विश्वासघात पर है । कामेनेफ़ और ज़िनोवियेफ़ की तरह ही त्रात्स्की भी सोवियत की सफलता को खतरे में डालने का काम करता रहा था । मालूम ही हो चुका है कि त्रात्स्की ने युद्ध से पहले बोल्शेविकों का विरोध करने में कुछ भी नहीं उठा रखा था । ब्रेस्त-लितोव्स्क की संधि के लिए जर्मनों ने बड़ी कड़ी शर्तें रखी थीं । उन्हें ऐसा करने का मौक़ा जो मिला था ! लेकिन, लेनिन उन्हें ब्रह्मरेखा नहीं मानते थे । तरुण सोवियत सरकार को मज़बूत करने के लिए कुछ समय की आवश्यकता थी, जिसे कड़ी शर्तों वाली यह संधि दे रही थी ।

त्रात्स्की और बुखारिन ने इस संधि पर बड़ा बावेला मचाया । उन्होंने मांग की कि इस संधि का खयाल छोड़ दिया जाय और लड़ाई जारी रखी जाय । संधि के लिए भेजे गये प्रतिनिधि-मंडल का नेता त्रात्स्की बनाया गया था । उसको सोवियत सरकार और बोल्शेविक पार्टी की हिदायतें मिल चुकी थीं । लेकिन २८ जनवरी, १६१८ को उन्हें ताक़ पर रखकर उसने संधि-पत्र पर हस्ताक्षर करने से इन्कार कर दिया । इसका फल यह हुआ कि १८ फ़रवरी, १६१८ को जर्मन सेना ने सोवियत भूमि पर हमला कर दिया । इससे सोवियत-शासन के लिए भारी खतरा पैदा हो गया । उसी दिन सबेरे केन्द्रीय कमिटी की बैठक में लेनिन ने ज़ोर देकर कहा कि संधि स्वीकार करने के बारे में एक तार जर्मनों के पास तुरन्त भेजा जाय । त्रात्स्की और बुखारिन अब भी इसका विरोध करते हुए कह रहे थे : "जर्मन आगे बढ़ने की हिम्मत नहीं कर सकते ।" केन्द्रीय कमिटी ने एक वोट के बहुमत से लेनिन की बात को अस्वीकृत कर दिया । कुछ ही घन्टों बाद पता लग गया कि त्रात्स्की और उसके साथी कितने पानी में हैं । लेनिन की बात सच्ची साबित हुई, जर्मनों ने सारे मोर्चे पर हमला कर दिया । रूसी सेना के पैर उखड़ गये और प्रायः बिना किसी विरोध के जर्मन सेनायें इतनी तेज़ी से आगे बढ़ीं कि राजधानी पेत्रोग्राद के लिए भारी खतरा पैदा हो गया ।

अब एक मिनट की भी देर नहीं की जा सकती थी। उसी शाम को केन्द्रीय कमिटी फिर बैठी। लेनिन ने त्रात्स्की और बुखारिन पर ज़बर्दस्त आक्षेप किया। स्तालिन ने उनका समर्थन किया। अन्त में, बहुमत से केन्द्रीय कमिटी ने लेनिन के इस प्रस्ताव को स्वीकार किया कि जर्मन सरकार को सूचित किया जाय कि सोवियत सरकार तुरन्त संधि करने के लिए तैयार है। उसी रात को लेनिन ने जन-कमीसार-परिषद (मंत्रि-मंडल) की ओर से इस सम्बंध में जर्मन सरकार के पास रेडियो-तार भेजा। लेकिन, जर्मन साम्राज्यवादी जल्दी में नहीं थे। वे अपने पूर्वी शत्रु की कमज़ोरी को समझ गये थे। उनकी सेनाएं आगे बढ़ती रहीं।

जर्मन साम्राज्यवादी भी बोल्शेविकों के उसी तरह शत्रु थे, जिस तरह पश्चिमी साम्राज्यवादी। वे चाहते थे कि सोवियत सरकार को खतम करके रूस को जर्मन उपनिवेश बना लिया जाय। इस खतरे को समझ कर लेनिन ने तुरन्त प्रतिरक्षा के लिए देश को संगठित किया। १८ फ़रवरी को सबेरे ही सीधे तार से उन्होंने द्विन्स्क सोवियत के सदस्यों को हिदायत दी कि जैसे भी हो जर्मनों को आगे बढ़ने से रोका जाय; बड़े परिमाण में सैनिक सामान को जर्मनों के हाथों में न जाने दिया जाय। २१ फ़रवरी, १६१८ को जन-कमीसार-परिषद के नाम से लेनिन ने एक फ़रमान—"समाजवादी पितृभूमि खतरे में"—द्वारा जनता से अपील की, जिसमें कहा गया था :

> "रूस के कमकरों और किसानों का पवित्र कर्तव्य है कि पूंजीवादी साम्राज्यवादी जर्मनी की फ़ौजों के विरुद्ध वे सोवियत प्रजातंत्र की पूरे दिल से रक्षा करें।"

इस प्रतिरक्षा में देश के सारे साधनों व शक्तियों को लगा देना था। लेनिन ने सभी स्थानीय सोवियतों और सभी कमकरों और किसानों से कहा कि "हर स्थान की प्रतिरक्षा अपने खून की आखिरी बूंद देकर करो।" इसी अपील में लेनिन ने कहा था कि देश के धन का शत्रु के हाथ में जाना हर प्रकार से रोको; पीछे हटते समय रेलों को नष्ट कर दो; रेलवे के मकानों को उड़ा दो; रेल के डब्बों, इंजनों आदि को पूर्व की ओर देश के भीतर भेजो; सभी अनाज, खाद्य-सामग्री तथा मूल्यवान सम्पत्ति—जिसके शत्रु के हाथ में पड़ने का खतरा हो—नष्ट कर दो! उन्होंने पेत्रोग्राद, कियेव और युद्ध क्षेत्र के सभी क़स्बों, गांवों और खेड़ों के किसानों तथा कमकरों से कहा कि मज़दूर बटालियनें बनाकर सैनिक इंजीनियरों की देखरेख में खाइयां खोदो! फ़रमान के अन्त में उन्होंने लिखा था :

> "शत्रुओं के चरों, मुनाफ़ाखोरों, लुटेरों, गुंडों, क्रान्ति-विरोधी आन्दोलकों और जर्मन गुप्तचरों को गोली से उड़ा दो।
>
> "समाजवादी पितृभूमि खतरे में है!
>
> "समाजवादी पितृभूमि, ज़िन्दाबाद!"

लेनिन की इस अपील ने सभी जगह लोगों में उत्साह भर दिया। सर्वत्र क्रान्तिकारी जनता की नयी सेना—लाल सेना—की टुकड़ियां संगठित हुईं! तरुण लाल सेना ने बड़ी बहादुरी से लड़ते हुए जर्मनों को रोक दिया। २३ फ़रवरी, १९१८ को प्स्कोफ़ और नार्वा में उन्हें ज़बर्दस्त मात दी। जर्मनों का पेत्रोग्राद की ओर बढ़ना रुक गया। २३ फ़रवरी—जिस दिन उसने जर्मन साम्राज्यवाद की सेनाओं का मुंह मोड़ दिया था—लाल सेना का जन्म-दिवस माना जाता है। २३ फ़रवरी को सबेरे संधि के लिए जर्मनों की नयी शर्तें प्राप्त हुईं। इनका जवाब देने के लिए केवल एक दिन रह गया था।

लेनिन संधि के पक्ष में थे। केन्द्रीय कमिटी की बैठक में लेनिन ने उसी दिन अपना अल्टीमेटम रखते हुए मांग की कि जर्मनों की संधि की शर्तें मान ली जायें और क्रान्ति की 'बातें बघारना' बन्द किया जाय। स्तालिन और स्वेर्दलोफ़ ने लेनिन का समर्थन किया। स्तालिन ने कहा था: "या तो थोड़ा सा अवसर, नहीं तो क्रान्ति का सत्यानाश, तीसरा कोई रास्ता नहीं है।" त्रात्स्की, बुखारिन तथा उनके अनुगामियों ने लेनिन की नीति का ज़बर्दस्त विरोध किया। लेकिन अन्त में, केन्द्रीय कमिटी ने बहुमत से लेनिन के प्रस्ताव को स्वीकार करते हुए जर्मन शर्तों को मान लिया। २३ फ़रवरी को ही "प्रावदा" के सायंकाल के संस्करण में लेनिन का एक लेख छपा, जिसमें उन्होंने लिखा था:

> "वर्तमान काल में और वर्तमान परिस्थितियों में केवल ग़ैर-जिम्मेदार बात बघारने वाले ही रूस को युद्ध में ढकेलना चाहेंगे। जहां तक मेरा सम्बंध है, यदि यह नीति मानी गयी, तो मैं एक क्षण के लिए भी सरकार या पार्टी की केन्द्रीय कमिटी में नहीं रहूंगा।......
>
> "हरेक आदमी को यह समझ लेना चाहिए: जो कोई तुरन्त संधि का, सबसे कड़ी शर्तों के होते हुए भी, विरोध करता है, वह सोवियत शासन को ख़तरे में डालता है।"

२३ फ़रवरी की शाम को अखिल रूसी केन्द्रीय कार्यकारिणी समिति के बोल्शेविक तथा वामपक्षी समाजवादी-क्रान्तिकारी सदस्यों की एक संयुक्त बैठक हुई। इसमें लेनिन ने संधि के सम्बंध में भाषण दिया। त्रात्स्की, बुखारिन, उनके साथी तथा वाम समाजवादी-क्रान्तिकारी मिलकर लेनिन का विरोध करते रहे। इसके बाद अखिल रूसी केन्द्रीय कार्यकारिणी कमिटी के बोल्शेविक सदस्यों की एक बैठक हुई। इसने लेनिन के भाषण के बाद उनके प्रस्ताव को स्वीकार कर लिया। अन्त में २४ तारीख़ को ३ बजे सबेरे केन्द्रीय कार्यकारिणी कमिटी की बैठक हुई, जिसमें लेनिन ने जर्मनी की शर्तों के बारे में रिपोर्ट दी। उस पर गरमागरम बहस हुई और साढ़े ४ बजे लेनिन के प्रस्ताव को कमिटी ने स्वीकार कर लिया।

१८ से २४ फ़रवरी तक का सप्ताह—सोवियत-शासन के लिए भयंकर सप्ताह—समाप्त हुआ। जर्मन शर्तें मान ली गयीं। जर्मनी का हमला बन्द हो गया। लेनिन हरेक बात को जिस तरह समझ और देख सकते थे, दूसरों में वह शक्ति कहां थी! उन्होंने लिखा था: "रूसी और अन्तर्राष्ट्रीय क्रान्ति के इतिहास में यह एक सबसे बड़ा मोड़ था।" इसमें क्या शक है! यदि उस समय जर्मनों ने अपनी पूरी शक्ति लगाकर सोवियत-शासन को खतम कर दिया होता, तो क्या आज, १९५५ में, हम मानवता के आधे भाग को समाजवाद के झंडे के नीचे देख सकते थे! त्रात्स्की के अन्धेपन के कारण यही हुआ कि जर्मनों की शर्तें पहले से भी ज्यादा कड़ी हो गयी थीं और इस बीच बहुत भारी परिमाण में युद्ध सामग्री जर्मनों के हाथ में चली गयी थी। त्रात्स्की, बुखारिन तथा उनके साथियों ने "वस्तुतः जर्मन साम्राज्यवादियों की सहायता की और जर्मनी में क्रान्ति की वृद्धि-विकास में रुकावट डाली।" संधि हो जाने के बाद भी त्रात्स्की और बुखारिन ने और भी ज़ोरों से लेनिन के विरुद्ध आन्दोलन करना शुरू किया। उन्होंने वाम समाजवादी-क्रान्तिकारियों से मिलकर लेनिन और उनके साथियों को सरकार से हटाने की कोशिश की। वे ब्रेस्त-लितोव्स्क की संधि को तोड़कर जमनी को फिर आक्रमण करने का निमंत्रण देना चाहते थे। लेनिन, स्तालिन और स्वेर्दलोफ़ को पकड़ कर मार डालने का षड़यन्त्र भी उन्होंने रचा था। ये सब बातें बीस वर्ष बाद मालूम हुयीं।

२. *सातवीं पार्टी-कांग्रेस (१९१८ ई०)*

६ मार्च, १९१८ को पेत्रोग्राद में पार्टी की असाधारण सातवीं कांग्रेस बैठी। लेनिन ने ब्रेस्त-लितोव्स्क संधि के बारे में अपनी रिपोर्ट दी। डेढ़ दिन तक बहस जारी रही। त्रात्स्की और बुखारिन ने ज़बर्दस्त विरोध किया। लेकिन अन्त में, कांग्रेस ने लेनिन की नीति को माना। लेनिन ने अपनी रिपोर्ट तथा प्रस्ताव में भी कहा था कि सोवियत भूमि के ऊपर आगे भी साम्राज्यवादी हमले होने अनिवार्य हैं, इसलिए देश की प्रतिरक्षा के लिए पूरी तरह से तैयारी करना हमारा कर्तव्य है। उन्होंने प्रस्ताव रखा कि सारी वयस्क जनता के सभी स्त्री-पुरुषों को बाक़ायदा हथियार इस्तेमाल करने तथा सैनिक दांव-पेंचों की शिक्षा दी जाय:

> "हमें बस केवल एक ही नारा अपने सामने रखना है: 'गम्भीरता से युद्ध कला सीखो!"

इस कांग्रेस में और भी कई महत्वपूर्ण काम हुए। लेनिन के प्रस्ताव को स्वीकार करके कांग्रेस ने पार्टी का नाम बदल कर रूसी कम्युनिस्ट (बोल्शेविक) पार्टी रखा। लेनिन के बनाये हुए कार्यक्रम के मसौदे को आधार मानकर उसे अंतिम तौर से तैयार करने के लिए एक कार्यक्रम कमिटी नियुक्त की गयी। लेनिन और स्तालिन भी इसके सदस्य थे।

१५ मार्च को चतुर्थ असाधारण अखिल रूसी सोवियत कांग्रेस हुई। लेनिन की रिपोर्ट सुनने के बाद इसने ब्रेस्त-लितोव्स्क संधि को स्वीकार किया।

३. मास्को राजधानी (१९१८ ई०)

जर्मनों ने पेत्रोग्राद के पास पहुंच कर बतला दिया था कि सोवियत सरकार की राजधानी के लिए यह नगर अधिक अनुकूल नहीं है। इसीलिए, इसी अखिल रूसी सोवियत कांग्रेस ने निश्चय किया कि राजधानी को पेत्रोग्राद से मास्को बदल दिया जाय जिससे कि सरकारी केन्द्र शत्रुओं की पहुंच से बाहर, सुरक्षित स्थान में, रहे; साथ ही, मास्को का सम्बंध रूस के दूसरे भागों से जितना अच्छी तरह से स्थापित है, उससे भी फ़ायदा उठाया जाय। राजधानी बदलने का मतलब केवल कागज़ी प्रस्ताव पास करना नहीं था, वहां से सरकार के हरेक विभाग को मास्को ले जाना था। यह मामूली काम नहीं था। ट्रेनें की ट्रेनें लदी हुई पेत्रोग्राद से मास्को की ओर बढ़ने लगीं। एक ट्रेन में लेनिन और केन्द्रीय कमिटी तथा सरकार के सदस्य भी थे। क्रान्ति-विरोधी समाजवादी-क्रान्तिकारियों ने इस ट्रेन को उड़ा देने का षड्यन्त्र रचा था, लेकिन सोवियत गुप्तचर-विभाग पूरी तौर से सजग था। १० मार्च, १९१८ को लेनिन ने पेत्रोग्राद से प्रस्थान किया। अगले दिन वह मास्को पहुँचे।

११ मार्च, १९१८ से मास्को दुनिया के प्रथम और सबसे शक्तिशाली समाजवादी राज्य की राजधानी बना। सदियों से सूना क्रेमलिन दुर्ग अब सोवियत का हृदय बन गया।

"हमें रूस का शासन करना है"—लेनिन ने अब रूस को एक ऐसा शक्तिशाली राष्ट्र बनाने की ओर अपना सारा ध्यान लगाया जिससे कि कोई दुश्मन उसकी तरफ़ ताकने की हिम्मत न कर सके। उन्होंने एक बार कहा था: "हमने—बोल्शेविक पार्टी ने—रूस को विश्वास दिला दिया है, हमने धनिकों से ग़रीबों के लिए, शोषकों से मेहनतकशों के लिए रूस को जीत लिया है। अब हमें रूस का शासन-प्रबंध करना होगा।" लेनिन ने अब समाजवादी निर्माण के काम की ओर लोगों का ध्यान आकृष्ट किया। देश के शासन-प्रबंध के संगठन के लिए सबसे ज़रूरी बात थी राष्ट्रीय हिसाब-किताब को बड़ी कड़ाई के साथ रखना तथा उत्पादन और वितरण का नियंत्रण करना। यह आवश्यक था कि श्रम की उत्पादकता को चरम सीमा तक बढ़ाया जाय और एक नयी तरह के सोवियत समाजवादी श्रम-अनुशासन को लागू किया जाय। साथ ही, समाजवादी होड़ को संगठित करना और मुनाफ़ाखोरी, मटरगश्ती तथा निम्न-मध्यवर्गी दिखावे के ख़िलाफ़ संघर्ष करना भी ज़रूरी था। लेनिन ने कहा: पूंजीवाद के नीचे अनुशासन भूख, ज़बर्दस्ती और लाठी के बल पर क़ायम रखा जाता है। सोवियत-व्यवस्था में वह दूसरी तरह का

है। नया अनुशासन, समाजवादी अनुशासन है, साथी की तरह परस्पर सम्बंध का अनुशासन है। सोवियत अनुशासन को कमकर लोगों की विशाल जनता ने अपने रोज़मर्रा के व्यवहारिक काम में क़ायम किया है: "आर्थिक जीवन की समस्याएं एक नये तरीक़े से हमारे सामने आ रही हैं। पैसे-कौड़ी का हिसाब साफ़-साफ़ और जागरूकता के साथ रखो, मितव्ययता के साथ प्रबंध करो, सुस्त मत बनो, चोरी न करो, काम के समय कड़े अनुशासन का पालन करो।"

समाजवादी निर्माण आरम्भ करने के लिए योजना की रूपरेखा तैयार करते हुए लेनिन ने सम्पूर्ण राष्ट्रनीति के समाजवादी पुनर्संगठन के वास्ते ऊंचे पैमाने के मशीन-उद्योग के महत्व पर बहुत ज़ोर दिया। उनका लक्ष्य था देश को औद्योगिक रूप से परमुखापेक्षी न रहने देना। और यह, टेकनीक के द्वारा तथा आर्थिक रूप से देश को स्वतंत्र करने से ही हो सकता था। उन्होंने कहा कि समाजवादी राष्ट्रीय अर्थनीति का निर्माण बिजली के आधुनिक टेकनीकल आधार पर करना है। उन्होंने देश के औद्योगीकरण और बिजलीकरण के सम्बंध में हिदायतें दीं। शुरू के दिनों में ही लेनिन ने सोवियत राज्य के लिए एक अकेली राज्य-आर्थिक-योजना बनाने की आवश्यकता पर ज़ोर दिया:

> "एक ... दृढ़ संकल्प की ज़रूरत है, सभी व्यावहारिक कामों में सबको एकजूट होकर काम करना होगा।... न रेलें, न यातायात-व्यवस्था, न विशाल मशीनें और न आम फ़ैक्टरियां ही ठीक तौर से काम कर सकती हैं, यदि सभी मौजूदा कमकर जनसाधारण को एक आर्थिक संस्था में एकताबद्ध करके घड़ी की चाल की तरह दृढ़ संकल्प के साथ काम करने के लिए जुटा न दिया गया।"

लेनिन ने कहा कि समाजवाद का निर्माण करनेवाले करोड़ों व्यक्तियों के संकल्पों और क्रियाओं की यह एकता समाजवादी राज्य-योजना से ही क़ायम हो सकती है। सातवीं पार्टी-कांग्रेस (मार्च १६१८) में लेनिन ने कहा था:

> "...सारे राज्य के आर्थिक-यंत्र को एक अकेली विशाल मशीन, एक आर्थिक सजीव ढांचे के रूप में परिणत करना होगा, जो इस तरह काम करे कि एक अकेली योजना करोड़ों आदमियों का पथ-प्रदर्शन कर सके। यही महाविशाल संगठनात्मक करणीय आज हमारे सामने है!"

लेनिन बड़ी तत्परता से नव-निर्माण के कार्य के बारे में सोच रहे थे। २६ अप्रैल को पार्टी की केन्द्रीय कमिटी की एक बैठक में उन्होंने उपरोक्त बातों पर ज़ोर दिया। २८ अप्रैल को उन्होंने "सोवियत सरकार के फ़ौरी काम" के नाम से "इज़वेस्तिया" (सरकारी पत्र) में अपना लेख छपवाया और अगले दिन अखिल रूसी केन्द्रीय कार्यकारिणी की बैठक में उसी विषय पर अपनी रिपोर्ट दी। इस प्रकार इस क्षेत्र में लेनिन ने पथ-पदर्शन करते हुए लोगों को नव-निर्माण के

महत्वपूर्ण काम में लगाया। २८ जून को लेनिन ने बड़े पैमाने के समस्त उद्योगों के राष्ट्रीकरण के फ़रमान पर हस्ताक्षर किये।

जर्मनों से लोहा—देश की प्रतिरक्षा की ओर से लेनिन का ध्यान एक मिनट के लिए भी नहीं हटा। वस्तुतः प्रतिरक्षा को मज़बूत करने के लिए भी नव-निर्माण की अत्यन्त आवश्यकता थी। लड़ाई के कारण, और जर्मनों के भीतर घुस आने से, देश के आर्थिक साधनों की बड़ी क्षति हुई थी। संधि हो जाने पर भी उसे तोड़कर और उक्राइन, बेलोरूसिया तथा कितने ही दूसरे भूभागों पर अधिकार करके, वहां पूंजीवाद तथा ज़मींदारी की पुनः स्थापना करके, जर्मन लोग रूसियों पर अत्याचार करने लगे। उन्होंने अनेक गांव नष्ट कर दिये; हज़ारों कमकरों और किसानों को गोली मार दी। लेकिन जवाब में उक्राइनी और बेलोरूसी जनता ने विदेशियों के खिलाफ़ मुक्ति-युद्ध छेड़ दिया। आमने-सामने लड़ना संभव न देखकर उन्होंने जगह-जगह छापेमार लड़ाई शुरू कर दी; जगह-जगह सशस्त्र-विद्रोह उठ खड़े हुए। जर्मनों ने आसानी से सोवियत-भूमि के इस उर्वर भाग को अपना उपनिवेश बनाना चाहा था। लेकिन जनता के संघर्षों का दबाव उनके ऊपर इतने ज़ोर का पड़ा कि जर्मन युद्ध-यन्त्र विश्रंखलित हो गया और लेनिन के शब्दों में "यह सेना भ्रष्ट होकर लुटेरों के गुट के रूप में परिणत हो गयी।" जर्मन और आगे बढ़ना चाहते थे। इस पर लेनिन ने फिर जन-युद्ध का नारा बुलन्द किया: "खारकोफ़ गुबर्निया की पूर्वी सीमाओं की रक्षा करने के लिए अपनी सारी शक्ति से जो भी उपाय हो सके, तुरन्त करो।" २ जून, १९१८ को लेनिन ने सभी सोवियत-अधिकारियों को कड़ा आदेश दिया कि विदेशी आक्रमणकारियों और रूसी सफेद-गारदों को नष्ट करने के लिए सारी शक्ति लगा दो; खतरेवाले इलाक़ों की सारी जनता से उन्होंने कहा कि दुश्मन के लिए एक भी दाना न छोड़ो, सारे अनाज तथा पशुओं को भीतर की ओर सुरक्षित ज़िलों में ले आओ; उन ज़िलों में जो भी मशीन, युद्ध-सामग्री, रेलवे का सामान हो, सबको भीतर की ओर भेज दो; शत्रु के बढ़ाव को रोकने के लिए अपनी शक्ति भर हर प्रयत्न करो; उन पर छापा मारो, उनके खिलाफ़ बारूदी हथियार और तलवार आदि इस्तेमाल करो; अपने पिछवाड़े को सुरक्षित रखो और इसके लिए शत्रु को प्रत्यक्ष या अप्रत्यक्ष रूप से सहायता करने वाले सभी गुप्तचरों, आग भड़काने वालों, सफेद-गारदों तथा क्रान्ति-विरोधी देशद्रोहियों को खतम कर दो।

लेनिन की हिदायतें कारगर साबित हुईं। उनसे लोगों को भारी प्रेरणा मिली और हर जगह जनता ने डटकर जर्मनों का मुक़ाबला किया।

१९१८ के मई और जून महीनों में खाद्य-स्थिति बड़ी सोचनीय हो गयी। देश पर अकाल की छाया मंडरा रही थी। कुलक (धनी किसान) और मुनाफ़ेखोर अपनी खत्तियों में अनाज को भरकर, लोगों को भूखा रख कर, क्रान्ति का गला

घोंटना चाहते थे। देहात में कुलकों और ग़रीब किसानों के बीच भीषण संघर्ष हो रहा था। लेनिन ने कमकरों, विशेषकर पेत्रोग्राद के मज़दूरों, से कहा कि वे देहात में जाकर कुलकों के विरुद्ध संघर्ष करने के लिए ग़रीब किसानों को संगठित करें। उन्होंने कहा :

> "साथी कमकरो ! याद रखो कि क्रान्ति एक संकटपूर्ण स्थिति में है। याद रखो, तुम्हें छोड़ और कोई नहीं, केवल तुम्हीं, क्रान्ति को बचा सकते हो। हमें जिनकी ज़रूरत है, वे हैं दसियों हज़ार चुने हुए कमकर, राजनीतिक तौर से आगे बढ़े हुए कमकर, ऐसे कमकर जो समाजवाद के भक्त हों, जो रिश्वत के फेर में तथा लूट-खसोट के लोभ में नहीं पड़ सकते और कुलकों, नफ़ाखोरों, लुटेरों, घूस देने वालों तथा संगठन तोड़ने वालों के खिलाफ़ एक लौहशक्ति तैयार करने में सक्षम हों।"

उन्होंने कुलकों के खिलाफ़ निष्ठुर संघर्ष करने के लिए कहा : "कुलक सोवियत-सरकार के भयंकर शत्रु हैं, उनके खिलाफ़ निष्ठुर युद्ध करना होगा। कुलकों के लिए मृत्यु !" लेनिन ने घोषित किया कि वे सभी लोग जनता के शत्रु हैं जो फाजिल अनाज को अपने पास रख कर उसे निश्चित दाम पर सरकार के हाथ बेचने से इन्कार करते हैं। लेनिन के प्रस्ताव पर खाद्य-पूर्ति मंत्रि-विभाग की स्थापना हुई। इस विभाग का काम था ज़बर्दस्ती अन्न को छीनकर देश को भुखमरी से बचाना। ११ जून (१६१८ ई०) को उन्होंने अपने और स्वेर्दलोफ़ (राष्ट्रपति) के हस्ताक्षर से एक फ़रमान निकालकर हुक्म दिया कि ग़रीब-किसान-कमिटियां क़ायम की जायें और उनके हाथ में देहाती इलाक़ों का नियंत्रण दिया जाय।

अब क्रान्ति के भाग्य का फ़ैसला रोटी के हाथ में था। भुखमरी, सोवियत भक्तों को भी सोवियत विरोधी बना सकती थी। इसीलिए लेनिन ने कहा : "रोटी की लड़ाई समाजवाद की लड़ाई है !"

दक्षिण में अब भी अन्न का भारी भंडार संचित था। लेकिन वह मास्को और लेनिनग्राद कैसे पहुंचे ? इस असाधारण काम के लिए असाधारण व्यक्ति की ज़रूरत थी। इसलिए स्तालिन को असाधारण अधिकार देकर दक्षिण रूस में खाद्य-पूर्ति के काम पर लगाया गया।

६ जून को स्तालिन ज़ारित्सिन (आधुनिक स्तालिनग्राद) पहुंचे। जन-कमीसार-परिषद के नाम से १० जून को एक अपील जारी करते हुए लेनिन ने लिखा था :

> "रूसी, फ्रांसीसी और चेकोस्लोवक साम्राज्यवादी भूख द्वारा क्रान्ति को ध्वस्त करने के अपने प्रयत्न में असफल होंगे। दक्षिण-पूर्व भूखे उत्तर की सहायता करने आ रहा है। जन-कमीसार स्तालिन ने—जो कि ज़ारित्सिन में दोन और कुबान इलाक़ों की खाद्य-पूर्ति का संचालन कर रहे हैं—हमें

तार दिया है कि वहां भारी परिमाण में अनाज का ढेर मौजूद है और आशा है कि अगले कुछ सप्ताहों में हम उसे उत्तर भेज सकेंगे!"

सचमुच ही स्तालिन रेलें भर-भर कर अनाज, मांस और मछली पेत्रोग्राद, मास्को तथा दूसरे औद्योगिक केन्द्रों की ओर भेजने लगे। ग़रीब-किसान-कमिटियों का संगठन करने के लिए जो वर्ग-चेतन क्रान्तिकारी कमकर भेजे गये थे, उन्होंने देहातों में सोवियत-शासन को मज़बूत किया और मझोले किसानों को कुलकों, सफेद-गारदों और विदेशी आक्रमणकारियों से मोर्चा लेने में मदद दी।

समाजवादी-क्रान्तिकारी अपने नेता करेन्स्की की तरह ही क्रान्ति-विरोधी थे। लेकिन उनके वामपक्ष ने क्रान्ति का साथ दिया था। हम देख चुके हैं कि ब्रेस्त-लितोव्स्क संधि के समय वे किस तरह सोवियत सरकार की टांग पकड़ कर पीछे खींचना चाहते थे। कुलक वर्ग—ग्रामीण पूंजीपति वर्ग—उनका आधार था, कुलकों के ऊपर प्रहार होने से उन्होंने अपने पैर के नीचे से ज़मीन खिसकती देखी। उन्होंने लेनिन, बोल्शेविक-पार्टी तथा सोवियत सरकार के विरुद्ध भयंकर कार्रवाइयां शुरू कर दीं।

४. प्रथम सोवियत-संविधान

४ जुलाई, १६१८ को प्रथम सोवियत कांग्रेस आरम्भ हुई। इस कांग्रेस में "वाम" समाजवादी-क्रान्तिकारियों ने "वाम कम्युनिस्टों" का समर्थन प्राप्त कर यह मांग की कि जर्मनी के खिलाफ़ युद्ध की घोषणा की जाय। उन्होंने धमकी दी कि यदि सरकार ब्रेस्त-लितोव्स्क संधि को फाड़ नहीं फेंकती, तो "जनता" उसे फाड़ फेंकेगी। उन्होंने यह भी मांग की कि कुलकों के खिलाफ़ हो रही कार्रवाई बन्द की जाय और देहाती इलाक़ों में अन्न जमा करने के लिए कमकरों को न भेजा जाय। लेनिन ने उनको मुंहतोड़ जवाब देते हुए कहा :

> "जनता में कोई तुम्हारा समर्थन करने के लिए तैयार नहीं है। कमकरों और किसानों की मित्रता दिन पर दिन बढ़ती जा रही है...हमारी पार्टी के खिलाफ़ कोई पागलपन भरी बकवास इस मैत्री को नहीं तोड़ सकती।"

"वाम" समाजवादी-क्रान्तिकारी साफ़ देख रहे थे कि कांग्रेस और सरकार में कहीं भी उनकी नहीं चल पा रही है; उधर, कुलक भी अपनी शक्ति खोते जा रहे थे। उन्होंने ६ जुलाई को सोवियत सरकार के खिलाफ़ विद्रोह कर दिया। सोवियत के खिलाफ़ जर्मनों को भड़काने के लिए उन्होंने मास्को में जर्मन राजदूत मीरबाख की हत्या भी कर डाली। लेनिन ने तुरन्त विद्रोह को दबाने के लिए सख्ती का क़दम उठाया। ज़िला पार्टी कमिटियों, ज़िला सोवियतों और लाल सेना के ज़िला हेड-क्वार्टरों के पास टेलीफोन द्वारा संदेश भेजकर उन्होंने कहा: "अपराधियों को पकड़ने के लिए सभी शक्तियों को चालित करो, उन्हें तुरन्त पकड़ने के

लिए सबको तैयार करो!" कुछ ही घंटों में "वाम" समाजवादी-क्रान्तिकारियों का विद्रोह परास्त कर दिया गया। यह स्मरण रहे कि पहले-पहल बोल्शेविकों ने कुछ ग़ैर-पार्टी लोगों को भी सरकार में ले लिया था। लेकिन जब क्रान्ति-विरोधी शक्तियों का सफ़ाया किया जाने लगा, तो इनमें से रंगे स्यार क्रान्ति से पथ-भ्रष्ट हो खुद अपनी करनी से ही अपने ख़ात्मे की तरफ़ बढ़ चले।

जर्मन राजदूत की हत्या द्वारा समाजवादी-क्रान्तिकारियों ने जर्मनी को रूस के भीतर दखल देने का बुलावा दिया था। जर्मन सरकार ने तुरन्त मास्को में जर्मन सैनिकों की एक बटालियन रखने की मांग करते हुए कहा कि जर्मन-दूतावास की रक्षा के लिए ऐसा करना ज़रूरी है। सोवियत सरकार ने ऐसा करने से साफ़ इन्कार करते हुए उत्तर दिया कि देश के सर्वप्रभुत्व पर हम ज़रा भी आंच नहीं आने देंगे। लेनिन ने कहा था कि इसका अर्थ होगा "विदेशी सेनाओं द्वारा रूस पर अधिकार करने का आरम्भ।" जर्मन साम्राज्यवादियों को मुंहतोड़ जवाब देते हुए उन्होंने यह भी कहा कि अगर मास्को में कोई सेना भेजने की कोशिश की गयी तो हम उसका जवाब देने के लिए तैयार हैं।

लेनिन ने उसी समय ज़ारित्सिन में स्तालिन के पास "वाम" समाजवादी-क्रान्तिकारियों के विद्रोह की सूचना भेजते हुए कहा था :

> "हम आज ही रात को उन्हें बड़ी निष्ठुरता से दबा देंगे, और सारी जनता को यह सत्य बतला देंगे कि हम युद्ध से बाल-बाल बचे हैं।...यह आवश्यक है कि इन कमीनों और बदहवास दुस्साहसियों को निष्ठुरतापूर्वक नष्ट कर दिया जाय। ये क्रान्ति-विरोधियों के हाथ के हथियार बन गये हैं।"

स्तालिन ने जवाब देते हुए लिखा :

> "जहां तक इन बदहवासों का सवाल है, आपको विश्वास रखना चाहिए कि हम ज़रा भी गफलत नहीं करेंगे। हम शत्रुओं के साथ वैसा ही बर्ताव करेंगे, वैसा शत्रुओं के साथ करना चाहिए।"

४ जुलाई को पांचवीं सोवियत कांग्रेस शुरू हुई थी और ६ जुलाई को समाजवादी-क्रान्तिकारियों ने जर्मन राजदूत की हत्या करवायी थी। इसी कांग्रेस ने रूसी सोवियत संघात्मक समाजवादी प्रजातंत्र का संविधान (शासन-विधान) स्वीकृत किया, जो कि सोवियत संघ का प्रथम संविधान था। इस संविधान को तैयार करने में लेनिन, स्तालिन और स्वेर्दलोफ़ का खास हाथ था।

संविधान स्वीकृत करने के बाद अपनी भारी प्रसन्नता प्रकट करते हुए लेनिन ने जुलाई १९१८ में जर्मन मार्क्सवादी क्लारा ज़ेटकिन को लिखा था :

> "मैंने अभी-अभी नयी राज्य मोहर पायी है। यहां उसकी छाप दे रहा हूं। उसमें लिखा है : 'रूसी समाजवादी संघात्मक सोवियत प्रजातंत्र! दुनिया के मज़दूरो एक हो!'"

अध्याय १७

गृह-युद्ध

(१९१८—२० ई०)

१. काले बादल

क्रान्ति को नौ महीने बीत चुके थे। सोवियत सरकार प्रथम परीक्षा में उत्तीर्ण हुई थी। लेकिन, अभी भी ऊपर काले बादल मंडरा रहे थे। पश्चिम के साम्राज्यवादी, फूटी आंखों भी पूंजीवाद के परम शत्रु बोल्शेविकों को देखना नहीं चाहते थे। वे सोवियत रूस के भीतर हथियारबन्द दखलन्दाज़ी के लिए तैयार थे। मई के अन्त और जून के आरम्भ में यह साफ़ मालूम होने लगा कि अवकाश का समय अब खतम हो रहा है। क्लारा ज़ेटकिन को लिखे एक पत्र में लेनिन ने लिखा था :

> "हम इस समय सम्भवतः सारी क्रान्ति के अत्यन्त कठिन सप्ताहों में से गुजर रहे हैं। वर्ग-संघर्ष तथा गृह-युद्ध जनता में बहुत भीतर तक घुस गया है। सारे देहाती इलाक़ों में जनता दो टुकड़ों में बंट गयी है : ग़रीब किसान हमारी ओर हैं और कुलक बदहवास होकर हमारा विरोध कर रहे हैं। अंतांत* ने चेकोस्लावाकों को खरीद लिया है। सब जगह क्रान्ति-विरोधी विद्रोह उठ खड़ा हुआ है। समूचा पूंजीपति-वर्ग अपनी पूरी शक्ति लगाकर हमें उखाड़ फेंकने की कोशिश कर रहा है। तो भी हमें पूरा विश्वास है कि हम (१७९४ और १८४९ ई० की) क्रान्ति के 'आम' रास्ते से बच निकलेंगे और पूंजीवादियों को पराजित करेंगे।"

सोवियत-क्रान्ति को १७९४ ई० की फ्रांसीसी क्रान्ति और १८४९ ई० की जर्मन-क्रान्ति की तरह असफल नहीं होना था, क्योंकि अब सर्वहारा-क्रान्ति की रक्षा के लिए मार्क्सवादी बोल्शेविक पार्टी की ज़बर्दस्त सेना वहां मौजूद थी और लेनिन जैसा सेनापति उसका संचालन कर रहा था।

२९ जुलाई, १९१८ को अखिल रूसी केन्द्रीय कार्यकारिणी कमिटी, मास्को सोवियत तथा मास्को की फैक्टरी कमिटियों और मज़दूर-सभाओं के प्रतिनिधियों की सम्मिलित बैठक में बोलते हुए लेनिन ने कहा :

> "युद्ध और सैनिक घटनाएं क्रान्ति के मूल प्रश्न के रूप में रंगमंच

* इंगलैंड, फ्रांस और उनके मित्र।

पर फिर प्रकट हुई हैं।... अब रूसी समाजवादी संघात्मक सोवियत प्रजातंत्र का सारा अस्तित्व, रूसी क्रान्ति का सारा प्रश्न, युद्ध का प्रश्न हो गया है।...हम युद्ध के भीतर हैं और क्रान्ति के भाग्य का फ़ैसला इसके परिणाम पर निर्भर है।...हमें सारा प्रयत्न इसी दिशा में करना है और हरेक को हथियार उठाने के लिए ललकारना है।"

"सब कुछ मोर्चे के लिए"—१६१८ की गर्मियों में सोवियत प्रजातंत्र की स्थिति बड़ी भयंकर हो उठी। विदेशी और घर के क्रान्ति-विरोधी सोवियत-शासन को उखाड़ फेंकने के लिए एक हो गये थे। किसी तरह से जर्मनी से छुट्टी पाने पर, अब इंग्लैंड, फ्रांस, जापान और संयुक्त राष्ट्र अमरीका के विदेशी दखलन्दाज़ रूस की तीन-चौथाई भूमि पर अधिकार किये हुए थे। उक्राइन और काकेशस, साइबेरिया और सुदूर पूर्व, यूराल और मध्य-एशिया का बाक़ी रूस से कोई सम्बंध नहीं रह गया। रूस के भी केन्द्रीय भाग में सब जगह कुलकों ने विद्रोह कर रखा था। सोवियत रूस को अपने आहार, कच्चे माल और तेल-कोयले के स्रोतों से वंचित होना पड़ा था। अन्न के बिना लोगों में भुखमरी फैली हुई थी। क़रीब-क़रीब सारे कल-कारखाने बन्द हो गये थे। समाजवादी पितृभूमि खतरे में थी। इसी समय लेनिन ने "सब कुछ मोर्चे के लिए" का नारा दिया। नये खतरे को देखकर लोगों में फिर नया जोश पैदा हुआ। लेनिन स्वयं अक्सर कारखानों में जाते, एक-एक दिन में तीन-तीन चार-चार सभाओं में बोलते। जन-कमीसार-परिषद और पार्टी की केन्द्रीय-कमिटी की बैठकों में तो उन्हें क़रीब-क़रीब रोज ही बोलना पड़ता।

लाल सेना का संगठन—लेनिन, स्तालिन, फ्रुंज़ और वोरोशिलोफ़ का लाल सेना के निर्माण में ख़ास हाथ था। २८ जनवरी, १६१८ को कमकर-किसान लाल सेना के संगठन के फ़रमान पर लेनिन ने हस्ताक्षर किये। इस सेना को बाक़ायदा शिक्षा देकर तथा अनुशासन में ढाल कर दुनिया की अपराजेय सेना के रूप में परिणत किया गया।

सोवियत सरकार ने अनिवार्य सैनिक-सेवा लागू की। पहले सेना के सेनापति निर्वाचित किये जाते थे। लेकिन अब, निर्वाचन को बन्द कर दिया गया और उसकी जगह योग्य व्यक्तियों को उन पदों पर नियुक्त किया जाने लगा। पुरानी सेना के सैनिक-विशेषज्ञों को भी सेना में लेने में अनाकानी नहीं की गयी। हां, राजनीतिक तौर से देखभाल करने के लिए हरेक सैनिक-कमांडर के साथ सैनिक-कमीसार रखने की प्रथा उसी समय से जारी हुई। कमीसार का काम था अफ़सरों और सिपाहियों को राजनीतिक भूल न करने देना। इसी समय किसानों और मज़दूरों में से होनहार व्यक्तियों को लाल सेनापति बनाने के लिए बड़ी तेज़ी से सैनिक शिक्षा दी जाने लगी ताकि सेना में ज़ारशाही की देन जाति-प्रथा न रहने पाये।

लेनिन ने देश को पहले ही से खबरदार कर दिया था कि साम्राज्यवादी शक्तियां जिस गृह-युद्ध में सीधे शामिल हो रही हैं, वह जल्दी खतम नहीं होगा। अक्तूबर १६१८ में लेनिन ने कहा कि १६१६ के वसन्त तक हमारे पास तीस लाख सेना होनी चाहिए। सचमुच ही अपने नेता के आह्वान पर १६१६ ई० में ३० लाख लाल सैनिक हथियारबन्द होकर समाजवादी-क्रान्ति की रक्षा के लिए तैयार हो गये।

गृह-युद्ध के खतरे का आभास मिलते ही सारा देश चौकन्ना हो गया। क्रान्ति-विरोधियों पर विजय प्राप्त करना ही सबका परम ध्येय हो गया। सभी कार्य लक्ष्य को सामने रखकर किये जाने लगे। देश को हथियारबन्द खेमा घोषित करके सारे सांस्कृतिक, आर्थिक और राजनीतिक जीवन को युद्ध के मातहत किया गया। बड़े पैमाने के उद्योग-धन्धों के अतिरिक्त मंझोले और छोटे पैमाने के उद्योगों को भी राज्य-नियंत्रण में ले लिया गया। अन्न जमा करने की इजारेदारी सरकार ने ली और अन्न के सम्बंध में वैयक्तिक व्यापार करना निषिद्ध कर दिया गया। गल्ले के फाजिल ढेर पर सरकार ने अधिकार कर लिया। "**जो काम नहीं करता, वह खायेगा भी नहीं**" के सिद्धांत के अनुसार अनिवार्य सार्वजनिक मेहनत करने का क़ानून लागू किया गया। देश के सैनिक और दूसरे स्रोतों को पूरी तौर से युद्ध के लिए संचालित करने के वास्ते कमकर-किसान-प्रतिरक्षा-परिषद बनायी गयी। इसके अध्यक्ष लेनिन थे। स्तालिन भी इसमें सम्मिलित थे। लेनिन को क्षण भर के लिए भी अन्तिम विजय में संदेह नहीं पैदा हुआ। हां, भारी संकट से गुज़रना पड़ेगा, यह उन्हें अच्छी तरह मालूम था।

"**रोटी! रोटी!**"—खाद्य-स्थिति सबसे भयंकर थी। कमकरों के लिए भोजन पाना दुर्लभ हो गया था। २४ जुलाई को ज़ारित्सिन में मौजूद स्तालिन से तार पर बात करते हुए लेनिन ने कहा था :

> "जहां तक खाने-पीने के सामान का सम्बंध है, मैं कहूंगा कि पेत्रोग्राद या मास्को में आज कुछ भी नहीं दिया जा रहा है। स्थिति बहुत खराब है। मुझे सूचित करो कि तुम क्या ज़रूरी कार्रवाई कर सकते हो, क्योंकि हमारे पास तुम्हें छोड़ पूर्ति का दूसरा कोई स्रोत नहीं है।...मछली, मांस, तरकारी ... जो भी चीजें मिलें और जितनी भी मिलें, सभी भेजो।"

लेनिन का यह तार पाते ही स्तालिन ने ट्रेनें भर-भर कर खाद्य-सामग्री भेजनी शुरू कर दी।

लेनिन को ज़ारित्सिन की बड़ी चिन्ता थी। वोल्गा के इस अत्यन्त महत्व-पूर्ण नगर के क्रान्ति-विरोधियों के हाथ में चले जाने पर अन्न के स्रोत ही नहीं, बल्कि बाकू का तेल भी हाथ से निकल जाता। दोन इलाक़े के क्रान्ति-विरोधी चेकोस्लोवाकों से मिल जाते और मास्को की तरफ़ बढ़ चलते। स्तालिन को अन्न

एकत्रित करके भेजने के अतिरिक्त ज़ारित्सिन की रक्षा भी करनी थी। ३१ अगस्त, १६१८ को स्तालिन ने लेनिन के पास निम्न पत्र भेजा था :

"प्रिय साथी लेनिन,

"दक्षिण और कास्पियन के लिए घमासान लड़ाई हो रही है। इस पूरे इलाक़े को अपने हाथ में रखने के लिए (और हम ऐसा कर सकते हैं) हमें कितने ही हल्के टारपीडो बोट और कुछ जोड़ी पनडुब्बियों की आवश्यकता होगी। मैं आपसे प्रार्थना करता हूं कि सभी बाधाओं को तोड़ कर इन चीज़ों को तुरन्त भेजकर, हमारी सहायता करें। अगर हमारी आवश्यकताओं को बिना देर किये पूरा किया जाता है तो बाकू, तुर्किस्तान और उत्तरी काकेशस पूरी तरह से हमारे हैं। मोर्चे पर कार्रवाइयां अच्छी तरह हो रही हैं। मुझे संदेह नहीं है कि वे और बेहतर होंगी (कज़ाक एकदम निरुत्साहित होते जा रहे हैं)। मैं अपने प्रिय तथा स्नेही इलिच से हाथ मिलाता हूं।

—आपका स्तालिन।"

इस चिट्ठी को पाकर लेनिन ने अपने बारे में लिखी अन्तिम पंक्तियों को काट दिया। फिर, पता बदल कर चिट्ठी के नीचे अपने हस्ताक्षर करके तुरन्त ही उपयुक्त अधिकारियों के पास उसे भेज दिया ताकि ज़ारित्सिन की प्रतिरक्षा के लिए टारपीडो बोट और पनडुब्बियां रवाना कर दी जायें। स्तालिन ने भी अपने वादे को पूरा किया।

घातक आक्रमण—३० अगस्त, १६१८ को लेनिन ने मास्को के बसमन्नी मोहल्ले के कमकरों की एक सभा में भाषण दिया। वहां से वह ज़ामोस्कवोरेत्स्की ज़िले के माइकेलसन (आधुनिक व्लादिमिर इलिच) कारखाने में भाषण देने गये। भाषण देने के बाद जिस समय वह अपनी मोटर की ओर जा रहे थे, तभी फैन्नी कप्लान नामक एक समाजवादी-क्रान्तिकारी आतंकवादी ने लेनिन के ऊपर आक्रमण कर दिया। दो गोलियां लेनिन को लगीं। इस आतंकपूर्ण हमले के बाद लेनिन कितने ही दिनों तक जीवन और मृत्यु के बीच झूलते रहे। उनकी अवस्था अत्यन्त चिन्ताजनक थी। प्रतिदिन अखबारों में उनके स्वास्थ्य के बुलेटिन छपते थे। सारी सोवियत भूमि के कमकर और किसान, सारी दुनिया के मेहनतकश, समाजवाद के महान् नेता के प्राणों के लिए चिन्तित थे। युद्धक्षेत्र, कारखानों, मिलों, खानों और खेतों से कमकर, किसान और सैनिक प्रस्ताव पास करके भेज रहे थे। सभी की मांग थी कि क्रान्ति-विरोधी आतंकवादियों से पूरी निष्ठुरता से निपटा जाय और उन्हें किये का फल चखाया जाय।

"सफेद आतंक का बदला लाल आतंक से लो!"—यही वक्त का तकाज़ा था।

२ सितम्बर को अखिल रूसी केन्द्रीय कार्यकारिणी कमिटी ने लेनिन के ऊपर आक्रमण के बारे में स्वेर्दलोफ़ से रिपोर्ट सुनी। एक प्रस्ताव पास करके केन्द्रीय कमिटी ने क्रान्ति-विरोधी पूंजीवादियों और उनके एजेंटों के विरुद्ध लाल आतंक लागू किया। सभी क्रान्ति-विरोधी संगठन नष्ट कर दिये गये। आतंकवादियों को गिरफ्तार किया जाने लगा।

मुट्ठी भर पुराने स्वार्थ-साधकों को छोड़ दिया जाय तो लेनिन समूची रूसी जनता के लाड़ले थे। बीमारी के समय किसान, मज़दूर और लाल सैनिक इस बात के लिए बड़े उत्सुक थे कि लेनिन को भूखा न रहना पड़े। वे अपने राशन से बचाकर कुछ न कुछ अपने प्रिय नेता के पास भेजा करते थे। हज़ारों अपना खून अपने नेता के शरीर के लिए समर्पित करने को तैयार थे।

गोर्की के शब्दों में लेनिन—गोर्की ने अपने संस्मरणों में इस समय की लेनिन की अवस्था के बारे में लिखा है :

"रूस में लेनिन से उस समय तक मैं न मिल सका था...जब तक कि उनके जीवन पर १९१८ ई० में अन्तिम नीचतापूर्ण आक्रमण नहीं किया गया था। मैं उनके पास उस समय पहुंचा जब वह मुश्किल से ही अपना... हाथ हिला-डुला सकते थे और कठिनाई से ही अपनी गर्दन घुमा सकते थे...। जब मैंने दुःख प्रकट किया तो उन्होंने मानो स्वाभाविक सी चीज़ मान कर उसे टालते हुए कहा : 'एक झगड़ा है। कुछ नहीं किया जा सकता। हरेक आदमी अपनी सूझ के मुताबिक काम करता है।'

"हमारी मुलाक़ात बड़ी मित्रतापूर्ण थी। लेकिन प्रिय इलिच की तेज़ तथा भीतर तक बेध देने वाली दृष्टि में कुछ करुणा झलक रही थी क्योंकि मैं उस समय गुमराह हो गया था। कितने ही मिनटों के बाद उन्होंने बड़े चाव से कहा : 'जो हमारे साथ नहीं है, वह हमारे विरुद्ध है। घटनाओं के अभियान से आदमी स्वतंत्र हो सकता है—यह कोरी कल्पना है। अगर हम यह मान भी लें कि इस तरह के आदमी किसी वक्त मौजूद थे, तो भी आज तो वे नहीं हैं और न हो सकते हैं। ऐसे आदमी किसी के भी लिए भले नहीं हैं।... तुम कहते हो कि हम बहुत अधिक आग्रही हैं...कि हम जीवन को बहुत सरल कर देना चाहते हैं और यह सरलीकरण संस्कृति को नष्ट करने का खतरा पैदा करता है, क्यों?' फिर व्यंग के स्वर में बोले 'हूं-म्-म्।'

"उनकी मर्मभेदी दृष्टि और तेज़ हो गयी और उन्होंने मद्धिम स्वर में कहना शुरू किया : 'अच्छा तुम्हारे मत से अपने हाथों में राइफिल लिए करोड़ों किसान संस्कृति के लिए खतरा नहीं हैं, क्यों? तुम समझते हो कि संविधान सभा, अराजकता पर काबू पा सकती थी? तुम, जो कि देश में

अराजकता की इतनी चिन्ता करते हो, दूसरों की अपेक्षा हमारे करणीयों को अच्छी तरह जान सकते हो। हमें रूसी जनसाधारण के सामने कुछ सीधी-सादी सी चीजें रखनी हैं—ऐसी चीज़ें जिन्हें वे समझ सकते हैं। सोवियतें और साम्यवाद सीधी सी चीज़ें हैं। कमकरों और बुद्धिजीवियों का संघ, क्यों? अच्छा, वह बुरा नहीं है। बुद्धिजीवियों से कह दो, वे हमारे पास आयें। तुम्हारे मतानुसार वे न्याय के सच्चे सेवक हैं। फिर चिन्ता किस बात की? ज़रूर, उन्हें हमारे पास आने दो। हम लोग वे ही हैं जिन्होंने जनता को पैरों पर खड़ा करने, सारी दुनिया को जीवन का सत्य बताने का, महान् कार्य अपने ऊपर लिया है। हम लोग मानव-जीवन के लिए सीधा रास्ता—दासता, भिखमंगी, पतन से बाहर निकलने का रास्ता—लोगों को बतला रहे हैं।' क्षोभ का ज़रा सा भी चिह्न दिखलाये बिना उन्होंने हंसकर कहा: 'इसी वजह से बुद्धिजीवियों से मुझे गोली मिली।' जब बातचीत की गर्मी कुछ साधारण सी हो गयी, तो उन्होंने खेद और क्षोभ के स्वर में कहा: 'तुम समझते हो, मैं यह नहीं मानता कि बुद्धिजीवी हमारे लिए आवश्यक हैं? पर तुम देख रहे हो, उनका मनोभाव कितना विरोधी है, समय की मांग को वे कितना कम समझते हैं? वे यह नहीं देखते कि हमारे बिना वे कितने निर्बल हैं, जनता के पास पहुंचने में कितने असमर्थ हैं? अगर हम बहुत अधिक सिरों को तोड़ें तो इसका दोष उन पर होगा।'"

लेनिन की सहृदयता के बारे में गोर्की ने दूसरी जगह लिखा है:

"एक बार लेनिन ने मुझे मुस्कुराते हुए एक तार दिखलाया—'उन्होंने मुझे फिर पकड़ लिया, उनसे कहो कि मुझे छोड़ दें।' नीचे हस्ताक्षर थे: इवान वोल्नी। फिर लेनिन ने कहा: 'मैंने उसकी किताब पढ़ी है, वह मुझे बहुत पसन्द आयी। मैंने तुरन्त अनुभव किया कि यह ऐसा आदमी है जो भूलों की अनिवार्यता को समझता है, जो वैयक्तिक तौर से चोट पहुंचाये जाने पर गुस्सा नहीं होता अथवा क्रोध में पागल नहीं हो जाता। मैं समझता हूं, तीसरी बार उसे गिरफ्तार किया गया है। अच्छा हो कि तुम उसे समझाओ कि वह गांव छोड़ दे, नहीं तो अगली बार वे उसे मार डालेंगे। मालूम होता है वे लोग उसको वहां पसन्द नहीं करते। उसे समझाओ—तार देकर।'

"लोगों की सहायता के लिए लेनिन कितने तत्पर रहते थे, यह देखकर मैं अक्सर चकित हो जाता था। जिन लोगों को वह अपना दुश्मन समझते थे, उन्हें भी केवल मदद ही देने के लिए वे तत्पर नहीं रहते थे, बल्कि उनके भविष्य की भी पर्वाह करते थे। एक उदाहरण लीजिए। एक जनरल—जो कि वैज्ञानिक और रसायन-शास्त्री भी था—के लिए मौत

का खतरा पैदा हो गया था। मेरी बात सुनने के बाद लेनिन ने कहा : 'हूं, तो तुम समझते हो कि उसे मालूम नहीं था कि उसके बेटों ने उसकी प्रयोगशाला में बारूदी हथियार छिपा रखे हैं! यह अनहोनी सी बात मालूम होती है। लेकिन इसका रहस्योद्घाटन करना हम ज़ेरज़िन्स्की के ऊपर छोड़ते हैं। सच्चाई की खोज के लिए उसके पास तीक्ष्ण नैसर्गिक बुद्धि है।' कितने ही दिनों बाद मुझ से टेलीफोन पर बात करते हुए उन्होंने कहा : 'हम तुम्हारे जनरल को छोड़ रहे हैं—मैं समझता हूँ, वह अब तक छोड़ा भी जा चुका है। वह आगे क्या करना चाहता है?'

"'सामान्य-एमल्सन!'

"'अच्छा, अच्छा—कार्बोलिक एसिड। अच्छा, उसे अपना कार्बोलिक उबालने दो। मुझे बतलाओ, क्या उसे किसी चीज़ की ज़रूरत है?'

"लेनिन ने एक आदमी के जीवन को बचाने में अपने आनन्द को प्रकट न करने के खयाल से उसे छिपाते हुए व्यंगपूर्वक यह कहा था। कितने ही दिनों बाद उन्होंने फिर पूछा : 'अच्छा, उस जनरल की क्या हालत है? सब ठीक है ना?'"

लेनिन के गुणों का वर्णन करते हुए महान् साहित्यकार ने एक जगह और लिखा है :

"एक बार मैंने लेनिन से कहा कि हम दोनों एक साथ मुख्य तोपखाना-विभाग में एक पुराने बोल्शेविक तोपची द्वारा आविष्कृत एक यन्त्र को देखने चलें, जिसे उसने विमानों के विरुद्ध तोप को ठीक से दागने के लिए तैयार किया था। लेनिन ने कहा—'मैं उसे क्या समझूं?' लेकिन तो भी वह मेरे साथ गये। अंधेरे कमरे में मेज़ के ऊपर एक यन्त्र रखा हुआ था जिसके चारों तरफ़ भौं चढ़ाये, श्वेतकेश, सात दढ़ियल बूढ़े जनरल—सभी वैज्ञानिक—खड़े थे। उनके बीच लेनिन की सीधी-सादी मूरत खो गयी—अकिंचन सी मालूम होने लगी। आविष्कारक ने यन्त्र के निर्माण की व्याख्या शुरू की। लेनिन ने दो या तीन मिनट सुना, और अपनी सहमति प्रकट करते हुए कहा, 'हूं-म्'। फिर उस आदमी से उन्होंने इतनी आसानी से प्रश्न करना शुरू कर दिया, मानो वह किसी राजनीतिक प्रश्न के सम्बंध में उसकी परीक्षा कर रहे हैं : 'तुम कैसे मशीन से एक वक्त में ही दो कामों का इन्तज़ाम करते हो—जब कि यह लक्ष्य को दिखला रही है? क्या यह सम्भव है कि ऊपर रखी नली और यन्त्र की दिशा-सूचनाओं के बीच स्वयं-प्रेरित सम्बंध क़ायम किया जा सके?'... आविष्कारक और जनरलों ने बड़ी उत्सुकता के साथ व्याख्या की। अगले दिन आविष्कारक ने मुझसे कहा : 'मैंने अपने जनरलों से कहा था कि

आप (गोर्की) एक साथी के साथ आ रहे हैं। लेकिन मैंने यह नहीं बतलाया था कि वह साथी कौन है। वे इलिच को नहीं पहचान पाये... शायद उन्हें खयाल भी न आता कि इलिच तड़क-भड़क या शरीर-रक्षक के बिना आयेंगे। उन्होंने मुझसे पूछा: 'क्या वह कोई टेकनीकल इंजीनियर या प्रोफेसर है? क्या? लेनिन? आश्चर्य! यह कैसे सम्भव है? इन चीज़ों के बारे में वह कैसे इतना जानते हैं? उन्होंने इन सवालों को एक टेक्नालोजी के विशेषज्ञ की तरह पूछा।...' सचमुच ही उनको विश्वास न हुआ कि वह लेनिन थे।"

लेनिन जिस समय जख्मी होकर चारपाई पर पड़े थे, उसी समय तरुण लाल सेना ने पूर्वी मोर्चे पर सफलतापूर्वक आक्रमण किया। सिम्बिर्स्क दुश्मनों से छीन लिया गया। लाल सैनिकों ने लेनिन के पास निम्न तार भेजा:

"प्रिय इलिच, तुम्हारी जन्म-नगरी सिम्बिर्स्क पर कब्ज़ा करना तुम्हारे घावों में से एक का जवाब है। हम दूसरे का जवाब देने और समारा पर अधिकार करने का वचन देते हैं।"

इसका जवाब लेनिन ने यह दिया था:

"मेरी जन्म-नगरी सिम्बिर्स्क पर अधिकार करना मेरे घावों के लिए सबसे अच्छा मरहम और सबसे अच्छी पट्टी है। मुझे इससे नया साहस और शक्ति मिली मालूम होती है। लाल सैनिकों का उनकी विजय के लिए मैं अभिनन्दन करता हूँ, और सभी कमकर जनता की ओर से उनकी सारी कुर्बानियों के लिए कृतज्ञता प्रकट करता हूँ।"

तीन सप्ताह बाद समारा पर भी अधिकार हो गया।

शरीर के स्वस्थ और पुष्ट होने के कारण ही घातक घाव लगने पर भी लेनिन दो सप्ताह बाद ही खड़े होने लगे। १६ सितम्बर को तो वह पार्टी की केन्द्रीय कमिटी की बैठक में शामिल हुए और १७ सितम्बर को जन-कमीसार-परिषद की बैठक की अध्यक्षता की। लेनिन के स्वास्थ्य-लाभ का समाचार सुनकर चारों ओर से अभिनन्दनों की बाढ़ सी आ गयी। जनता के महान नेता ने फिर एक बार सर्वहारा-क्रान्ति की बागडोर अपने हाथ में ली।

राजकाज की ज़िम्मेदारियों को पूरी तरह से निबाहते हुए भी १९१८ के अक्तूबर और नवम्बर में उन्होंने अपनी पुस्तक "*सर्वहारा क्रान्ति और ग़द्दार कॉट्स्की*" लिखी। इसमें उन्होंने पूंजीवादियों के पिट्ठू कॉट्स्की की ग़लत और सर्वहारा के लिए विश्वासघाती धारणाओं की खूब खबर ली। साथ ही उन्होंने साम्राज्यवाद के कुत्तों तथा द्वितीय इन्टर्नेशनल के नेताओं की भी कड़ी आलोचना की। उन्होंने कहा कि: "सोवियत सरकार, अत्यन्त जनतांत्रिक पूंजीवादी प्रजातंत्र से भी करोड़ गुनी अधिक जनतांत्रिक है।"

महाक्रान्ति की प्रथम वर्षगांठ—अक्तूबर-क्रान्ति की प्रथम वर्षगांठ के समय देश का तीन-चौथाई भाग विदेशी दखलन्दाज़ों के हाथ में था। विदेशी साम्राज्य-वादी और रूसी सफेद-गारद चारों ओर से उसे दबाये हुए थे। सोवियत सरकार अकेले ही अपने बहुसंख्यक शत्रुओं से बहुत से मोर्चों पर लड़ रही थी। लाल-सेना का निर्माण हो ही रहा था; अभी वह पूरा तौर से तैयार नहीं हो पायी थी। अन्न, कच्चे माल, ईंधन, हथियारों तथा दूसरी सैनिक सामग्री का अभाव खटक रहा था। लेकिन, उन्हें लेनिन जैसा नेता मिला था, और एक महान आदर्श उन्हें अंतःप्रेरणा और उत्साह प्रदान कर रहा था।

लेनिन ने अक्तूबर-क्रान्ति के प्रथम वर्ष के कामों के बारे में बतलाया : उद्योग-धंधों पर पूंजीपतियों के बजाय अब कमकरों का नियंत्रण स्थापित हो गया है; भूमि के लिए किसानों के आम संघर्ष ने अब कुलकों के विरुद्ध देहाती ग़रीबों के संगठित संघर्ष का रूप ले लिया है; पुरानी पस्तहिम्मत सेना और असंबद्ध लाल-गारद के स्थान पर अब बाकायदा लाल सेना क़ायम हो गयी है जिसने भिन्न-भिन्न मोर्चों पर कितनी ही विजयें प्राप्त की हैं; प्रथम सोवियत-संविधान स्वीकृत हो चुका है। ७ नवम्बर, १९१८ को अक्तूबर-क्रान्ति के योद्धाओं के सम्मान में स्मारक-पट्टिका का उद्घाटन करते हुए लेनिन ने कहा :

> "साथियो, आओ अक्तूबर के योद्धाओं की स्मृति का सम्मान करते हुए इस स्मारक के सामने प्रतिज्ञा करें कि हम इनका पदानुसरण करेंगे, इनकी निर्भयता और वीरता का अनुसरण करेंगे। इनका नारा, हमारा नारा, सारी दुनिया में विद्रोह के लिए उठ खड़े हुए कमकरों का नारा हो। यह नारा है : 'विजय या मृत्यु !'"

२. *शक्ति-संचयन*

१९१८ के अन्त में पर्म के (पूर्वी) मोर्चे पर अवस्था भीषण हो उठी। उत्तर से विदेशी दखलन्दाज़ बढ़ रहे थे। कोलचक ने पूर्व की तरफ से बढ़ते हुए उनसे मिलकर मास्को पर आक्रमण करना चाहा। २४ दिसम्बर को पर्म हाथ से निकल गया और दुश्मन व्यत्का तक पहुंच गया। लेनिन ने तुरन्त इस मोर्चे पर कुमक भेजने का प्रबन्ध किया। उनके प्रस्ताव पर पार्टी की केन्द्रीय कमिटी ने ज़ारित्सिन में सफेद-गारदों का मुक़ाबला करने का प्रबंध करने के लिए स्तालिन को भेजा। ज़ेर्ज़िन्स्की को केन्द्रीय कमिटी ने पर्म के आत्मसमर्पण के कारणों की जांच करने तथा पूर्वी मोर्चे की स्थितियों को सुधारने के लिए भेजा। स्तालिन और ज़ेर्ज़िन्स्की ने मिल कर हारी हुई तृतीय सेना में फिर से जीवन डाला और कोल-चक के विरुद्ध आक्रमण कर दिया।

याद रखना चाहिये कि १६१८ ई० के मध्य तक पहुंचते-पहुंचते युद्ध का पांसा पलट गया था और जर्मनी के मुक़ाबले पश्चिमी साम्राज्यवादियों का भविष्य उज्वल दिखाई देता था। जर्मन सेनाएं थक रही थीं; उनका उत्साह नष्ट हो रहा था। चार वर्षों के भयंकर नरसंहार और सम्पत्ति के नाश के कारण जनता में भारी असंतोष फैल गया था। १६१८ के नवम्बर के आरम्भ में जर्मनी में क्रान्ति फूट पड़ी। जर्मनों को हार स्वीकार करनी पड़ी और पश्चिमी साम्राज्यवादियों से शान्ति की भिक्षा मांगने के लिए मजबूर होना पड़ा।

छठी सोवियत कांग्रेस (१६१८ ई०)—८ नवम्बर को इस कांग्रेस में भाषण देते हुए लेनिन ने जर्मनी की सैनिक पराजय की चर्चा की। उन्होंने जर्मन साम्राज्यवाद के बारे में बतलाया : "पहले इसकी काया आश्चर्यजनक गति से योरप के तीन-चौथाई भाग पर फैल गयी, फूल गयी और फिर एक भयंकर दुर्गंध अपने पीछे छोड़ती हुई फूट गयी।" अन्तर्राष्ट्रीय स्थिति बदल चुकी थी। अब ब्रेस्त-लितोव्स्क की संधि की आवश्यकता नहीं रह गयी थी। १३ नवम्बर, १६१८ को अखिल रूसी केन्द्रीय कार्यकारिणी कमिटी ने इस संधि को खतम कर दिया। लेनिन और स्वेर्दलोफ़ के हस्ताक्षर से एक घोषणापत्र में "रूस की जनता, सभी दखल किये प्रदेशों और इलाक़ों के लोगों को" सम्बोधित करते हुए कहा गया था कि "जर्मन और रूसी सर्वहारा क्रान्तिकारियों के सम्मिलित प्रहार से उत्पीड़न और लूट की ब्रेस्त-लितोव्स्क संधि खतम हो गयी।" लाल-सेना ने जर्मन कब्ज़े में चली गयी सोवियत भूमि को मुक्त करना शुरू किया। उसके प्रहार और छापेमारों के प्रयत्नों के फल-स्वरूप जर्मन सेनाएं उक्राइन, बेलोरूस और बाल्तिक प्रदेशों को छोड़ सिर पर पैर रख कर भागीं।

कम्युनिस्ट इन्टर्नेशनल की प्रथम कांग्रेस—विश्व-युद्ध पूंजीवाद के चरम उत्कर्ष का परिणाम था। उसकी समाप्ति के साथ ही अब सर्वहारा को उठने का मौक़ा मिला। योरप में क्रान्तिकारी भावनाएं बढ़ चलीं। जर्मनी, आस्ट्रिया और हंगेरी में वहां की कम्युनिस्ट पार्टियों के नेतृत्व में क्रान्तियां हुईं। जगह-जगह उठ खड़ी हुई क्रान्ति की इन शक्तियों को एकताबद्ध करने की आवश्यकता थी। उन्हें कम्युनिस्ट इन्टर्नेशनल के रूप में संगठित करने का विचार लेनिन के मन में आना स्वाभाविक था। ऐसे इन्टर्नेशनल की आवश्यकता वह बहुत पहले से ही महसूस कर रहे थे। उनकी प्रेरणा से (जनवरी, १६१८ में) कितने ही देशों की समाजवादी पार्टियों के वामपक्षों के प्रतिनिधियों का एक सम्मेलन हुआ था, जिसने कम्युनिस्ट इन्टर्नेशनल की प्रथम कांग्रेस बुलाने का निश्चय किया था। अब देर करना उचित नहीं था। अस्तु, जनवरी १६१६ में लेनिन ने योरप और अमरीका के कमकरों के नाम एक खुला पत्र लिखकर तृतीय इन्टर्नेशनल स्थापित करने पर ज़ोर दिया।

कम्युनिस्ट इन्टर्नेशनल की पहली कांग्रेस २ मार्च, १९१९ को क्रेमलिन में आरम्भ हुई। योरप और अमरीका जैसे बड़े-बड़े देशों के प्रतिनिधि इसमें मौजूद थे। लेनिन ने पूंजीवादी जनवाद और सर्वहारा-अधिनायकत्व पर मुख्य रिपोर्ट दी। इसमें उन्होंने सर्वहारा-अधिनायकत्व और शोषक-वर्गों के अधिनायकत्व के मौलिक भेद को बतलाते हुए कहा कि शोषक-वर्गों के अधिनायकत्व का उद्देश्य है : मुट्ठी भर आदमियों के (अल्पमत के) हित के लिए कमकर-जनता के प्रतिरोध को बलपूर्वक दबाना। सर्वहारा-अधिनायकत्व का उद्देश्य है : जनता के अत्यन्त भारी बहुमत के हित के लिए शोषकों के प्रतिरोध को बलपूर्वक दबाकर साम्यवाद का निर्माण करना। उन्होंने बतलाया कि कमकर जनसाधारण के हित के लिए सर्वहारा-अधिनायकत्व अत्यन्त आवश्यक है, क्योंकि केवल इसी अधिनायकत्व द्वारा मानव जाति साम्यवाद की ओर बढ़ सकती है। सोवियतें (पंचायतें) सर्वहारा अधिनायकत्व का राजनीतिक रूप हैं। सोवियतों का शासन कमकर जनता को वास्तविक जनवाद प्रदान करता है।

इस प्रकार अवसरवादी द्वितीय इन्टर्नेशनल के दिवालिया होने के बाद मार्क्स-एंगेल्स की प्रथम इन्टर्नेशनल की उत्तराधिकारी तृतीय इन्टर्नेशनल की स्थापना लेनिन की प्रेरणा से हुई।

आठवीं पार्टी कांग्रेस (१९१९ ई०)—कम्युनिस्ट इन्टर्नेशनल की कांग्रेस के थोड़े ही दिनों बाद मार्च, १९१९ में पार्टी की आठवीं कांग्रेस मास्को में हुई। उद्घाटन-भाषण के लिए जब लेनिन खड़े हुए, तो लोगों ने हर्ष प्रकट करते हुए गगन-भेदी स्वर में नारा लगाया : "इलिच ज़िन्दाबाद !"

लेनिन ने सबसे पहले स्वेर्दलोफ़ की स्मृति में श्रद्धांजलि अर्पित की। सोवियत सरकार के प्रथम राष्ट्रपति और पार्टी के श्रेष्ठ संगठक स्वेर्दलोफ़ की मृत्यु कांग्रेस शुरू होने से कुछ ही पहले हो गयी थी। इस कांग्रेस में लेनिन ने केन्द्रीय कमिटी, पार्टी-कार्यक्रम और देहाती इलाक़ों में काम के सम्बंध में रिपोर्ट दी। उन्होंने बतलाया कि सोवियत-प्रजातंत्र पूंजीवादी देशों से घिरा हुआ है, इसलिए हमें अपनी सैनिक शक्ति को लगातार बढ़ाते रहना होगा। उन्होंने कहा :

> "हम केवल एक राज्य के भीतर नहीं रह रहे हैं, बल्कि अनेक **राज्यों की व्यवस्था के भीतर** रह रहे हैं। साम्राज्यवादी राज्यों के साथ-साथ सोवियत-प्रजातंत्र के अस्तित्व का देर तक क़ायम रहना सोचा नहीं जा सकता। दोनों में से एक को अन्त में विजयी होना पड़ेगा। और जब तक यह नहीं होता, तब तक सोवियत प्रजातंत्र और पूंजीवादी राज्यों के बीच भयंकर संघर्ष होना अनिवार्य है। इसका अर्थ यह है कि यदि शासक-वर्ग —सर्वहारा—अपने को क़ायम रखना चाहता है, तो उसे सैनिक संगठन द्वारा अपनी क्षमता को सिद्ध करना होगा।"

नये पार्टी-कार्यक्रम में कहा गया था कि कुलक वर्ग सोवियत राज्य का निर्माण करने में साधक नहीं, बल्कि भारी बाधक होगा। लेनिन ने एक बार फिर जातियों के आत्मनिर्णय तथा समानता के अधिकार पर ज़ोर दिया। देहातों में काम करने के बारे में बताते हुए लेनिन ने मंझोले किसानों की ओर खास ध्यान देने के लिए कहा। १९१८ ई० की शरद में मंझोले किसान सोवियत-शासन की ओर झुकने लगे। नारा दिया गया : "मंझोले किसानों से समझौता करो, कुलकों के विरुद्ध संघर्ष को एक क्षण के लिए भी न छोड़ो और केवल ग़रीब किसानों पर भरोसा रखो।" इसी कांग्रेस में लेनिन ने कहा था : "मंझोले किसानों के सम्बंध में यह आवश्यक है कि उनके साथ दृढ़ मैत्री स्थापित की जाय।"

लेनिन ने उन लोगों की कड़ी निन्दा की, जो दबाव डालकर किसानों को खेती के सामूहिक तरीके पर लाने की बात करते थे। लेनिन ने कहा कि ऐसा करने के बदले, मंझोले किसानों की स्थिति को बेहतर बनाने के लिए हम कृषि-सम्बंधी मशीनें जुटाने का प्रबंध करें :

> "यदि हम कल मंझोले किसानों को पेट्रोल तथा चालकों के साथ एक लाख प्रथम श्रेणी के ट्रैक्टर दे सकें (तुम सब जानते हो कि इस समय यह केवल शेखचिल्ली की उड़ान है), तो कल ही मंझोले किसान कहने लगेंगे : 'हम साम्यवाद के पक्ष में हैं।'"

कांग्रेस ने सर्वहारा और मंझोले किसानों के बीच दृढ़ मैत्री की नीति को स्वीकार किया, और इस प्रकार देहात में बोल्शेविक पार्टी को ग़रीबों और मंझोले किसानों के भारी बहुमत का समर्थन मिला।

इस कांग्रेस में त्रात्स्की ने अनुशासनबद्ध नियमित लाल सेना बनाने का विरोध किया था। लेनिन ने उसका डटकर जवाब दिया। कांग्रेस ने एक राय से केन्द्रीय कमिटी के सैनिक-नीति सम्बंधी प्रस्ताव को स्वीकार किया।

३. चारों ओर से आक्रमण

जर्मनी और आस्ट्रिया को हराने के बाद अब पश्चिमी साम्राज्यवादियों ने सोवियत भूमि के विरुद्ध अपनी सारी शक्ति लगा दी। उसको घेर कर उन्होंने लाल सेना को नष्ट करने तथा सोवियत-प्रजातंत्र को खतम करने की योजना बनायी। इस योजना के अनुसार कोलचक की सेना ने पूर्व से आक्रमण किया, देनिकिन की सेनाएं दक्षिण से बढ़ीं और पश्चिमोत्तर से यूदेनिच ने पेत्रोग्राद पर धावा बोला। चारों तरफ से घेरे को संकुचित करते हुए साम्राज्यवादी सोवियत-शासन का गला घोंटने के लिए आगे बढ़ रहे थे। लेकिन, लेनिन को महान् रूसी जनता पर अपार विश्वास था। उन्होंने लिखा था : "रूस की यह बड़ी भारी विशेषता है कि उसे जब-जब भारी संकट का सामना पड़ा, जब-जब पुरानी शक्ति

हार मानने लगी, तब-तब हमेशा विशाल जनता रिज़र्व के रूप में नयी शक्ति के श्रोत के तौर पर आ मौजूद हुई।"

कोलचक का आक्रमण—अंतांत के साम्राज्यवादियों को सबसे ज्यादा उम्मीद एडमिरल कोलचक से थी, जिसे उन्होंने 'रूस का सर्वोच्च शासक' घोषित किया था। रूस की सभी क्रान्ति-विरोधी सेनाएं उसकी कमान में थीं। १६१६ के वसंत में उसकी सेना वोल्गा के किनारे तक आ पहुंची थी। पूर्वी मोर्चा इस वक्त सबसे भारी खतरे का मोर्चा था। लेनिन ने इसके लिए पूरी तैयारी करने पर ज़ोर दिया। ११ अप्रैल, १६१६ को केन्द्रीय कमिटी ने उनका समर्थन करते हुए हर आदमी को लगन से काम करने के लिए आह्वान किया। पार्टी, मज़दूर-सभाएं और कमकर-जनगण ने कोलचक के ख़िलाफ़ लड़ने के लिए अपनी सारी शक्ति लगा देने का निश्चय किया। लेनिन ने पूर्वी मोर्चे की क्रान्तिकारी सैनिक परिषद को हुक्म दिया कि शत्रु के ऊपर तुरन्त आक्रमण कर दो : "यदि यूराल को जाड़ों से पहले हमने अपने हाथों में नहीं कर लिया, तो मेरी समझ में क्रान्ति का अनिवार्य ही सर्वनाश हो जायेगा।" "सारी जनता में मृत्यु के प्रति अवहेलना फैल जानी चाहिए...।" उन्होंने लाल-सेना में फ़ौलादी अनुशासन क़ायम करने का नारा दिया और कायरों, भगोड़ों, घबराहट फैलाने वालों के साथ निष्ठुरता के व्यवहार की मांग की : "युद्ध में कायर को गोली से मार देना ही उचित फ़ैसला है।"

लाल-सेना के राजनीतिक कमीसारों ने इस समय जान पर खेलकर काम किया। फलतः सेना में अनुशासन और लड़ने की क्षमता खूब बढ़ गयी। लेनिन ने लिखा : "राजनीतिक कमीसरों के बिना हमारे पास लाल-सेना नहीं हो सकती थी।"

लेनिन ने मास्को-सोवियत की विशेष बैठक, अखिल रूसी मज़दूर सभा की केन्द्रीय-परिषद की बैठक, मास्को जंक्शन के रेलवे-कर्मियों की कान्फ्रेंस और फैक्टरी कमिटियों तथा मज़दूर सभाओं की मास्को कान्फ्रेंस में भाषण दिये। उन्होंने तन-मन-धन से पूर्वी मोर्चे की सहायता करने पर ज़ोर दिया। १० अप्रैल के अपने पत्र में उन्होंने पेत्रोग्राद के कमकरों से कहा : "सारे रूस के लिए तुम्हें उदाहरण क़ायम करना है! सारी शक्ति लगाकर पूर्वी मोर्चे की सहायता करो!"

सचमुच रूस की सारी जनता कोलचक के विरुद्ध लड़ने के लिए उठ खड़ी हुई। भारी संख्या में कुमक पहुंची और लाल-सेना ने कोलचक को पीछे धकेलना शुरू कर दिया। लाल-सेना जब यूराल के पास पहुंच गयी तो त्रात्स्की ने उधर से हमले को रोक कर सेना को दक्षिणी मोर्चे पर भेजने का प्रस्ताव रखा। लेकिन, लेनिन इस तरह की बेवकूफ़ी भरी बात को मानने के लिए तैयार नहीं हो सकते थे। उन्होंने कहा :

"यूराल और साइबेरिया में आक्रमण को ढीला करने का मतलब है क्रान्ति के साथ विश्वासघात, कमकरों और किसानों को कोलचक के जुए से मुक्त करने के उद्देश्य के प्रति विश्वासघात!...शत्रु को केवल हराना ही नहीं होगा; उसका सर्वनाश करना होगा!..."

लेनिन के प्रस्ताव पर केन्द्रीय कमिटी ने त्रात्स्की को पूर्वी मोर्चे के नेतृत्व से हटाकर, उसकी जगह फ्रुंज़े तथा कुइबिशेफ़ को कमांडर नियुक्त किया। इनके नेतृत्व में लाल सेना ने कोलचक की सेनाओं को यूराल में बुरी तरह हराया और साइबेरिया की तरफ़ भगा दिया।

उसी साल के अन्त तक शक्तिशाली छापेमारों की मदद से लाल-सेना ने कोलचक की सेना के बचे-खुचे अंगों को भी खतम कर दिया।

यूदेनिच का आक्रमण (१९१९ ई०)—मई, १९१९ में श्वेत-जनरल यूदेनिच ने पूर्वी मोर्चे से ध्यान हटाकर कोलचक की सहायता के लिए पेत्रोग्राद पर आक्रमण कर दिया। जल्दी ही उसकी सेना पेत्रोग्राद के दरवाज़ों तक पहुंच गयी। केन्द्रीय कमिटी ने सर्वहारा-क्रान्ति के बीजस्थान पेत्रोग्राद की रक्षा के लिए स्तालिन को भेजा। लेनिन ने स्तालिन को सावधान कर दिया था कि पेत्रोग्राद में विभीषणों और विश्वासघातियों का मज़बूत संगठन है, उनके ऊपर खास तौर से ध्यान देना होगा। लेनिन ने ज़ेर्ज़िन्स्की के साथ जनता के नाम अपील निकाली :

"गुप्तचरों से सावधान! गुप्तचरों के लिए मौत! राजनीतिक चेतना वाले सभी कमकरों और किसानों को सोवियत-शासन की रक्षा के लिए उठ खड़ा होना चाहिए!......"

गुप्तचरों और सफेद-गारद वाले देशद्रोहियों के षड़यंत्र यूदेनिच को बचा नहीं सके। उसकी सेना बुरी तरह से हारी और तितर-बितर हो गयी। लेकिन इतने पर भी अभी यूदेनिच की रीढ़ नहीं टूटी थी।

इसके बाद पार्टी ने स्तालिन को पश्चिमी मोर्चे को संभालने के लिए भेजा। वहां हमलावर पोल सोवियत भूमि को लालच भरी निगाहों से देख रहे थे। लेनिन ने स्तालिन को लिखा था :

"मैं तुमसे पश्चिमी मोर्चे पर जाने के लिए कहता हूं। जहां तक कमीसारों की बात है, वह मोर्चा भयंकर रूप से निर्बल है। सारे मोर्चे को सहायता पहुंचाना अत्यंत आवश्यक है।"

अगस्त १९१९ में, जब कि लाल सेना ने कोलचक की सेनाओं को हराकर साइबेरिया को स्वतंत्र करना शुरू किया था, लेनिन ने "प्रावदा" में "कोलचक पर विजय लिए के कमकरों-किसानों को पत्र" लिखा। इसमें उन्होंने उन्हें सावधान किया कि शत्रु का अभी भी नाश नहीं हुआ है; इसलिए ढिलायी नहीं करनी चाहिए।

लेनिन ने इस संघर्ष से भविष्य के लिए निम्न शिक्षाएं लेने को कहा :

पहली शिक्षा—"हमें एक शक्तिशाली लाल सेना की आवश्यकता है। हमने शब्दों से नहीं, बल्कि कामों से सिद्ध कर दिया है कि हम ऐसी सेना बना सकते हैं।"

दूसरी शिक्षा—"लाल सेना तब तक एक प्रबल सेना नहीं बन सकती, जब तक कि राज्य के पास अन्न का भारी भंडार न हो। कारण कि बिना ऐसे भंडार के सेना को एक स्थान से दूसरे स्थान पर स्वतंत्रतापूर्वक भेजना, या उसे ठीक तौर से शिक्षित करना, असंभव है। ऐसे भंडार के बिना उन कमकरों को भी ज़िन्दा रखना असंभव है जो सेना के लिए सामग्री तैयार करने का काम कर रहे हैं।"

तीसरी शिक्षा—"कठोरतम क्रान्तिकारी व्यवस्था क़ायम रखना आवश्यक है।..."

चौथी शिक्षा—"कोलचकी का जन्म मेन्शेविकों और समाजवादी-क्रान्तिकारियों की कारवाइयों का सीधा फल है। समय आ गया है कि हम राजनीतिक पार्टियों को उनके शब्दों से नहीं, बल्कि उनके कामों से परखें।... मेन्शेविक और समाजवादी-क्रान्तिकारी सफेद-गारदों के सहकारी हैं।"

पांचवीं शिक्षा—"हिचकिचाने वालों, पस्तहिम्मतों, पूंजी की सहायता करने की चाह रखने वालों, पूंजी के नारों और वचनों के जादू में पड़े लोगों का नाश हो! पूंजी के विरुद्ध निष्ठुर युद्ध और कमकर जनता के बीच मैत्री, किसान और मज़दूर वर्ग के बीच मैत्री—कोलचकी से हमें यही अन्तिम और अत्यंत महत्वपूर्ण शिक्षा मिलती है।"

"१४ राष्ट्रों का आक्रमण" (१९१९ ई०)—पेत्रोग्राद और पूर्व के मोर्चे पर हार खाने के बाद विदेशी साम्राज्यवादियों और सफेद-गारदों ने अब दक्षिण से हमला करने की तैयारी की। १९१९ ई० की गर्मियों और शरद में सोवियत के विरुद्ध उन्होंने दूसरा अभियान संगठित किया। यह "चौदह राष्ट्रों का अभियान" के नाम से प्रसिद्ध है। इस अभियान में प्रधान हाथ देनिकिन की सेना का था। इस सेना को साम्राज्यवादी राज्यों ने नये से नये हथियारों से सुसज्जित किया था।

१९१९ ई० की गर्मियों में देनिकिन ने लाल सेना को पीछे हटाना शुरू किया। ओरेल पर अधिकार करके तुला की ओर बढ़ते हुए उसने मास्को के लिए खतरा पैदा कर दिया। क्रान्ति के मर्मस्थान के इतने नज़दीक तक अभी कोई शत्रु-सेना नहीं आ सकी थी। लेनिन ने नारा दिया : "सब कुछ देनिकिन के विरुद्ध लगा दो!" बोल्शेविक पार्टी ने एक "पार्टी रंगरूट भर्ती सप्ताह" मनाया। हज़ारों कमकर और किसान सेना में शामिल हुए। पार्टी के अच्छे-अच्छे सदस्य हथियार लेकर लड़ने के लिए निकल पड़े। देनिकिन को हराने के लिए लेनिन ने

सर्वसमर-विजयी स्तालिन के साथ वोरोशिलोफ़, ओर्जोनिकिद्ज़े और बुद्योन्नी को दक्षिणी मोर्चे पर भेजा। त्रात्स्की को इस मोर्चे के नेतृत्व से अलग कर दिया गया। त्रात्स्की ने शत्रुओं से भरे इलाक़े से सेना ले जाने की योजना बनायी थी, और स्तालिन ने नये शासन के पक्षपाती कमकरों और किसानों वाले इलाक़ों से—ख्वारकोफ़-दोनबास-रोस्तोफ़ के इलाक़ों से—सेना ले जाने की योजना बनायी थी। लेनिन ने स्तालिन की योजना स्वीकार की। अन्त में लाल सेना ने कोलचक और यूदेनिच की तरह साम्राज्यवादियों के लाड़ले देनिकिन को भी बुरी तरह हराया।

जिस समय देनिकिन के ख़िलाफ़ लड़ाई चल रही थी, उसी समय दबाव को कम करने के लिए यूदेनिच ने फिर पेत्रोग्राद पर हमला बोल दिया। क्रास्नोये-सेलो और गत्चिना उसके हाथ में चले गये। लेकिन कमकरों की मदद से पेत्रो-ग्राद के सैनिकों ने कुछ ही समय में उसे पूरी तरह से हरा दिया।

पश्चिमी साम्राज्यवादियों ने अपने गुर्गों—कोलचक, यूदेनिच और देनिकिन—को भेज कर आशा की थी कि सोवियत शासन को खतम करके वे फिर पुरानी ज़ारशाही की स्थापना करने में सफल होंगे। लेकिन उन्हें निराश होना पड़ा।

लेकिन अभी भी वे अपने मन्सूबे बदलने के लिए तैयार नहीं थे।

अध्याय १८

अन्तिम विजय

(१९२० ई०)

१. महामानव लेनिन

संकट की स्थित में लेनिन अपने भीतर एक नयी शक्ति का अनुभव करते थे। भीषण संकट मानों उनका उत्साह और भी बढ़ा देता था। जन-कमीसार-परिषद और प्रतिरक्षा-परिषद की प्रायः हर दिन होने वाली बैठकों की वह अध्यक्षता करते तथा प्रतिरक्षा, खाद्य, ईंधन और यातायात की समस्याओं को हल करने में सहायता करते थे। उनका काम का समय बिलकुल नपा-तुला था। वह अपने एक मिनट को भी बरबाद नहीं होने देते थे। ठीक समय पर वह बैठक आरम्भ करते। वक्ताओं से वह बहुत संक्षेप में बोलने के लिए कहते। लेक्चरबाज़ी को वह पसन्द नहीं करते थे। उनके सामने बड़े से बड़े महत्व के प्रश्न बड़ी जल्दी निबटा दिये जाते थे। हर वक्त उन्हें प्रसन्नमुख, उल्लसित और शक्ति से ओत-प्रोत देखा जाता था। उनको देखकर दूसरे लोग प्रभावित हुए बिना नहीं रहते थे। मज़ाक करना और ठहाका मारकर हंसना उन्हें बहुत प्रिय था। वह हमेशा किसानों, कमकरों, वैज्ञानिकों, तथा सरकारी एवं पार्टी कार्यकर्ताओं की भलाई के लिए सोचा करते थे। वैज्ञानिकों की स्थिति सुधारने के लिए उन्होंने एक केन्द्रीय कमीशन स्थापित किया था जिसका काम था वैज्ञानिकों की आवश्यकताओं को पूरा करना। बच्चों के स्वास्थ्य और उनकी उचित देख-रेख पर वह विशेष ध्यान देते थे।

एक दिन की बात है, लेनिन जन-कमीसार-परिषद में गये। वहां उन्होंने देखा कि खाद्य-पूर्ति-कमीसार सुरपा का स्वास्थ्य अच्छा नहीं है। उन्होंने उसके पास एक नोट भेजकर कहा कि तुम्हारा स्वास्थ्य ठीक नहीं है! तुम्हारा स्वास्थ्य वास्तव में "राज्य-सम्पत्ति" है। उसकी ओर सावधानी बरतनी होगी। उन्होंने लिखा : "प्रिय अलेक्सान्द्र दमित्रिविच, तुम राज्य-सम्पत्ति के साथ जैसा व्यवहार कर रहे हो, वह बहुत अनुचित है। मैं चिकित्सा के लिए आदेश देता हूं: तीन सप्ताह तक चिकित्सा कराओ!"

उपन्यासकार अ० स० सेराफ़िमोविच का पुत्र युद्धक्षेत्र में मारा गया था। साहित्यकार का दिल टूट गया। लेनिन ने अपनी बहन से यह बात सुनी तो तुरन्त सेराफ़िमोविच को लिखा: "मेरी बहन ने अभी-अभी मुझे तुम्हारे महान् शोक की सूचना दी है। इजाज़त दो कि मैं तुम्हारा हाथ मज़बूती से थामूं, और तुम्हें

उत्साह तथा सान्त्वना देने की इच्छा प्रकट करूं ; लेनिन ने ज़ोर देकर कहा कि अपने को काम में लगाने के लिए "मजबूर करो", क्योंकि कमकरों और देश को तुम्हारी साहित्यिक कृतियों की आवश्यकता है।

लेनिन स्त्रियों और तरुणों को हर तरह से आगे बढ़ाने की कोशिश करते थे। १६२० ई० में तरुण कम्युनिस्ट संघ की तीसरी कांग्रेस हुई। इसमें उन्होंने "तरुण कम्युनिस्ट संघ के करणीय" पर भाषण देते हुए कहा कि तरुण कम्युनिस्ट संघ का यह कर्तव्य है कि वह कम्युनिस्ट समाज के तरुण निर्माताओं को शिक्षा देकर तैयार करे। संघ को काम के हरेक क्षेत्र में सहायता और प्रेरणा प्रदान करने का काम करना चाहिए।

छोटी-छोटी बातों की तरफ भी लेनिन बहुत ध्यान रखते थे। काम की भरमार रहते हुए भी वह समसामयिक, साहित्यिक और दार्शनिक प्रश्नों का अध्ययन करने से नहीं चूकते थे। रुम्यान्तसेफ़ म्यूज़ियम लाइब्रेरी (वर्तमान लेनिन राज्य पुस्तकालय) को उन्होंने एक बार लिखा था :

"कृपया एक दिन के लिए निम्न पुस्तकें मेरे पास भेज दीजिये :

"१. सबसे पूर्ण और सबसे अच्छे दो यूनानी कोष...।

"२. दार्शनिक परिभाषाओं के सबसे अच्छे कोष : मेरी समझ में... जर्मन में आइज़लेर... अंग्रेजी में बाल्डविन... फ्रेंच में फ्रांक... रूसी में आधुनिकतम। रदलोफ़ और अन्य।

"३. यूनानी दर्शन का इतिहास : (क) ज़ेलर, पूर्ण और आधुनिकतम संस्करण, (ख) गोम्पेज़... (वियनावासी दार्शनिक), ग्रीश्चे डेन्कर।

"अगर पुस्तकालय का नियम घर के इस्तेमाल के लिए रेफरेन्स पुस्तकें देने का नहीं है, तो क्या आप उन्हें शाम या रात को मुझे इस्तेमाल करने के लिए नहीं दे सकते, जब कि पुस्तकालय बन्द रहता है ? मैं उन्हे सबेरे जरूर लौटा दूंगा।"

सोवियत राष्ट्र के सर्वोच्च नेता की यह विनम्रता कितनी स्पृहणीय है ! गोर्की ने लेनिन के गुणों के बारे में अपने संस्मरणों में लिखा है :

"उनमें अद्भुत इच्छा-शक्ति थी। लेनिन के पास क्रान्तिकारी बुद्धिजीवियों का सबसे बड़ा गुण और विशेषता—आत्मानुशासन—अत्यधिक परिमाण में...कभी-कभी तो आत्मपीड़न और आत्मभेदन के चरम रूप में...मौजूद था। लेखक आन्द्रेयेफ़ के एक नायक के शब्दों में : 'दूसरे लोग बड़ा कठिन जीवन बिता रहे हैं, इसलिए मुझे भी कठिन जीवन बिताना चाहिए।'

"१६१६ ई० के अकाल वाले कठोर वर्ष में लेनिन अपने साथियों, सैनिकों और किसानों...के भेजे हुए भोजन को खाने में शर्म महसूस करते

थे। उनके सीधे-सादे बासे में जब पारसल आते, तो वह गुस्से से भर जाते...और जल्दी से आटा, चीनी, और मक्खन बीमार साथियों तथा भोजन की कमी के कारण निर्बल हो गये व्यक्तियों को दे देते। एक बार उन्होंने अपने साथ भोजन करने के लिए मुझे बुलाते हुए कहा : 'मैं तुम्हें कुछ भुनी हुई मछली दूंगा—मेरे पास अस्त्राखान से आई है।' और फिर उन्होंने अपनी पेशानी पर शिकन डालकर (अपने को संभालते हुए) अपनी तीक्ष्ण दृष्टि को मेरी ओर से दूसरी तरफ़ फेरकर कहा : 'वे मेरे पास चीज़ें भेज रहे हैं, मानो मैं देवता हूं! मैं कैसे उन्हें ऐसा करने से रोकूं! अगर इन्कार करता हूं और नहीं लेता तो उनका दिल दुखता है; उधर मेरे चारों ओर सभी भूखे हैं।'...

"एक बार मैं उनके पास मास्को गया। उन्होंने पूछा : 'तुमने भोजन कर लिया है?' 'हां।' 'तुम यों ही तो नहीं कहते?' 'इसके लिए गवाह हैं। मैंने क्रेमलिन के भोजनालय में भोजन किया है।' 'मैंने सुना है कि वहां का खाना अच्छा नहीं है।' 'बुरा भी नहीं है; लेकिन बेहतर बनाया जा सकता है।' उन्होंने तुरन्त पूछा : 'क्यों अच्छा नहीं है? कैसे उसे बेहतर बनाया जा सकता है?' फिर गुस्से में भुनभुनाते हुए बोले : 'वे लोग क्यों नहीं अच्छा रसोइया रखते? लोग मरने की फुर्सत न पाकर काम कर रहे हैं। उन्हें अच्छा भोजन खिलाना चाहिए जिससे कि वे और ज्यादा खा सकें। मैं जानता हूं, हमारे पास बहुत थोड़ी खाद्य-सामग्री है और वह भी बुरी है— लेकिन उन्हें एक अच्छा रसोइया तो रखना ही चाहिए।"

कहने की आवश्यकता नहीं कि अमर साहित्यकार गोर्की के प्रति लेनिन को अपार स्नेह और विश्वास था।

२. नवीं पार्टी कांग्रेस (१९२० ई०)

कोलचक, यूदेनिच और देनिकिन को पराजित करने के बाद लेनिन ने देश को सावधान किया कि इस विजय से कहीं अधिक कठिन आर्थिक मोर्चे पर विजय प्राप्त करना है। अब उन्होंने अपनी सारी शक्ति इस तरफ लगायी।

१९२० के मार्च के अन्त में मास्को में पार्टी की नवीं कांग्रेस शुरू हुई। लेनिन ने केन्द्रीय कमिटी के राजनीतिक कामों के बारे में रिपोर्ट दी। अब तक की सफलताओं का कारण बतलाते हुए उन्होंने कहा :

"केवल इसीलिए कि पार्टी सजग थी, इसीलिए कि पार्टी मज़बूती से अनुशासनबद्ध थी, इसीलिए कि पार्टी के अधिकारी सभी विभागों और संस्थाओं को एकताबद्ध करने में समर्थ थे, इसीलिए कि केन्द्रीय कमिटी ने जो नारे दिये उन्हें सैकड़ों, हज़ारों और अन्त में लाखों आदमियों ने एक

आदमी की तरह स्वीकार किया, और इसीलिए कि असीम बलिदान दिये गये—हमने यह सब चमत्कार देखा। यही कारण था कि अंतांत के साम्राज्यवादियों और सारी दुनिया के साम्राज्यवादियों के दोहरे, तेहरे बल्कि चौहरे आक्रमणों के खिलाफ़ भी हम विजयी हुए।"

लेनिन ने अपने भाषण में आर्थिक विकास के सम्बंध में भी कांग्रेस का ध्यान खींचा। कांग्रेस आरम्भ होने से पहले ही उन्होंने पार्टी-संगठनों के नाम एक पत्र लिखा था, जिसमें पार्टी, कमकरों और किसानों से "देश की आर्थिक स्थिति को पहले जैसी करने, सबसे पहले यातायात की व्यवस्था और उसके बाद खाद्य-स्थिति को बेहतर बनाने की ओर" अपनी सारी शक्ति लगाने के लिए कहा गया था।

नवीं कांग्रेस ने एक प्रस्ताव पास करके फ़ैसला किया कि सम्पूर्ण लेनिन-ग्रंथावली प्रकाशित की जाय। अप्रैल, १९२० में बोल्शेविक पार्टी ने अपने संस्थापक और नेता व्लादिमिर इलिच लेनिन का ५० वां जन्मोत्सव मनाया। २३ अप्रैल को मास्को में लेनिन के सम्मान में उनकी मित्र-मंडली की एक छोटी सी बैठक हुई, जिसमें स्तालिन, गोर्की और दूसरों ने भाषण दिये। लेनिन ने जवाब देते हुए कहा कि हमें अपनी सफलताओं से यह नहीं भूल जाना चाहिए कि अब भी हमारे सामने बड़ी-बड़ी कठिनाइयां हैं। साथ ही उन्होंने यह आशा भी प्रकट की कि बोल्शेविक पार्टी अपने कर्तव्य का पालन करेगी। उनकी राय थी कि कमकरों, किसानों, विशेषकर स्त्रियां की सहायता प्राप्त करने तथा सार्वजनिक नियंत्रण को लागू करने की आवश्यकता है। इसके लिए राज्य-नियंत्रण मंत्रि-विभाग को स्तालिन के हाथ में दिया गया। १९२० ई० में यह मंत्रि-विभाग पुनः संगठित होकर कमकर-किसान-निरीक्षण बन गया। लेनिन ने इस संगठन के उद्देश्य के बारे में स्तालिन को लिखा था: "उद्देश्य: कमकर-किसान-निरीक्षण के काम में सभी कमकर जनता, पुरुष और विशेषकर स्त्रियों, की सहायता प्राप्त करना।"

पोलों का आक्रमण—सोवियत के भीतर दखलन्दाज़ी करके साम्राज्यवादी मुंह की खा चुके थे। लेकिन अब भी वे बोल्शेविक हौवे की बात करते थे और उसको मिटाना चाहते थे। लेनिन ने इस बात के लिए पहले ही सावधान कर दिया था। उनकी भविष्यवाणी सच निकली।

अप्रैल, १९२० में सोवियत भूमि के विरुद्ध साम्राज्यवादियों ने तीसरा अभियान किया। इस बार उन्होंने पोलैंड को, और बैरन रेंगल के नेतृत्व में सफ़ेद गारद को, इस्तेमाल किया। रेंगल दक्षिण में क्रीमिया से रूस के भीतर बढ़ा। लेनिन ने बतलाया कि साम्राज्यवाद के ये दोनों हाथ दो तरफ़ से आगे बढ़कर सोवियत प्रजातंत्र का गला घोंटना चाहते हैं। जिस समय सोवियत भूमि पर इस

तरह के घातक हमले हो रहे थे, उस समय सारी दुनिया के साम्राज्यवादी और उनके पिट्ठू बोल्शेविकों के खिलाफ़ प्रचार कर रहे थे कि "रूस में बोल्शेविक नाम के खूनी लुटेरे पैदा हुए हैं जिनके मारे न किसी का धन सुरक्षित है, न इज़्ज़त, न धर्म। वे नरभक्षी शैतान हैं।"

नये आक्रमण के तुरन्त बाद ही रूसी जनता ने नारा लगाया: "सब कुछ युद्ध के लिए!" लेनिन के प्रस्ताव पर पार्टी की केन्द्रीय कमिटी ने स्तालिन को दक्षिण-पश्चिमी मोर्चे को संगठित करने के लिए भेजा। लेनिन की अपील पर पार्टी तथा तरुण कम्युनिस्ट संघ के हज़ारों सबसे बढ़िया सदस्य बन्दूकें लेकर युद्ध के मोर्चे के लिए चल पड़े।

इसी समय लेनिन ने कम्युनिस्ट इन्टर्नेशनल की दूसरी कांग्रेस की तैयारी की। पहली कांग्रेस को हुए साल भर हो गया था। अब विश्व पूंजीवाद सोवियत प्रजातंत्र पर भयंकर हमला कर रहा था। ऐसे समय में विश्व-सर्वहारा को सजग करते हुए उसके कामों का लेखा-जोखा करना ज़रूरी था।

इसी साल अप्रैल और मई में लेनिन ने अपनी प्रसिद्ध पुस्तक "*'उग्रवादी' कम्युनिज़्म, एक बचकाना मर्ज़*" लिखी, जो कि मार्क्सवादी दांव-पेंच और सूझ का एक सरल निबंध और अपने विषय की सर्वश्रेष्ठ पुस्तक है। इसमें सर्वहारा के क्रान्तिकारी संघर्ष के नेतृत्व और महान् क्रान्तियों के तजुर्बों से निष्कर्ष निकाले गये हैं।

इस पुस्तक में लेनिन ने लिखा कि क्रान्ति के लिए यह पर्याप्त नहीं है कि शोषित और उत्पीड़ित जनसाधारण यह अनुभव करने लगें कि पुराने ढंग से जीवनयापन असम्भव है, और यह सोचते हुए परिवर्तन की मांग करने लगें। उसके लिए यह भी आवश्यक है कि शोषक पुराने ढंग से शासन और जीवनयापन करने में असमर्थ हो जायें। सारे राष्ट्र में शोषक और शोषित, दोनों पर प्रभाव डालने वाले संकट के बिना क्रान्ति असंभव है। और फिर, सारे कमकर वर्ग और कमकर जनता के बड़े भाग को आम तौर से क्रान्ति की ओर ले चलने के लिए प्रचार और आन्दोलन पर्याप्त नहीं हैं, इसके लिए जनसाधारण को स्वतंत्र राजनीतिक अनुभव प्राप्त करना आवश्यक है।

लेनिन ने "उग्र" मतवादियों की यह बताते हुए कड़ी आलोचना की कि वे क्रान्तिकारी करणीयों को कट्टरपंथिता और एक जैसे तरीक़े से हाथ में लेना चाहते हैं; वे विस्तृत जनसाधारण के भीतर काम करने से हिचकिचाते हैं। सबसे पहले आवश्यकता इस बात की है कि जनता के हिरावल को कम्युनिज़्म (साम्यवाद) की ओर खींचा जाय। लेकिन हिरावल अकेला ही विजय प्राप्त नहीं कर सकता। सर्वहारा की क्रान्तिकारी हिरावल—कम्युनिस्ट पार्टियों—को चाहिए कि वे कमकर वर्ग और आम तौर से कमकर जनसाधारण के बहुमत को अपनी ओर

खीचें। भिन्न-भिन्न राष्ट्रीय राजनीतिक परिस्थितियों का खयाल रखते हुए उनके अपने राजनीतिक अनुभवों की सहायता से इस जनसाधारण को चतुराई के साथ शिक्षा देते हुए क्रान्ति की ओर ले आना चाहिए। पार्टी को सीखना चाहिए कि हथियारबन्द विद्रोह से लेकर अत्यंत प्रतिक्रियावादी मज़दूर सभाओं और पार्लमेन्टों के क्रान्तिकारी उपयोग तक—संघर्ष के सभी तरीक़ों को इस्तेमाल किया जा सकता है। क़ानूनी और ग़ैर-क़ानूनी कार्रवाइयों को मिलाना ज़रूरी है। निर्भय होकर साहस के साथ आक्रमण करना चाहिए; लेकिन साथ ही संगठित ढंग से पीछे हटने, तथा "शैतान और उसकी दादी" से भी व्यावहारिक समझौते, के लिए तैयार रहना चाहिए।

लेनिन ने कम्युनिस्ट इन्टर्नेशनल की द्वितीय कांग्रेस (१९२० की गर्मियों) के लिए मुख्य प्रस्तावों के मसौदे तैयार किये। एक निबंध द्वारा उन्होंने कम्युनिस्ट इन्टर्नेशनल के करणीयों की रूपरेखा भी तैयार की। किसानी, राष्ट्रीय तथा औपनिवेशिक समस्याओं पर भी उन्होंने निबंध तैयार किये।

लेनिन ने कांग्रेस में कई विषयों पर रिपोर्ट दी और बहस में भाग लिया। एक बैठक में जर्मन प्रतिनिधियों को अपनी बात स्पष्ट रूप से समझाने के लिए उन्होंने जर्मन भाषा में भाषण दिया, और फ्रांसीसी प्रतिनिधियों के लिए फ्रेंच भाषा में। इन भाषणों का सार था : कम्युनिस्ट पार्टियों का संगठन क्रान्तिकारी मार्क्सवाद के सिद्धांतों के आधार पर होना चाहिए; उनका जनता के साथ घनिष्ट सम्बंध होना चाहिए; समाजवादी क्रान्ति की विजय की तैयारी में उन्हें मार्क्सवादी दांव-पेंचों और सूझ-बूझ को बड़ी चतुराई तथा दृढ़ता के साथ इस्तेमाल करना चाहिए।

कहा जा चुका है कि जिस समय कम्युनिस्ट इन्टर्नेशनल की द्वितीय कांग्रेस तथा पार्टी की नवीं कान्फ्रेंस हो रही थी, उसी समय पोलों और रेंगल के सफेद-गारदों के विरुद्ध घमासान लड़ाई भी हो रही थी। लेनिन भला उसे कैसे भूल सकते थे ! १९२० के सितम्बर में नवीं कान्फ्रेंस के समय ही उन्होंने सोवियत-पोल युद्ध से पैदा हुई परिस्थिति पर प्रकाश डालते हुए कहा था : "अब तक हम सारी साम्राज्यवादी दुनिया के विरुद्ध अकेले लड़नेवाली शक्ति थे। लेकिन अब हम कहते हैं : हम पहले जितने शक्तिशाली थे उससे अब कहीं अधिक शक्तिशाली हैं और तुम्हारी ओर से होने वाले प्रत्येक आक्रमण का जवाब हम इस तरह से देंगे कि तुम समझ जाओगे कि यूदेनिच, कोलचक और देनिकिन पर तुमने न सिर्फ़ कई करोड़ रुपये का धन फूंक डाला है बल्कि हर आक्रमण के बाद सोवियत प्रजातंत्र भूभाग के विस्तृत होने का ख़तरा भी मोल ले लिया है।"

रेंगल की पराजय—लेनिन ने सोवियत जनता को सावधान किया कि जब तक रेंगल की सेनायें क्रीमिया पर अधिकार किये हुए हैं, तब तक हमारे सिर

से खतरा दूर नहीं हुआ है : "जब तक रेंगल पूरी तौर से हरा नहीं दिया जाता, जब तक हम सारी क्रीमिया पर अधिकार नहीं कर लेते, तब तक इसमें ज़रा भी सन्देह नहीं कि फ़ौजी कर्तव्य हमारा सबसे पहला कर्तव्य होगा।" लेनिन के प्रस्ताव पर दक्षिणी मोर्चे को अलग करके उसकी कमान फ्रुंज़े के हाथ में दे दी गयी। लेनिन ने रेंगल को हराने के लिए भारी तैयारी की। उसके आक्रमण को रोकने में पहली सफलता प्राप्त होने पर उन्होंने कहा :

> "जैसे भी हो क्रीमिया के भीतर तक शत्रु का पीछा करो। अत्यंत सावधानी के साथ तैयारी करो। पता लगाओ कि क्रीमिया पर अधिकार करने के लिए सभी घाटों के बारे में जानकारी प्राप्त कर ली गयी है या नहीं।"

लाल-सेना ने लेनिन की हिदायतों को कार्यरूप में परिणत किया। जिस समय क्रान्ति का तृतीय महोत्सव मनाया जा रहा था, उसी समय लाल-सेना ने पेरेकोप स्थलडमरूमध्य पर हल्ला बोल दिया और सिवाश जलडमरूमध्य में घुसकर रेंगल को बुरी तरह हराया। १६ नवम्बर, १९२० को फ्रुंज़े ने लेनिन को तार दिया :

> "आज हमारे रिसाले ने केर्च पर अधिकार कर लिया है। दक्षिणी मोर्चा खतम कर दिया गया है।"

उसी साल दिसम्बर में आठवीं अखिल रूसी सोवियत कांग्रेस हुई। २२ दिसम्बर को इस कांग्रेस में रिपोर्ट देते हुए लेनिन ने रेंगल की पराजय में लाल सेना की वीरता और सफलता का बड़े प्रभावशाली शब्दों में ज़िक्र किया और कहा : "उसने बाधाओं पर विजय प्राप्त करके ऐसी क़िलेबन्दियों को नष्ट करने में सफलता पायी है जिन्हें सैनिक विशेषज्ञ अभेद्य समझते थे।... लाल-सेना ने पूर्ण दृढ़ता के साथ और आश्चर्यचकित करनेवाली तीव्रगति से रेंगल के ऊपर जो विजय प्राप्त की है वह उसके इतिहास का एक बहुत ही भव्य पृष्ठ है।" रेंगल की विजय के साथ विदेशी साम्राज्यवादियों की दखलंदाज़ी और गृह-युद्ध समाप्त हुआ। सोवियत प्रजातंत्र अग्नि-परीक्षा में उत्तीर्ण हुआ।

अध्याय १६

पुनर्निर्माण कार्य

(१६२०—२४ ई०)

१. *विजय के बाद*

लेनिन ने एक चतुर नाविक की तरह सोवियत-पोत को गृह-युद्ध के भीषण तूफ़ान से पार ले जाने में सफलता प्राप्त की थी। लेकिन, खतरा अब भी कम नहीं था। मार्ग की कठिनाइयां अभी भी सामने थीं। युद्ध व गृह-युद्ध ने देश की अर्थ-व्यवस्था को छिन्न-भिन्न कर दिया था। कृषि, उद्योग-धन्धे और यातायात चौपट हो गये थे। लोग भूखे और थके-मांदे थे। इस स्थिति का प्रभाव कमकरों के कुछ भाग पर भी पड़ रहा था, जिससे देश के विभीषण फ़ायदा उठाना चाहते थे। रेंगल पर विजय प्राप्त करने के बाद, नवम्बर १६२० से ही लेनिन ने देश की आर्थिक स्थिति को सुधारने की ओर अपना सारा ध्यान लगाया। उन्होंने पूर्ण विश्वास प्रकट करते हुए उसी महीने में मास्को के एक पार्टी-सम्मेलन में कहा : "जिस सर्वहारा ने युद्ध में विजय प्राप्त की है, वही कम्युनिस्ट व्यवस्था का निर्माण, कम्युनिस्ट समाज का निर्माण, कर सकता है।"

आठवीं सोवियत-कांग्रेस (दिसम्बर १६२० ई०)—इस कांग्रेस में लेनिन ने समाजवाद का आर्थिक निर्माण करने और राष्ट्रीय अर्थनीति को पुनः स्थापित करने के लिए अपनी योजना प्रस्तुत करते हुए कहा : हमारा सबसे पहला काम है सारी शक्ति लगाकर भारी उद्योग-धन्धों को फिर से स्थापित करना और उन्हें विकसित करना तथा कृषि समेत सारे अर्थतंत्र को आधुनिक और बड़े पैमाने की मशीन से उत्पादन वाली नयी टेकनीक के आधार पर स्थापित करना। यह नया आधार था बिजली। लेनिन के शब्दों में :

> "कम्युनिज्म = सोवियत शक्ति + सारे देश का बिजलीकरण।... हम उसी समय अन्तिम रूपसे विजयी होंगे जब देश का बिजलीकरण हो जायगा, जब उद्योग, कृषि और यातायात को आधुनिक और बड़े पैमाने के उद्योग-धन्धों की टेकनीक वाले आधार पर स्थापित कर लिया जायगा।"

लेनिन ने जिस योजना की रूपरेखा आठवीं सोवियत-कांग्रेस में रखी उसे 'गोयलरो' (बिजलीकरण राज्य-कमीशन) ने लेनिन के सुझाव पर और उनकी देख-रेख में तैयार किया था। इस योजना को बनाने में देश के सर्वश्रेष्ठ दो सौ वैज्ञानिकों और इंजीनियरों ने सहायता दी थी। यह बड़ी विशाल योजना थी।

एच० जी० वेल्स ने लेनिन की योजना को क्रेमलिन के स्वप्नद्रष्टा का स्वप्न कहकर उसका मज़ाक उड़ाया था। लेकिन समाजवाद के लिए यह कोई असम्भव बात नहीं है, यह लेनिन अच्छी तरह जानते थे। लेनिन ने कहा भी था : "यदि रूस विद्युत-शक्ति-केन्द्रों और शक्तिशाली टेकनीक वाले बिजली के स्टेशनों के जाल से ढंक जाय, तो हमारा कम्युनिस्ट आर्थिक विकास, भावी समाजवादी योरप और एशिया के लिए आदर्श बन जायगा।" त्रात्स्की, राइकोफ़ और उनके समर्थक लेनिन की इस योजना का घोर विरोध करने लगे। लेकिन यह योजना विशेषज्ञों की सहायता से बनी थी, इसलिए अव्यवहारिक नहीं थी। भावी पंचवर्षीय योजनाओं के विधाता स्तालिन ने उसी समय लिखा था : "यह—व्यंग्यात्मक प्रश्न-चिन्ह के बिना—एक अकेली तथा वास्तव में राजकीय आर्थिक योजना की होशियारी के साथ तैयार की हुई रूपरेखा है।"

फूटपरस्त—सर्वसंहारी युद्धों के बाद अब शान्तिपूर्वक आर्थिक निर्माण का समय आया था। लेकिन इस काम में निश्चिन्ततापूर्वक लगना कहां नसीब हो सकता था ? त्रात्स्की जैसे लोग कहते थे कि जब तक सारे विश्व में समाजवादी क्रान्ति न हो जाय तब तक एक देश में समाजवाद का निर्माण असम्भव है। वे चाहते थे कि पहले विश्व भर में क्रान्ति कर ली जाये। राइकोफ़ के नेतृत्व में "जनतांत्रिक केन्द्रवादी", बुखारिन के नेतृत्व में "वाम कम्युनिस्ट", और श्ल्याप्निकोफ़ के नेतृत्व में "कमकर विरोध" जैसे गुट, पार्टी के भीतर घोर विरोध कर रहे थे। लेकिन, लेनिन इन बौनों की घुड़की से कब डरने वाले थे ! सैद्धांतिक तौर से वह अपने को ठीक रास्ते पर समझते थे। उन्हें इसका भी पूरा विश्वास था कि कमकर-जनता और जनसाधारण के हित और सहानुभूति उनके साथ हैं। १९२१ की जनवरी में "पार्टी संकट" के नाम से लेख लिखकर उन्होंने विरोधियों को जवाब दिया।

दसवीं पार्टी-कांग्रेस (१९२१ ई०)—यह पार्टी-कांग्रेस मार्च, १९२१ में हुई। इस कांग्रेस को विभीषणों की कार्रवाइयों को विफल करने का काम तो करना ही था, उसे फ़रवरी और मार्च में देश में अनाज के अभाव के कारण चारों ओर फैली भुखमरी, ईंधन और यातायात की गड़बड़ी आदि को भी दूर करने की व्यवस्था करनी थी। किसानों में भी असंतोष फैला हुआ था।

कांग्रेस आरम्भ होने से एक सप्ताह पहले क्रोन्स्तात के नौसैनिक अड्डे में बग़ावत हो गयी थी। इस बग़ावत के पीछे सोवियत-शासन को उखाड़ फेंकने का षड़यंत्र था। बोल्शेविकों ने इस विद्रोह को सफलतापूर्वक दबा दिया।

ऐसी स्थिति में पार्टी की एकता में ज़रा भी फ़र्क आना ख़तरे की बात थी। इसकी ओर ध्यान दिलाते हुए लेनिन ने बतलाया कि "शत्रु यह समझ गये हैं कि सफेद-गारदों के झंडे के नीचे खुलेआम प्रतिक्रान्ति के प्रयत्न के सफल होने की

कोई आशा नहीं है, इसलिए वे रूसी कम्युनिस्ट पार्टी के भीतर के मतभेदों से सब तरह से लाभ उठाने का प्रयत्न कर रहे हैं......।"

"पार्टी एकता के बारे में" लेनिन के प्रस्ताव को कांग्रेस ने स्वीकार किया; विभीषणों की हार हुई। पार्टी के भीतर के विरोधियों की कारवाइयों की भी कांग्रेस ने निन्दा की। लेनिन, स्तालिन, मोलोतोफ़, वोरोशिलोफ़, कालिनिन, ज़ेर्ज़िन्स्की, ओर्जोनिकिद्ज़े, फ्रुंज़े और कुइबिशेफ़ केन्द्रीय कमिटी के सदस्य चुने गये।

२. *"नवीन आर्थिक नीति"*

अब युद्धकालीन कम्युनिज़्म की कड़ाइयों को जारी रखना उचित नहीं था। इसलिए दसवीं पार्टी कांग्रेस ने फाजिल अन्न वसूल करने की व्यवस्था को बन्द करके उसकी जगह पर अन्न-कर लागू किया। इस तरह "नवीन आर्थिक नीति" ("नेप") का आरम्भ हुआ। कांग्रेस के बहुत पहले से ही लेनिन का ध्यान किसानों की आवश्यकताओं और कठिनाइयों की ओर था। जब-जब भी मौक़ा मिलता वह उनके साथ सीधा सम्बंध स्थापित करके उनके भावों को जानने की कोशिश करते थे। १९२० के दिसम्बर में सोवियत-कांग्रेस के समय उन किसान-प्रतिनिधियों का एक सम्मेलन हुआ था, जो पार्टी के सदस्य नहीं थे। इस सम्मेलन में सम्मिलित होकर लेनिन ने बड़े ध्यान से उनके भाषणों और बहस-मुबाहिसों को सुना था और बहुत से नोट लिए थे। फ़रवरी, १९२१ में लेनिन ने "किसानों सम्बंधी थीसिस का प्रारम्भिक मसौदा" लिखा। इसमें उन्होंने निम्न बातों पर ज़ोर दिया :

> "१. गैर-पार्टी किसानों की इस इच्छा की पूर्ति करो कि फाजिल अन्न वसूल करने की व्यवस्था...बन्द कर दी जाय, और उसकी जगह अन्न-कर लागू हो।
>
> "२. पिछले साल वसूली की मात्रा की तुलना में इस कर के पैमाने को कम करो।
>
> "३. यह सिद्धान्त स्वीकार करो कि कर की मात्रा किसान के परिश्रम के अनुसार लागू की जाय, और जितनी मात्रा में किसान का परिश्रम बढ़े, उसी के अनुपात से कर कम किया जाय।
>
> "४. गृहस्थ को अपने आस-पास में उस गल्ले के ढेर को...बेचने की अधिक स्वतंत्रता दी जाय, जो कर से अधिक है, लेकिन इस शर्त के साथ कि कर जल्दी और पूरी तौर से अदा कर दिया जायगा।"

"नवीन आर्थिक नीति" का आरम्भ एक तरह से उपरोक्त लेख द्वारा होता है। पार्टी-कांग्रेस में लेनिन ने "जिन्स के रूप में कर" के विषय पर रिपोर्ट

दी थी। इसमें "नवीन आर्थिक नीति" की योजना में संक्रमण की बात का समर्थन करते हुए उन्होंने बतलाया था कि समाजवाद के निर्माण में कमकर और किसान वर्ग के बीच आर्थिक मैत्री स्थापित करना अत्यावश्यक है।

"नवीन आर्थिक नीति" का पहला काम था अतिरिक्त-कर उगाहने की जगह अन्न-कर लागू करना। यह कर पहले की अपेक्षा बहुत हल्का था। लेनिन ने बतलाया था कि इस तरह के मुक्त व्यापार से देश में पहले पूंजीवाद का कुछ थोड़ा सा पुनरुज्जीवन होगा। लेकिन उससे डरने की आवश्यकता नहीं। मुक्त व्यापार एक सीमा के भीतर ही रहेगा, जिससे प्रेरित होकर किसान अधिक अन्न उपजाने की कोशिश करेंगे, और उससे खेती की तरक्क़ी होगी। अधिक उपज से अन्न का कष्ट कम होगा। इससे राजकीय उद्योग-धन्धों को तेज़ी के साथ पुर्नस्थापित करने और वैयक्तिक पूंजी को हटाने में सहायता मिलेगी। अब तक युद्ध-कालीन साम्यवाद की व्यवस्था चल रही थी; इसकी कठोरता को युद्ध खतम होने के बाद चालू नहीं रखा जा सकता था। युद्धकालीन साम्यवाद का काम था नगर और देहात में हल्ला बोलकर पूंजीवाद के दुर्ग पर अधिकार करना। यह काम करने में पार्टी ज़रूरत से ज्यादा आगे बढ़ आयी थी और खतरा हो गया था कि कहीं वह अपने आधार से अलग न जा पड़े। लेनिन की दूरदर्शिता का ही परिणाम यह "नवीन आर्थिक नीति" थी। दसवीं कांग्रेस खतम होने के बाद अप्रैल में लेनिन ने "अन्न-कर" नाम की अपनी पुस्तिका लिखकर समाप्त की।

इसी "नवीन आर्थिक नीति" के सम्बंध में लेनिन ने अप्रैल में मास्को के पार्टी सदस्यों की सभा में, मई में दसवीं अखिल रूसी पार्टी-कान्फ्रेंस में, गर्मियों में कम्युनिस्ट इन्टर्नेशनल की तीसरी कांग्रेस में और फिर शरद् में अखिल रूसी राजनीतिक शिक्षा सम्बंधी कार्यकर्त्ताओं की द्वितीय कांग्रेस में, और मास्को गुबर्निया पार्टी-कान्फ्रेंस में भाषण दिये।

देश की आर्थिक स्थिति पर लेनिन जिस तत्परता से ध्यान दे रहे थे, उसी तत्परता से उन्होंने देश की सैनिक शक्ति बढ़ाने पर भी ध्यान दिया। उन्होंने कहा :

> "जागरूक रहो! अपने देश की प्रतिरक्षा-व्यवस्था और लाल-सेना की रक्षा अपनी आंख की पुतली की तरह करो। याद रखो, हमें एक क्षण के लिए भी किसी तरह की सुस्ती दिखाने का हक़ नहीं है।"

लेनिन ने इस समय जो दूसरे बहुत से काम किये वे थे : विद्युत शक्ति केन्द्रों की स्थापना, सहयोग समितियों का निर्माण, मछली-उद्योग का विकास, यातायात-व्यवस्था, बिजली वाले हलों के व्यवहार का आरम्भ, अकाल को मिटाने का उपाय, विदेशी व्यापार, वित्त, वैज्ञानिकों की स्थिति में सुधार, दोनेत्स कोयला खान में कोयला काटने की मशीनों का इस्तेमाल, रेडियो प्रसार, स्कूलों की वृद्धि, स्कूलों के लिए एटलस और आधुनिक रूसी भाषा के कोष आदि का प्रकाशन।

३. राज्य-योजना-कमीशन

इसी समय लेनिन ने राज्य-योजना-कमीशन को स्थापित कराया। उन्होंने कहा : "महत्वपूर्ण सफलताओं को ध्यान में रखते हुए एक लम्बे अर्से की योजना के बिना हम काम नहीं कर सकते।" इस कमीशन का मुख्य काम था एक राजकीय आर्थिक योजना तैयार करना और इस योजना को कार्यरूप में परिणत करने की व्यवस्था करना। इस योजना ने ही आगे स्तालिन की महान् योजनाओं का रूप लेकर रूस की काया-पलट कर दी। इस योजना के अनुसार कशिरा और वोल्खोफ़ के बिजली-स्टेशन बनाये गये। कार्यकर्ताओं के पथ-प्रदर्शन के लिए "स्थानीय सोवियत संगठनों के लिए श्रम और प्रतिरक्षा परिषद की हिदायतें" के नाम से एक गश्ती-पत्र जारी किया गया। इन हिदायतों में लेनिन ने आर्थिक पुनर्निर्माण के लिए देश के सामने जो मुख्य-मुख्य करणीय थे, उनकी व्याख्या की। चौथी ट्रेड यूनियन कांग्रेस, राष्ट्रीय अर्थनीति परिषदों की चौथी कांग्रेस और दसवीं अखिल रूसी कम्युनिस्ट पार्टी कांग्रेस में इन हिदायतों पर उन्होंने बहस की। लेनिन ने कितने ही पत्र भी लिखे और इन हिदायतों के बारे में अखिल रूसी केन्द्रीय कार्यकारिणी कमिटी की बैठक में भाषण दिया।

लेनिन के अनुसार देश के शासन के काम में जनता का सहयोग अत्यन्त आवश्यक था। वह बराबर ज़ोर देते थे कि राजकीय तथा आर्थिक प्रबंध में पार्टी और ग़ैर-पार्टी नर-नारियों का, सभी कमकर जनता का, सक्रिय भाग लेना अत्यावश्यक है। वह उन लोगों की कड़ी आलोचना करते थे जो अपने को जनता से ऊपर समझते थे और उससे सीखना अपनी शान के ख़िलाफ़ मानते थे। उनका कहना था : हमें जनता के संघर्ष के व्यावहारिक अनुभवों का ध्यानपूर्वक अध्ययन करना चाहिए तथा उनका सार निकालना चाहिए।

४. लेनिन के कुछ गुण

जनता में अटूट विश्वास—लेनिन कमकर और किसान जनता के साथ हज़ारों तरह से सम्बंध रखते थे। जब भी मौक़ा मिलता वह इसके लिए नये उपाय निकालते। जनवरी, १६२२ में उन्होंने जनप्रिय पत्र "ब्येद्नोता" (ग़रीब) के सम्पादक के नाम पत्र में लिखा था :

> "क्या आप कृपा करके मुझे संक्षेप में (अधिक से अधिक दो या तीन पृष्ठों में) सूचित करेंगे कि 'ब्येद्नोता' में किसानों के कितने पत्र आते हैं? इन पत्रों में क्या-क्या महत्वपूर्ण...और नयी बातें होती हैं? इनमें कैसे मनोभाव प्रकट होते हैं और किन-किन विषयों पर? क्या यह सम्भव नहीं है कि कुछ पत्रों को प्रति मास दो बार प्राप्त किया जाय?"

लेनिन सभी शक्तियों का स्रोत जनता को समझते थे। इसीलिए, १९२२ के वसन्त ग्यारहवीं पार्टी में कांग्रेस में उन्होंने कहा था : "हम तभी शासन कर सकते हैं, जब हम उस बात को ठीक प्रकार से व्यक्त करें, जिसका खयाल जनता को है !" जनता भी लेनिन के प्रति असाधारण प्रेम और विश्वास रखती थी। कमकर कहते थे : "लेनिन का मतलब है—स्वयं हम।"

बाद में क्रेमलिन के फ़ौजी स्कूल की एक सभा में स्तालिन ने कहा था :

> "मुझे ऐसे किसी दूसरे क्रान्तिकारी की याद नहीं आती, जो सर्वहारा की सृजनात्मक शक्ति में, सर्वहारा वर्ग की सूझ-बूझ की क्रान्तिकारी योग्यता में, इतना गम्भीर विश्वास रखता हो जितना लेनिन।... और इसीलिए लेनिन का बराबर उपदेश था : जनता से सीखो, उसकी क्रियाओं को समझने की कोशिश करो और जनसाधारण के संघर्ष के व्यावहारिक अनुभव का बड़े ध्यान से अध्ययन करो।"

लेनिन को तड़क-भड़क और हल्ला-गुल्ला पसन्द नहीं था। वह सभी चीज़ों में सादगी और विनम्रता पसन्द करते थे।

नौकरशाही के शत्रु—लेनिन नौकरशाही के कट्टर दुश्मन थे। जो भी ऐसी मनोवृत्ति दिखलाता, उसके खिलाफ़ वह अत्यन्त कड़ा बर्ताव करते। उन्होंने सोवियतों के संगठनों का एक मुख्य काम नौकरशाही का विरोध करना बतलाया था। नौकरशाही बरतने के अपराध में वह फ़ौजदारी कार्रवाई करने की मांग करते थे। सितम्बर, १९२१ में उन्होंने न्याय-मंत्री-विभाग के नाम एक पत्र लिखकर कहा था कि इस शरद् और जाड़ों में मास्को में नौकरशाही के बहुत स्पष्ट चार छः मामलों को लेकर मुकदमे चलाये जायें। लेनिन धोखा-धड़ी और जालसाज़ी को अत्यन्त घृणा की दृष्टि से देखते थे। समाजवादी सम्पत्ति की खयानत करने वालों को तो वह किसी तरह भी क्षमा करने के लिए तैयार नहीं थे। सार्वजनिक कोष या सम्पत्ति के साथ खयानत के हरेक मामले के लिए वह सीधे-सीधे दण्ड देने के लिए कहते थे।

१९२१ ई० में एक लाल सैनिक ने मास्को में आकर दोन इलाक़े के कुछ अफ़सरों की खयानत तथा शक्ति के दुरुपयोग की सूचना दी। सैनिक ने अपने पत्र में लेनिन को बतलाया था कि इसके कारण वहां के कमकरों और किसानों में बहुत असंतोष फैला हुआ है। लेनिन ने तुरन्त उस पत्र की एक कापी पार्टी की केन्द्रीय कमिटी के सेक्रेटरी मोलोतोफ़ के पास भेजकर कहा कि दोन इलाक़े में इस लाल सैनिक के साथ केन्द्रीय कार्यकारिणी कमिटी के सदस्यों तथा स्वेर्दलोफ़-युनिवर्सिटी के दस से बीस तक विद्यार्थियों का एक विशेष कमीशन भेजा जाय, जो वहां जाकर पूरी जांच करे और अपराधियों को गोली से उड़वा दे। उक्त लाल-सैनिक के बारे में लेनिन ने मोलोतोफ़ के पास एक अलग नोट लिखा था :

"लिखने वाले को तुरन्त ढूंढ़कर और अपने आफिस में बुलाकर संतोष दो और कहो कि मैं बीमार हूं, लेकिन तो भी इस मामले में तुरन्त कार्रवाई करने वाला हूं।"

शिक्षा और संस्कृति के पक्षपाती—गृह-युद्ध की भीषण घड़ियों में भी लेनिन का ज़ोर बराबर इस बात पर रहता था कि जनता के सांस्कृतिक स्तर को ऊंचा उठाया जाय। गृह-युद्ध के बाद जब कृषि और उद्योग के पुनर्निर्माण का काम ज़ोर-शोर से होने लगा, तो लेनिन ने इस ओर और भी ध्यान देने के लिए कहा। उन्होंने बतलाया कि निरक्षरता को खतम करना सबसे आवश्यक काम है। निरक्षर आदमी राजनीतिक काम में नहीं लगाया जा सकता। उसे लिखना-पढ़ना सिखाना बहुत आवश्यक है। उन्होंने यह भी कहा कि यदि जनता इस काम को अपने हाथ में ले तो निरक्षरता को दूर करने में देर नहीं लगेगी। वह जानते थे कि निरक्षर और अशिक्षित जनता को बेवकूफ़ बनाकर शत्रु फ़ायदा उठा सकते हैं। शिक्षा और संस्कृति के प्रसार के सम्बंध में लेनिन की नीति ने रूस की पिछड़ी हुई जातियों में उस प्रयत्न का आरम्भ किया जिसके कारण कुछ ही वर्षों में निरक्षरता वहां के लिए अतीत की चीज़ बन गयी। इसमें कोई संदेह नहीं कि रूस में इतनी बड़ी सफलता प्राप्त नहीं हो सकती थी, यदि जनता की मातृभाषा को साक्षरता और शिक्षा का माध्यम न बनाया गया होता।

लड़ाकू भौतिकवाद पर जोर—१९२२ के मार्च के आरम्भ में लेनिन ने "लड़ाकू भौतिकवाद का महत्व" शीर्षक एक लेख लिखा था। इसमें उन्होंने कहा था :

"कम्युनिस्टों का...एक सबसे बड़ा और अत्यन्त खतरनाक ग़लत विचार यह है कि केवल क्रान्तिकारी ही क्रान्ति कर सकते हैं। परन्तु असली बात यह है कि हरेक गम्भीर क्रान्तिकारी के काम में सफल होने के लिए ज़रूरी है कि वह इस विचार को समझे और कार्यरूप में परिणत करे कि क्रान्तिकारी वस्तुतः... अग्रगामी वर्ग के हिरावल का पार्ट ही अदा करने में सक्षम होते हैं। हिरावल तभी हिरावल के अपने काम को पूरा कर सकता है जब वह अपने नेतृत्व को जनसाधारण से पृथक न होने दे, जब वह सारी जनता को लेकर आगे बढ़ने में समर्थ हो। ग़ैर-कम्युनिस्टों की मैत्री के बिना अत्यन्त विभिन्नता वाले कार्य-क्षेत्रों में कम्युनिस्टों का कोई रचनात्मक कार्य सफल नहीं हो सकता।"

उन्होंने ग़ैर-कम्युनिस्ट भौतिकवादियों, आधुनिक विज्ञान के प्रतिनिधियों, विशेषकर प्राकृतिक विज्ञान-वेत्ताओं के साथ मैत्री स्थापित करने के लिए कम्युनिस्टों पर ज़ोर दिया। उन्होंने कहा कि इस मैत्री को स्थापित करने में द्वन्द्वात्मक भौतिकवाद का विशेष हाथ होगा। केवल द्वन्द्वात्मक भौतिकवाद ही पूंजीवादी विचारधारा

और सभी प्रकार के आदर्शवाद और पुरोहितवाद से सफलतापूर्वक लोहा ले सकता है। इस विषय में उन्होंने तीन बातों को कार्यरूप में परिणत करने पर ज़ोर दिया। वे तीन बातें ये थी : (१) अनथक रूप से नास्तिकवादी प्रचार करना, और हर प्रकार के पुरोहितवाद के खिलाफ़ निष्ठुर संघर्ष करने के लिए सभी उपलब्ध सामग्री को इस्तेमाल करना; (२) द्वन्द्वात्मक भौतिकवाद के प्रकाश में उन परम्परागत विचार-धाराओं के टूटने की व्याख्या, जो अब तक आधुनिक प्राकृतिक विज्ञान के क्षेत्र में प्रचलित हैं, और जिनसे लाभ उठाकर पूंजीवादी दार्शनिक आदर्शवाद को भीतर घुसेड़ने के लिए प्रयत्नशील हैं; और (३) सभी दृष्टियों से भौतिकवादी द्वन्द्वात्मकता को दार्शनिक विज्ञान के तौर पर विकसित करना। "जब तक भौतिकवाद इस तरह के काम को हाथ में नहीं लेता सुव्यवस्थित रूप से इसे पूरा नहीं करता, तब तक भौतिकवाद लड़ाकू भौतिकवाद नहीं हो सकता।"

पार्टी एकता और अनुशासन—सर्वहारा की हिरावल सेना की—कम्युनिस्ट पार्टी की—शक्ति को बढ़ाने और मज़बूत करने की ओर लेनिन का बराबर ध्यान रहता था। वह पार्टी-संगठन में किसी तरह की शिथिलता, सुस्ती और अनुशासन-हीनता को नहीं देखना चाहते थे। वह उन लोगों की कड़ी आलोचना करते थे जो सभी बातों को अपने हाथ में ले लेते थे, पर किसी को भी पूरा नहीं कर पाते थे। सम्मेलनों में लगातार बैठकी करने को लेनिन बुरी निगाह से देखते थे। वह ज़ोर देते थे कि कार्यकारिणी द्वारा नियंत्रण और उचित आदमी का चुनाव राज्य के शासन-यंत्र को ठीक से चलाने के लिए मुख्य चीज़ है। पार्टी की एकता को क़ायम रखने के लिए उन्होंने पार्टी के भीतर त्रात्स्की, ज़िनोवियेफ़, कामेनेफ़, रादेक, बुखारिन, राइकोफ़, सोकोल्निकोफ़ की कड़ी आलोचना ही नहीं की, उनसे ज़बर्दस्त लोहा भी लिया। अयोग्य आदमियों को पार्टी में रखना वह हानिकारक समझते थे। १९२१ ई० में केन्द्रीय कमिटी ने शुद्धीकरण की जो घोषणा की थी, उसे लेनिन बहुत महत्वपूर्ण मानते थे और कहते थे कि "गुण्डे, नौकरशाह, बेईमान या ढुलमुलयक़ीन कम्युनिस्टों और मेन्शेविकों" को निकाल बाहर करना चाहिए। साथ ही उन्होंने इस बात पर भी ज़ोर दिया कि पार्टी की शुद्धि के काम में ग़ैर-पार्टी कमकरों की सहायता बहुत आवश्यक है। उन्होंने यह भी कहा कि नये सदस्यों को स्वीकार करते समय बहुत सावधानी बरतनी चाहिए। उन्होंने कहा कि तरुण कम्युनिस्ट संघ का कोई सदस्य यदि पार्टी में लिया जाय, तो इस बात की अच्छी तरह से जांच-पड़ताल कर ली जाय कि उसने संघ में रहते हुए गम्भीरतापूर्वक अध्ययन किया है और कुछ सीखा है, और यह भी जांच कर ली जाय कि उसने "गम्भीर व्यावहारिक कार्यों (आर्थिक, सांस्कृतिक आदि) को लम्बे अर्से तक किया है या नहीं।"

जातियों के मित्र--रूस की परतंत्र जातियों के बारे में बोल्शेविकों का क्या रुख था, इसे लेनिन ने प्रथम विश्व-युद्ध से बहुत पहले ही प्रकट कर दिया था। सोवियत-शासन के आरम्भ से ही उस नीति पर चलने का प्रयत्न किया जाने लगा था। जातियों के प्रति क्या नीति होनी चाहिए, इसके सबसे बड़े विशेषज्ञ स्तालिन थे। उन्हीं को इस विभाग का काम सौंपा गया था। १६२१ ई० में जब गुर्जी में सोवियत-शासन स्थापित हुआ तो लेनिन ने सन्देश देते हुए स्तालिन के पास यह नोट भेजा था: "कृपया इसे भेज दो, किन्तु यदि तुम्हें कोई बात पसन्द न हो तो मुझे टेलीफ़ोन पर बुलाओ।" काकेशस में उस समय कई सोवियत प्रजातंत्र क़ायम हो गये थे, जिनको मिलाकर एक संयुक्त राज्य बनाना ज़रूरी था। लेनिन ने संयुक्त काकेशस प्रजातंत्र बनाने के लिए जो प्रस्ताव तैयार किया था, उसके मसौदे को पहले उन्होंने स्तालिन को दिखलाया। स्तालिन ने एक संशोधन सुझाया। इसे लेनिन ने स्वीकार कर लिया।

लेनिन जातीय अहंकार को बड़ी बुरी नज़र से देखते थे। पार्टी के ब्यूरो की एक बैठक में उन्होंने स्तालिन के पास निम्न नोट भेजा था:

> "जैसे ही इस कम्बख्त खराब दांत से छुट्टी पाऊंगा, मैं महारूसी जातीय अहंकार के विरुद्ध मरने-जीने का युद्ध शुरू कर दूंगा। अपने मज़बूत दांतों से मैं इसको चबा जाऊंगा।
>
> "हम इस पर पूरी तौर से ज़ोर दें कि अखिल रूसी केन्द्रीय कार्यकारिणी कमिटी की बैठकों में रूसी, उक्राइनी, गुर्जी इत्यादि बारी-बारी से अध्यक्षता करें। अवश्य!
>
> तुम्हारा, लेनिन।"

इस नोट के हाशिये पर स्तालिन ने लिखा था: "बहुत ठीक।"

स्तालिन से स्नेह--लेनिन अपने सबसे योग्य और प्रिय शिष्य स्तालिन के प्रति बहुत वात्सल्य भाव रखते थे। जुलाई, १६२१ में उत्तरी काकेशस से जब उन्हें खबर मिली कि स्तालिन बीमार हैं, तो उन्होंने तुरन्त ओर्जोनिकिद्ज़े को तार दिया:

> "मुझे स्तालिन के स्वास्थ्य और डाक्टर की राय के बारे में सूचना दो।"

कुछ दिनों बाद फिर उन्होंने तार दिया:

> "मेरे पास उस डाक्टर का नाम और पता भेजो जो स्तालिन की चिकित्सा कर रहा है और मुझे बताओ कि स्तालिन कितने दिनों तक दूर रहेंगे।"

हम अन्यत्र बतला चुके हैं कि स्तालिन के रहने-सहने, निवासस्थान आदि के बारे में लेनिन कितना ध्यान रखते थे। दिसम्बर, १६२१ में उन्होंने स्तालिन

के सेक्रेटरी का नोट लिखा था : "जब स्तालिन उठें (उन्हें जगाना मत) तो उनसे कहना कि दोपहर के ११ बजे से मैं एक कमीशन में (अपने कमरे में) रहूंगा, और यह भी कि मैं उनके टेलीफान का नम्बर मांग रहा हूं।... मैं टेलीफोन पर उनसे कुछ बात करना चाहता हूं।"

५. *ग्यारहवीं पार्टी-कांग्रेस* (१६२२ ई०)

१६२२ के मार्च में ग्यारहवीं पार्टी-कांग्रेस हुई। यही अन्तिम पार्टी-कांग्रेस थी जिसमें लेनिन ने भाग लिया। उन्होंने अपनी सारी मानसिक और शारीरिक शक्ति लगाकर इन चार-पांच वर्षों में जो कठोर परिश्रम किया था, उसका दुष्प्रभाव अब उनके स्वास्थ्य पर पड़ने लगा था। तो भी स्वास्थ्य की चिन्ता किये बिना इस कांग्रेस की तैयारी के लिए लेनिन ने काम किया। कांग्रेस में उन्होंने केन्द्रीय कमिटी की ओर से राजनीतिक रिपोर्ट पेश की और दूसरी बातों के साथ-साथ "नवीन आर्थिक नीति" के पहले वर्ष के परिणामों पर प्रकाश डालते हुए बतलाया कि ये परिणाम सिद्ध करते हैं कि हमारी नीति बिल्कुल सही थी। उन्होंने कहा कि इस नीति के आधार पर कमकरों और किसानों की मैत्री दृढ़ हुई है, कुलकों का लुटेरा-पन क़रीब-क़रीब बिल्कुल खतम कर दिया गया है; और, बड़े पैमाने के उद्योग, यातायात-व्यवस्था, बैंक, भूमि और देशी-विदेशी व्यापार, सभी की हालत, बेहतर बनी है। उन्होंने यह भी कहा :

> "एक साल तक हम पीछे हटते रहे। अब पार्टी के नाम पर 'रुको' कहना होगा। पीछे हटने का जो उद्देश्य था, वह पूरा हो गया। अब उसका समय खतम हो रहा है या खतम हो गया है। अब हमारा उद्देश्य दूसरा है—अपनी शक्तियों को पुनः पंक्तिबद्ध करना।"

शक्तियों को पुनः पंक्तिबद्ध करने का उद्देश्य लेनिन ने बतलाया था : "वैयक्तिक पूंजी के खिलाफ़ हमला करने के लिए तैयारी करना।" उन्होंने कहा कि "नवीन आर्थिक नीति" के अनुसार पूंजीवाद को काम करने दिया गया था, लेकिन सबसे महत्वपूर्ण आर्थिक जगहों को सर्वहारा राज्य ने अपने हाथ में रखा था। पूंजीवादी और समाजवादी तत्वों के बीच एक भीषण युद्ध होता रहा, जिसमें समाजवादी तत्व आगे बढ़े और अन्त में पूंजीवादी तत्वों पर विजयी हुए। "नवीन आर्थिक नीति" का लक्ष्य था पूंजीवाद के ऊपर समाजवाद की विजय प्राप्त करना, वर्गों का उच्छेद करना तथा समाजवादी अर्थनीति की नींव रखना। लेनिन ने कांग्रेस के सामने कहा : "रूसी सर्वहारा-राज्य के हाथ में जो आर्थिक शक्तियां हैं, वे उसे साम्यवाद की स्थिति में पहुंचाने के लिए बिल्कुल पर्याप्त हैं।" मज़दूर-वर्ग के साथ किसानों की मैत्री को मज़बूत करने पर व्लादिमिर इलिच ने बहुत ज़ोर दिया।

कांग्रेस के सामने अपने इस अन्तिम भाषण को समाप्त करते हुए लेनिन ने कहा कि पार्टी में दसवीं और ग्यारहवीं कांग्रेसों के दौरान में संगठन और विचार-धारा की जैसी एकता रही, उसे और आगे बढ़ाना चाहिए।

लेनिन अपने स्वास्थ्य को बिगड़ते देख रहे थे। वे यह भी देख रहे थे कि सरकार और पार्टी के भार को और अधिक ढोना अब उनके लिए कठिन है। उन्होंने कांग्रेस में प्रस्ताव रखा कि स्तालिन को केन्द्रीय कमिटी का जनरल सेक्रेटरी बनाया जाय। इस प्रकार, १९२२ के मार्च में स्तालिन जनरल सेक्रेटरी निर्वाचित किये गये। तब से ३१ वर्ष (अपनी मृत्यु के समय) तक वह इस पद पर रहे। लेनिन ने स्तालिन को अपना उत्तराधिकारी चुनते हुए कितनी दूरदर्शिता से काम लिया था, इसका इतिहास साक्षी है।

६. *लेनिन और भारत*

"दुनिया के मज़दूरो एक हो" के मंत्र का जाप करने वाला भौगोलिक सीमाओं में कैसे जकड़ा रह सकता है? वह सोचता है तो संसार के समस्त मज़दूरों के लिए, आवाज़ उठाता है तो संसार भर के मेहनतकशों के लिए, तमाम दुनिया की आज़ादी, शान्ति और खुशहाली के लिए। यों तो प्रत्यक्ष रूप से लेनिन ने सोवियत रूस की महान समाजवादी क्रान्ति का नेतृत्व किया, किन्तु लेनिन का दिखाया मार्ग विश्व सर्वहारा की थाती है और उनकी प्रेरणा सीमाओं और परिधियों को तोड़ती हुई समस्त संसार की मेहनतकश जनता को प्रेरित करती है।

सर्वहारा की लड़ाई के परिणाम के सम्बंध में लेनिन ने लिखा था :

> "...संघर्ष का परिणाम इस बात से निश्चित होगा कि पृथ्वी की जनसंख्या का बहुमत रूस, भारत और चीन में रहता है। और यही वह बहुमत है जो पिछले कुछ बरसों में असाधारण तेज़ी के साथ मुक्ति के संघर्ष में खिंच आया है। इसलिए इस बात को देखते हुए सन्देह की लेशमात्र भी संभावना नहीं हो सकती कि विश्व संघर्ष का अन्तिम परिणाम क्या होगा।"

लेनिन को पूरा विश्वास था कि रूस, चीन और भारत में समस्त संसार की मेहनतकश जनता की लड़ाई लड़ी जायगी। जिन देशों का इतना महत्व हो उनके आन्दोलनों के सम्बंध में और उनकी जनता की धड़कनों के सम्बंध में जानकारी हासिल करने के लिए लेनिन अवश्य ही तन-मन से व्यस्त रहे होंगे। समय की गति पर तो उनका हाथ था ही, भारत और चीन में होने वाली घटनाओं को वह बहुत ही निकट से देखते थे।

यहां यह बात ध्यान में रखनी चाहिए कि लेनिन को जिस काल में भारत के बारे में कुछ लिखने या बोलने का मौक़ा मिला, वह हमारे लिए और स्वयं

लेनिन के लिए भी एक बहुत कठिन परिस्थिति थी। हमारे देश पर अंग्रेज़ों का एकछत्र राज्य था। १८५७ के सिपाही विद्रोह को अंग्रेज़ों ने जिस क्रूरता से कुचला था, उसके कारण हिन्दुस्तान की आज़ादी का आन्दोलन बहुत पीछे हट गया था—जहां-तहां उसकी चिनगारियां नज़र आती थीं, किन्तु वे देशव्यापी संगठित ज्वाला नहीं बन पायी थीं। दूसरी ओर रूस में अक्तूबर क्रान्ति के पहले तक ज़ारशाही का क्रूर और निरंकुश राज था; और अक्तूबर क्रान्ति के बाद दुनिया भर के साम्राज्यवादियों ने रूस पर संगठित हमला बोल दिया था। हमारे देश से न तो सच्ची खबरें दूसरे देशों में जा पाती थीं—क्योंकि अंग्रेज़ लेखक ही दुनिया के सामने हमारे आंख-कान थे—और रूस में छिड़े भयानक गृहयुद्ध के कारण लेनिन समेत रूस की पूरी जनता जीवन-मरण की लड़ाई में लगी थी। फिर भी लेनिन ने हमारे बारे में जो भी थोड़ा-बहुत लिखा, उससे उनकी पैनी दृष्टि का, हमारे आज़ादी के आन्दोलन के प्रति उनकी गहरी सहानुभूति का, पता चल जाता है।

भारत के प्रति उनकी सहानुभूति निष्क्रिय नहीं थी। लेनिन की आंखों से यह रहस्य छिपा नहीं रह गया कि हमारे शासक अंग्रेज़ साम्राज्यवादियों ने ब्रिटेन के मज़दूरों में विष फैला दिया है और जो स्वाभाविक सहानुभूति उन्हें भारतीय सर्वहारा से होनी चाहिए उस पर परदा डाल दिया है। लेनिन ने एक लेख में इस भ्रम को दूर किया और इंग्लैंड के मज़दूरों को बताया कि अंग्रेज़ साम्राज्यवादी जो कुछ अधिक सिक्के उनके सामने फेंक देते हैं, उन्हें वे अपनी जेब से नहीं देते बल्कि भारत जैसे पराधीन देशों को चूस कर ही वे रकम का एक बहुत छोटा सा भाग उनके सामने फेंक देते हैं ताकि ब्रिटेन का मज़दूर वर्ग हिन्दुस्तान की आज़ादी के आन्दोलन के साथ सहानुभूति न दिखाये।

हिन्दुस्तान पर अंग्रेज़ी शासन की क्रूरता, उसके परिणाम और अंग्रेज़ राज के खिलाफ़ भारतीय जनता के सुलगते हुए गुस्से के बारे में लेनिन ने १९०८ ई० में अपने एक लेख में लिखा था :

> " 'सभ्य' ब्रिटिश पूंजीपतियों के देशी गुलाम इधर हाल में हिन्दुस्तान में अपने उन "मालिकों" को काफ़ी परेशान और बेचैन करने लगे हैं जिसे हिन्दुस्तान में ब्रिटिश शासन कहते हैं। उसकी हिंसा और लूट की कोई सीमा नहीं है। बस, रूस को छोड़ कर, दुनिया में और कहीं भी ऐसी ग़रीबी और ऐसी दायमी भूखमरी नहीं है। आज़ाद ब्रिटेन के जान मार्ले जैसे सबसे ज़्यादा उदार और उग्रवादी राजनीतिज्ञ, जो रूसी और ग़ैर-रूसी कादेतों (पूंजीवादी पार्टी) की नज़रों में अधिकारी विद्वान हैं, प्रगतिशील (असल में पूंजीपतियों के टुकड़खोर) प्रचारकों के चमकते सितारे हैं, हिन्दुस्तान में शासकों के रूप में असली चंगेज़ खां बन रहे हैं, अपने कब्ज़े की आबादी को "शांत करने के लिए" वे सब कार्रवाइयां,

यहां तक कि हंटरों की वर्षा, कर सकते हैं...। लेकिन अपने देशी लेखकों व राजनीतिक नेताओं की रक्षा के लिए हिन्दुस्तान की जनता ने सड़कों पर निकल आना शुरू कर दिया है। अंग्रेज़ गीदड़ों द्वारा हिन्दुस्तानी जनवादी तिलक को दी गयी घृणित सज़ा...थैलीशाहों के गुलामों द्वारा एक जनवादी के खिलाफ़ की गयी बदले की इस कार्रवाई की वजह से बम्बई की सड़कों पर प्रदर्शन और हड़ताल हुई। हिन्दुस्तान का सर्वहारा वर्ग भी इतना काफ़ी वयस्क हो चुका है कि एक वर्ग-जाग्रत और राजनीतिक संघर्ष चला सके। और जब यह हालत है तो हिन्दुस्तान में अंग्रेज रूसी (दमन के—अनु०) तरीक़ों के दिन लद गये।"

भारत के स्वतंत्रता संग्राम के इतिहास में स्वर्गीय लोकमान्य तिलक का बहुत बड़ा स्थान है। अंग्रेज़ों ने उन्हें देश निकाला दिया तो भारतीय जनता को बड़ा धक्का लगा था। उसने इस सज़ा के खिलाफ़ बड़े ज़ोरों से अपने गुस्से का इजहार किया। साथ ही इस घटना को लेकर भारत का मज़दूर वर्ग पहली बार संगठित होकर आज़ादी के आन्दोलन में उतरा। इन तमाम बातों को लेनिन की पैनी दृष्टि ने तुरन्त देख लिया था।

इस बात को हम सभी लोग जानते हैं कि प्रथम विश्व-युद्ध के दौरान में ही रूस में समाजवादी क्रान्ति हुई और उसके बाद हमारे देश की आज़ादी का आन्दोलन और भी तेज़ी से आगे बढ़ा। इस बारे में लेनिन ने १६२० में एक लेख में लिखा था :

"साम्राज्यवादी युद्ध ने क्रान्ति की मदद दी है। साम्राज्यवादी युद्ध में हिस्सा लेने के लिए पूंजीपति वर्ग ने फ़ौजियों को उपनिवेशों से, पिछड़े हुए देशों से, अलहदगी से बाहर निकाला। ब्रिटिश पूंजीपति वर्ग ने हिन्दुस्तान के फ़ौजियों के दिमाग़ में यह बात भरी कि जर्मनी के खिलाफ़ ग्रेट-ब्रिटेन की रक्षा करना हिन्दुस्तान के किसानों का काम है।...उसने उन्हें हथियारों का प्रयोग सिखाया। यह बहुत ही लाभदायक ज्ञान है। और यह ज्ञान देने के लिए हम पूंजीपति वर्ग के बड़े कृतज्ञ हैं। साम्राज्यवादी युद्ध ने पराधीन जनता को विश्व इतिहास में खींच लिया है। आज हमारे सामने एक सबसे खास काम इस बात पर विचार करना है कि ग़ैर-पूंजीवादी देशों में सोवियत आन्दोलन के संगठन की आधार शिला कैसे रखी जाय। उन देशों में सोवियतें बनाना संभव है। वे मज़दूर सोवियतें नहीं बल्कि किसान सोवियतें या मेहनतकशों की सोवियतें होंगी।"

किसी पराधीन देश में आज़ादी का आन्दोलन जैसे-जैसे बढ़ता जाता है, वैसे ही वैसे साम्राज्यवादी शासकों की नृशंसता और क्रूरता भी बढ़ती जाती है। पर आज़ादी का आन्दोलन दमन से ज़्यादा दिनों तक रुकता नहीं है। हमारे देश

में भी ऐसा ही हुआ। प्रथम विश्व-युद्ध के बाद जब भारत की जनता ने आज़ादी की मांग की तो अंग्रेज़ों ने उसे रौलट एक्ट नामक दमनकारी क़ानून दिया। जनता और भी गुस्से से भर उठी और उसने ज़ोरदार प्रदर्शन किया। अमृतसर के जलियांवाले बाग में पंजाब के वीर बेटे लाखों की तादाद में जमा हुए। लेकिन अंग्रेज़ साम्राज्यवादियों की नृशंसता भी चरम सीमा पर पहुँच गयी। हत्यारे डायर ने सैकड़ों हिन्दुस्तानियों को वहीं मौत के घाट उतार दिया। आज हम जलियांवाले बाग के काण्ड को भुलाना भी चाहें तो नहीं भुला सकते हैं क्योंकि एक ओर तो डायर की गोलियों के निशान अब भी हमारे सीनों पर हैं, दूसरी ओर उस काण्ड के बाद से ही हमारे स्वतंत्रता संग्राम ने एक नये युग में प्रवेश किया। इस बारे में लेनिन ने १६२१ में एक लेख में लिखा था :

> "ब्रिटिश भारत इन देशों में सबसे आगे है। जैसे-जैसे एक तरफ़ औद्योगिक और रेलवे-सर्वहारा बढ़ता जाता है और दूसरी तरफ़ अंग्रेज़ों का पाशविक आतंक बढ़ता जाता है, जो और ज्यादा और अक्सर क़त्लेआम (अमृतसर), सरे आम कोड़े लगाने आदि पर उतर रहे हैं, वैसे-वैसे वहां क्रान्ति परिपक्व होती जा रही है।"

१६२१ में इस बात का केवल विश्वास होना ही कि अंग्रेज़ भारत से निकल जायेंगे, एक बड़ी क्रान्तिकारी बात थी। उस समय हमारे यहां के बहुत से पढ़े-लिखे लोगों को यह विश्वास नहीं होता था कि हम आज़ाद होंगे। हमारे यहां के बहुत से नेताओं को भी यह पता नहीं था कि संघर्ष का अन्तिम परिणाम क्या होगा। लेकिन, लेनिन ने समझ लिया था कि भारत स्वतंत्र होकर रहेगा, क्योंकि यहां की जनता दमन से नहीं डरती है, और यह कि आज़ादी के आन्दोलन में निर्णयकारी भूमिका अदा करने वाले वर्ग—मज़दूर वर्ग—ने राजनीतिक संघर्ष में हिस्सा लेना शुरू कर दिया है।

केवल कहने के लिए ही लेनिन कभी कोई बात नहीं कहते थे। वह हर बात गहरे मनन के बाद कहते थे। भारत की परिस्थिति का उन्होंने अध्ययन करके ही यह बात कही थी। उन्होंने अपने इस कथन का स्पष्टीकरण एक लेख में निम्नलिखित शब्दों में किया था :

> "औपनिवेशिक और अर्ध-औपनिवेशिक देशों की विशाल मेहनतकश जनता, जो पृथ्वी की जनसंख्या का भारी बहुमत है, बीसवीं शताब्दी के शुरू में ही, ख़ास तौर से रूस, तुर्की, फारस और चीन की क्रान्तियों की वजह से, राजनीतिक रूप से जाग गयी थी। इस विशाल जनता को विश्व राजनीति में, और क्रान्तिकारी तरीक़े से साम्राज्यवाद का विनाश करने में, एक सक्रिय ताक़त के रूप में बदलने की प्रक्रिया को १६१४–१८ का साम्राज्यवादी युद्ध और रूस का सोवियत शासन पूरा कर रहा है। यद्यपि

योरप और अमरीका के पढ़े-लिखे कुर्सी-तोड़ क्रान्तिकारी, जिनमें दूसरी और ढाइवीं इन्टर्नेशनल के नेता भी शामिल हैं, इसे देखने से बराबर इन्कार कर रहे हैं।"

इसी बात को उन्होंने और स्पष्ट रूप से तथा और ज्यादा विस्तार से उस समय कहा जब सोवियत संघ में समाजवादी सत्ता अपेक्षाकृत अधिक मज़बूत हो गयी थी। १९२३ में उन्होंने विश्वास के साथ यह ऐलान किया था :

> "साथ ही साथ, खास तौर से पिछले साम्राज्यवादी युद्ध का ही यह नतीजा हुआ है कि अनेक देश...हिन्दुस्तान, चीन वग़ैरा अपनी पुरानी लीक से एकदम बाहर निकल आये हैं। उनका विकास निश्चित रूप से आम, योरपीय, पूंजीवादी धारा के अनुसार होने लगा है। उन पर आम योरपीय उथल-पुथल का असर पड़ना शुरू हो गया है। और अब सारी दुनिया के सामने यह बात साफ़ हो गयी है कि वे विकास के एक ऐसे दौर में खिंच आये हैं जो ज़रूर ही समूचे विश्व पूंजीवाद के लिए संकट पैदा करेगा।...
>
> "अंतिम रूप में संघर्ष का परिणाम इस बात से निश्चित होगा कि पृथ्वी की जन संख्या का बहुमत रूस, भारत और चीन में बसता है।..."

पराधीन देशों के स्वतंत्रता संग्राम को लेनिन समाजवादी क्रान्ति का ही एक अंग मानते थे—खास तौर से सोवियत में समाजवादी क्रान्ति के सफल होने के बाद। यही कारण था कि सोवियत में समाजवादी क्रान्ति के साथ दूसरे देशों के क्रान्तिकारी आन्दोलन का सम्बंध जोड़ते हुए लेनिन ने १९१७ में लिखा था :

> "रूस में सर्वहारा की विजय से एशिया और योरप दोनों में क्रान्ति के विकास के लिए असाधारण रूप से अनुकूल परिस्थितियां पैदा हो जायेंगी।"

भारतवासी इस बात को समझते थे। यही कारण था कि हमारे देशवासियों ने रूसी क्रान्ति का अभिनन्दन किया।

आज हमारे देश ने अंग्रेज़ साम्राज्यवादियों की राजनीतिक गुलामी को तोड़कर फेंक दिया है। इतना ही नहीं, दुनिया में हमारे देश की प्रतिष्ठा आज बहुत बढ़ गयी है। विश्व शांति की रक्षा के लिए रूस और चीन के साथ आज हमारा देश भी प्रयत्नशील है। जैसी कि लेनिन ने भविष्यवाणी की थी रूस, चीन और भारत जिधर झुकेंगे, उधर का ही पलड़ा भारी होगा। यदि इन तीनों महान देशों ने कंधे से कंधा मिलाकर विश्व-शान्ति के झण्डे को बुलन्द किया तो कोई भी शक्ति विश्व-युद्ध छेड़ने में सफल नहीं हो सकेगी। आज लेनिन की भविष्यवाणी के सही साबित होने की परिस्थिति उत्पन्न हो गयी है।

रेड स्क्वायर में भाषण देते हुए

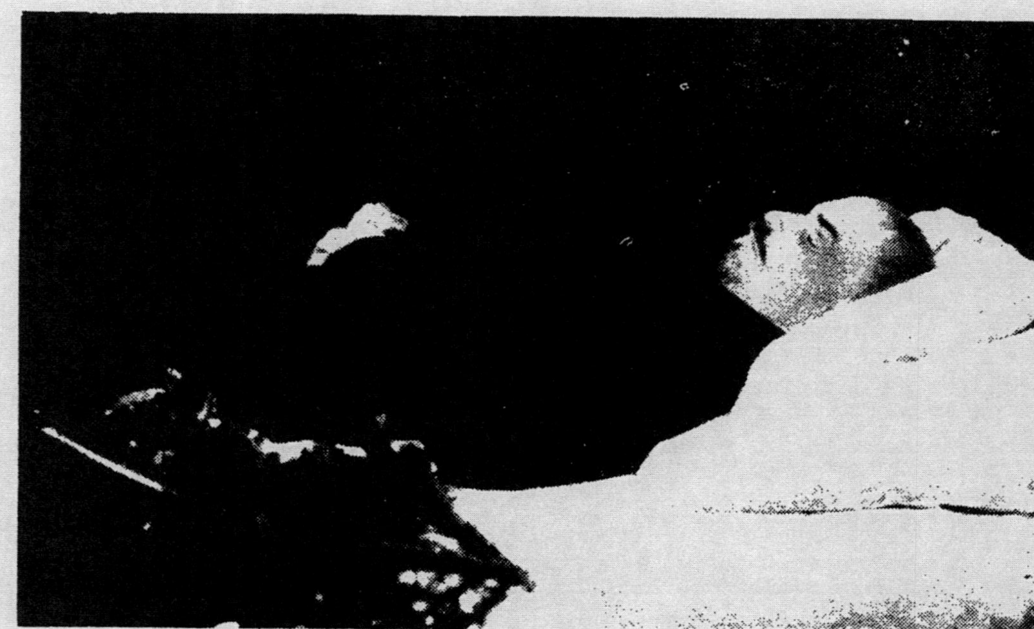

चिरनिद्रा निमग्न

अध्याय २०

बीमारी और महाप्रयाण

(१९२३—२४ ई०)

१. बीमारी

१९१८ ई० की गर्मियों में लेनिन के ऊपर काप्लान ने घातक हमला किया था। वह भयंकर रूप से घायल हो गये थे। यद्यपि उस समय वह बच गये थे, किन्तु निर्बल स्वास्थ्य के ऊपर अत्यधिक काम करने से जो बुरा प्रभाव पड़ा, उसके कारण १९२१-२२ ई० के जाड़ों के आरम्भ से ही उन्हें कितनी ही बार विश्राम लेना पड़ा था। ग्यारहवीं पार्टी-कांग्रेस के बाद मई, १९२२ में उनका स्वास्थ्य बहुत खराब हो गया। अब उनके लिए क्रेमलिन में रहना अच्छा नहीं था। डाक्टरों ने उन्हें पूर्ण विश्राम की राय दी। उन्होंने कहा कि लेनिन का मास्को के पास गोर्की में रहना स्वास्थ्य के लिए अच्छा होगा।

मई के अन्त में लेनिन पर लकवे का पहला आक्रमण हुआ, जिसके कारण उनका दाहिना पैर और हाथ बेकाम हो गये। उनकी बोलने की शक्ति में भी रुकावट पैदा हो गयी। उनकी चिकित्सा होती रही। जून के मध्य में स्वास्थ्य में कुछ सुधार हुआ। जुलाई में डाक्टरों ने उन्हें बहुत घनिष्ट मित्रों से इस शर्त पर मिलने की इजाज़त दी कि वे उनके साथ काम के बारे में बातचीत न करें। उस समय गोर्की में लेनिन से मिलने के लिए स्तालिन उनके पास गये थे। बाद में स्तालिन ने लिखा था :

> "छः सप्ताह तक न देखने के बाद जुलाई के अन्त में जब मैंने साथी लेनिन से पहली बार मुलाक़ात की तो मेरे ऊपर उन्होंने बड़ा प्रभाव डाला। मुझे वह ऐसे दिखायी दिये, मानो लगातार और अनथक युद्धों के बाद थोड़ा विश्राम पाने पर कोई पुराना योद्धा फिर ताज़ा हुआ हो। वह चंगे तथा स्वास्थ्य-सम्पन्न मालूम होते थे। तो भी अधिक काम और थकावट के चिन्ह मौजूद थे।
>
> "'मुझे अखबार पढ़ने की आज्ञा नहीं है'—साथी लेनिन ने व्यंगपूर्वक कहा—'और मुझे राजनीति पर बात नहीं करनी होगी। मेज़ पर रखे हुए हरेक कागज़ के टुकड़े के इर्द-गिर्द मैं बड़ी सावधानी से टहलता हूं, ताकि कहीं ऐसा न हो कि वह अखबार का टुकड़ा निकल आये, और अनुशासन भंग का कारण बने।'

"मैं दिल खोलकर हंसा और साथी लेनिन को, उनके सुन्दर अनुशासन-पालन के लिए, बधाई दी। हमने डाक्टरों का भी उपहास किया जो यह नहीं समझ सकते थे कि जब दो पेशेवर राजनीतिक पुरुष मिलेंगे, तो वे राजनीति पर बात किये बिना नहीं रह सकते !

"साथी लेनिन में सबसे बड़ी बात जो तुमको मालूम होगी, वह है जानकारी के लिए उनकी प्यास, काम के लिए... उनकी भारी इच्छा।"

लेनिन के बीमार होने पर पार्टी के काम का संचालन स्तालिन कर रहे थे। समय-समय पर लेनिन उन्हें बुलाकर सभी बातों के बारे में पूछते थे। लेनिन का स्वास्थ्य जल्दी ही इतना सुधर गया कि वह कार्य-सम्बंधी पत्र-व्यवहार करने लगे, और पढ़ने के लिए पुस्तकें मंगाने लगे। उन्होंने अपने सेक्रेटरी को लिखा :

"तुम्हें मेरे स्वास्थ्य-सुधार के लिए साधुवाद देना चाहिए। प्रमाण : मेरी लिखावट अब मानवीय होने लगी है। पुस्तकों को भेजना शुरू करो (और सूचीपत्रों को भेजो) : (१) वैज्ञानिक, (२) उपन्यास, (३) राजनीतिक। अन्तिम को सबसे पीछे, क्योंकि अभी उसके लिए इजाज़त नहीं मिली है।"

जुलाई के मध्य में स्तालिन ने औजोंनिकिद्ज़े को तार में लिखा था :

"कल, छः सप्ताहों में पहली बार, डाक्टरों ने इलिच को मित्रों से मिलने दिया तथा दिन में कुछ घंटे काम करने की इजाज़त दी। मैं इलिच के पास गया और देखा कि वह पूरी तौर से स्वस्थ हो गये हैं। वर्तमान राजनीतिक प्रश्नों के सम्बंध में हिदायतों के रूप में आज हमने उनका नोट पाया। डाक्टर सोचते हैं कि एक महीने के भीतर वह पहले की तरह काम कर सकेंगे।"

बारहवीं पार्टी-कान्फ्रेंस (१६२२ ई०)—अगस्त में अखिल रूसी पार्टी कान्फ्रेंस का बारहवां अधिवेशन हुआ। लेकिन, लेनिन का स्वास्थ्य अब भी ऐसा नहीं था कि वह उसमें उपस्थित होते। कान्फ्रेंस ने अपने नेता के नाम अभिनन्दन भेजा। अधिवेशन में स्तालिन ने कहा :

"साथियो, मैं यह सूचना देना चाहता हूं कि साथी लेनिन ने आज मुझे बुलाया, और कान्फ्रेंस के अभिनन्दन के लिए मुझे अपना धन्यवाद पहुंचा देने की हिदायत दी। उन्होंने आशा प्रकट की है कि वह समय दूर नहीं है जब वह फिर हमारी पंक्ति में शामिल होकर काम करने लगेंगे।"

२ अक्तूबर, १६२२ को सचमुच ही गोर्की से मास्को लौटकर लेनिन अपने काम में लग गये। अगले दिन उन्होंने जन-कमीसार-परिषद की बैठक की अध्यक्षता की और ५ अक्तूबर को पार्टी की केन्द्रीय कमिटी की एक बैठक में सम्मिलित हुए। जब लेनिन फिर काम करने लगे, तो लोगों को बहुत संतोष हुआ। लेकिन

डाक्टरों ने लेनिन को प्रतिदिन केवल पांच घंटा काम करने की इजाज़त दी थी। उन्होंने सप्ताह में एक दिन की पूरी छुट्टी भी आवश्यक बतलायी थी। छुट्टी के लिए लेनिन ने बुधवार चुना था।

लेनिन पहले ही दिन काम पर साढ़े ६ बजे सबेरे आ गये। उन्होंने बहुत से अखबारों पर नज़र दौड़ायी। १० बजकर ४५ मिनट पर उन्होंने सेक्रेटरी से रिपोर्ट पूछी। इसमें १५ मिनट लगे। इसके बाद दो बजे तक उन्होंने जमकर काम किया। जब वह बासे पर लौटे, तो बहुत से कागज़-पत्र अपने साथ ले गये। ६ बजे शाम को आफिस में फिर आकर उन्होंने अपने सेक्रेटरी को बहुत सी हिदायतें दीं। डाक्टरों की सलाह को ताक़ पर रखकर वह छुट्टी का दिन भी अक्सर आफिस में बिताते। लेनिन के सेक्रेटरी ने उनके एक छुट्टी के दिन के बारे में लिखा है :

> "नवम्बर १—प्रातः, स्तालिन से बातचीत। संध्या : ७ से ८ बजे तक दो इतालियन साथियों से बातचीत। साढ़े ८ बजे व्लादिमिर इलिच घर गये।"

३१ अक्तूबर को लेनिन ने अखिल रूसी केन्द्रीय कार्यकारिणी कमिटी की बैठक में भाषण दिया। बीमारी से उठने के बाद यह उनका पहला भाषण था। अपने भाषण में उन्होंने सोवियत भूमि के अन्तिम भाग—व्लादिवोस्तोक—को जापानियों से मुक्त करने में लाल-सेना और सोवियत कूटनीति की चमत्कारपूर्ण विजय का ज़िक्र किया। देश की आर्थिक अवस्था का वर्णन करते हुए उन्होंने बतलाया कि अभी भी वह पूंजीवादी देशों से बहुत पीछे है, लेकिन वह तीव्र गति से आगे बढ़कर उन्हें पकड़ लेगा।

१३ नवम्बर को लेनिन ने कम्युनिस्ट इन्टर्नेशनल की चौथी कांग्रेस में "रूसी-क्रान्ति के पांच वर्ष और विश्व-क्रान्ति की सम्भावनाएं" पर रिपोर्ट दी। उन्होंने बतलाया कि यद्यपि देश की स्थिति बड़ी भयंकर है और वह चारों तरफ़ से पूंजीवादी देशों से घिरा हुआ है, तो भी अन्तिम विजय में कोई संदेह नहीं है। "नवीन आर्थिक नीति" के परिणामों को बतलाने के बाद उन्होंने गर्व के साथ कहा : "पिछले अठारह महीनों ने असंदिग्ध रूप से साबित कर दिया है कि... हम परीक्षा में उत्तीर्ण हुए हैं।" "नवीन आर्थिक नीति" के आधार पर सर्वत्र प्रगति हुई थी, कमकरों और किसानों के बीच मैत्री मज़बूत हुई थी, कमकर-वर्ग की स्थिति में सुधार हुआ था, रूबल का मूल्य स्थिर हो गया था, हल्के उद्योगों की उपज बढ़ी थी। उन्होंने कहा :

> "हम सिद्ध कर चुके हैं कि राज्य के तौर पर व्यापार करने, कृषि और उद्योग में मज़बूत स्थिति को क़ायम रखने और प्रगति करने में हम समर्थ हैं।... किन्तु ... भारी उद्योग को राज्य से सहायक धन की आव-

श्यकता है। अगर हम उसको यह नहीं दे सके तो समाजवादी राज्य की बात तो दूर, हम सभ्य राज्य के तौर पर भी नहीं रह सकेंगे।"

लेनिन ने यह भी बतलाया कि "नवीन आर्थिक नीति" के फल-स्वरूप सोवियत सरकार ने दो करोड़ सुवर्ण रूबल की बचत की है जिन्हें भारी उद्योगों की पुनर्स्थापना और विकास में लगाया जायेगा। उन्होंने कहा कि सोवियत सरकार सभी मदों में—शिक्षा में भी—खर्चे को घटाना चाहती है।

> "ऐसा अवश्य करना होगा, क्योंकि हम जानते हैं कि यदि हम भारी उद्योग को नहीं बचाते, उसे पुनर्स्थापित नहीं करते, तो हम किसी भी उद्योग का निर्माण करने में असफल रहेंगे, और उसके बिना हम एक स्वतंत्र देश के तौर पर नहीं जी सकते। ... हमने कमकरों के लिए राज्य-शक्ति पर अधिकार किया। हमारा लक्ष्य है समाजवादी व्यवस्था स्थापित करने के लिए शक्ति का इस्तेमाल करना।"

लेनिन ने इन्टर्नेशनल की कांग्रेस के सामने एक घंटे तक अपनी रिपोर्ट जर्मन भाषा में दी। भाषण से मालूम हो रहा था कि बोलने में उन्हें बहुत प्रयास करना पड़ रहा है जिसे देख कर श्रोता-मंडली प्रभावित हुए बिना नहीं रही। जब उन्होंने भाषण समाप्त किया तो वह बहुत थके मालूम होते थे।

अन्तिम भाषण—एक सप्ताह बाद २० नवम्बर १९२२ को, लेनिन ने मास्को सोवियत की एक बैठक में भाषण दिया। इसमें उन्होंने सोवियत शासन के पांच वर्षों के परिणामों को संक्षेप में बतलाते हुए कहा :

> "हमने समाजवाद को प्रतिदिन के जीवन में घसीट लिया है और यहां हमें अपने को संभाले रखने की आवश्यकता है। ... हमारे युग का यही करणीय है। मुझे अपनी इस धारणा को प्रकट करते हुए भाषण समाप्त करने की इजाज़त दीजिए कि चाहे यह करणीय हमारे पहले के करणीयों की तुलना में नया हो, और चाहे वह कितनी भी कठिनाइयां हमारे सामने लाये, तो भी एक दिन में नहीं, बल्कि कई वर्षों में हम सब एक साथ मिलकर इसे पूरा करेंगे, चाहे जो कुछ भी हो। और, 'नवीन आर्थिक नीति' का रूस समाजवादी रूस के रूप में परिणत होकर रहेगा।"

महान लेनिन का यह अन्तिम सार्वजनिक भाषण था।

फिर बीमार—लेनिन का स्वास्थ्य फिर खराब हो चला। उन्होंने काम जारी रखा। वह जन-कमीसार-परिषद की बैठकों की अध्यक्षता करते और वित्त, बिजली-उद्योग-विकास, जहाज़ों की मरम्मत, जन-गणना जैसे अनेक कामों में दिलचस्पी लेते। वह बहुत सी चिट्ठियां लिखते और हिदायतें जारी करते। उन्होंने तरुण कम्युनिस्ट इन्टर्नेशनल की तृतीय कांग्रेस को, अखिल उक्राइनी सोवियत कांग्रेस को, राज्य कर्मचारी संघ की कांग्रेस को और शिक्षा-कर्मी संघ की कांग्रेस को

अभिनन्दन भेजे। मार्क्स और एंगेल्स के पत्र-व्यवहार का एक सार्वजनिक संस्करण प्रकाशित करने की भी उन्होंने कोशिश की। वैदेशिक नीति और युद्ध के खतरे से सम्बंधित समस्याएं उनके दिमाग़ में चक्कर काटा करतीं। हेग शान्ति-कांग्रेस में शामिल होने वाले सोवियत प्रतिनिधि-मंडल के लिए भी उन्होंने हिदायतें लिखीं।

अपने जीवन के अन्तिम सक्रिय सप्ताहों में लेनिन ने सोवियत राज्य को मज़बूत बनाने की ओर विशेष ध्यान दिया। इस समय उन्होंने सोवियत भूमि की भिन्न-भिन्न जातियों की मैत्री दृढ़ करने के लिए बहुत काम किया और जातीय सोवियत प्रजातंत्रों की स्थापना में पथ-प्रदर्शन किया। देश की प्रतिरक्षा, समाजवादी समाज का निर्माण और सभी सोवियत-जातियों के आर्थिक और सांस्कृतिक विकास के लिए यह अत्यावश्यक था कि सोवियत भूमि में बसने वाली जातियों के संघ को और भी सुदृढ़ बनाया जाय। इसके लिए भिन्न-भिन्न सोवियत प्रजातंत्रों को एक राज्य-संघ के रूप में घनिष्टतापूर्वक एकताबद्ध करने की ज़रूरत महसूस हुई। १० दिसम्बर, १९२२ को अखिल उक्राइनी सोवियत कांग्रेस के पास अभिनन्दन भेजते हुए लेनिन ने कहा था कि आज की एक अत्यंन्त महत्वपूर्ण समस्या है: सोवियत प्रजातंत्रों को एकताबद्ध करना। उन्होंने कहा: "इस समस्या का ठीक से हल करना हमारे राज्य-यंत्र के भविष्य के संगठन का फ़ैसला करेगा।"

दिसम्बर, १९२२ के अन्त में १० वीं अखिल रूसी सोवियत-कांग्रेस और प्रथम अखिल संघीय सोवियत-कांग्रेस की बैठक हुई। इसमें लेनिन और स्तालिन द्वारा रखे गये प्रस्ताव को पास करते हुए यह ऐतिहासिक फ़ैसला किया गया कि सोवियतों की भूमि में रहने वाली जातियां स्वेच्छापूर्वक सोवियत समाजवादी प्रजातंत्र संघ के रूप में एकताबद्ध हों। लेनिन इन कांग्रेसों में बीमारी के कारण सम्मिलित नहीं हो सके। वह १० वीं अखिल रूसी सोवियत कांग्रेस में बोलना चाहते थे। जो रिपोर्ट वह देना चाहते थे उसका खाका भी उन्होंने तैयार कर लिया था। लेकिन बीमारी ने उन्हें मौक़ा नहीं दिया। १२ दिसम्बर, १९२२ को वह अन्तिम बार क्रेमलिन में अपने आफिस में गये। उस दिन के लेनिन के काम के बारे में सेक्रेटरी ने डायरी में लिखा था:

> "लेनिन गोर्की से १२ दिसम्बर को सबेरे आये, और ११ बजकर ४५ मिनट पर आफिस में दाखिल हुए। वह वहां थोड़ी देर ठहरे, फिर अपने कमरे में चले गये। मध्यान्ह में लौटकर उन्होंने सुरुपा से मुलाक़ात की, जो उनके साथ दो घंटे रहे। २ बजे लेनिन दफ्तर से बाहर गये। लेकिन शाम के लिए उन्होंने कोई हिदायत नहीं छोड़ी। शाम को व्लादिमिर इलिच साढ़े ५ बजे दफ्तर आये। ज़ेर्ज़िन्स्की ६ बजकर ४५ मिनट पर आये। ७ बजकर ४५ मिनट पर विदेश मंत्रि-विभाग का एक अधिकारी उनके पास आया। व्लादिमिर इलिच सवा ७ बजे घर गये।"

२. *बीमारी के बावजूद*

बीमारी लेनिन की इच्छाशक्ति को किसी तरह भी निर्बल नहीं कर पायी। वह उनकी काम करने की कभी न तृप्त होने वाली भूख को भी नहीं मिटा पायी। कई समस्याओं पर उनका दिमाग़ लगा हुआ था। १३ दिसम्बर को उन्होंने स्तालिन को एक पत्र लिखवाया। इसे पार्टी की केन्द्रीय कमिटी की अगली बैठक में पढ़ना था और इसमें उन्होंने विदेश-व्यापार की इजारेदारी को राज्य के हाथ में रखने के लिए ज़ोर दिया था। बुखारिन इसका विरोधी था। उन्होंने बुखारिन की निन्दा की थी। बुखारिन के काम को उन्होंने मुनाफ़ाखोरों, निजी व्यापारियों और कुलकों के हितों को आगे बढ़ाना बतलाया। केन्द्रीय कमिटी की बैठक की अध्यक्षता स्तालिन ने की। बैठक में लेनिन के विचारों का समर्थन किया गया।

लेनिन के स्वास्थ्य को तेज़ी से गिरते देखकर डाक्टरों ने उन्हें पूर्ण विश्राम लेने की सलाह दी। मास्को छोड़ने से दो या तीन दिन पहले तक लेनिन ने अपने साथियों से क्रेमलिन के अपने बासे में मुलाक़ात की, चिट्ठियां लिखवायीं, हिदायतें दीं तथा कितनी ही किताबों को भेजने के लिए कहा। लेनिन अपनी बीमारी के बारे में कुछ कहना पसन्द नहीं करते थे, दुःख प्रकट करने की तो बात ही क्या! किन्तु इस बार उन्होंने बहुत कष्ट सहा। एक रात वह बिल्कुल नहीं सो पाये। १५ दिसम्बर को उन्होंने स्तालिन को लिखा :

> "मैंने अपने कामों को समेट लिया है। अब मैं शान्तिपूर्ण दिमाग़ से छुट्टी ले सकता हूं।...केवल एक ही चीज़ है जो मेरे दिमाग़ को बहुत परेशान कर रही है। वह यह है कि मैं सोवियतों की कांग्रेस में बोल नहीं सकूंगा। मंगल को डाक्टर यहां आयेंगे। उस समय हम लोग सोच सकेंगे कि मेरे बोल सकने की ज़रा भी गुंजाइश है या नहीं। मैं समझता हूं यह अच्छा न होगा...कि मैं न बोलूं। पिछले कुछ दिनों में मैंने अपने भाषण की रूपरेखा तैयार कर ली है। इसलिए मेरा सुझाव है कि मेरी जगह किसी और के बोलने का प्रबंध रखते हुए भी बुध तक इस बात की सम्भावना रखनी चाहिए कि मैं स्वयं बोल सकूं...वह भाषण आम भाषणों की अपेक्षा छोटा, क़रीब पौन घंटे का होगा। इस तरह के भाषण से मेरी जगह बोलने वाले के लिए बाधा भी नहीं होगी...। मैं समझता हूं कि मेरा बोलना राजनीतिक और वैयक्तिक तौर से भी मेरे लिए लाभदायक होगा, क्योंकि उससे काफ़ी परेशानियां दूर हो सकेंगी।"

इसी समय बीमारी का एक और हमला हुआ। इस हमले ने लेनिन को सोवियतों की कांग्रेस में नहीं बोलने दिया। लेनिन का मास्को से गोर्की जाना स्थगित कर दिया गया।

लेनिन की इस बीमारी से लोगों में चारों ओर चिन्ता बढ़ गयी। लेकिन १९२३ ई० के पहले दो महीनों में उनके स्वास्थ्य में फिर सुधार होता दिखायी दिया। इस छोटे से अरसे में उन्होंने कितने ही महत्वपूर्ण लेख लिखवाये। २ जनवरी को उन्होंने "मेरी डायरी के पन्ने" बोलकर लिखवाये। ४ व ६ जनवरी को "सहकारिता के सम्बंध में" तथा ९, १३, १६, २२ और २३ को "कमकर-किसान-निरीक्षण को कैसे संगठित किया जाय" शीर्षक लेख लिखवाये। १६ और १७ जनवरी को उन्होंने "हमारी क्रान्ति के सम्बंध में" लेख लिखवाया और २, ४, ५, ६, ७ और ९ फ़रवरी को "थोड़े ही भले, लेकिन बेहतर" शीर्षक लेख लिखवाया।

इस समय के लिखवाये लेखों में लेनिन ने क्रान्ति के वर्षों के कामों का जायज़ा लिया था। एक बार फिर उन्होंने सर्वहारा अधिनायकत्व, राज्ययन्त्र, आर्थिक नीति, किसानों से सम्बंध, देश की प्रतिरक्षा, वैदेशिक नीति, पार्टी की एकता जैसी क्रान्ति की मौलिक समस्याओं पर चिन्तन किया। उन्होंने अपने लेखों में सोवियत संघ में समाजवाद की विजय की सम्भावना पर ज़ोर दिया और कहा कि "सोवियत प्रजातंत्र के पास वे सभी चीज़ें मौजूद हैं जो पूर्ण समाजवादी समाज के निर्माण के लिए आवश्यक हैं।" समाजवाद के मुख्य आधार के तौर पर भारी उद्योग के महत्व पर ज़ोर देते हुए उन्होंने कहा : "किसान वाले, मूज़िक वाले, दुबले-पतले घोड़े को—ध्वस्त किसानों वाले देश के आर्थिक घोड़े को—उस घोड़े से बदलना, जिसे सर्वहारा खोज रहे हैं—(अर्थात) बड़े पैमाने के मशीन-उद्योग, बिजलीकरण...के घोड़े से बदलना, पार्टी का काम है।"

लेनिन कहते थे कि सोवियत राज्य की स्वतंत्रता और उसकी प्रतिरक्षा को मज़बूत करने के लिए शक्तिशाली भारी उद्योग ही एकमात्र गारंटी हैं।

लेनिन ने बार-बार ज़ोर देकर कहा कि मज़दूर-वर्ग केवल किसानों की मैत्री से ही समाजवाद का निर्माण कर सकता है। "नवीन आर्थिक नीति" का मुख्य प्रयोजन था समाजवादी निर्माण में किसानों का सहयोग प्राप्त करना। किसानों की यह सहायता कैसे प्राप्त की जाय, इसके बारे में लेनिन ने अपने अन्तिम लेखों द्वारा पथ-प्रदर्शन करते हुए चमत्कारपूर्ण हल पेश किया था। यह हल था सहकारिता, विशेषकर कृषि-सम्बंधी सहकारिता, जिसके द्वारा समाजवादी निर्माण के काम में किसानों को शामिल किया जा सकता था। लेनिन ने बतलाया कि इस तरह सोवियत-शासन में किसान आसानी से वैयक्तिक खेती से आगे बढ़कर बड़े पैमाने की सहकारी खेती में शामिल किये जा सकते हैं। लेनिन ने बतलाया कि सहकारिता के सिद्धान्त का प्रयोग पहले उपज के क्रय-विक्रय में, फिर कृषि की उपज में, हो। इसे किसान सोच-समझ कर अपना सकते हैं, और इस प्रकार वे समाजवादी निर्माण के काम में सहायक हो सकते हैं। उन्होंने लिखा था :

"बड़े पैमाने के सभी उत्पादन के साधनों पर राज्य का अधिकार, सर्वहारा के हाथ में राज्य का अधिकार, कई करोड़ छोटे से छोटे किसानों के साथ सर्वहारा की मैत्री, सर्वहारा द्वारा किसानों का निश्चित नेतृत्व, इत्यादि—क्या यही सब कुछ वह नहीं है, जो.. पूर्ण समाजवादी समाज का निर्माण करने के लिए आवश्यक है ? यह अभी समाजवादी समाज का निर्माण नहीं है, बल्कि यह वह सब है जो उसके निर्माण के लिए आवश्यक तथा पर्याप्त है।"

अपने अन्तिम लेखों में लेनिन ने अन्तर्राष्ट्रीय स्थिति तथा वैदेशिक नीति की ओर विशेष ध्यान दिया। सोवियत सरकार की वैदेशिक नीति की आधारशिला लेनिन ने रखी थी। उनके पथ-प्रदर्शन में सोवियत कूटनीति ने अनेक चमत्कार-पूर्ण सफलताएं प्राप्त की थीं। उन्होंने ज़ोर देकर कहा था कि सोवियत प्रजातंत्र को अपनी स्वतंत्र वैदेशिक नीति रखनी चाहिए, और उसे केवल सोवियत राज्य तथा समाजवाद के हितों के अनुसार ही चलना चाहिए। जब तक सारी दुनिया में समाजवाद विजयी नहीं हो जाता, तब तक यह मुख्य नियम होना चाहिए कि साम्राज्यवादी खेमे में जो परस्पर-विरोध फैला हुआ है, उससे लाभ उठाया जाय और सोवियत भूमि के विरुद्ध साम्राज्यवादियों के एका करने के सभी प्रयत्नों को विफल किया जाय। लेकिन, उन्होंने ज़ोर दिया कि इन सबके साथ देश की प्रतिरक्षा को बराबर मज़बूत रखना बहुत ज़रूरी है।

३. १२ वीं पार्टी-कांग्रेस (१९२३ ई०)

यह कांग्रेस अप्रैल, १९२३ में हुई। यह पहली पार्टी-कांग्रेस थी जिसमें—बोल्शेविकों के सत्तारूढ़ होने के बाद पहली बार—लेनिन सम्मिलित नहीं हो सके। मार्च, १९२३ में फिर लेनिन का स्वास्थ्य बिगड़ गया था। ९ मार्च को बीमारी का इतना ज़बर्दस्त हमला हुआ था कि उन्हें चारपाई पकड़ लेनी पड़ी। लेकिन, १२ वीं कांग्रेस के पथ-प्रदर्शन के लिए लेनिन पहले से ही अनेक पत्र और लेख लिख चुके थे। उनके प्रस्ताव के अनुसार कांग्रेस ने पार्टी के केन्द्रीय-नियन्त्रण-कमीशन और कमकर-किसान-निरीक्षण को मिलाकर एक कर दिया।

मई तक लेनिन का स्वास्थ्य बिगड़ता ही गया। उसी महीने के मध्य में उन्हें मास्को से गोर्की ले जाया गया। गोर्की पहुंच जाने पर जुलाई के मध्य से उनके स्वास्थ्य में कुछ सुधार होने लगा। १९ अक्तूबर, १९२३ को लेनिन कुछ घंटों के लिए मास्को क्रेमलिन में अपने बासे में गये, जन-कमीसार-परिषद-भवन को देखा और अपने दफ्तर को भी। फिर राजधानी की मुख्य-मुख्य सड़कों पर मोटर में घूमे। उसी साल संगठित कृषि-प्रदर्शनी भी उन्होंने देखी। महान् नेता सर्वहारा की विजय के इन प्रतीकों को आखिरी बार देख रहे थे।

४. महाप्रयाण (१९२४ ई०)

२१ जनवरी, १९२४ को ६ बजे शाम को एकाएक लेनिन पर बीमारी का ज़बर्दस्त प्रहार हुआ। वह बेहोश हो गये। दिमाग़ में रक्तस्राव हुआ, और उसी दिन ६ बजकर ५० मिनट पर लेनिन ने दुनिया से विदाई ली।

गोर्की ने लिखा था :

"व्लादिमिर इलिच की मृत्यु हो गयी। उनके रूप में दुनिया ने एक चरम प्रतिभा, अपने महान् समसामयिकों से बहुत अधिक बड़ी प्रतिभा, को खो दिया। इसे उनके कितने ही शत्रुओं को भी स्वीकार करना पड़ा...।

"उनका रेखा-चित्र प्रस्तुत करना बहुत मुश्किल काम है। लेनिन के शब्द उसी तरह उनके बाह्य रूप के अभिन्न अंग थे, जैसे मछली के लिए चोइयां। हर बात में सादगी और स्पष्टवादिता उनके स्वभाव का एक आवश्यक अंग थी। जिन साहसपूर्ण कामों को करने में वह सफल हुए, वे किसी चमकते हुये प्रभामंडल से घिरे नहीं हैं। उनके भीतर वह वीरता थी, जिसे रूस अच्छी तरह जानता है : बिना दिखावे का एक ऐसे सच्चे रूसी क्रान्तिकारी बुद्धिजीवी के आत्म-बलिदान का तपस्वी जीवन जिसने पृथ्वी पर सामाजिक न्याय की संभावना में अटल विश्वास रखते हुए मानवता के सुख के लिए प्रयत्न करने में जीवन के अपने सभी आनन्दों का त्याग दिया।"

लेनिन की मृत्यु के बारे में फ्रांसीसी लेखक आँरी बारबूस ने लिखा था :

"वह समूची रूसी-क्रान्ति के अवतार थे। जिसे उन्होंने अपने दिमाग़ से सोचा, उसके लिए तैयारी की और उसे जन्म देकर उसकी रक्षा की। लेनिन इतिहास के निर्माताओं में सर्वश्रेष्ठ और सभी बातों में शुद्धतम पुरुष थे। उन्होंने मानवता के लिए उससे कहीं अधिक काम किया, जितना कि उनसे पहले किसी ने किया था।"

लेनिन की मृत्यु सोवियत-संघ के जनसाधारण के लिए ही नहीं, बल्कि सारी दुनिया के कमकरों और सर्वहारा के लिए भारी क्षति थी। उससे दुनिया के साम्राज्यवादी बड़े प्रसन्न हो रहे थे। उन्हें आशा हो चली थी कि लेनिन के बाद सर्वहारा की सरकार और अधिनायकत्व को संभालनेवाला कोई नहीं रहेगा और रूस टुकड़े-टुकड़े हो जायगा। अपने मंसूबों में अनेक बार असफल, गुप्त या प्रकट क्रान्ति-विरोधी भी, जो देश में मौजूद थे, संतोष की सांस लेने लगे। लेकिन, लेनिन ने अपने पीछे लेनिनवाद को छोड़ा था, जो हर परिस्थिति में सोवियत जनता और नेताओं का पथ-प्रदर्शन करने के लिए सक्षम था। लेनिन ने पहले ही से स्तालिन जैसे योग्य उत्तराधिकारी के हाथ में नेतृत्व दे दिया था।

मृत्यु के दिन (२१ जनवरी को) पार्टी की केन्द्रीय कमिटी की बैठक हुई। लेनिन की मृत्यु के सम्बंध में अगले दिन केन्द्रीय कमिटी ने निम्नलिखित वक्तव्य दिया :

"२१ जनवरी को साथी लेनिन चल बसे।

"मृत्यु ने हम से उस पुरुष को छीन लिया, जिसने फ़ौलाद जैसी मज़बूत हमारी पार्टी कि स्थापना की, जिसने साल-दर-साल उसका निर्माण किया, ज़ारशाही प्रहारों के बीच उसका नेतृत्व किया और कमज़ोरों, ढुल-मुलयक़ीनों तथा भगोड़ों के ख़िलाफ़, मज़दूर वर्ग के विश्वासघातियों के ख़िलाफ़, ज़बर्दस्त संघर्ष करते हुए उसे फ़ौलादी बनाया। मृत्यु ने हमसे उस पुरुष को छीन लिया जिसके नेतृत्व में बोल्शेविकों की अजेय पांतों ने १६०५ ई० में लड़ाई लड़ी और प्रतिक्रान्ति के काल में पीछे हटकर फिर आक्रमण आरंभ किया, जो स्वेच्छाचारिता के विरुद्ध लड़नेवालों की पहली पंक्ति के योद्धा थे और जिन्होंने मेन्शेविकों और समाजवादी-क्रान्तिकारियों के विचार-सम्बंधी प्रभाव को नंगा करके खतम कर दिया। मृत्यु ने हमसे उस पुरुष को छीन लिया, जिसके लड़ाकू नेतृत्व में हमारी पार्टी ने युद्ध के धुएं में घिरे होते हुए भी दृढ़ संकल्प के साथ अक्तूबर-क्रान्ति के लाल झंडे को सारे देश के ऊपर फहरा दिया, शत्रु के प्रतिरोध को चूर कर दिया और पहले के ज़ारशाही रूस में मेहनतकशों के शासन को मज़बूती के साथ स्थापित कर दिया। मृत्यु ने हमसे कम्युनिस्ट इन्टर्नेशनल के स्थापक, विश्व कम्युनिस्ट-आन्दोलन के नेता को छीन लिया, उसने हमसे उस पुरुष को छीन लिया है, जिसे अन्तर्राष्ट्रीय सर्वहारा का प्रेम और सम्मान प्राप्त था, जो उत्पीड़ित प्राची का ध्वज था, जो रूस में कमकर-अधिनायकत्व का मुखिया था।

"मार्क्स के बाद महान् सर्वहारा मुक्ति-आन्दोलन ने ऐसे विराट मानव को नहीं पैदा किया, जैसे कि हमारे दिवंगत नेता, गुरु और मित्र थे। लेनिन में सर्वहारा के सभी वास्तविक रूप से महान् और वीरतापूर्ण गुण मौजूद थे—एक निर्भय मस्तिष्क, एक लौह, अडिग, अदम्य, और सभी बाधाओं को पार करने में समर्थ इच्छाशक्ति, दासता और उत्पीड़न के प्रति पवित्र और मरणान्तक घृणा, पहाड़ों को हिला देने वाला क्रान्तिकारी उत्साह, जनता की सृजनात्मक शक्ति में असीम विश्वास और संगठन की विशाल क्षमता। उनका नाम पश्चिम से पूर्व तक और दक्षिण से उत्तर तक नये विश्व का प्रतीक हो गया है।

"...वह प्रत्येक छोटी से छोटी बात को पकड़ने और उसको उपयोग में लाने में अद्वितीय थे। आवश्यकता पड़ने पर दुर्धर्ष आक्रमण करने में,

नये आक्रमण की तैयारी के लिए आवश्यकता पड़ने पर पीछे हटने में, वह सक्षम थे। वह पिटे-पिटाये सूत्र से कभी चिपके नहीं रहते थे, न ही उन्होंने अपनी चतुर, सर्वदर्शी दृष्टि को किसी बात से संकुचित होने दिया, क्योंकि वह सर्वहारा-सेना के जन्मजात नेता, मज़दूर-वर्ग की अद्भुत प्रतिभा थे।"

५. *महान् अर्थी*

२१ से २३ जनवरी तक स्तालिन के नेतृत्व में पार्टी कमिटी के सदस्य, सोवियत सरकार के सदस्य, द्वितीय अखिल संघीय सोवियत कांग्रेस और मास्को कमकर संगठनों के प्रतिनिधि-मंडल गोर्की पहुंचे। आस-पास के गांवों के किसान भी अपने नेता को अपनी अन्तिम श्रद्धांजलि अर्पित करने के लिए वहां आ गये।

२३ जनवरी को १० बजे सवेरे लेनिन की अर्थी गेरासिमोवो स्टेशन पर पहुंचायी गयी। इस अर्थी को लेकर १ बजे दिन को ट्रेन मास्को पहुंची। यहां से शोकाकुल जनता की घनी भीड़ के बीच से झंडों से ढंकी अर्थी को मज़दूर-संघ-भवन में ले जाया गया और वहां उसे स्तम्भशाला के चबूतरे पर रखा गया।

चार दिन और चार रात, भारी सर्दी में भी, लाखों कमकर, किसान, लाल सैनिक, आफिस-कर्मचारी, मास्को तथा दूसरे नगरों के संगठनों के प्रतिनिधि-मंडल, पूंजीवादी देशों के संगठनों के प्रतिनिधि लगातार अर्थी के सामने से गुजरते और अपने नेता से विदाई लेते रहे। २७ जनवरी को ९ बजे सबेरे, अर्थी मज़दूर-संघ-भवन से रेड-स्क्वायर में लायी गयी।

४ बजे शाम को अन्त्येष्टि गान, कारखानों के भोंपुओं की आवाज़ और तोपों की गड़गड़ाहट के बीच लेनिन की अर्थी को समाधि-गृह में रखा गया।

यह समाधि-गृह आज एक नया और महान् तीर्थ बन गया है। दुनिया के सभी भागों के लोग यहां आकर श्रद्धा के फूल चढ़ाते हैं, और इस महान् नेता के दर्शन और उसकी अनुस्मृति से प्रेरणा लेकर जाते हैं। अन्त्येष्टि-क्रिया के दिन सारी दुनिया के कमकरों ने पांच मिनट मौन रखा। निश्चित समय पर सभी सोवियत कारखाने बन्द हो गये, सड़कों और रेलवे लाइनों का यातायात रुक गया। उन्होंने अपने गुरू, सभी उत्पीड़ितों के गुरू, अपने मित्र, और हितैषी की विदाई के प्रति शोक प्रकट किया।

६. *गौरवपूर्ण शपथ*

२६ जनवरी, १९२४ को द्वितीय अखिल संघीय सोवियत कांग्रेस का लेनिन-स्मारक अधिवेशन हुआ। इसमें स्तालिन ने एक भाषण दिया। यह "स्तालिन की शपथ" के नाम से प्रसिद्ध है। इस गौरवपूर्ण शपथ में स्तालिन ने कहा था :

"हम कम्युनिस्ट एक खास सांचे में ढले हुए लोग हैं। हमारा निर्माण कुछ विशेष तत्वों से हुआ है। हम वह हैं जो महान् सर्वहारा रण-विशारद की फ़ौज, कॉमरेड लेनिन की फ़ौज हैं। मनुष्य के लिए इस फ़ौज का सैनिक होने से ज्यादा गौरव की बात दूसरी नहीं है। जिस पार्टी के जन्मदाता और नेता कॉमरेड लेनिन हैं, उसके सदस्य बनने से ज्यादा गौरव की बात और दूसरी नहीं है। ...

"हमसे विदा होते हुए, कॉमरेड लेनिन ने आज्ञा दी थी कि हम पार्टी सदस्य के महान् नाम को ऊंचा रखें और उसकी पवित्रता की रक्षा करें। कॉमरेड लेनिन, हम आपसे प्रतिज्ञा करते हैं कि हम आपकी इस आज्ञा को सम्मान सहित पूरा करेंगे! ...

"हमसे विदा होते हुए, कॉमरेड लेनिन ने आज्ञा दी थी कि आंख की पुतली की तरह हम अपनी पार्टी की एकता की रक्षा करें। कॉमरेड लेनिन हम आपसे प्रतिज्ञा करते हैं कि हम इस आज्ञा को भी सम्मान सहित पूरा करेंगे! ...

"हमसे विदा होते हुए, कॉमरेड लेनिन ने आज्ञा दी थी कि हम सर्वहारा अधिनायकत्व को दृढ़ करें और उसकी रक्षा करें। कॉमरेड लेनिन, हम आपसे प्रतिज्ञा करते हैं कि हम इस आज्ञा को भी सम्मान सहित पूरा करने में कुछ उठा न रखेंगे! ...

"हमसे विदा होते हुए, कॉमरेड लेनिन ने आज्ञा दी थी कि हम अपनी पूरी शक्ति से मज़दूरों और किसानों के सहयोग को दृढ़ करें। कॉमरेड लेनिन, हम आपसे प्रतिज्ञा करते हैं कि हम इस आज्ञा को भी सम्मान सहित पूरा करेंगे! ...

"कॉमरेड लेनिन ने बार-बार इस बात पर ज़ोर दिया था कि अपने देश की जातियों के स्वेच्छा से बने हुए संघ को बनाये रखना ज़रूरी है, प्रजातंत्र संघ के ढांचे के अन्दर जातियों के भाईचारे के सहयोग को बनाये रखना ज़रूरी है। हमसे विदा होते हुए, कॉमरेड लेनिन ने आज्ञा दी थी कि हम प्रजातंत्रों के संघ को दृढ़ करें और उसका प्रसार करें। कॉमरेड लेनिन, हम आपसे प्रतिज्ञा करते हैं कि हम इस आज्ञा को भी सम्मान सहित पूरा करेंगे! ...

"कई बार लेनिन ने हमें बताया था कि लाल फ़ौज को मज़बूत करना और उसकी हालत सुधारना हमारी पार्टी का एक बहुत ही महत्वपूर्ण कर्तव्य है।...साथियो, आओ, हम प्रतिज्ञा करें कि हम अपनी लाल फ़ौज और लाल जल-सेना को मज़बूत बनाने में कुछ भी न उठा रखेंगे। ...

"हमसे विदा होते हुए, कॉमरेड लेनिन ने आज्ञा दी थी कि हम

कम्युनिस्ट इन्टर्नेशनल के उसूलों के प्रति वफ़ादार रहें। कॉमरेड लेनिन, हम आपसे प्रतिज्ञा करते हैं कि तमाम दुनिया के मेहनतकशों के संघ, कम्युनिस्ट इन्टर्नेशनल, को मज़बूत करने और उसका विस्तार करने में हम अपने प्राणों की बाज़ी लगा देंगे !"

चौदह-पन्द्रह वर्ष की आयु में ही व्लादिमिर इलिच लेनिन ने पूंजीपतियों और ज़मींदारों के पंजे से कमकरों और किसानों को मुक्त करने का जो व्रत लिया था उसका उन्होंने अपने जीवन भर पालन किया। उन्होंने समाजवादी सर्वहारा क्रान्ति को सफलता की मंज़िल पर पहुंचाया। दुनिया के छठे हिस्से में समाजवाद की स्थापना तथा निर्माण के लिए उन्होंने अपने जीवन के एक-एक क्षण को लगा दिया। इस सफलता के महत्व को उनसे बढ़कर और कौन समझ सकता था। उन्होंने लिखा था :

"हमें इस बात के लिए अभिमान करने तथा अपने को सौभाग्यशाली समझने का अधिकार है कि हम पृथ्वी के एक कोने से पूंजीवाद के उस बनैले पशु को खदेड़ भगाने में पहले थे, जिसने दुनिया को खून में डुबाया, मानवता को भूख और बर्बरता का शिकार बनाया, और जो मृत्यु की यातना में कितना ही भीषण क्यों न बन जाय, अवश्य जल्दी ही नष्ट होगा।"

लेनिन मार्क्सवाद के परम मर्मज्ञ ही नहीं थे। वह मानव समाज को बदलने में उसे आधार मानकर क्रान्तिकारी कार्रवाइयों का संचालन करने में भी अद्वितीय थे। स्तालिन ने कहा था :

"लेनिन मार्क्सवाद के सिद्धान्तों पर पूरी तरह से अपने को आधारित करते हुए मार्क्स और एंगेल्स के सच्चे भक्त तथा...शिष्य रहे।"

लेनिन वैज्ञानिक साम्यवाद के इन दोनों संस्थापकों की प्रत्येक बात और प्रत्येक विचार को अत्यन्त सम्मान के साथ देखते थे। वह उनमें गन्दी मिलावट करने वालों के किसी भी प्रयत्न को सहन करने के लिए तैयार नहीं थे। लेकिन, साथ ही वह लगातार इस बात पर ज़ोर देते थे कि मार्क्सवाद मतवाद नहीं है, वह क्रिया के लिए एक ज़बर्दस्त पथ-प्रदर्शक है, और मार्क्सवादी सिद्धान्तों का चारों तरफ और भी विकास करने की आवश्यकता है। वह कहते थे कि हमें नयी ऐतिहासिक स्थिति और नयी परिस्थिति के विश्लेषण में मार्क्सवादी अनुसंधान के ढंग का उपयोग करना चाहिए। लेनिन ने मार्क्सवाद को और आगे विकसित किया तथा उसे और भी ऊंची मंज़िल पर पहुंचाया। लेनिन द्वारा विकसित मार्क्सवाद ही लेनिनवाद है, जिसने विश्व की मेहनतकश जनता का मार्ग आलोकित किया है।

लेनिन को रूसी जाति का बड़ा अभिमान था। वह गर्व से कहते थे कि रूसी जाति ने हमेशा विदेशी आक्रमणकारियों के मंसूबों को अपने अदम्य उत्साह, निर्भीकता तथा ज़बर्दस्त आत्म-बलिदान से विफल किया है। रूसी जाति

ने संस्कृति, विज्ञान और कला के हरेक क्षेत्र में अपने को ही नहीं, दुनिया को भी समृद्ध किया है। सांस्कृतिक क्षेत्र में लेनिन दुनिया के सभी अन्तर्राष्ट्रीयतावादी समाजवादियों के आदर्श हैं। वह अपने महान् कवियों पुश्किन, लेर्मेन्तोफ़ को बड़ी श्रद्धा से देखते ही नहीं थे, बल्कि उनकी कृतियों का बराबर पारायण करते थे। रूस के दूसरे महान् लेखकों के प्रति भी उनके यही भाव थे। उन्होंने अपनी जातीय संस्कृति के साथ घनिष्ट प्रेम दिखला कर बतला दिया कि अन्तर्राष्ट्रीयतावाद का राष्ट्रीय सद्भावनाओं से कोई विरोध नहीं है, बल्कि जो राष्ट्रीय सद्भावनाओं और सफलताओं को ताक पर रखकर अन्तर्राष्ट्रीयतावादी बनना चाहता है, वह आकाशबेल की तरह बिना जड़ का है, और उससे कोई आशा नहीं रखी जा सकती। लेनिन ने ही वह पथ आलोकित किया जिससे सोवियत भूमि जैसे बहुजातिक राष्ट्र ने राष्ट्रीयता की भावनाओं को सुरक्षित रखते हुए जातियों के पारस्परिक वैमनस्य को अतीत की बात बना दिया, और "रूप में जातीय तथा भावों में समाजवादी" जातीय राज्यों की नींव डालकर उन्हें मज़बूत बनाया।

लेनिन की मृत्यु के तेरह वर्ष बाद ११ दिसम्बर, १९३७ में अपने अविस्मरणीय गुरू का स्मरण करते हुए स्तालिन ने एक संसदीय निर्वाचन सभा में कहा था :

> "लोगों को अपने प्रतिनिधि से मांग करनी चाहिए कि वे लेनिन जैसे राजनीतिज्ञ की तरह अपनी जगहों पर बने रहें, कि वे अपने कामों में उतने ही स्पष्ट और दृढ़ हों, जितने लेनिन थे; कि वे युद्ध में वैसे ही निर्भय तथा शत्रु के प्रति वैसे ही निर्मम हों, जैसे लेनिन थे; कि वे कठिनाइयों के पैदा होने या खतरे के उपस्थित होने पर घबड़ाहट या घबड़ाहट जैसी किसी भी चीज़ से वैसे ही मुक्त रहें, जैसे लेनिन थे; कि वे दुरूह समस्याओं को हल करने में वैसे ही चतुर और अनातुर हों, जैसे लेनिन थे; कि वे वैसे ही सच्चे और ईमानदार हों, जैसे लेनिन थे; और यह कि वे अपनी जनता को उसी तरह प्यार करें, जैसे लेनिन प्यार करते थे।"

लेनिन की मृत्यु को कौन मृत्यु कह सकता है? वह सोवियत जनता के हृदय में ही जीवित नहीं हैं, बल्कि साम्यवाद के पथ पर आरूढ़ आधी मानवता के हृदय और मस्तिष्क में जीवित हैं। यही नहीं, सारी दुनिया के सर्वहारा अपने आराध्य देव की तरह बड़े प्रेम और सम्मान के साथ उनकी पूजा करते हैं। उनकी अमर वाणी से शिक्षा लेते हुए वे उनके जीवित रहने के साक्षी हैं।

परिशिष्ट

वर्ष-पत्र

(१८७०–१९२४ ई०)

सन्	स्थान	घटना विवरण
१८७० अप्रैल २२	सिम्बिर्स्क (उलियानोव्स्क)	व्लादिमिर इलिच उलियानोफ़ का जन्म
१८७९ अगस्त	,,	सिम्बिर्स्क हाई स्कूल में प्रवेश
१८८७ जून २२	,,	हाई स्कूल पास
१८८७ अगस्त २५	कज़ान	यूनिवर्सिटी की क़ानून-कक्षा में प्रवेश
१८८७ दिसम्बर १७	,,	विद्यार्थियों की एक सभा में भाग लेने के कारण गिरफ्तारी और यूनिवर्सिटी से निष्कासन
१८८७ दिसम्बर १९	कज़ान प्रांत के काकुश्किनो गांव में	नज़रबंदी
१८८८ शरद्-१८८९ मई	कज़ान को वापिस	"कापिताल" का अध्ययन और गुप्त मार्क्सवादी चक्र में प्रवेश
१८८९-९३	समारा	गुप्त तरुण संगठनों में मार्क्सवाद का प्रचार
१८९१ नवम्बर २७	पीतरबुर्ग यूनिवर्सिटी	क़ानून की परीक्षा में उत्तीर्ण
१८९३ २९ अगस्त-१८९५	पीतरबुर्ग	कमकरों में क्रांतिकारी काम
१८९३ शरद्	,,	"बाज़ार का तथाकथित प्रश्न" लेख गुप्त मार्क्सवादी चक्र में पढ़ा
१८९५ मई ७	विदेश में	प्लेखानोफ़ आदि से सम्बंध
१८९५ अक्तूबर-दिसम्बर	पीतरबुर्ग	मुक्ति-संघर्ष लीग की स्थापना
१८९५ दिसम्बर २०	पीतरबुर्ग	गिरफ्तारी

१८९७ मार्च ६	मास्को	पूर्वी-साइबेरिया में निर्वासन
१८९७ का अन्त-१९००	शुशेन्स्कोये	निर्वासित जीवन
१८९९ फ़रवरी ११	,,	"*रूस में पूंजीवाद का विकास*" की रचना
१९०० फ़रवरी १०	,,	निर्वासन-अवधि की समाप्ति
१९०० जून ३	पीतरबुर्ग	१० दिन के लिए गिरफ्तारी
१९०० जुलाई २९	परदेश में	राजनीतिक निर्वासित के रूप में विदेश को प्रस्थान
१९०० दिसम्बर २४	म्यूनिख़	"इस्क्रा" का प्रथक अंक प्रकाशित
१९०२ मार्च	,,	"*क्या करें*" पुस्तक प्रकाशित
१९०२ अप्रैल १२	लन्दन में	"इस्क्रा" का हेड-क्वार्टर बदलने से म्यूनिख़ से लन्दन आये
१९०३ मई	जनेवा	"इस्क्रा" का हेड-क्वार्टर बदलने से लन्दन से जनेवा आये
१९०३ मई	,,	"*गांव के ग़रीबों से*" पुस्तक जनेवा में प्रकाशित
१९०३ जुलाई ३०-अगस्त २३	ब्रुसेल्स, लन्दन	रू० स० ज० म० पार्टी की दूसरी कांग्रेस में भाग लिया, कांग्रेस के उपाध्यक्ष चुने गये, कांग्रेस द्वारा "इस्क्रा" के सम्पादक-मंडल में निर्वाचित
१९०३ नवम्बर १	जनेवा	"इस्क्रा" के सम्पादक-मंडल से इस्तीफ़ा
१९०४ मई १९	,,	"*एक क़दम आगे, तो दो क़दम पीछे*" पुस्तक जनेवा से प्रकाशित
१९०५ जनवरी ४	,,	अख़बार "व्पेर्योद" का प्रकाशन
१९०५ अप्रैल २५-मई १०	लन्दन	तृतीय पार्टी कांग्रेस का पथ-प्रदर्शन
१९०५ मई २७	जनेवा	"प्रोलेतारी" (सर्वहारा) पत्र का प्रकाशन
१९०५ नवम्बर २० या २१	रूस	स्वदेश लौटना
१९०६ अप्रैल २३-मई ८	स्टाकहोम	चतुर्थ पार्टी कांग्रेस

१६०६ मई	पीतरबुर्ग	क़ानूनी दैनिक बोल्शेविक पत्र "वोल्ना" का सम्पादन
१६०६ जून	,,	"न्पेयोंद" पत्र का सम्पादन
१६०६ जुलाई	,,	"इको" (प्रतिध्वनि) पत्र का सम्पादन
१६०६ सितम्बर ३	,,	"प्रोलेतारी" पत्र का सम्पादन
१६०६ नवम्बर १६-२०	तामरफ़ोर्स	रू० स० ज० म० पार्टी की दूसरी अखिल रूसी कान्फ्रेंस में सम्मिलित
१६०७ मई १३-जून १	लन्दन	रू० स० ज० म० पार्टी की पांचवीं कांग्रेस में भाग लिया
१६०७ अगस्त ३-५	कोतका (फिनलैंड)	रू० स० ज० म० पार्टी की तीसरी अखिल रूसी कान्फ्रेंस में दूमा के बायकाट का विरोध
१६०७ अगस्त १८-२४	स्टुटगार्ट	द्वितीय इन्टर्नेशनल की कांग्रेस में सम्मिलित
१६०७ नवम्बर १८-२५	हेलसिंगफ़ोर्स (फिनलैंड)	रू० स० ज० म० पार्टी की चौथी अखिल रूसी कान्फ्रेंस में भाग लिया
१६०८ जनवरी ७	जनेवा	द्वितीय बार राजनीतिक निर्वासित के रूप में जनेवा प्रस्थान
१६०८ अप्रैल	कापरी द्वीप	गोर्की से मुलाक़ात
१६०८ मई-जून	लन्दन	ब्रिटिश म्यूज़ियम में अध्ययन
१६०८ दिसम्बर	पेरिस	पेरिस आये
१६०६ जनवरी ३-६	,,	रू० स० ज० म० पार्टी की पांचवीं अखिल रूसी कांग्रेस का पथ-प्रदर्शन
१६०६ मई	,,	"*भौतिकवाद और अनुभव-सिद्ध आलोचना*" का प्रकाशन (मास्को में)
१६१० अगस्त	कापरी द्वीप	गोर्की के पास गये
१६१० अगस्त २८-सितम्बर ३	कोपेनहैगेन (डेन्मार्क)	द्वितीय इंटर्नेशनल की कांग्रेस में भाग लिया

१६१० नवम्बर-दिसम्बर	पेरिस	लियो तात्सताय की मृत्यु पर कई लेख लिखे
१६१० दिसम्बर २६	,,	"ज्वेज्दा" का प्रथम श्रंक पीतरबुर्ग में प्रकाशित
१६११ जून ५-१७	,,	रू० स० ज० म० पार्टी के मेम्बरों की कई कान्फ्रेंसें
१६११ गर्मियां	लोंगजूम्यो (फ्रांस)	रूस से आये पार्टी कर्मियों के स्कूल में भाषण
१६११ सितम्बर २३-२४	जूरिच	इंटर्नेशनल समाजवादी ब्यूरो की बैठक में भाग लिया
१६१२ जनवरी १८-३०	प्राग	रू० स० ज० म० पार्टी की छठी अखिल रूसी कान्फ्रेंस का पथ-प्रदर्शन
१६१२ मई ५	,,	पीतरबुर्ग में "प्रावदा" का प्रथम श्रंक प्रकाशित
१६१२ जुलाई २	क्राको	क्राको आये
१६१३ जनवरी १०-१४	,,	रू० स० ज० म० पार्टी की केन्द्रीय कमिटी की कान्फ्रेंस की अध्यक्षता
१६१३ अक्तूबर ५-१४	पोरोनिनो	रू० स० ज० म० पार्टी की केन्द्रीय कमिटी की पोरोनिनो में होने वाली कान्फ्रेंस की अध्यक्षता
१६१४ जनवरी-फ़रवरी	ब्रुसेल्स	लेतवियाई स० ज० पार्टी की चौथी कांग्रेस में भाग लिया
१६१४ अगस्त ८	नोवी तार्ग (आस्ट्रिया)	गिरफ्तारी
१६१४ अगस्त २६	स्विज़रलैंड	गिरफ्तारी से मुक्ति और स्विज़रलैंड को प्रस्थान
१६१४ नवम्बर १	जनेवा	"सोत्सियाल देमोक्रात्" का पुनः प्रकाशन
१६१५ सितम्बर ५-८	ज़िमिरवाल्ड	अंतर्राष्ट्रीयतावादियों के सम्मेलन में भाग लिया

१६१६ जनवरी	स्विज़रलैंड	"फोरबोटे" (संदेशवाहक) का प्रथम अंक प्रकाशित
१६१६ अप्रैल २४-३०	किन्थल (स्विज़रलैंड)	अंतर्राष्ट्रीयतावादियों की कान्फ्रेंस में भाग लिया
१६१६ जून	ज़ूरिच	"*साम्राज्यवाद, पूंजीवाद की चरम अवस्था*" पुस्तक का लेखन कार्य समाप्त
१६१७ अप्रैल ६	"	स्विज़रलैंड से रूस के लिए प्रस्थान
१६१७ अप्रैल १६	पेत्रोग्राद	राजधानी में लौटे
१६१७ अप्रैल १७	"	प्रसिद्ध अप्रैल-थीसिस को बोल्शेविकों की एक सभा में पेश किया
१६१७ मई ७-१२	"	रू० स० ज० म० पार्टी की सातवीं (अप्रैल) कान्फ्रेंस का संचालन
१६१७ जून १७-२२	"	सोवियतों की पहली कांग्रेस में भाषण
१६१७ २४ जुलाई-सितम्बर	सेस्त्रोरेत्स्क, राज़लिव	अज्ञातवास
१६१७ अगस्त-सितम्बर	राज़लिव	"*राजसत्ता और क्रान्ति*" पुस्तक के लिए तैयारी
१६१७ अगस्त ८-१६	"	रू० स० ज० म० पार्टी की छठी कांग्रेस के अनुपस्थित अध्यक्ष
१६१७ सितम्बर आरम्भ	हेलसिंगफ़ोर्स	गुप्त रूप से हेलसिंहफ़ोर्स आये
१६१७ सितम्बर २५-२७	"	"बोल्शेविक अवश्य शक्ति पर अधिकार करें" नारा देते हुए केन्द्रीय कमिटी को पत्र
१६१७ सितम्बर ३०	विब्रोर्ग	विब्रोर्ग आये
१६१७ अक्तूबर २०	पेत्रोग्राद	गुप्त रीति से पेत्रोग्राद आये
१६१७ अक्तूबर २३	"	केन्द्रीय कमिटी द्वारा सशस्त्र विद्रोह का निर्णय
१६१७ अक्तूबर २६	"	केन्द्रीय कमिटी की अध्यक्षता, पार्टी केन्द्र का निर्वाचन

१९१७ अक्तूबर ३१	पेत्रोग्राद	ज़िनोवियेफ़ और कामेनेफ़ को पार्टी से निकालने के लिए पत्र
१९१७ नवम्बर १६	,,	जातियों के अधिकारों की घोषणा
१९१७ नवम्बर २७-दिसम्बर १	,,	किसान डेपुटियों की सोवियतों की असाधारण कांग्रेस में भाषण
१९१८ जनवरी १४	,,	समाजवादी सेना की प्रथम टुकड़ियों में भाषण
१९१८ जनवरी १९	,,	पूंजीवादी संविधान सभा को भंग करने के सम्बंध में अखिल रूसी केन्द्रीय कार्यकारिणी समिति की मीटिंग में भाषण
१९१८ जनवरी २३-३१	,,	सोवियतों की तृतीय अखिल रूसी कांग्रेस का संचालन
१९१८ मार्च ६-८	,,	रू. स. ज. म. पार्टी की सातवीं कांग्रेस, पार्टी के नाम में परिवर्तन
१९१८ मार्च १०-११	मास्को	मास्को नयी राजधानी बना
१९१८ मार्च १४	,,	सोवियतों की चतुर्थ असाधारण कांग्रेस, जर्मनी के साथ संधि स्वीकृत
१९१८ अगस्त २०	,,	अमरीकी कमकरों को पत्र
१९१८ अगस्त ३०	,,	एक आतंकवादी की गोली से घायल
१९१८ सितम्बर १६	,,	पार्टी की केन्द्रीय कमिटी की बैठक में भाग लिया
१९१८ नवम्बर ६-९	,,	सोवियतों की छठी अखिल रूसी कांग्रेस का कार्य-संचालन
१९१८ दिसम्बर का अन्त	,,	*"सर्वहारा क्रान्ति और ग़द्दार कॉट्स्की"* पुस्तक प्रकाशित
१९१९ मार्च २-६	,,	कम्युनिस्ट इन्टर्नेशनल की प्रथम कांग्रेस का कार्य-संचालन
१९१९ मार्च १८-२३	,,	आठवीं पार्टी कांग्रेस का संचालन

१६१६ मई २१	मास्को	पेत्रोग्राद की रक्षा के लिए स्तालिन को भेजा
१६१६ जुलाई ६	,,	लेनिन ने नारा दिया "सब कुछ देनिकिन के विरुद्ध लगा दो !"
१६१६ अगस्त २४	,,	कोलचक पर विजय के सम्बंध में मज़दूरों-किसानों को पत्र
१६१६ दिसम्बर २-४	,,	पार्टी की आठवीं अखिल रूसी कान्फ्रेंस का संचालन
१६१६ दिसम्बर ५-६	,,	सोवियतों की सातवीं अखिल रूसी कांग्रेस का संचालन
१६१६ दिसम्बर २८	,,	देनिकिन पर विजय के सम्बंध में उक्रेनी मज़दूरों-किसानों को पत्र
१६२० मार्च २६-अप्रैल	,,	नवीं पार्टी कांग्रेस का संचालन
१६२० अप्रैल २२	,,	अपने नेता की ५० वीं वर्षगांठ पर सारे देश में उत्सव
१६२० मई ५	,,	पोलैंड द्वारा युद्ध छेड़ने पर अ. रू. केन्द्रीय कार्यकारिणी के सामने भाषण
१६२० जून	,,	"'*उग्रवादी' कम्युनिज़्म, एक बचकाना मर्ज*" पुस्तक प्रकाशित
१६२० जुलाई १६-अगस्त ७	पेत्रोग्राद-मास्को	कम्युनिस्ट इन्टर्नेशनल की द्वितीय कांग्रेस का संचालन
१६२० अगस्त २	मास्को	रैंगल की पराजय के लिए स्तालिन की नियुक्ति
१६२० सितम्बर २२-२५	,,	पार्टी की अ. रू. नवीं कान्फ्रेंस का कार्य संचालन
१६२० अक्तूबर २	,,	तरुण कम्युनिस्ट संघ की तृतीय अखिल रूसी कांग्रेस में भाषण
१६२० दिसम्बर २२-२६	,,	सोवियतों की आठवीं कांग्रेस
१६२१ फ़रवरी २१	,,	"एक अकेली आर्थिक योजना" शीर्षक लेख लिखा

१६२१ मार्च २	मास्को	गुर्जी सोवियत गणराज्य के निर्माण पर बधाई
१६२१ मार्च ८-१६	,,	पार्टी की दसवीं कांग्रेस का संचालन और "नवीन आर्थिक नीति" आदि पर रिपोर्ट
१६२१ मई २६-२८	,,	पार्टी की दसवीं अखिल रूसी कान्फ्रेंस का संचालन
१६२१ जून २२–जुलाई १२	,,	कम्युनिस्ट इन्टर्नेशनल की तीसरी कांग्रेस का संचालन
१६२१ दिसम्बर २३	,,	सोवियतों की नवीं अखिल रूसी कांग्रेस में गृह और विदेश नीति पर रिपोर्ट
१६२२ मार्च १२	,,	"लड़ाकू भौतिकवाद का महत्व" शीर्षक लेख लिखा
१६२२ मार्च २७–अप्रैल २	,,	पार्टी की ग्यारहवीं कांग्रेस का संचालन
१६२२ मई का आरम्भ	गोर्की	सख्त बीमार
१६२२ अगस्त ५	,,	पार्टी की बारहवीं अखिल रूसी कान्फ्रेंस को अभिनन्दन
१६२२ अक्तूबर २	मास्को	फिर काम पर आ गये
१६२२ नवम्बर १३	,,	कम्युनिस्ट इन्टर्नेशनल की चौथी कांग्रेस में रिपोर्ट
१६२२ नवम्बर २०	,,	मास्को-सोवियत की बैठक में अन्तिम भाषण
१६२२ दिसम्बर का आरम्भ	,,	फिर सख्त बीमार
१६२२ दिसम्बर १२	,,	क्रेमलिन में अन्तिम बार अपने आफिस में
१६२३ जनवरी-मार्च	,,	अन्तिम लेख लिखवाये
१६२३ मई का मध्य	गोर्की	मास्को से विदाई
१६२४ जनवरी २१, शाम ६ बजकर ५० मिनट पर	,,	महाप्रयाण